U0712086

"2011 计划" 甘肃省司法科学与区域法治发展协同创新中心建设项目

检察案例研究（第3辑）

焦盛荣　李东亮　主编

JIANCHA ANLI YANJIU

中国政法大学出版社

2019 · 北京

图书在版编目（CIP）数据

检察案例研究. 第3辑/焦盛荣, 李东亮主编. —北京:中国政法大学出版社, 2019.7

ISBN 978-7-5620-9013-7

Ⅰ.①检…　Ⅱ.①焦…　②李…　Ⅲ.①检察机关－案例－汇编－甘肃　Ⅳ.①D926.32

中国版本图书馆CIP数据核字(2019)第112393号

出 版 者　中国政法大学出版社

地　　址　北京市海淀区西土城路25号

邮寄地址　北京100088信箱8034分箱　邮编100088

网　　址　http://www.cuplpress.com（网络实名：中国政法大学出版社）

电　　话　010-58908586(编辑部)　58908334(邮购部)

编辑邮箱　zhengfadch@126.com

承　　印　固安华明印业有限公司

开　　本　880mm×1230mm　1/32

印　　张　16.875

字　　数　410千字

版　　次　2019年7月第1版

印　　次　2019年7月第1次印刷

定　　价　86.00元

序 言
PREFACE

体现检察官专业水平和办案智慧的案例研究

甘肃省人民检察院党组副书记、副检察长 李东亮

法律规定是静态的，司法活动是动态的，案件是纷繁复杂的，要准确认定事实、客观全面运用证据、依法正确适用法律，“让人民群众在每一个司法案件中都感受到公平正义”，就必须强化类案指导，加强案例研究。

案例研究可以帮助我们总结检察工作经验，丰富检察工作实践，增进大众对检察工作的了解。实践证明，对于同一类型的案件，善于发现、提炼、推广办案中的好做法和规律性经验，会在办案中取得事半功倍的效果，而各自为政、各办各的、标准不一，案件遇到瓶颈也不找原因，不寻差距，不去弥补不足，则会陷入办案误区，导致案件质量和效率难以提升。

甘肃省检察机关十分重视案例研究工作对于保障法律统一正确实施、提升司法公信力的重要作用，尤其是以敏锐的眼光意识到检察机关司法办案中的典型案例是提升检察工作的“富矿”，不能让这些经典案例躺在文件和书桌中，必须很好地利用这一“黄金”资源。自2017年以来，作为甘肃省人民检察院与甘肃政法大学·甘肃省司法科学与区域法治发展协同创新中心检校合作重要成果的《检察案例研究》系列图书已经连续出版了两辑，作为检察官培训和检察官办案的重要参考资料，也为学生研习检察案例提供了重要素材，取得了良好的效果。此次出版的《检察案例研究》（第3辑）延续了前两辑的案例筛选标准，精心挑选的案例都是司法实践中真实发生的，

理论性与实践性特征兼具。其中，既有《刑法》总则条文的理解适用、《刑法》分则罪名认定中的疑难问题、常见罪名的区分，又有审查办理案件经验的归纳总结，还有与检察机关公益诉讼等新增职能相关的经典案例等。这些来自检察官办案智慧的典型、疑难案例，在保障法律统一正确实施、提升检察官办案水平、拓宽检察理论研究领域乃至普及法律知识等方面都进行了有益尝试。

《检察案例研究》系列图书虽已出版至第3辑，通过检校合作我们也已积累了一定的经验，但在案例研究的具体形式、内容等方面仍然带有探索的性质，恳请读者提出宝贵意见，以供我们不断完善。

目录
CONTENTS

沈某某窝藏案

——汇款时明知对方是负案在逃人员构成窝藏罪*

要旨

认定沈某某是否构成窝藏罪，要旨在于明确沈某某在向毕某汇款时主观上是否明知其为在逃人员。为此，须明确窝藏罪构成要件中“明知”的含义和认定标准。

一、基本案情

沈某某与毕某在监狱服刑时相识。2008年出狱后，沈某某先后于2010年5月、2012年8月，两次通过毕某在A市找工作，第二次来A市后在毕某的熟人窦某处打工。2009年8月，毕某伙同他人在A市持枪将张某等人杀死后潜逃。2012年8月至2013年9月，毕某在外地多次给李某打电话向其索要赌博欠款，并指使沈某某从李某处取款，沈某某先后多次将李某偿还的1万余元欠款汇入毕某所持有的名为沈某某的银行信用卡中，毕某在外地藏匿达一年之久。

二、关键问题

本案的关键问题在于，沈某某对毕某是在逃人员不知情的抗辩，能否作为认定其主观上不具有窝藏犯罪故意的理由?

三、分歧意见

对沈某某的行为的定性，有以下两种意见：

---

* 金石，甘肃省人民检察院研究室主任、全国检察业务专家、吉林大学法学院博士研究生。

第一种意见认为，沈某某的行为构成窝藏罪。理由是：沈某某虽然供述自己在给毕某汇钱时并不知道其是犯罪分子，但毕某的供述可以证实，毕某明确告知了沈某某自己在A市“犯了事”，而且毕某所参与的黑社会性质案的公审是在2012年5月份，省内各大媒体、报纸都做了相关报道，沈某某关于自己到2013年9月份毕某被抓时才知道毕某是犯罪分子的供述显然不符合客观实际，其主观上应当知道毕某是犯罪分子，客观上也实施了为其提供财物、帮助其逃匿、逃避法律制裁的行为，应以窝藏罪对其定罪量刑。

第二种意见认为，沈某某的行为不构成犯罪。理由是：沈某某给毕某汇款时主观上是否明知毕某是负案在逃人员，现有证据不能证实。故认定沈某某构成窝藏罪证据不足，应认定沈某某无罪。

四、评析意见

对于如何判断“明知”，刑法理论上大致有三种观点：①主观说。即判断“明知”，应以行为人自身情况为依据，根据其年龄、知识水平、社会阅历等主观能力进行判断，在当时的条件下，行为人能够完全认知的，就是“明知”。②客观说。即着眼于犯罪人的客观环境，认为在当时的条件下，根据一般人的经验和常识，能够认识到不法行为的性质的，就可以认定行为人“明知”，而无须考虑行为人自身的实际能力。③折中说。即主客观相结合，既要考虑案件发生时的具体情况，又要考虑行为人自身内在的认识能力。[1]目前，折中说占主导地位。亦即对于行为人是否“明知”的判断，应坚持主客观相统一的标准，不能仅凭行为人的口供，既要考虑行为人自身内在认识能力上的差别，又要考虑案件发生的具体情况，根据案件的客观事实予以分析。

本案中，沈某某的行为不构成犯罪。理由如下：首先，就本案而言，只要沈某某根据自己的年龄、职业、生活经验等事项作出判断，无论是判断出毕某确实是犯罪分子还是判断出毕某可能是犯罪

---

〔1〕 赵秉志：“论制售假冒伪劣商品犯罪的刑法抗制”，载《河南省政法管理干部学院学报》2002年第2期。

分子，都应当推定沈某某具有“明知”的故意。但在本案中，除了毕某的供述外，并无其他证据可以印证沈某某知道毕某是（或者可能是）犯罪分子。其次，毕某的供述只能证明沈某某知道其“出了事”，但并不能由此推定沈某某知道毕某到底出了什么事，事情严重到了什么程度。最后，毕某所参与的黑社会性质案件在 A 市公审，各大媒体虽均有报道，但这不能必然推出沈某某通过媒体已了解了毕某的身份。

综上，现有事实和证据并不足以证明沈某某在汇款时主观上明知毕某是负案在逃人员，故沈某某不具备窝藏罪成立的主观要件，其行为不构成犯罪。

五、处理结果

B 市某区人民检察院经审查后认为，沈某某构成窝藏罪的事实不清，证据不足，最终对沈某某作存疑不起诉处理。

马某某等五人贩卖运输毒品案

——“零口供”情况下，对“主观明知”的认定*

要旨

检察机关在马某某“零口供”的情况下，科学运用证据，通过客观行为来认定马某某的“主观明知”，解决了运输毒品案件“主观明知”认定困难的问题，对同类案件的办理具有一定的借鉴意义。

一、基本案情

（一）案件事实

2013年8月至9月初，李某多次电话联系王某某，欲从王某某处购买毒品“冰毒”运至宁夏回族自治区某市贩卖。9月，李某联系何某某，由何某某联系马某某驾驶其宁D-6××××号小轿车，于当日下午搭载李某、何某某赴庆阳市某地与王某某见面。当晚，李某在西峰市（今西峰区）一宾馆内与王某某见面，何某某、马某某在车上等候。期间，李某将何某某叫到王某某的房间，后何某某返回车内等候，李某在王某某处获取毒品“冰毒”样品约1克，于次日凌晨回到车内三人乘车返回。在途中，三人共同吸食“冰毒”后，李某将约0.2克“冰毒”样品送给马某某，让其看是否有人购买。三人返回后，先后用马某某的身份证分别在银川某大酒店、某宾馆登记房间一同住宿。期间，三人多次吸食由李某提供的“冰毒”，李某又送给马某某两小袋“冰毒”，让其看看是否有人购买。

---

* 白芙蓉，甘肃省人民检察院公诉一处副处长；陶星，甘肃省人民检察院研究室三级高级检察官。

2013年9月，在马某某拉李某去医院途中，李某接到王某某的电话，要求李某去广东省东莞市当面洽谈购买毒品事宜，李某当即告诉马某某要去广州一趟，马某某表示同意。二人驾车返回所住宾馆后，马某某开车离开，李某即告诉何某某要去广州，何某某表示同意。马某某在开车离开期间，打电话告诉其朋友马某要去四川，让马某去宾馆等他。晚上，马某某开车来到宾馆，拉上李某、何某某、马某一同前往广州。在途中，马某某告诉马某要去广州，马某无奈只好跟去广州。同年9月某一晚，四人到达广东省东莞市某镇，王某某将李某等人接到宾馆入住后，领李某去见了他的上线，李某先行返回宾馆。之后王某某来到宾馆，当着其他人的面将“冰毒”交给李某，让其试用。李某拿到毒品后与何某某、马某某等驾车立即返回。同年9月某日，四人在途经某高速收费站时，被公安民警查获，当场从四人乘坐的宁D-6××××号小轿车内一挎包中查获外用铁观音茶叶袋包装、内用自封口标签袋包装的晶体可疑物一袋，净重X克；从该挎包中查获用自封口标签包装的晶体状可疑物一袋，净重Y克；从该车内一火柴盒中查获用自封口标签袋包装的晶体状可疑物一袋，净重W克，合计净重Z克。经鉴定，甲基苯丙胺含量为56.83克/100克。从车内后座存物台一小挎包内查获白色塑料自封口标签包装的晶体状毒品可疑物两小包，合计净重1.3克。经鉴定，从中检出甲基苯丙胺成分。

（二）诉讼经过

平凉市中级人民法院一审判决认为，被告人王某某、李某的行为构成贩卖、运输毒品罪，被告人何某某的行为构成运输毒品罪。以贩卖、运输毒品罪判处王某某死刑；李某无期徒刑；以运输毒品罪判处何某某有期徒刑12年。马某某供述称其不知道取毒品之事，李某及何某某对马某某是否明知运输毒品也予以翻供，且没有证据证明马某某此行获取了不同寻常的高额、不等值报酬，公诉机关指控被告人马某某构成运输毒品罪的证据不足，根据疑罪从无的原则，对被告人马某某宣告无罪。

平凉市中级人民法院对马某某宣告无罪后，市人民检察院提出抗诉，甘肃省人民检察院决定支持抗诉，甘肃省高级人民法院开庭审理了此案。

二、关键问题

一审判决认定马某某主观不明知的主要理由之一，是法院采信了何某某在庭审中关于“其不知道李某去广东取毒品之事，亦未告诉马某某”的供述，认定马某某主观上是不明知的。但在关于对何某某主观明知的认定中，法院又明确表示“对何某某所提不清楚李某去广东的目的是取毒品的辩解意见不予采纳”，并结合李某及何某某之前的供述认定何某某主观上应当明知。可见，一审判决对同一被告人所供述的同一事实作出了相互矛盾的证据采信结果，违背了基本证据采信原则，导致对本案中何某某和马某某两个行为、地位相当的同案犯作出了截然相反的判决结果，适用法律明显错误。

三、分歧意见

平凉市中级人民法院一审判决认为，马某某供述称其不知道取毒品之事，李某及何某某对马某某是否明知运输毒品也予以翻供，且没有证据证明马某某此行获取了不同寻常的高额、不等值报酬，公诉机关指控被告人马某某构成运输毒品罪的证据不足，根据疑罪从无的原则，对被告人马某某宣告无罪。

平凉市人民检察院的抗诉理由是：卷内证据能够证明何某某、马某某明知李某是涉毒人员，且具有为期待的毒品利益而与李某共同居住的事实。李某曾多次供述马某某知道去广东是取毒品，何某某也多次供述，其知道李某去广东是为了取毒品。马某某作为一个成年人，具有完全刑事责任能力，其应当也明知去广东是取毒品。且通知马某的一系列客观行为也证明马某某主观上是明知的。一审法院判决马某某无罪，认定事实和适用法律均存在错误。

甘肃省人民检察院的抗诉意见是：马某某虽然拒不供认其主观明知去广东是帮助李某运输毒品，但根据其在本案中的一系列客观行为及证据材料，足以认定马某某应当明知帮李某运输毒品的基本事实。原审法院判决认定事实、适用法律均存在错误。根据本案中马某某的一系列客观行为及证据材料，平凉市人民检察院的抗诉理由成立，应予支持。理由如下：

（1）马某某应当明知李某在从事贩卖毒品活动。根据卷内证据，马某某第一次用自己的车拉何某某、李某去庆阳市，在途中，李某除提供“冰毒”供何某某、马某某二人吸食外，还拿出约1克左右的“冰毒”送给马某某，并且明确地让马某某看有没有人要“冰毒”。返回后，三人在宾馆一同住宿的过程中，李某仍多次提供“冰毒”供何某某、马某某等人吸食，并再次送给马某某两小袋“冰毒”，让马某某看有无人购买。因此，马某某应当明知李某在从事非法贩卖毒品活动。

（2）马某某应当明知李某叫他们去广东是为了贩运毒品。关于这一事实，不仅有李某多次关于“何、马二人知道去广东是取毒品的”供述，更为重要的是，根据何、马的客观行为能够证明李某上述供述的真实性：一是去庆阳之前马某某与李某并不认识，但从庆阳回来后，马某某不仅免费住李某的宾馆、免费吸食毒品，还无偿接受李某所送的毒品。这种非正常的利益关系，只有一个解释，就是李某所供述的“在西峰回银川的路上，我提议我们三个合起来干，就是运输毒品，他们两个都说能行”，即三人是合作关系。二是当李某接到王某某的电话让其去广东时，其先后告诉了马某某和何某某，何、马二人均表示同意，但都没有询问去广东具体干什么。银川距离广东路途遥远，按正常的沟通交流方式，马某某至少要知道李某去广东干什么、去多长时间，但马某某、何某某都没有问及，对于这种非正常的交流沟通方式，唯一的解释就是双方之间的默契，不用问双方也都知道。正如李某所多次供述的“何、马知道去广东是取毒品”。三是到达广东后，李某等人仅住了一晚，在拿到王某某送来的用茶叶袋装的毒品时，李某即带马某某、何某某返回，何、马二人也没有任何询问和质疑，驾车立即返回，且在整个过程中，李某与马某某、何某某根本没有谈过车的费用问题，这进一步证明马某某主观明知运输毒品的客观事实。

四、评析意见

一审判决对马某某、何某某运输毒品主观是否明知的事实认定、证据采信自相矛盾，违背逻辑，导致事实认定发生错误。经省、市两级人民检察院的共同努力，案件同案犯的供述及证据材料证实了马某某主观明知运输毒品的客观事实。二审法院依据检察机关出示的证据，依法改判马某某有期徒刑 7 年，取得了良好的抗诉效果。本案在行为人“零口供”的情况下，通过整个案件事实、证据的关联性、行为人的客观行为，认定了行为人的主观明知，解决了运输毒品案件中“主观明知”难以认定的问题。

五、处理结果

甘肃省高级人民法院经开庭审理认为：李某、何某某和马某某从西峰市返回银川途中，李某给马某某一点“冰毒”，并明确提出让马某某拿上看有无他人购买，该事实足以证明马某某明知李某从事毒品犯罪活动；李某明确供述，其向何某某、马某某提出过合伙进行毒品犯罪的建议，何某某、马某某知道去广东的目的是购买“毒品”；三人从西峰返回后，马某某为李某登记宾馆共同居住，吸食李某提供的“冰毒”，并且两次接受李某给予的毒品；李某提出让马某某开车去广东时，马某某立即答应并即刻出发，对于去广东的目的、费用等事项不闻不问，在李某取得毒品后又立即开车返回，行为诡秘，不符常理。应当认定马某某明知李某去广东购买毒品而为之提供帮助，其行为构成运输毒品罪，对平凉市人民检察院抗诉理由及甘肃省人民检察院抗诉意见应予支持。撤销平凉市中级人民法院一审法院判决中马某某无罪的判决，以运输毒品罪改判马某某有期徒刑 7 年。

牛某某申请赔偿案

——“不构成犯罪”与“不认为是犯罪”的法律特征*

要旨

本案的要旨在于如何区分“不构成犯罪”与“不认为是犯罪”。案例中，赔偿请求人牛某某有殴打他人并致受害人轻微伤的行为，但其行为缺乏构成故意伤害罪的犯罪构成要件，属于“不构成犯罪”的行为，对牛某某的赔偿请求应予以支持。

一、基本案情

2011年6月，牛某某之女马某与同学程某某因琐事发生口角。牛某某赶至质问程某某，并向程某某面部打了一巴掌，腰部打了几拳，后将程某某摔倒在地，致其昏迷。经A区公安分局法医鉴定，程某某之损伤系轻伤。同年7月，A区公安分局以涉嫌故意伤害罪对牛某某进行刑事拘留，经区人民检察院批准，于同年8月逮捕牛某某。同年10月，区人民检察院以牛某某涉嫌故意伤害罪对其提起公诉。在审理过程中，牛某某要求对程某某的伤情进行重新鉴定。同年11月，市人民医院对程某某的伤情重新进行了鉴定。该鉴定结论称，程某某的伤未构成轻伤。因该案的主要证据鉴定结论发生了变化，区人民检察院撤回起诉，并建议公安机关撤案。同月20日，区公安分局将案件撤销，并于同日将牛某某无罪释放。牛某某于同月25日向区人民检察院提出赔偿请求。

---

* 金石，甘肃省人民检察院研究室主任、全国检察业务专家、吉林大学法学院博士研究生。

二、关键问题

本案中，对牛某某的赔偿请求是否应予支持，关键是审查牛某某的行为是“不构成犯罪”还是“不认为是犯罪”。如果牛某某的行为“不构成犯罪”，则其行为本身不符合犯罪构成，不属于刑事处罚范畴，对其赔偿请求应予支持；如果牛某某的行为符合故意伤害罪的构成要件，则属于刑法规制范畴，既使其故意伤害行为情节显著轻微、危害不大，其赔偿请求也不应得到支持。

三、分歧意见

对牛某某的赔偿请求区人民检察院是否应予确认，有以下两种意见：

第一种意见认为，对牛某某的赔偿请求应不予确认。理由是：程某某的伤情经法医鉴定虽不构成轻伤，但牛某某故意伤害他人的事实清楚，证据确凿，其行为显属违法，且具有一定的社会危害性，属情节显著轻微，危害不大，不认为是犯罪的情形。因此，牛某某被拘留和逮捕符合《刑事诉讼法》第 15 条第 1 项规定的不追究刑事责任的人被羁押的情形。根据《国家赔偿法》第 19 条第 3 项之规定，即依照《刑事诉讼法》第 15 条的规定不追究刑事责任的人被羁押的，国家不承担赔偿责任，故对牛某某的赔偿请求应不予确认。

第二种意见认为，对牛某某的赔偿请求应予以确认。理由是：牛某某殴打了程某某，区公安分局在提请区人民检察院批捕时认为牛某某的行为构成故意伤害罪，后因鉴定结论发生变化，程某某仅为轻微伤，故牛某某的行为不符合故意伤害罪的犯罪构成要件，不构成犯罪。区公安分局以涉嫌故意伤害罪对牛某某实施刑事拘留，区人民检察院对牛某某予以批捕的行为符合《国家赔偿法》第 17 条第 2 项之规定，即对没有犯罪事实的人错误逮捕的，国家应承担赔偿责任。因此，应对牛某某的赔偿请求予以确认。

四、评析意见

“不构成犯罪”与“情节显著轻微，危害不大，不认为是犯罪”不是同一概念，不能混淆。不构成犯罪，是指行为不符合刑法规定的犯罪构成要件，不应受刑罚处罚的行为。不认为是犯罪，是指行为人虽然实施了刑法禁止的行为，但由于情节显著轻微，其社会危害尚未达到应受刑罚处罚的程度，因而法律不认为该行为是犯罪。我国《刑法》第13条规定："一切危害国家主权……以及其他危害社会的行为，依照法律应当受到刑罚处罚的，都是犯罪，但是情节显著轻微危害不大的，不认为是犯罪。"该条规定明确了犯罪的概念，同时又对犯罪概念作了限制性规定。"情节显著轻微"通过犯罪构成来具体说明，"危害不大"通过犯罪属性客观地反映出来，而"不认为是犯罪"则是"情节显著轻微、危害不大"的法律后果。只有同时具备了"情节显著轻微"和"危害不大"两个条件，才能判定"不认为是犯罪"。

"不构成犯罪"与"不认为是犯罪"有以下区别：①是否属于刑事处罚的调整范畴。"不构成犯罪"不具备犯罪构成要件，属一般违法行为，应由行政法规来加以调整；"不认为是犯罪"则属刑法调整范围，只是由于"情节显著轻微、危害不大"而把该行为排除在了刑事处罚之外。②从性质上讲，"不构成犯罪"和"不认为是犯罪"都不是犯罪，但二者在不构成犯罪的"情节"上有所区别。"不构成犯罪"是因为"情节"不符合犯罪构成要件中客观要件的法定情节，所以不构成犯罪；"不认为是犯罪"是因为"情节"不符合犯罪构成要件中客观要件的酌定情节，所以不认为是犯罪。二者在表述上比较接近，但在实质含义上却有很大的区别。

第二种处理意见与事实相符，即应对牛某某的赔偿请求予以确认。本案中，对牛某某的赔偿请求应否予以确认，关键在于认定司法机关有无侵权行为。从本案的事实和证据情况来看，尽管赔偿请求人牛某某有殴打他人并致程某某受伤的行为，但程某某的伤情为轻微伤，其行为缺乏故意伤害罪的犯罪构成要件，因此属于"不构成犯罪"的行为。检察机关在批捕时，对侦查机关作出的鉴定意见审查把关不严，由此导致赔偿请求人牛某某被错拘错捕，人身自由受到侵犯，应当履行刑事赔偿责任。

五、处理结果

区人民检察院最终确认了牛某某的赔偿请求。

陈某某故意杀人、抢劫、强奸案

——未成年人犯罪能否适用无期徒刑*

要旨

本案的审查要旨在于，《刑法》总则中普通条款和特别条款发生竞合后，如何确定效力层次问题。根据法条竞合的原理，对未成年人适用《刑法》总则特别条款后，不必再适用《刑法》总则的普通条款对其予以双重从轻处罚。

一、基本案情

2014年10月，被告人陈某某（1998年1月生，犯罪时已满14周岁未满18周岁）在窜至同村刘某某家偷窃土制猎枪时被发现，遭刘某某斥责后仍纠缠不去。刘某某2岁半的女儿罗某某被惊醒啼哭。陈某某恐惊动村民即紧扼罗某某脖子，又用一枕巾捂压其嘴鼻致罗某某死亡。继而用炕上的剪刀撬开炕柜，劫得现金200余元及单刃刀一把。后持刀相逼，强奸了刘某某。为杀人灭口，陈某某用所劫之刀朝刘某某头部、颈部连戳数刀，致其死亡。陈某某于2014年11月投案，A市中级人民法院于2015年7月判决被告人陈某某犯故意杀人罪、抢劫罪、强奸罪，分别判处有期徒刑15年、12年、8年，合并有期徒刑35年，决定执行有期徒刑20年，并处罚金4000元。

---

* 金石，甘肃省人民检察院研究室主任、全国检察业务专家、吉林大学法学院博士研究生。

二、关键问题

本案中，关键问题在于对未成年人犯罪适用我国《刑法》时，能否同时适用《刑法》第 17 条第 3 款和第 49 条的规定。为明确上述问题，需要对《刑法》总则普通条款与《刑法》总则特别条款予以甄别，并对二者的效力层次有明确的认识。

三、分歧意见

对陈某某行为的定性不存在争议，但对陈某某能否被判处无期徒刑，有以下两种意见：

第一种意见认为，对陈某某不能适用无期徒刑。理由是：我国《刑法》第 49 条规定的“犯罪的时候不满十八周岁的人……不适用死刑”是禁止性规范；第 17 条第 3 款“已满十六周岁不满十八周岁的人犯罪，应当从轻或者减轻处罚”是命令性规范。这两条规定是两个独立的法律规范，在对罪该判处死刑的未成年人进行处罚时，上述两个法律规范都是必须适用的。即必须在对不满 18 周岁的人不适用死刑的基础上再适用从轻或者减刑处罚的规定，由于刑法已经明文规定死刑不得适用于未成年犯罪人，因此，不能在死刑基础上从轻或者减轻处罚适用无期徒刑。同时，由于无期徒刑是没有刑期的刑种，不可能在无期徒刑的范围内实现从轻处罚，因此，对未成年人在适用从轻处罚的规定时不可能适用无期徒刑。

第二种意见认为，对陈某某可以适用无期徒刑。理由是：对未成年人不适用死刑而判处无期徒刑，已经体现了刑法对未成年犯罪人从轻或减轻处罚的原则，如果再对未成年犯罪人适用《刑法》第 17 条第 3 款之规定，实际上是对未成年犯罪人适用了两次从轻或减轻处罚，不符合刑法的适用原则，故对陈某某可以适用无期徒刑。

四、评析意见

我国《刑法》根据未成年人的特点，从人道主义的角度出发，在第 49 条规定：“犯罪的时候不满十八周岁的人和审判的时候怀孕的妇女，不适用死刑。”根据这一规定，对未成年人一律不能判处死刑（包括死刑缓期二年执行），其可以适用的最高刑罚是无期徒刑。因此，在司法实践中，对于一些依照所犯的罪行（如故意杀人、抢劫等），在量刑幅度内可判处死刑的未成年人，法院对他们判处了无期徒刑。判决的理由主要有两种：一种是依照《刑法》第17条第3款的规定，以未满18周岁应当从轻处罚为由判处无期徒刑；另一种是依照《刑法》第49条的规定，以未满18周岁的人不适用死刑为由判处无期徒刑。然而，在理论界与实务界也有人对此提出了不同看法，认为对未成年人适用《刑法》第49条已经考虑到了对其从宽处罚，对论罪应当判处死刑的未成年人判处无期徒刑是混淆了《刑法》第49条与《刑法》第17条第3款这两个法律规范的不同性质和目的。我国《刑法》第49条是对死刑适用对象的限制，目的是严格限制死刑。其在法律规范的性质上是一种禁止性规范，[1]即规定法院不得为对犯罪的时候不满18周岁的人和审判时怀孕的妇女判处死刑的行为。而《刑法》第17条第3款是一种命令性规范，[2]即规定法院在对已满14周岁不满18周岁的人处罚时，必须为从轻或者减轻处罚的行为，目的是为了体现对未成年人的从宽处罚。因此，《刑法》第49条和第17条第3款之间并不存在"谁源于谁、谁包含谁"的关系，而是两个独立的法律规范。在对论罪法定刑应当是死刑的未成年人处罚时，这两个法律规范都是必须适用的。

可见，《刑法》第49条对不满18周岁的人不适用死刑，属于《刑法》总则的特别条款，而第17条第3款规定对已满14周岁不满18周岁的人应当从轻或者减轻处罚，属于《刑法》总则的普通条款。当普通条款与特别条款发生竞合时，应适用特别条款，即本案中对陈某某不适用死刑已经体现了《刑法》第17条第3款规定的对未满18周岁的人犯罪应当从轻或减轻处罚。并且，在已经适用《刑法》第49条对未满18周岁的人不判处死刑的情况下，再适用《刑法》第17条第3款规定的对未满18周岁的人犯罪应当从轻或减轻

---

〔1〕 禁止性规范是指规定人们不得做什么或禁止人们做什么的规范，也是规定人们必须不为一定行为的规范，是一种消极义务性规范。（参见葛洪义主编：《法理学》，中国政法大学出版社1999年版，第307页。）

〔2〕 命令性规范是指规定人们必须做或应该做什么的规范，是一种积极义务性规范。（参见葛洪义主编：《法理学》，中国政法大学出版社1999年版，第307页。）

处罚，岂不是对同一个犯罪行为减了两次刑？

综上，对陈某某可以适用无期徒刑。理由如下：

第一，未成年人能否适用无期徒刑的问题，实际上在旧刑法时已经得到解决。最高人民法院研究室于1991年《关于已满14周岁不满16周岁的人所犯罪行特别严重的能否判处无期徒刑问题的电话答复》（已失效）中认为，根据《刑法》第44条和第14条第2款规定的精神，已满14周岁不满16周岁的人所犯罪行特别严重的，最高刑可以判处无期徒刑。另外，最高人民法院在1995年5月2日《关于办理未成年人刑事案件适用法律若干问题的解释》（已失效）第3条“关于对未成年罪犯刑罚的适用”中对剥夺政治权利适用的规定中指出：“对犯严重破坏社会秩序的未成年罪犯，除依法判处无期徒刑、死刑缓期执行的以外，一般不附加判处剥夺政治权利刑。”因此，司法实践对于未成年人能否适用无期徒刑的态度是非常明确的。

第二，未成年人不适用死刑，是指宣告刑，而不是法定刑。对未成年人不适用死刑是指即使比照法定刑从轻或减轻处罚后应判处死刑，也不能宣告死刑。因此，无论是成年人犯罪还是未成年人犯罪，法定最高刑均是死刑，未成年人犯罪可以在法定刑的基础上从轻或减轻处罚，因此，无期徒刑可以成为对未成年人实际判处的最高刑罚。

五、处理结果

陈某某罪行严重，A市中级人民法院根据其犯罪情节以及其系未成年人的实际情况，最终对其判处无期徒刑。

魏某某非法出卖枪支案

——非法买卖枪支罪中的“情节严重”*

要旨

在认定非法买卖枪支罪案件中行为人的行为是否属于“情节严重”时，应当根据主、客观相一致原则，尤其应结合客观后果与行为人主、客观方面联系的密切程度，行为人主、客观方面对客观后果影响的情状或深度等要素进行考察，从而正确理解我国刑法和相关司法解释的有关规定。

一、基本案情

2015年2月，孟某某为防止居住地周边野兽伤害人畜，遂从魏某某处购得土枪一支，并一直非法持有该枪支。2016年1月，被告人孟某某因怀疑其妻子与郭某某有不正当男女关系，遂与郭某某发生争吵，期间，孟某某持该土枪击中郭某某腹部，致郭某某受伤后失血性休克死亡。

二、关键问题

非法买卖枪支罪案件中，行为人的行为是否可被认定为“情节严重”，应当依据《刑法》第125条第1款、最高人民法院出台的《关于审理非法制造、买卖、运输枪支、弹药、爆炸物等刑事案件具体应用法律若干问题的解释》第2条的规定，并遵循刑法罪责刑相适应原则，从主、客观方面综合衡量，判定被告人的犯罪情节是否

---

* 金石，甘肃省人民检察院研究室主任、全国检察业务专家、吉林大学法学院博士研究生。

属于“严重”，而不应仅以客观上造成“严重后果”这一单一因素作为标准。

三、分歧意见

本案对魏某某构成非法买卖枪支罪不存异议，但对其应如何量刑，则形成以下两种分歧意见：

第一种意见认为，根据《刑法》第125条、最高人民法院出台的《关于审理非法制造、买卖、运输枪支、弹药、爆炸物等刑事案件具体应用法律若干问题的解释》第1条第2款、第2条第4款之规定，被告人魏某某的行为构成非法买卖枪支罪，其非法买卖枪支的行为为孟某某实施犯罪行为提供了条件，并造成郭某某死亡的后果，属情节严重，应对魏某某在10年有期徒刑以上刑罚幅度内量刑。

第二种意见认为，郭某某死亡的后果是孟某某造成的，孟某某开枪杀死郭某某的原因在于怀疑其妻子与郭某某有不正当男女关系。因此，郭某某死亡的后果与魏某某非法出卖枪支的行为本身无刑法上的因果关系。即使魏某某不出卖枪支给孟某某，孟某某仍可通过其他方式实现故意杀害郭某某的目的。魏某某是初犯、偶犯，犯罪后认罪态度较好，主观恶性较小。因此，魏某某非法买卖枪支的行为不属于上述最高人民法院司法解释中规定的“情节严重”的情形。根据本案的事实和情节，对于魏某某可以非法买卖枪支罪，在3年以上10年以下有期徒刑幅度内量刑。

四、评析意见

刑法及相关司法解释虽然规定了以“数量加后果”作为“情节严重”的认定标准，但对造成严重后果所致的“情节严重”却规定得较为原则。在认定时，不应仅以客观结果这一单一因素作为标准，而应遵循刑法罪责刑相适应原则，考量被告人的犯罪情节是否属于“严重”，并从主、客观方面综合衡量。

关于如何理解《刑法》第125条、最高人民法院出台的《关于审理非法制造、买卖、运输枪支、弹药、爆炸物等刑事案件具体应用法律若干问题的解释》第2条第4款“造成严重后果等其他恶劣情节”的内涵，最高人民法院在其指导性案例中表明了倾向性意见。

该案例认为，“其他恶劣情节”应包括：枪支弹药流散到社会后是否造成人身伤亡的结果，是否针对妇女、儿童等特定对象犯罪，是否被他人用于犯罪活动，是否出于自己实施犯罪的目的或者意图为犯罪分子提供枪支、弹药而为犯罪行为。[1]笔者认为，上述情形虽然可以作为认定“其他恶劣情节”的参考，但对这些情形的具体内涵，实践中不宜仅从单一的、纯客观后果的角度去考量、认定，而应结合客观后果与行为人主、客观方面联系的密切程度，行为人主、客观方面对客观后果影响的情状或深度，来考察这些情节影响罪行轻重的事实情况。否则，极易造成客观归责，有悖于刑法罪刑相适应原则和刑罚个别化原则的基本要求，有悖于公平正义的司法价值追求，并最终影响到刑法目的的有效实现。

具体到与本案有关联的“枪支弹药流散到社会后造成人身伤亡的结果”“被他人用于犯罪活动”这两种情形，法院不仅应考量非法出卖枪支后，是否有上述结果发生，还要考量上述结果与出卖人在主、客观方面的联系程度，出卖人主、客观方面对上述结果的影响。事实上，并非在所有情形下均如前述指导案例中所述，枪支非法出卖人对买受人购买枪支可能实施犯罪、可能造成他人伤亡的后果是明知的、可以预见的，仍然非法出卖枪支，客观上放任了买受人用枪支实施犯罪、造成他人伤亡，并为买受人实施上述行为提供了条件。原因在于：一是在很多非法买卖枪支犯罪中，对于买受人持枪所实施的犯罪，或持枪造成的人员伤亡的后果，出卖人并非是共同犯罪人或共同行为人，也非教唆者，在此情况下，其对于买受人实施的犯罪或造成他人伤亡的行为没有共同的故意；二是在不同案件中，出卖人对买受人买枪所欲实施行为预见的条件不同，预见的程度也不同，有些情形下，出卖人因环境的影响或本人的知识程度，根本无法预见买受人的行为。在此种情况下，对于买受人持枪实施的犯罪或以枪支造成的严重后果，出卖人在主观上与买受人无密切

[1] 最高人民法院第631号指导案例：“吴芝桥非法制造、买卖枪支、弹药案”，载《刑事审判参考》总第73期。

联系，在客观上又未实施买受人实施的行为，让非法出卖人为一个主观上未预见或仅有过失责任、客观上未实施的行为后果负从重处罚的罪责，显然与罪刑相适应原则相悖，也有失公允。同时，我国《刑法》第5条规定的罪刑相适应原则，不仅要求刑罚与罪行、与犯罪情节相适应，也要求刑罚与行为人的人身危险性相适应。笔者不排除在一些非法买卖枪支案件中，出卖人有很大的主观恶性，人身危险性较强。但在另一些非法买卖枪支案件中，虽然具有买受人利用枪支实施犯罪或枪支造成人身伤亡的情形，但出卖人本身主观恶性并不大，并不具有较强的人身危险性。

有关数据显示，2012年以来，全国人民法院每年一审受理的非法制造、买卖、运输、邮寄、储存枪支、弹药、爆炸物刑事案件约2500件左右。在这些案件中，大量枪支、弹药、爆炸物流入恐怖犯罪分子、黑社会性质组织犯罪分子以及严重暴力犯罪分子手中，成为其实施严重危害公共安全犯罪行为的犯罪工具。对这类案件理应尽一切办法与可能予以打击和防范，但不应偏离刑法的基本要求而使刑罚扩大化或滥用刑罚手段。否则，法律所维护的公平、正义秩序将被破坏，其结果将比造成一类猖獗的犯罪更加有害于法治建设。

本案中，魏某某的犯罪行为不应被认定为“情节严重”，对其应在三年以上十年以下有期徒刑幅度内量刑。理由如下：一方面，本案中，野兽伤害人畜是魏某某、孟某某生活当地常会出现的现象，孟某某买一支枪预防受到野兽伤害，是一般人可以理解的合乎常理的行为；另一方面，作为同村邻居，魏某某了解孟某某生性胆小、老实，而对于孟某某之妻与郭某某有不正当男女关系这种涉及孟某某、郭某某隐私之事，魏某某也无从知晓，故魏某某不可能预见到孟某某买枪去故意杀人。正如魏某某所述，其若知道孟某某会去杀人，是不会卖枪给孟某某的。魏某某并非职业倒卖枪支者，其犯罪动机很简单，就是因为自己生活在牧区，买来涉案火药枪用于保护人畜，但却发现枪支不好使，就低价处理给了孟某某，并未积极追求或放任孟某某持该枪去犯罪杀人，其卖给孟某某枪支只是偶尔为之，是初犯，显然不具有较大的人身危险性。这时，仅凭孟某某之恶劣行为而认定魏某某也属“情节恶劣”“危害严重”的情节加重犯，对其在十年以上量刑，显然与其人身危险性不相适应。由此，魏某某非法买卖枪支，虽然有孟某某持枪故意杀人的后果，但这一后果不是魏某某所造成的，魏某某在本案中的主观恶性并不大，魏某某对孟某某持枪故意杀人的后果是持否定态度的，故其行为不应被认定为是“情节严重”。

五、处理结果

A 市中级人民法院最终认定，魏某某的行为构成非法买卖枪支罪，但其行为不属于“情节严重”，故对其判处有期徒刑 3 年，缓刑 5 年。

王某某诬告陷害案

——被害人的过错对犯罪人定罪量刑的影响*

要旨

本案的要旨在于准确理解和把握被害人有明显过错与被告人定罪量刑的关系等问题。

一、基本案情

2013年2月，王某某驾驶新买的“奥迪”轿车按约到区职专门前接石某某之妻李某某（石、李夫妻关系已趋破裂，案发后离婚）。李某某上车时，被前来寻妻的石某某看见。石某某认为李某某要与王某某去私会，便从地上捡起半块砖阻拦起步的车辆，其抢至车前向车前挡风玻璃左侧中上部连砸两下，致该处玻璃破损。

车行数秒后，王某某调转车头追上石某某，双方交错追逐了两个来回后，王某某下车与石某某当街相骂并撕打，李某某下车拉架。石某某从地上捡起半块砖追打王某某，王某某缩身钻入车内，砖头砸在轿车左侧落水槽上，砸出约两指宽的凹形坑。当晚，王某某向区公安局报案，要求追究石某某的法律责任，赔偿损失。2月某日，区公安局以石某某涉嫌故意毁坏公私财物罪将其刑拘。王某某经办案人准许去“奥迪”专修厂修复车辆，支付修理费数千元。经王某某要求，厂家王某某出具了一张两万多元的修车发票。王某某将此发票交给区公安局办案人员。同年3月，经区公安局提请并复议后，

---

* 金石，甘肃省人民检察院研究室主任、全国检察业务专家、吉林大学法学院博士研究生。

区人民检察院以故意毁坏公私财物罪批捕了石某某。

二、关键问题

本案审查的要点在于准确认定石某某损害王某某财产的民事过错对王某某定罪量刑的影响。为此，需准确理解和把握被害人有明显过错与被告人定罪量刑的关系等问题。

三、分歧意见

对王某某的行为应如何定性，有以下两种意见：

第一种意见认为，王某某的行为构成诬告陷害罪。理由是：王某某多开修车费发票诬告陷害石某某，造成石某某被拘留、逮捕的严重后果，符合诬告陷害罪的犯罪构成要件，其行为应构成诬告陷害罪。

第二种意见认为，王某某的行为虽构成诬告陷害罪，但由于被害人石某某也存在损害王某某财产的严重民事过错，公安机关、检察机关对于石某某的错拘、错捕也负有一定责任。因此，对王某某应免于刑事处罚。

四、评析意见

刑法中，确认被害人过错有以下四个条件：第一，被害人的过错行为侵害了行为人或与其有利害关系的人的合法权利。如果被害人侵害了第三人的合法权利，而行为人对被害人实施了加害行为就不能认定被害人有过错。例如，已婚的被害人长期与他人有不正当关系，而邻居看不惯了，将被害人杀害，则不能认定被害人有过错。第二，被害人的过错诱使或促使行为人实施了犯罪行为。假如被害人有过错，而行为人也实施了犯罪行为，但其犯罪行为是由于其他原因引起的，也不能认定被害人有过错。第三，有过错的人必须和被害人是同一人。假如某人对行为人进行了侵害，而行为人针对的犯罪对象是某人的子女，也不能认定被害人有过错。第四，被害人的过错行为必须对行为人的罪责产生直接影响。对于有些所谓的过错，如被害人因疏忽没锁房门导致被盗，被害人由于穿着过于暴露导致被性侵犯等，由于不能对行为人的罪责产生直接影响，就不能认为被害人有过错。

只有被害人过错达到一定程度，才会影响对犯罪人的量刑。被害人过错不是可有可无的任何事实，须具有刑罚适用上的意义。1999年10月27日最高人民法院印发的《全国法院维护农村稳定刑事审判工作座谈会纪要》规定："对故意杀人犯罪是否判处死刑，不仅要看是否造成了被害人死亡结果，还要综合考虑案件的全部情况。对于因婚姻家庭、邻里纠纷等民间矛盾激化引发的故意杀人犯罪，适用死刑一定要十分慎重，应当与发生在社会上的严重危害社会治安的其他故意杀人犯罪案件有所区别。对于被害人一方有明显过错或对矛盾激化负有直接责任，或者被告人有法定从轻处罚情节的，一般不应判处死刑立即执行。"上述规定实际上提出了被害人过错的两种情形，即被害人有明显过错和被害人对矛盾激化负有直接责任。这两种情形具有不同的条件：

1. 被害人有明显过错的条件

（1）过错行为的产生主体是被害人，行为本身必然由刑事被害人自己实施，他人无法替代。如果被害人有过错，但犯罪人却对其亲属实施犯罪，那么也不影响对犯罪人的量刑。

（2）被害人自身行为的不当性。被害人过错本身，必然是一种对社会公正秩序的违背，可能是对有关法律、法规、其他规章制度的明显违背，也可能是对社会公序良俗道德规范的违反，这是其最为显著的表现。不当性的判断标准是社会上的一般常理，即根据一般社会常理被害人的行为会得到否定性的评价，包括被害人的犯罪行为。当被害人的过错行为为犯罪行为时，被害人过错与防卫理论有交叉。需要注意的是，正当防卫被排除在了被害人过错理论外，因为正当防卫情形下行为人不负刑事责任，而被害人过错只是一种酌定从轻的情节，某种情形下也可以减轻刑罚，但在刑法意义上依然对被告人进行一种否定的评价，两者属于不同的理论范畴。但是，事后防卫可以被看作是被害人过错的一种情形。防卫过当作为一种法定量刑情节，既使其理论基础与被害人过错有共通之处，也应被排除在被害人过错之外。

（3）被害人和被告人之间应具有互动性。被害人的过错行为应当是直接侵害被告人及其亲属的人身、财产权利的行为。值得研究的问题是：被害人的过错行为所侵害的仅仅是被告人自身还是包括与被告人有关系的人？如果包括，应限制在什么范围内？笔者认为，应当包括与被告人有关系的人，这种关系应达到亲密的程度，如近亲属、恋人等。

（4）被害人的过错达到严重的程度，主要体现在造成了严重的结果，即对被告人的人身、财产、精神造成了客观、实质的伤害。

（5）犯罪人对被害人的过错行为应当明知，被害人的过错行为已经对犯罪人的意志产生了影响。

2. 被害人对矛盾激化负有直接责任的条件

这种情况不同于一般的被害人过错。矛盾激化在犯罪学意义上的含义是指关系恶化并导致犯罪。因此，矛盾激化就成了对犯罪心理动因的描述。对矛盾激化负有责任的被害人的过错与一般被害人的过错的不同之处在于：前者不以被害人对被告人的暴力加害为前提，而是在发生纠纷以后由于未能妥善解决，在一定条件下关系恶化，导致故意杀人的犯罪。在这一过程中存在两个层次的“矛盾激化”，从性质上看，第一层次的激化结果一般不会造成对生命、健康的侵害，只是普通的争执，而第二层次的激化结果才可能引起犯罪。在一些伤害或杀人案件中，当事人在产生了矛盾之后，由于法律观念淡薄、文化程度不高、性格偏激等原因，对生活琐事、邻里摩擦、债务、婚恋等民事纠纷处理不当，并以互殴、恶意挑起事端、酒后闹事、言辞侮辱、激将、要挟等方式激化矛盾，导致犯罪的发生。因此，此类过错的条件除过错行为主体应为被害人以外，还应具备以下条件：

（1）被告人的犯罪行为与被害人的激化行为有直接因果关系。即被告人的犯罪行为是由被害人的激化行为引起的，没有被害人的激化行为，就不会有被告人的犯罪行为。

（2）违反了法律法规。

（3）被害人的行为侵犯被告人的合法权益的程度轻微，一般不会造成明显的危害后果。

(4) 激化行为与犯罪行为前后相继，相隔时间短。

正确把握被害人过错，还必须结合被害人和被告人的生活环境予以考虑。一个人产生过错和走上犯罪不是一朝一夕的事情，有一个从量变到质变的过程，其主观思想具有前后联系性。被告人犯罪动机的形成，可以在一定程度上反映各自的社会心理素质、法制观念等主观特征和主观危险程度。一般而言，被告人平时表现差的，因缺乏正常的抑制水准和是非观念，极易对他人的过错产生报复之念，对这种被告人，被害人的过错对其产生犯意的影响不大，在量刑时必须予以考虑。例如，被害人一贯打骂被告人，被告人忍无可忍产生报复之念，与被害人一次打骂被告人，被告人一贯横行霸道感觉丢了面子产生报复之念，在量刑上必然有所区别。

本案中，王某某的行为虽然构成诬告陷害罪，但应免于刑事处罚。理由是：

第一，石某某有损坏王某某财产的严重民事过错。石某某因与李某某婚姻关系破裂，怀疑李某某与王某某有染，在嫉恨心理推动下两次以砖块猛砸王某某的车辆，造成王某某蒙受了数千元的直接经济损失，有损坏王某某财产的严重民事过错并有毁坏公私财物的犯罪嫌疑。公安机关对其拘留审查并无明显不当，王某某报案理由合法。对石某某被立案和刑拘，王某某无明显的刑事责任。

第二，公安机关、检察机关对于石某某被错拘、错捕也负有一定责任。本案属于因家庭婚姻关系破裂引起当事人迁怒并加害第三人使之财产受损的民事纠纷案件。石某某是损害赔偿义务人，王某某是索赔权利人，以民事诉讼解决该案最为妥当。但公安机关却将石某某立案、拘留，且交由当事人王某某取证。王某某提交多开的发票后，公安机关未认真审查该书证而使王某某恶意扩大债权的民事违法行为转化为了诬告陷害行为。检察机关也存在对该案立案、审查、批捕把关不严，致使石某某被错误逮捕的行为。

综上所述，王某某在明知李某某与其夫石某某婚姻不和，夫妻关系存在矛盾的情况下，却在夜晚用私车载送李某某，使石某某在嫉恨心理影响下对其车辆进行打砸并造成损失。石某某被刑事拘留后，王某某明知多开修车费发票可能影响对石某某的刑事追究而将该发票提交给公安机关，未说明真实情况，其加害石某某的犯意十分明显，其行为已构成诬告陷害罪。但另一方面，该案也确实存在石某某损害王某某的财产并造成一定损失的情况，且办案机关对石某某的错拘、错捕也负有一定责任。

五、处理结果

A市C区人民法院最终认定，王某某的行为构成诬告陷害罪，但对其免于刑事处罚。

朱某等人买卖合同纠纷抗诉案

——发包人对承包人生产经营活动发生的债务能否承担民事责任*

要旨

本案回答了司法实践中如何准确认识理解发包人与承包人的法律关系问题，纠正了实践中一旦承包人承担法律责任就会让发包人承担民事（连带）责任的情况，维护了当事人合法权益，为检察机关办理此类案件提供了有益参考，具有一定的典型意义。

一、基本案情

2012年2月，A县N建材有限责任公司（以下简称“N公司”）将其位于A县驿马镇东滩村的砖厂承包给朱某，双方签订了企业承包经营合同，合同约定承包期限为2年，承包费每年35万元。朱某承包砖厂后与赵某口头约定，由赵某为朱某承包的砖厂提供生产用煤。2012年12月，朱某支付部分煤款后欠赵某煤款15.3万元，并言明2013年7月底归还。当月6日，朱某向赵某出具一张欠条，载明“N砖瓦厂欠赵某煤款153 000元，大写壹拾伍万叁仟元整。身份证号3728331955××××××××。驿马N砖瓦厂朱某。2012.12.6.”并加盖“A县N砖瓦厂销售专用章”。2013年赵某继续为该砖厂供煤。2013年4月，赵某与朱某结算后，朱某向赵某出具煤款欠条一张，载明“今欠赵某煤款100 000元，大写壹拾万元整。N砖瓦厂朱某。2013.4.9.”

* 何君姬，甘肃省人民检察院行政检察处副处长。

并加盖“A县N砖瓦厂销售专用章”。以上两笔共欠原告煤款25.3万元，赵某索要煤款时，朱某承诺当年7月归还。到2013年5月份被告朱某不再生产经营，对欠下的煤款拒不归还。2013年6月，朱某下落不明。另查明：朱某于1995年登记注册“庆阳县N空心砖厂”，2002年企业改制成立并注册“A县N建材有限责任公司”。工商部门从未注册登记过“A县N砖瓦厂”。2013年12月，朱某因涉嫌拒不支付劳动报酬罪被A县公安局立案侦查；2014年11月，朱某又因涉嫌伪造变造公文印章罪被A县公安局立案侦查。

2013年8月，赵某以N公司欠其煤款25.3万元，将N公司、朱某诉至A县人民法院，要求：①二被告支付其煤款253 000元；②二被告承担诉讼费用。A县人民法院审理后判决：①被告N公司于判决生效后15日内支付原告赵某煤款253 000元；②本案中朱某不承担责任。N公司不服，上诉至市中级人民法院。该院判决：①撤销A县人民法院的民事判决书；②由朱某于判决生效后15日内支付赵某煤款253 000元，N公司承担连带清偿责任，并在其承担责任后，有权向朱某追偿；③驳回赵某的其他诉讼请求。宣判后，N公司向甘肃省高级人民法院申请再审，该院于2015年8月作出民事裁定，驳回N公司的再审申请。N公司向市人民检察院申请监督，后该院提请甘肃省人民检察院抗诉。

二、关键问题

发包人N公司对承包人朱某与第三人赵某之间产生的债权债务是否承担民事责任?

三、分歧意见

第一种意见认为，判决发包人N公司承担全部民事责任，承包人朱某不承担责任有法律依据。最高人民法院在1993年《全国经济审判工作座谈会纪要》（已失效）的“几个需要注意的具体问题”中指出：“（六）关于承包企业在承包期间发生的债务纠纷如何确定诉讼主体和承担责任的问题：对具备法人资格的乡镇、街道集体企业在实行风险承包期间发生的债务，债权人起诉的，可按以下办法处理：发生诉讼时，承包人仍在承包的，以该企业为诉讼当事人承担责任，承包人可作为企业的法定代表人参加诉讼。承包人与发包人之间的纠纷按照承包合同另行处理。”本案中，发包人N公司的法人资格在承包经营期间并未消失，N公司具备独立的民事责任能力，N公司承担责任后，其与承包人朱某之间的合同关系可另行处理。

第二种意见认为，判决发包人N公司与承包人朱某承担连带责任，N公司承担连带责任后可向朱某追偿，有利于保护债权人赵某的合法权益。发包人N公司与承包人朱某属于公司内部关系，N公司与债权人赵某之间的债权债务关系属于公司外部关系，作为一般法律关系，N公司仍应对自身债务负责。在对内关系中，发包人N公司在承担债务清偿责任以后，有权向承包人朱某追偿。

第三种意见认为，发包人N公司不应承担民事责任，应由朱某承担全部民事责任。本案的基础法律关系是买卖合同纠纷，既然是合同法律关系，就应当遵循合同效力相对性规则，谁享有合同的权益，谁就应承担合同的债务。

四、评析意见

笔者同意第三种意见。理由如下：

本案中，存在两个基本的民事法律关系和一个给付之诉的诉讼法律关系。第一个民事法律关系是朱某与赵某之间的买卖法律关系，赵某完全履行了供煤义务，朱某未完全履行支付款项义务，这一民事法律关系也是赵某要求朱某支付煤款，从而提起给付之诉的诉讼法律关系的基础。第二个民事法律关系是N公司与朱某之间的承包经营法律关系，这一民事法律关系并不与赵某提起的给付之诉之间具有直接的关系。

实践中，发包人与承包人之间发生纠纷时，依照双方签订的合同处理是无异议的，问题在于在承包人与第三人之间发生的民事法律关系中，发包人是否承担民事责任？此时，需要分析诉讼的基础法律关系是基于合同、侵权、无因管理还是不当得利，不同的基础法律关系会直接影响到民事责任的确定。在合同纠纷中，合同是当事人意思自治的产物，只有合同当事人才能基于合同相互提出请求或提起诉讼，合同当事人不得依据合同对合同关系以外的第三人提出请求或提起诉讼，这是合同相对性的应有之义。合同相对性具有主体相对、内容相对、责任相对三方面的内涵。因此，违反合同的民事责任只能由合同当事人承担，超出合同相对性任意扩大合同责任承担者明显违反法律规定。本案中，朱某以N砖瓦厂的名义对外经营，并与赵某之间发生欠付煤款的合同之债。而N砖瓦厂是朱某自己起的字号，并未在工商部门进行登记，故N砖瓦厂不具有独立的民事权利能力和民事行为能力，朱某出具的欠条均签署本人姓名及本人身份证号码，欠款行为应属朱某个人行为。此时，根据合同相对性规则，赵某只能要求朱某承担民事责任。N公司虽与朱某签订了内部承包协议，但朱某承包的是N公司的厂房、机器和相关设备，也就是说，内部承包的性质是财产租赁合同，不涉及N公司资质的承包，且国家的法律法规对砖瓦厂这一财产租赁并没有特殊资质要求。因此，朱某在占有、使用财产的过程中获得的收益归朱某所有，与之相适应，发生的债务也应由其承担，让N公司承担朱某的债务显然违反了合同相对性规则。并且，赵某在起诉时，被告明确为朱某，并不包括N公司，说明赵某也认可欠款的是朱某，而并非N公司。需要说明的是，超过合同相对性，任意扩大合同当事人，虽保护了一方的权益，但是不利于鼓励交易，使社会关系处于不稳定的状态，同样是对合同之外第三人的不公平。当然，在特殊的条件下，突破合同相对性规则是存在的，但这是例外。例如，2015年12月13日第八次全国法院民商事审判工作会议中进一步强调，建设工程合同纠纷中应严守合同相对性原则，不得扩大适用范围，只有在欠付劳务分包工程款导致无法支付农民工资时，才可以要求发包人在欠付工程款范围内对实际施工人承担责任。

五、处理结果

2016年9月，省人民检察院向省人民法院提出抗诉。省人民法院作出民事裁定，提审了本案。本案经省人民法院审判委员会讨论决定，认为检察机关的抗诉理由成立，于2017年8月作出民事判决：①撤销中级人民法院和A县人民法院的民事判决；②朱某于本判决生效后15日内支付赵某煤款16.6万元；③驳回赵某的其他诉讼请求。该判决已生效。

陈某某、陈某违法发放贷款案

——银行工作人员因不当发放贷款给银行造成损失的行为如何认定*

要旨

银行因贷款造成的损失既有可能是由借款人的欺骗行为导致的，也有可能是由银行工作人员的行为导致的。在司法实践中，损失往往由两个因素共同作用而产生。借款人虚构材料向银行申请贷款，而银行工作人员违反《贷款通则》等相关规定，明知贷款资料虚假或者没有仔细审核贷款资料即发放了贷款，由此造成重大损失，对于银行工作人员应如何定罪？

一、基本案情

被告人陈某某，男，1970年出生，原系中国工商银行股份有限公司B支行行长。

被告人陈某，男，1973年出生，原系中国工商银行股份有限公司B支行客户经理。

2013年4月，被告人陈某某在任中国工商银行股份有限公司B支行行长期间，为了完成该行的存款任务，经同学刘某某介绍，认识了甘肃C矿业有限公司时任法定代表人魏某某（另案处理）。

2014年8月，魏某某因无力偿还前期银行贷款，遂与陈某某商量欲通过定期存单质押的形式从中国工商银行股份有限责任公司B支

---

* 李蕾，甘肃省兰州市人民检察院职务犯罪检察部助理检察员。

行申请贷款。被告人陈某某为了完成该行存贷款任务，提升业绩，同意按照定期存单质押存款额的90%发放贷款，贷款期限为1年，贷款利率为6%，并安排该行客户经理（即被告人陈某）具体办理该业务。魏某某为了介绍存款人前往中国工商银行股份有限公司B支行存款，通过张某某（另案处理）联系到金融掮客左某某，让其帮忙找资金储存方。左某某让金融掮客泮某、陈某鸥给中国工商银行股份有限公司B支行拉存款，约定向存款人、中介人共计支付存款额8%左右的贴息款。魏某某安排金某某（另案处理）与西宁市伪造公文、证件、印章、身份证的周某某（另案处理）联系，伪造相关贷款资料。在储户前往工商银行股份有限公司B支行存款时，被告人陈某某按照魏某某的要求让储户填写《存款证明书》，之后将储户定期存单、身份证信息拍照发送给魏某某。被告人陈某某、陈某在为魏某某所在甘肃C矿业有限公司办理定期存单质押贷款业务时，在没有对借款企业是否有能力还款进行严格调查的情况下，仅根据借款企业提供的资料，撰写《贷款调查报告》；在签订《质押合同》时未见质押人在场，非质押人本人签署而由魏某某代签的情况下，向行领导隐瞒真相，顺利完成贷款审批，使得中国工商银行股份有限公司A分行通过东乡支行分6笔向甘肃C矿业有限公司发放贷款共计2.8107亿元。

2015年3月，魏某某欲再次以定期存单质押贷款形式从中国工商银行股份有限公司B支行贷款，被工商银行A分行时任副行长王某某发现贷款申报材料中存单系伪造，遂予以制止。截至案发尚有2.0907亿元贷款无法归还。

2015年9月，B自治县公安局对中国工商银行股份有限公司B支行贷款被骗一案立案侦查，次日对陈某某以涉嫌合同诈骗罪拘留。2015年10月，陈某因涉嫌合同诈骗罪，被B自治县公安局刑事拘留。2015年11月，二人因涉嫌违法发放贷款罪，经B自治县人民检察院批准被执行逮捕。2015年11月，B自治县公安局因“9·26”贷款诈骗案与甘肃省公安厅办理的“10·7”金融诈骗案涉案金额巨大、人员众多、地域广泛，系团伙作案，为有利于整体打击犯罪将该案移送甘肃省公安厅直属公安局管辖。2016 年 6 月底，甘肃省公安厅侦查终结，以被告人陈某某涉嫌贷款诈骗罪、被告人陈某涉嫌违法发放贷款罪将其移送甘肃省人民检察院。甘肃省人民检察院经商请甘肃省高级人民法院，于 2016 年 7 月指定兰州市人民检察院审查起诉。2017 年 2 月，兰州市人民检察院以被告人陈某某、陈某涉嫌违法发放贷款罪向兰州市中级人民法院依法提起公诉。2017 年 5 月，兰州市中级人民法院以二被告人构成违法发放贷款罪作出一审判决，二被告人未上诉。

二、关键问题

银行工作人员明知贷款资料虚假，依然通过层级审批向贷款人发放贷款，由此造成重大损失的，银行工作人员的罪名应如何认定?

三、分歧意见

第一种意见认为，陈某某与魏某某共谋，明知贷款资料虚假，而由中国工商银行股份有限公司 A 分行层报贷款资料，最终使得贷款正常发放，其行为构成魏某某的共犯，涉嫌贷款诈骗罪，陈某行为与移送起诉罪名一致。

第二种意见认为，贷款人魏某某主观上不具有对所贷钱款非法占有的故意，但行为上实施了与银行工作人员陈某某共谋，利用虚假贷款资料骗取贷款的行为，并造成了重大损失。陈某某的行为构成骗取贷款罪，陈某行为与移送起诉罪名一致。

第三种意见认为，贷款人魏某某主观上不具有对所贷钱款非法占有的故意，但行为上实施了与银行工作人员陈某某共谋，利用虚假贷款资料骗取贷款的行为，并造成重大损失。陈某某的行为同时触犯骗取贷款罪与违法发放贷款罪，应当以违法发放贷款罪定罪处罚，陈某行为与移送起诉罪名一致。

四、评析意见

就本案而言，笔者同意第三种观点，认为陈某某、陈某的行为构成违法发放贷款罪。

首先，陈某某与魏某某就骗取贷款的行为有共同的故意。结合卷内证据，魏某某的笔录证实其为了能够顺利从中国工商银行股份有限公司 B 支行办理银行贷款，曾与张某某、陈某某共同商量利用虚假存单、虚假质押人材料办理银行贷款，且有明确分工，即张某某负责拉存款人存款和制作假存单，陈某某在存款人办理存款后对存单拍照，并让存款人填写存款承诺书，其本人负责提供质押人虚假资料、贷款人资料及支付贴息款。陈某某作为支行行长，明知魏某某提交贷款申请手续中多为虚假，但基于对魏某某还款能力的信任，隐瞒分行领导，使得贷款顺利发放，其行为更加符合帮助魏某某以欺骗的手段取得银行贷款的特征。

其次，银行知情的正确认定。由于银行的知情切断了欺骗行为与取得贷款之间的因果关系，因此行为人的行为不构成骗取贷款罪。接下来的问题是如何正确理解银行的知情。换言之，在什么层级的人知情的情况下，才能认定银行知情？笔者认为，只有银行中有最终决定放贷的决策者知情，才能认定银行知情，行为人的行为才能免责。若只是负责贷款资料收集、汇总、报送的支行工作人员知情，则不能免除行为人骗取贷款罪的刑事责任。结合本案，该笔 2.8107 亿元的贷款通过层级审批，最终由中国工商银行股份有限公司 A 分行相关领导审签。在知情方面，分行相关审签人并不知情，故贷款人与支行工作人员共谋骗贷的行为不能被豁免。

最后，陈某某的行为属于一行为触犯两法条择一重罪的情况。陈某某的行为属于一行为触犯两法条：《刑法》第 175 条之一“骗取贷款罪”是以欺骗手段取得银行或者其他金融机构贷款，给银行或者其他金融机构造成特别重大损失或者有其他特别严重情节的，处三年以上七年以下有期徒刑，并处罚金。第 186 条“违法发放贷款罪”是银行或者其他金融机构的工作人员违反国家规定发放贷款，数额特别巨大或者造成特别重大损失的，处五年以上有期徒刑，并处 2 万元以上 20 万元以下罚金，故应当以违法发放贷款罪定罪。陈某某与魏某某就骗取贷款的行为有共同的故意，同时，陈某某在担任支行行长期间，为了完成该行的存贷任务，提升工作业绩，在办理贷款业务过程中，违反国家的贷款管理制度，不对借款人偿还能力进行严格审查，在与存款人签订质押合同时不核实质押人身份，默许了魏某某在质押合同上代签字的行为，向分行相关审签贷款的决策人谎报情节、隐瞒真相，且确信魏某某有实力归还贷款，为魏某某办理贷款，使得 2.8107 亿元贷款被顺利发放，最终造成 2.0907 亿元无法挽回，其行为亦符合违法发放贷款罪的行为特征。

五、处理结果

2017 年 5 月底，兰州市中级人民法院作出一审判决，认为被告人陈某某、陈某作为 B 支行工作人员，违反《商业银行法》《贷款通则》等国家规定，在办理业务过程中明知魏某某提供的贷款资料中除存单外其余均为伪造，质押人不在场所签订的《质押合同》无效，未按规定审核存单真实性的情况下，仍完成贷款调查及初步审核，并向批准贷款的领导隐瞒真相，导致贷款违法发放，数额特别巨大，行为均已构成违法发放贷款罪，判决被告人陈某某犯违法发放贷款罪，判处有期徒刑 8 年，并处罚金 20 万元，判处被告人陈某犯违法发放贷款罪，判处有期徒刑 4 年，并处罚金 10 万元。违法发放贷款中未偿还的 2.0907 亿元及利息继续追缴，发还被害单位。二被告人未上诉，该判决已生效。

张某某、丁某某抢劫案

——从拟判无罪到有期十五年*

要旨

张某某、丁某某抢劫杀人一案，两次被甘肃省高级人民法院发回重审拟判无罪，并被列为全国法院以审判为中心诉讼制度改革“三项规程”试点观摩案例。兰州市人民检察院成功出庭支持公诉，并使本案成了全国法院系统实施以审判为中心诉讼制度改革“三项规程”以来检察院申请非法证据排除程序、侦查人员、鉴定人出庭作证第一案。本案的成功起诉在有效震慑、打击犯罪的同时，引领和促进了全市公、检、法、司法律职业共同体整体职业素养的提升。

一、基本案情

被告人张某某，男，1989年×月×日出生（作案时17周岁），汉族，农民，户籍所在地：甘肃省A县。2010年5月因犯盗窃罪、伪造武装部队证件罪、伪造居民身份证罪被判处有期徒刑1年2个月，并处罚金1000元，2011年3月刑满释放。

被告人丁某某，男，1988年×月×日出生，汉族，农民，户籍所在地：甘肃省B市C区。

2007年2月，被告人张某某、丁某某预谋后携带刀具行至兰州市E区某中国联通营业部时，因见刘某某一人在店内，遂以购买手机为由，欺骗刘某某从柜台内取出摩托罗拉V600型、金立

* 屈静，甘肃省兰州市人民检察院未检部。

K8 型、LG6160 型、新中桥小灵通手机各一部供二人挑选。二被告人欲趁刘某某不备盗窃手机，被刘某某发现并呼喊，二被告人遂持刀向被害人刘某某头部、颈部、身体等处砍刺数刀，致被害人刘某某受伤倒地后死亡。被告人张某某、丁某某作案后携带所抢四部手机逃离现场，手机变卖后赃款随之挥霍。经法医鉴定：被害人刘某某系被他人用刺器刺破左肺及左颈内静脉致大失血而死亡。

二、诉讼经过及结果

本案经兰州市公安局 E 区分局侦查终结，由兰州市 E 区人民检察院报送兰州市人民检察院审查起诉。2014 年 3 月，兰州市人民检察院以被告人张某某、丁某某涉嫌抢劫罪向兰州市中级人民法院提起公诉。2014 年 6 月，兰州市中级人民法院以抢劫罪判处被告人张某某有期徒刑 15 年，被告人丁某某无期徒刑，二被告人提出上诉。2014 年 12 月，甘肃省高级人民法院以本案部分事实不清、证据不足裁定撤销原判，发回重审。2015 年 11 月，兰州市中级人民法院另行组成合议庭，公开审理本案，再次以抢劫罪判处被告人张某某有期徒刑 15 年，被告人丁某某无期徒刑，二被告人再次提出上诉。2017 年 1 月，甘肃省高级人民法院以一审违反法律规定的相关诉讼程序，可能影响对被告人的公正审判为由，再次裁定撤销原判，发回重审。2017 年 8 月，本案被列为全国法院以审判为中心诉讼制度改革“三项规程”试点观摩案例。2017 年 8 月底至 9 月初，兰州市中级人民法院另行组成合议庭，再次公开审理了本案。兰州市人民检察院出庭支持公诉，并申请启动非法证据排除程序。2017 年 12 月，兰州市中级人民法院公开宣判，以抢劫罪判处被告人张某某有期徒刑 14 年，被告人丁某某有期徒刑 15 年。

三、主要做法

1. 高度重视，强化办案公诉力量

本案案发于 2007 年，由于客观条件有限，公安机关侦查所获证据暂时无法锁定具体作案人，但在案发现场提取了 8 枚指纹及 1 枚掌纹。2013 年 7 月，公安机关技术部门在定期指纹比对中发现，上述其中一枚指纹与因于 2010 年 5 月犯罪而被判处有期徒刑的被告人张某某左手环指指纹一致。侦查人员随即在张某某原籍地将其抓获，并根据张某某的供述将丁某某抓获。在本案的诉讼过程中，因被告人的翻供、侦查机关收集证据的不规范、定案证据较为薄弱等因素，案件两次被甘肃省高级人民法院发回重审。2017 年 8 月，本案被定为全国以审判为中心的诉讼制度改革“三项规程”试点观摩案件，拟作无罪判决。兰州市人民检察院高度重视，在原有办案人的基础上充实配备办案人员，成立公诉组，强化公诉力量，全力以赴应对出庭支持公诉任务。在时间紧、任务重的情况下，紧张、有序地完成了一系列庭前准备工作。

2. 吃透案情，全力以赴迎接挑战

由于案发于 10 年前、侦破于 4 年前，受当时侦查机关人员素质、办案条件等限制，犯罪嫌疑人供述、现场勘验检查等证据的收集和固定存在诸多瑕疵，加之二被告人的翻供，兰州市中级人民法院拟启动非法证据排除程序，本案面临被判无罪的风险。由于时间紧迫，公诉组高度重视，加班加点，全面、细致地审查了案件所有证据材料。对全案所有证据综合考量、查遗补漏，系统分类、梳理分析；对每一份证据从收集、固定，到形式、内容均进行了详尽的审查核实，并将发现的所有问题收集汇总，制作了长达 5 万字的公诉预案，包括非法证据排除程序的示证提纲、答辩预测、侦查人员出庭作证询问提纲以及庭审中使用的讯问提纲、质证提纲、示证提纲、答辩提纲、公诉意见书等。

3. 理性公正，客观面对案件证据瑕疵

公诉组针对省、市两级人民法院发回重审的理由、要求补查的问题以及合理怀疑的焦点等，结合证据审查中发现并汇总的问题，重点开展分析、调查、研究。一方面，与法院积极联系，探讨案情，寻找问题切入点；另一方面，与侦查机关积极沟通，多次召开案件协调会。考虑到本案的争议焦点在于证据的合法性，公诉组多次召集所有曾经参加过本案勘验、检查、鉴定的侦查人员，就当时证据的收集情况进行详细的调查了解。在与侦查人员面对面的交流过程中，公诉组帮其卸掉思想包袱，放下顾虑，在获得充分信任的基础上客观、全面地了解了当年查办案件、收集证据的真实过程。经过对全案证据的详细审查，公诉组在确信案件证据真实性、客观性、合法性的基础上，做到了全盘掌握、胸有成竹。与此同时，公诉组要求侦查机关调取新的证据，并对所有已有证据进行重新梳理。通过梳理，案件有了重大突破，即在对案发现场遗留的被告人指纹进行检验后，公诉组发现该指纹只能从柜台里面形成，这对后来的有罪判决起到了非常关键的作用。

4. 迎难而上，主动申请启动非法证据排除程序

由于被告人张某某、丁某某均全盘翻供，并称其之前的所有有罪供述均系侦查人员刑讯逼供所致，非法证据排除程序的启动不可避免。公诉组针对该现实情况，在庭前会议中向合议庭主动提出申请启动上述程序，并提交了出庭作证名单（7名侦查人员、1名鉴定人员），在程序上首先占据主动。2017年8月底，本案开庭审理，法庭启动非法证据排除程序。由于该程序系由公诉方首先提出申请，故先由公诉人发表证据合法性意见、讯问被告人、向侦查人员提问等。因此，公诉方始终占据主动，引导法庭。一方面，在公诉方的引导下，7名侦查人员客观、详尽地向法庭陈述了整个抓获、勘验、讯问等侦查过程，合理地解释了证据收集过程中存在的诸多问题，直面瑕疵，没有推卸，没有逃避，获得了合议庭的合理信赖。另一方面，公诉方打乱了辩护方早已准备好的辩护步调以及企图通过使证据非法进而否定被告人罪行的辩护目的，使其方寸大乱。公诉方向法庭出示的所有证据都证明，侦查人员不存在刑讯逼供等非法行为。最终，所有存在争议的证据均被法庭采信，为二被告人的有罪判决奠定了坚实的基础。另外，兰州市人民检察院对本案非法证据排除程序的启动，开启了全国法院系统推行“三项规程”以来全省人民检察院申请非法证据排除程序第一案。该程序的启动和操作一改以往排非程序的简单、随意等不规范状况，其过程完全依照《刑事诉讼法》的相关规定展开，非常规范和全面，为全省树立了排非程序的榜样和模板，并有利于指导今后的司法实践。

5. 坚韧不拔，圆满完成庭审任务，社会效果良好

在证据出示和法庭辩论环节，二被告人及辩护人企图通过案件证据瑕疵来否定关键证据证明力进而达到逃脱罪责的目的。公诉人无惧质疑、直面问题，通过扎实的证据、严密的逻辑、合理的推断，与被告人、辩护人唇枪舌剑，历时3天，圆满完成公诉任务。本案作为兰州市中级人民法院"三项规程"试点观摩案件公开审理，社会关注度很高，最高人民法院、甘肃省高级人民法院、甘肃省人民检察院、兰州市人民检察院、兰州市公安局有关领导等百余人参加了旁听和观摩，特别是公安机关还组织了70余名刑侦干警全程旁听了庭审过程，通过现场观摩非法证据排除程序、侦查人员出庭作证，充分认识规范收集固定证据的重要性。公诉组准备充分，指控有力，受到了最高人民法院观摩团及兰州市中级人民法院的充分肯定和其他旁听人员的一致赞扬。

四、案件评析

该案从案发、侦破到审判，历时十年，见证了近年来司法体制改革的变迁。虽然案件公诉成功，犯罪嫌疑人最终获得有罪判决，但侦查机关收集、固定证据不规范，检察机关审查起诉案件不严谨，法院审判案件流于形式的现象仍然存在。本案系法院庭审实质化改革过程中的典型案例，在无形中引领、倒逼和促进了公、检、法、司法律职业共同体整体职业素养的提升，确保了司法公正，加强了人权保障，防范了冤假错案。

马某某、孙某艳故意杀人案

——家庭暴力中的正当防卫如何认定*

要旨

家庭暴力行为引发的刑事犯罪案件中，因暴力行为激发受害人正当防卫的情节较为常见，而如何判断正当防卫的正当性、及时性、必要性是该类型犯罪中定性与量刑的关键问题。

一、基本案情

被告人马某某，女，与被害人系夫妻关系。

被告人孙某艳，女，与被害人系父女关系。

2016年4月××日××时许，在某市某区某小区院内及该小区×号楼电梯内，被害人孙某某在饮酒后对其子孙某丰（未成年人，另处理）、其女孙某艳进行谩骂、殴打，后进入该小区×号楼××××室内，继续对孙某艳、孙某丰及其妻马某某随意进行谩骂、殴打，后孙某某在殴打孙某丰时被孙某丰绊倒，马某某压住孙某某左胳膊，孙某艳持刀捅刺孙某某左腿三处、胸部两处，后孙某艳在孙某丰的帮助下掐住孙某某的喉部，致使孙某某当场死亡。经鉴定，被害人孙某某系他人扼压颈部及捂压口鼻致使机械性窒息死亡。

二、分歧意见

第一种意见认为，二被告人是为了制止家庭暴力的不法侵害，为了保护自身的合法权益不受被害人的侵犯，故二被告人的犯罪行

* 杜志玫，甘肃省兰州市人民检察院公诉部检察官助理。

为系正当防卫，因防卫过当造成了被害人死亡的后果，故不应被定性为故意杀人罪。

第二种意见认为，二被告人的行为符合故意杀人罪的构成要件。二被告人在制止被害人家庭暴力行为的过程中，即被害人孙某某被孙某丰绊倒后，二被告人及孙某丰合力压制住被害人孙某某，被害人的不法侵害已经停止，二被告人不存在正当防卫的前提，故不存在正当防卫的情节。

三、评析意见

笔者同意第二种观点，认为二被告人的行为构成故意杀人罪，不存在正当防卫的情节。

第一，在不法侵害已经消失的情况下，二被告人又实施了犯罪行为，不应被认定为正当防卫。被害人在实施家庭暴力行为时，在被孙某丰绊倒后，又被被告人马某某、孙某艳、孙某丰立即摁在地上，已停止了伤害行为。此时，不法侵害行为已经消失，二被告人已失去正当防卫的前提条件。在此情况下，二被告人与孙某丰三人合力致死被害人，其行为已由最初的反抗暴力转变为了故意伤害，二被告人因被害人先前的暴力行为激发犯罪意图，故不能因被害人存在先前的家暴行为而无限放大被害人的暴力行为界限，更不能因为被告人是家暴的受害者而放宽正当防卫的适用范围。

第二，二被告人的行为应被定性为故意杀人罪。在被害人酒后对家庭成员实施暴力行为时，被告人采取了反击行为。根据被害人的尸体检验报告，被害人的左胸部有两处刀伤，左腿部有三处刀伤，均非致命刀伤。根据被告人的供述，系试图制止被害人持续暴力的行为，之后被告人马某某又实施了掐住被害人脖颈的行为，但后又停手，捅刺行为与掐被害人脖颈的行为应被认定为试图制止被害人暴力行为的故意伤害行为。实施此行为后，在仍未能制止被害人的情况下，二被告人与孙某丰又合力实施了掐被害人颈部，摁住被害人胳膊以压制反抗的行为，二被告人及孙某丰在看到被害人面部反应异常并极力反抗的情形下仍未停手，直至被害人停止反抗。

二被告人的犯罪行为并非能够瞬间致使被害人死亡，而是一个持续性的、渐进的过程。在此过程中，迫于二被告人及孙某丰的加害行为，被害人出于求生的本能一直在反抗，二被告人作为成年人，在观察到被害人出现异样的情况下，没有停止加害行为，反而仍在增加伤害的力度，直至被害人死亡，其行为是在积极追求被害人死亡的后果，符合故意杀人罪的构成要件。

四、处理结果

某市中级人民法院对本案作出一审判决，认为被害人孙某某无故谩骂、殴打被告人马某某、孙某艳，在被害人的言语、行为刺激下，被告人马某某、孙某艳失去理智，情绪失控将被害人扼压颈部杀死，被害人对案件的引发有严重过错，被告人属激情杀人。被害人是针对家庭成员实施暴力，其侵害轻质和程度相对较轻，被害人在被绊倒在地后，二被告人对被害人的侵害行为防卫的紧迫感丧失，但被告人马某某却持刀捅刺被害人身体，并在马某某、孙某丰的协助下用双手掐住被害人颈部，致使被害人死亡，故被告人马某某、孙某艳应承担故意杀人的刑事责任，行为均构成故意杀人罪。二被告人在作案后明知他人报案而在现场等待，没有抗拒抓捕，并如实供述罪行。认定孙某艳犯故意杀人罪，判处有期徒刑5年；认定被告人马某某犯故意杀人罪，判处有期徒刑3年，缓刑3年。二被告人均未上诉。

妥某某等金融借款合同纠纷案

——当事人未出庭对判决的影响*

要旨

金融借款合同纠纷案是金融诉讼案件中数量最大的一类案件。此类案件不仅涉及银行及贷款个人的切身利益，而且还会影响到国家金融政策的调整和金融市场的稳定。因此，司法机关应该从切实维护当事人合法权益，维护金融市场稳定的角度处理好此类案件纠纷，为解决其他金融纠纷类案件树立标杆。在“妥某某等人金融借款合同纠纷案”中，虽然案件的法律关系简单明了，但其涉案金额较大且未传唤当事人出庭，以缺席判决的方式结案，直接剥夺了申请人应诉、答辩、举证、辩论等基本诉讼权利，违反了程序公正。处理好该类案件是人民检察院维护公平正义的重要体现，也必将对维护程序公平正义起到示范作用。

一、基本案情

被告：妥某某，女，裕固族，××××年××月××日出生，身份证号：××××××××××××××××××，住××市××区××路×××号×××室，联系电话：×××××××××××。

被告：师某某，男，汉族，××××年××月××日出生，身份证号：××××××××××××××××××。

原告：某某银行股份有限公司某某分行，地址：××市××区×××

* 周建军，甘肃省兰州市城关区人民检察院民行部部长；房怀国，甘肃省兰州市城关区人民检察院检察官。

路×号，法定代表人：姜某，系分行行长。

××××年××月××日，师某某（原审被告）与某某银行股份有限公司某某分行（原审原告）签订《个人贷款借款合同》一份，约定由某某银行股份有限公司某某分行向原审被告师某某提供贷款30万元，贷款期限为12个月，自××××年××月××日起至××××年××月××日止，年利率为9.6%，借款人以按月付息、到期还本的方式向原告归还贷款本息。但原审被告师某某并未按约及时、足额履行还款义务，截至原告某某银行股份有限公司某某分行起诉时，尚有借款本息合计257 474.11元未及时清结。申请人妥某某与师某某曾系夫妻关系，妥某某也是原审被告。申请人妥某某系某某市某某区人民法院[2015]城民2初280号民事判决书中的被告之一，但此案件在一审阶段并未通知妥某某出庭参加诉讼。申请人妥某某在判决已经发生法律效力并进入执行程序后，经某某区人民法院执行局工作人员电话通知后，前往法院才得知该案的具体情况。申请人妥某某于××××年××月××日向某某市中级人民法院申请再审，某某市中级人民法院以再审申请超过法定申请再审期限为由，裁定驳回其再审申请。

二、关键问题

本案的诉讼焦点和关键问题有三个方面：一是一审法院未传唤当事人出庭，以缺席审理方式结案，剥夺了申请人应诉、答辩、举证、辩论等基本诉讼权利，损害了当事人的合法权益；二是所涉及诉讼文书送达均直接采取公告送达的方式，程序违法；三是未传唤当事人出庭，直接缺席判决，存在实体上损害当事人合法权益的可能性。

三、评析意见

被告人妥某某认为某某市某某区人民法院作出的民事判决，审判程序严重违法，侵犯了其合法权益，于××××年××月××日申诉至兰州市城关区人民检察院，申请申诉监督。

兰州市城关区人民检察院受理该案后，经调阅原审卷宗，了解相关情况后认为：

(1) 在审理过程中，审判机关没有按照《民事诉讼法》第85

条、第92条的规定，向被告师某某、妥某某送达起诉状副本、应诉通知书、开庭传票及限期举证通知书，而是在××××年××月××日的人民法院公告报上，采用公告送达的方式进行送达。根据《民事诉讼法》第85条、第92条的规定，送达诉讼文书，应当直接送交受送达人；受送达人下落不明，或者用法律规定的其他方式无法送达的，才能公告送达；公告送达应当在案卷中记明原因和经过。该案的被告师某某与原告某某银行股份有限公司某某分行之间签订的《个人贷款借款合同》中，师某某明确注明其家庭住址为"××市××区××路×××号×××室"，师某某与妥某某曾系夫妻关系，妥某某多年以来也一直居住在××市××区××路×××号×××室，其使用的电话号码十多年来并未改变，即原审法院与申请人妥某某间不存在任何联系障碍。某某区人民法院在审理该案件时，在能够直接向被告人妥某某送达法律文书的情况下，却采取公告送达，并且采用缺席判决方式结案，致使被告人妥某某在能够参加庭审的情况下却未能出庭参加庭审，剥夺了被告妥某某的应诉、答辩、举证、辩论等权利，其原审判决明显违反法定程序，损害了被告人妥某某的合法权益。

（2）某某区人民法院在作出民事判决时，妥某某已于××××年××月与师某某解除婚姻关系。师某某与妥某某分居多年，妥某某于××××年年底得知师某某在某某监狱服刑，对服刑的原因、时间以及本案审理时师某某的服刑情况均不知。师某某于××××年××月××日从某某银行股份有限公司某某分行借款30万元的目的、用途，据被告人妥某某陈述均不知情，其是否属于共同债务，有待进一步审查。而某某区人民法院作出的判决，是在被告人妥某某未到庭的情况下，通过缺席判决，直接判定被告师某某、妥某某共同偿还原告某某银行股份有限公司某某分行借款本金200 000元、利息26 517.58元，及律师代理费11 300元。原告预交的案件受理费5332元，退还原告；由二被告于判决生效后向法院缴纳。此判决程序违法，实体上也损害了被告人妥某某的合法权益。

四、处理结果

某某区人民法院在收到兰州市城关区人民法院的再审检察建议后，

经院长提交审判委员会讨论，认为原审民事判决书确有错误，应予再审。依据《民事诉讼法》第198条第1款、第206条的规定，裁定如下：

（1）本案由本院另行组成合议庭进行再审；

（2）再审期间，中止原判决书的执行。

巴某贪污、受贿案

——用于公务支出的费用应否在贪污受贿数额中扣除*

要旨

司法实践中，在公诉或者庭审阶段，一部分贪污、受贿案件的犯罪嫌疑人或被告人会辩称所得钱款已用于单位业务招待等“公务活动”，自己未得或所得很少。对此，司法机关在具体处理时有两种截然不同的做法：一种是采纳嫌疑人或被告人的辩解，将“用于公务”支出的这部分费用，从犯罪数额中减除；另一种则全盘否定“用于公务”支出的费用，认为贪污、受贿款项的去向不影响犯罪的成立。这种处理上的差异，不仅会直接关系到嫌疑人或被告人刑事责任的认定，也会对司法公正造成不良影响。

一、基本案情

巴某，男，汉族，生于×年×月×日，大学文化程度，中共党员，原系某市政施工有限公司经理、某市政工程管理处城关维修所挂职副所长。

2013 年，巴某在任某市政施工有限公司经理期间，先后两次以某项目咨询费及某项目业务信息费名义从该公司会计丁甲保管的账外资金中支取现金 12 万，其中 8.95 万被巴某个人侵吞；2014 年 1 月，巴某指使丁甲用材料供应商多开的发票做账后，从单位财务大账中套取现金 25 万，其中 17.05 万被巴某个人侵吞。

---

* 姜振强，甘肃省兰州市七里河区人民检察院法律政策研究室主任。

2014年，巴某收受某水泥制品有限责任公司法人代表刘某、个体包工头陈某、丁乙三人为催要欠款而给其送的好处费共计13万。

二、关键问题

被告人巴某及其辩护人在法院庭审阶段当庭辩称，贪污数额"用于公务"的贪污数额应当被扣除。受贿的5万银行卡已丢失，不应当认定，其他受贿指控不属实。

三、分歧意见

针对犯罪数额的认定，在法院庭审阶段形成了两种意见：

第一种意见认为，被告人巴某贪污、受贿的数额应当全额认定。主要理由为：一是巴某利用职权指使他人，采取"骗取"的手段，从本单位财务账目套取公款存入"小金库"进行个人侵吞，公款属性已变性；二是巴某辩称的"用于公务"的款项完全可由本单位财务或"小金库"支出，且其所称"用于公务"属违规支出，超过一定数额，将构成犯罪；三是被告人的辩称不稳定，供述不实，不应支持。

第二种意见认为，被告人巴某贪污、受贿的数额应当扣除其辩称的"用于公务"的数额。主要理由：一是被告人巴某虽指使他人完成了套取公款、实现了个人控制的目的，但其辩称的发放加班费、给甲方监理的好处费和市政管理处相关人员的过节费等，有一部分目的还是出于"公务活动"需求，本人未据为己有；二是由于相关制度的制约，不允许发放各种奖金、加班费，被告人虽采取了"骗取"的手段套取公款，其目的还是协调搞好各方面的关系，虽客观上违反了各项纪律，但在主观上没有个人侵吞的故意；三是犯罪数额应当认定行为人实际得到的数额。故，确定犯罪数额必须以犯罪行为的社会危害程度为根据，科学的犯罪数额标准应当准确反映犯罪的社会危害程度。应当全面考量，综合评定，务必谨慎。

四、评析意见

犯罪数额决定着犯罪的定罪和量刑。我国现行《刑法》和司法解释中对认定职务犯罪中的犯罪数额，还存在一定的法律不足、不合理扩张解释、法律评价不一和不公、地区标准不一导致法律适用不便等问题。只有《刑法》明确了职务犯罪数额的定义、范围、计算标准，才能切实解决司法实践中存在的各种问题。

被告人巴某及其辩护人的辩称有一定的合理性。公诉部门应加强与侦查部门的协调和沟通，从有利于犯罪嫌疑人的角度出发，引导取证。侦查机关根据巴某的数次不同供述，对其声称给职工发放加班费、给甲方监理及给市政管理处相关人员过节费所涉及的相关人员 40 余人逐一进行了核对，将收钱的人承认的钱数从巴某贪污数额中予以扣除。对于巴某供述的甲方监理等人员因具体姓名不详，侦查机关无法核实，也未计入巴某的贪污数额。在一定程度上，公诉部门的做法可以说保护了犯罪嫌疑人的合法权益，应当予以支持。对其辩称的"受贿罪不属实，其未收受刘某、陈某合计 8 万的好处费，其收受丁乙银行卡，但该卡已丢失，钱其并未花"，因该三人的证人证言与巴某的几次讯问供述相符，收受丁乙某银行卡已实际占用，虽未使用不影响其受贿罪的成立。应当依法追究其刑事责任，并因一人犯数罪，实行数罪并罚。

所以，在查办职务犯罪、认定犯罪数额时，承办人员不仅要从犯罪事实出发，还要抓住案件中的细枝末节，综合考量案件存在的问题，从合理合法的角度充分保障嫌疑人的合法权益，只有行为人感到其确实应当受到法律的追究和制裁，才能实现法律监督的政治效果、社会效果和法律效果的有机统一。

五、处理结果

巴某涉嫌贪污、受贿犯罪一案，系 2014 年 12 月某市某区人民检察院反贪局在查处某市政工程管理处路灯所原所长杨某涉嫌贪污、受贿一案时发现的，同日，经检察长批准进行初查，当月对犯罪嫌疑人巴某以涉嫌贪污罪立案侦查，并对其依法实施刑事拘留。2015 年 1 月，某市人民检察院决定，以涉嫌受贿罪对犯罪嫌疑人巴某依法逮捕。同年 2 月，该案侦查终结移送审查起诉。8 月，经依法审判，某区人民法院以贪污罪、受贿罪判处巴某合并执行有期徒刑 11 年。

李乙故意伤害案

——对涉罪未成年人作出不起诉决定的意义*

要旨

不起诉宣布教育仪式体现了“惩罚与教育相结合”的未成年人刑事检察理念。其可以通过教育的形式让未成年人意识到不起诉宣告的庄严、法律的严肃，感受到检察官、侦查人员、法律援助律师真诚的关心和温暖，促进未成年人吸取教训，真诚悔过。

一、基本案情

2017年8月×日，犯罪嫌疑人李乙与其父李甲（同案嫌疑人，分案处理）在某市某区某市场卖桃子，被害人赖某某因买桃子与李甲发生口角，赖某某准备离开时李甲踹了其一脚。李甲之子李乙看到父亲与被害人发生矛盾后，跑过来殴打被害人赖某某，后被人拉开，随后，李甲又与赖某某撕打，将赖某某摔倒，致其左锁骨骨折。经某市公安司法鉴定中心鉴定：赖某某之损伤属轻伤二级。

二、关键问题

对作出不起诉决定的涉罪未成年人举行不起诉宣布教育仪式的意义何在?

三、评析意见

办案人在审查案件时了解到，李乙在校期间表现良好，喜欢打篮球，性格较外向，之前无违法犯罪记录。案件审理期间，李乙已

* 王建丽，甘肃省兰州市西固区人民检察院未成年人检察工作科科长。

回到河南，正在校读书。为了尽量减少对其学习的影响，最大限度地挽救李乙，办案人积极落实未成年人特殊刑事政策，周密安排，收获了更好的社会效果。

具体的做法：一是于 3 日内迅速吃透案情，告知权利义务、讯问、指派法律援助律师与被害人和解等同时进行，减少李乙从河南到某市的往返次数。二是积极会同公安机关促成双方的和解。三是依法对李乙作出相对不起诉决定。四是加强对李乙的教育训诫。作出决定后，考虑到李乙毕竟法律意识淡薄，且易冲动，其父亲同样如此，二人同时构成犯罪，案件承办人特别邀请侦查人员和法律援助律师参加不起诉宣布教育仪式。三方从小事有可能酿成大祸、多读书让自己的内心世界更加平和、父母言传身教的重要性、学法知法守法、增强法律意识等方面对李乙进行了教育。为作出不起诉决定的涉罪未成年人举行不起诉宣布教育仪式，有利于涉罪未成年人充分认识犯罪行为的危害性，反思自己的错误，真诚悔过；有利于提高涉罪未成年人的法律意识，预防其再次犯罪。同时，有利于家长与涉罪未成年人进行对话，改善教育方式。

四、处理结果

宣布教育仪式上，李乙深受触动，表示现在非常后悔，以后遇事一定会冷静，感谢法律给了自己机会，一定好好学习，争取高考取得好成绩。李乙的父亲也深受教育，认为宣布教育仪式是一堂及时的法治课，一定要吸取教训，好好规划孩子的未来，与孩子共同成长。

王甲故意伤害案

——办案中如何把握正当防卫与故意伤害的界限*

要旨

本案系婚姻伦理矛盾纠纷激化所引发的刑事案件，焦点在于王甲的行为是否系正当防卫。在审查起诉中对证据该如何把握同样是定性的关键。在本案中，办案人对证据进行了精细研读、对定性进行了精准判析，使得法院最终采纳了公诉方的起诉意见，以故意伤害罪对王甲作出了有罪判决，并有效化解了社会矛盾。通过此案，笔者对办案实践中存在正当防卫争议的故意伤害类案件的证据把控及定性判析进行了分析、总结。

一、基本案情

（一）案件事实

2015年5月×日，被害人王乙（出租车司机，身材消瘦，身高165厘米左右）驾车路遇被告人王甲（身材适中，身高180厘米左右）一家三口（即王甲本人及其妻子和5岁的女儿），因二人之前存在矛盾（被告人王甲案发前几月对王乙实施了不道德的行为），王乙怀恨在心遂驾车尾随至某小区院内（该小区案发时照明条件良好），持刀追上已行至自家单元门口的王甲一家后挥刀恐吓，并与王甲对骂。王乙向王甲挥刀，王甲遂一手用雨伞撑开挡避（伞面遂破损），一手持随身携带的弹簧刀扎在王乙左侧颈部，王乙遂一手捂住脖子并侧身后退，王甲未停止挥刺，上前又用弹簧刀再次刺中王乙后背，

---

* 金昱晓，甘肃省兰州市西固区人民检察院公诉部助理检察员。

王乙遂倒地。经某市公安司法鉴定中心鉴定，王乙右侧胸腔血气胸、右侧胸壁穿透伤、全身多个疤痕长度累计15厘米以上，均构成轻伤二级。

（二）诉讼经过

本案于2015年8月被侦查机关移送审查起诉；因事实不清、证据不足，于2015年9月被退回侦查机关补充侦查，侦查机关于当月补查重报；2015年10月，本案因案情复杂被延长审查起诉期限；2015年10月底，检察机关向法院提起公诉；2015年11月，法院公开审理本案并于2015年11月对王甲作出一审判决。

（三）证据情况

本案的证据包括：匕首、被害人陈述、被害人妻子的证言、被告人供述、被害人伤情鉴定意见书（“两刀”分别构成轻伤二级）、被告人与证人、被害人之间相互辨认的辨认笔录、案发现场勘验笔录等。

二、关键问题

王甲对王乙的两次捅刺行为，是正当防卫还是故意伤害?

三、分歧意见

本案存在四种意见：

第一种意见：被告人王甲构成故意伤害罪，其与王乙之间的行为均属于互殴性质。该种观点认为，被告人王甲不具有防卫的意识，由于王乙体型较之王甲相对瘦弱、矮小，王乙的行为在客观上不足以给王甲带来实质意义上的伤害危险，且王甲在口袋内早备有弹簧刀，故王甲与王乙均系出于故意伤害对方的主观故意进行互殴，构成轻伤结果的一方承担刑责。

第二种意见：被告人王甲的行为系正当防卫，但防卫行为不适度，系防卫过当。该种观点认为，被告人王甲采用随身携带的雨伞进行阻挡足以起到有效防卫的效果，而其采用弹簧刀进行还击的行为不适度且不必要，造成了被害人不必要的伤害。

第三种意见：被告人王甲的行为系正当防卫，防卫适度，不构成犯罪。该种观点认为：①被害人王乙持刀追赶王甲，扬言施暴，并向其挥舞，王甲的行为应是针对不法的侵害。②该不法侵害正在进行，王乙持刀追赶时，应为犯罪行为已经着手实施，直至刀具掉落、王乙躺倒在地，才能视为犯罪结束。本案中评价的行为就是王甲扎向王乙的两刀，第一刀和第二刀之间时间很短、没有明显时间间断，王乙也没有明显放弃伤害的行为，两次捅刺均是瞬间的行为，直至王乙躺倒在地才能视为危险消除。③王甲具有防卫的意识，本案中根据证据判断，王甲在王乙倒地之前一直是出于保护自己及家人的安全的主观故意，在王乙倒地之后即停止行为。④针对不法侵害者本人实施。本案中，王甲的行为显然没有涉及第三人。⑤防卫行为适度，即没有超过必要限度造成重大损害，一般防卫造成重伤以上后果才成立防卫过当，本案中，王乙所受到的伤害构成轻伤二级，后果并没有造成重大损害。

第四种意见：被告人王甲第一次捅刺系正当防卫，第二次捅刺系故意伤害，综合构成故意伤害罪。该种观点与第三种正当防卫的观点在针对不法侵害者本人实施、具有防卫的意识、针对不法侵害等判别标准上均认识一致，但就两次捅刺行为是否均发生在不法侵害正在进行时，存在不同见解。该观点认为，王乙在持刀挥砍王甲的情形下，王甲第一次手持随身携带的弹簧刀扎在王乙左侧颈部的行为从时间、性质、程度等方面考虑均满足前文所述正当防卫的五点特性，但王甲在第一次捅刺的防卫行为中已经致使王乙身体要害部位受损，王乙捂脖、侧身、后退，已无继续侵害的能力，此时不法侵害已经结束，但王甲未采取其他防护手段，并继续持刀刺中王乙背部，致使王乙右侧胸腔血气胸、右侧胸腔穿透伤，单独构成轻伤二级。故王甲刺伤王乙后背的行为属于事后防卫，不属于正当防卫，其主观心态应是故意伤害，应构成故意伤害罪。

四、评析意见

笔者同意第四种观点。《刑法》第 20 条第 1 款规定："为了国家、公共利益、本人或者他人的人身、财产和其他权利免受正在进行的不法侵害，而采取的制止不法侵害的行为，对不法侵害人造成损害的，属于正当防卫，不负刑事责任。"构成正当防卫，必须满足以下几个要件：第一，针对不法侵害；第二，不法侵害正在进行，即防卫行为应发生在犯罪行为已经着手实行但尚未结束的过程中；第三，具有防卫的意识；第四，针对不法侵害者本人实施；第五，防卫行为适度，即没有超过必要限度造成重大损害。结合本案来看，笔者认为，第四种意见细致入微地把握了本案王甲两次捅刺行为的性质，区别了“两刀”之间正当防卫与故意伤害的界限。那么，在实际办案中又该如何厘清正当防卫与故意伤害的界限？如何做到精准定性？笔者认为，最大限度地还原案件事实及抓住关键证据节点至关重要，结合本案主要讨论以下两个方面：

（一）抓住关键证据节点，雕琢证据细节

本案的诱因系被害人王乙持刀追逐被告人王甲并向其挥砍。该情节引起了办案人的高度注意，立即将审查证据的重点放在了正当防卫与故意伤害的定性问题上。通过阅卷发现，本案证据主要系物证及言辞证据，其中言辞证据过于简略，且详略不当，未突出案件情节及细节，而上述细节正是判断定性的关键。面对以上问题，办案人及时调整了证据审查方略，没有简单、间接地去通过侦查机关进行了解，而是选取了与案发时间和天气相当的时间段直接前往案发现场，对案发环境进行了实地观察，并且比照公安机关现场拍摄的照片，摆放了道具，还原了案发时双方刀具掉落的位置及被害人倒地的位置。经观察，本案案发地位于被告人所住家属区单元门附近，该处有大片树荫遮蔽，树荫中有一路灯照明，光照条件良好。通过以上实地勘查，办案人直观地了解了案发时的视觉条件及双方刀具掉落和被害人倒地顺序，对被告人实施行为时的主观认知程度及案件经过脉络有了基础、直接的认识，并为后续的补充侦查及案件定性确立了方向。经过退回补充侦查，在王甲的“两刀”中间，王乙身体要害部位受损，王乙捂脖、侧身、后退这一证据节点突显出来，为之后案件的定性指明了方向。

（二）推敲案件事实，最大程度还原案件原貌

本案中，被告人王甲一共向被害人王乙捅了两刀，值得注意的是，伤情鉴定表示第二刀可以单独构成轻伤，那么本案的定性关键就在这“两刀”之间，对“两刀”之间案件事实的还原程度将直接

影响本案的定性，这一直观认识将办案人的思维紧紧地拉到了被告人两次捅刺行为及被害人反应行为之中。而本案的公安机关起诉意见书反映的犯罪事实存在详略不当、疏漏重点的情况，未能尽最大可能还原案发事实的原貌。鉴于此，办案人立即传讯被告人、询问被害人。因为双方的语言用词习惯及利益角度不同，言辞证据可能会出现偏差，办案人分别让被告人及被害人通过肢体动作模仿、还原当时案发时的行为动作，用中立、客观的语言予以记录，双方当事人均予以认可，使得案件事实得到了最大限度的再现与还原。案发时，王甲左手持雨伞格挡住王乙的砍刀，右手持随身携带的弹簧刀侧身扎在王乙左侧颈部，王乙左手捂脖、右手砍刀垂地，随即弯腰、侧身后惯性后退，而后王甲追步刺中王乙背部，王乙应声倒地。上述案发事实得以如幻灯片般展现，使得被告人与被害人在案件关键处的每一相互行为都在案件证据中得以定格，为案件的定性打下了基础。

五、处理结果

2015 年 11 月，某市某区人民法院以故意伤害罪判处王甲有期徒刑 8 个月，缓刑 1 年。

李某某盗窃案

——“疑罪从无”理念的适用*

要旨

办案过程中通过关注案卷细节，从而保证案件质量，防止冤假错案。

一、基本案情

2014年12月×日，犯罪嫌疑人李某某窜至某市某区某村，趁某村×号居民张某某家中无人时翻墙进入院内的厨房，盗窃了一桶食用油和一台电磁炉。经某市某区价格认证中心鉴定，被盗的一桶食用油和一台电磁炉价值共170元。

二、关键问题

（1）通过询问嫌疑人、受害人、证人等，得出的事情经过与公安案卷材料严重不符。

（2）报案材料、价格鉴定意见书上的受害人签名不是受害人自己所签。

（3）鉴于案件相关人员的证词与公安案卷材料出入较大，无法正确还原案件真实经过。

三、评析意见

（1）李某某涉嫌盗窃罪被提请公诉之后，办案人从案卷资料出发，认真分析犯罪嫌疑人李某某的行为，仔细分解案件发生经过，通

---

* 李月洁，甘肃省兰州市红古区人民检察院刑事检察部。

过询问嫌疑人、受害人、证人等，认定事情经过与公安案卷材料完全不同。

（2）在办理李某某涉嫌盗窃罪案件时，办案人不仅严格依据《刑法》和《刑事诉讼法》有关逮捕条件的法律条文作出了事实不清、证据不足决定并提交检委会讨论，而且在案件审查过程中根据《刑事诉讼法》第 6 条之规定，“人民法院、人民检察院和公安机关进行刑事诉讼，必须依靠群众，必须以事实为根据，以法律为准绳”；《刑事诉讼法》第 51 条之规定，“公安机关提请批准逮捕书，必须忠于事实真相；故意隐瞒事实真相的，应当追究责任”。对于本案中警察存在的违规情形予以明确的界定和驳斥，最终对执法单位文明、规范执法产生了良好的规范和导向作用，对于确保案件质量起到了示范作用，达到了法律效果和社会效果的统一。

（3）有关李某某涉嫌盗窃罪案件的办理，认定事实清楚、适用法律正确、说理充分透彻、法律文书规范，特此推荐。

四、处理结果

2016 年 6 月×日某区检察院侦监科接到某市公安局某分局提请审查逮捕的李某某涉嫌盗窃罪一案，经院检委会决定，以事实不清、证据不足，不予批准逮捕嫌疑人李某某，退回公安机关补充侦查并发纠正违法通知书。

汪某某故意杀人案

——认定为犯罪未遂还是犯罪中止的标准*

要旨

忠诚是婚姻关系的基本要求，而婚外情引起的感情纠葛甚至犯罪行为，已不是个别现象，是需要全社会广泛关注的问题。其不仅会危害到当事人及其家人的身心健康，造成严重的精神压力和感情纠葛，更会使犯罪率上升、危害社会。本案是典型的因婚外情抚养费支付诱发犯意，系较为常见的犯罪故意体现，犯罪实行行为的整个阶段较为持续。本案可以生动地还原犯罪动机之产生，全面体现故意杀人犯罪实行行为之终了节点的确定，也可较为清楚地展现犯罪未完成形态之间的界限，更对司法实践中此类刑事法律问题的准确认定具有一定的借鉴和参考意义。

一、基本案情

（一）案件事实

汪某某与被害人同系某区某村村民，2013年×月二人通过网络聊天熟识后相约见面并发生性关系，后发展为情人关系。几个月后，被害人怀孕，汪某某得知被害人怀孕后担心影响自己婚姻家庭，便要求其终止妊娠，但被害人坚持继续妊娠，二人因此产生矛盾。在此期间，被害人匿名给闫某某（汪某某妻子）发短信告知二人关系，欲引起家庭不睦以便自己与汪某某共同生活。被害人与家人商量后

* 程睿，甘肃省天水市秦州区人民检察院公诉科检察官助理，天水镇检察室负责人；刘衍虎，甘肃省天水市秦州区人民检察院公诉科检察官。

选择继续妊娠，并于2014年×月×日生下一子，产子后被害人与汪某某数次电话联系商量解决办法未果，二人便不再联系。至2015年×月，被害人发短信骚扰汪某某家人导致汪某某夫妻关系极度紧张，同时向汪某某索要孩子抚养费，汪某某迫于压力同意支付抚养费并于2015年×月×日签订《非婚生子抚养协议》。协议签订后汪某某并未支付抚养费，被害人便以有急事为名向汪某某借钱，同时向汪某某催要抚养费。

2016年×月×日，被害人再次催要孩子抚养费，汪某某表示要去陇南某镇卸玉米，改天再见面，被害人不同意，汪某某便让被害人带着孩子在某镇刘家峡路口见面。17时许，二人见面后，汪某某驾驶一红色解放牌重型平板货车载着被害人及孩子前往陇南某镇。卸完后，20日凌晨，汪某某驾车返回，途中被害人再次提出孩子抚养费问题，汪某某搪塞到某镇取钱。20日凌晨，3时许，当车辆行驶至秦州区天大公路汪川镇张家磨段朝天水镇方向1000米处时，汪某某将车停在公路左侧，挂了空挡拉起手刹，未熄火，以车辆发动机抖动，可能离合器有故障为由，让被害人抱着孩子下车以便其抬起驾驶室检查。汪某某下车查看后称要踩下油门让被害人蹲看是否漏油。然后自己上车操作，被害人查看后说没有漏油。此时，汪某某想起被害人给自己的家庭婚姻带来的不良影响，遂产生杀害被害人母子的想法，便指使被害人再次查看离合器。随后，汪某某趁被害人抱着孩子蹲在车辆左前方探头查看之际操作车辆朝母子撞去，被害人下意识躲闪，其右脚被车轮胎蹭压后坐在地上，车辆向前冲了六七米远撞上了路边的水泥柱后停车。汪某某从后视镜中看见被害人未受伤，便未下车，又挂倒挡加大油门倒车撞向坐在地上哄孩子的被害人，被害人见状抱着孩子滚下路边的河床扭伤左脚。汪某某下车，见被害人只有手臂擦伤和脚腕扭伤，遂将被害人母子从河床抱上马路。由于天黑无助，被害人便带着孩子上了车。上车后，当被害人准备报警时，汪某某夺下被害人手机，谎称车辆失灵，然后掉头开车至齐寿山上后停车，用车上的毛巾捂被害人的鼻子和嘴巴，孩子哭闹后放开。然后又拿出车后排帆布绳子将被害人缠绕在副驾驶上（未绑住手脚），之后汪某某开车至天水市机动车考试中心附近将被害人解开，又掉头开车到徐家店的山上提出更改抚养协议内容。被害人同意后，汪某某又开车到太阳山的一个桥下，称借钱后送到汪某某家。后汪某某开车至天水郡暖和湾，至×月×日 13 时，汪某某叫了出租车将被害人带回家，被害人回家后于 2016 年×月×日报案。汪某某于×月×日前往公安机关接受讯问。

公安机关出具的《物证检验报告》认定：红色大型货车前保险杠提取的红色油漆与现场水泥柱子上提取的红色物质成分一致。经甘肃某司法鉴定所鉴定：重型平板货车制动系统性能、转向系统性能均符合国家标准；该车离合器符合《机动车运行安全技术条件》的要求。天水市某公安分局经侦查试验表明：经反复试验，均可确定在驾驶位置于前进及后退看到路面上的假人，在前进的时候，向左前方行驶，刚一起步就无法看到假人，对此假人应存在巨大危险性。天水市某区司法鉴定中心鉴定：被害人伤情符合兼有较大面积及不规则表面的钝性致伤物碾压形成的致伤特点，被害人伤情损伤程度属轻微伤。

（二）诉讼经过

该案于 2016 年×月×日以汪某某构成故意杀人罪（未遂）移送检察院审查起诉，受理后，依照《刑事诉讼法》的有关规定，于 2016 年×月×日告知犯罪嫌疑人依法享有的诉讼权利；于 2016 年×月×日告知被害人依法享有的诉讼权利；已依法讯问犯罪嫌疑人，询问听取被害人的意见，以及进行侦查试验等，并审阅了全部案件材料，核实了案件事实与证据。其间，补充侦查 2 次（自 2016 年×月×日至 2016 年×月×日；自 2016 年×月×日至 2016 年×月×日）。经研究决定，于 2017 年×月×日以汪某某构成故意杀人罪（中止）起诉至法院。后于 2017 年×月×日、×月×日两次开庭审理，法院于 2017 年×月×日判决被告人汪某某构成故意杀人罪（未遂）判处有期徒刑 6 年。被告人上诉，中级人民法院维持原判。

（三）证据情况

认定本案事实及量刑的证据有：被害人陈述、犯罪嫌疑人供述、证人证言、指认笔录、提取笔录、现场勘查、侦查实验笔录、鉴定意见、书证、物证等。

二、关键问题

汪某某的行为构成故意杀人罪的犯罪未遂还是犯罪中止?

三、分歧意见

本案侦查机关以汪某某构成故意杀人罪（未遂）移送检察院审查起诉，检察院审查后以故意杀人罪（中止）起诉至法院，法院判决认定汪某某构成故意杀人罪（未遂），未采纳公诉机关和辩护人的汪某某构成故意杀人罪（中止）的意见。故犯罪行为处于何种未完成形态成了本案的焦点。

中止说观点认为：通过现场勘查，对现场环境、被告人心理等犯罪因素的综合考量，应认定汪某某在偏僻地点产生杀人故意，通过伪造操作失误的方式采用车撞击的手段实施犯罪。但在前后两次撞击均未实现后，在被害人受伤的情况下，主动抱被害人上车，在时间、周围环境容许继续实施犯罪的情况下，再未实施严重的伤害行为，虽然存在捂嘴、绳绑等情节，但未再造成被害人重伤、死亡后果的主要原因系汪某某主观上自动放弃了犯罪，属于“能而不欲”，因此汪某某的行为属于犯罪中止。

未遂说观点认为：汪某某为摆脱婚外感情纠纷以驾车撞击的手段实施故意杀人行为，但在汪某某连续两次驾车撞击实施杀人犯罪时，由于被害人躲避及时，导致汪某某的犯罪未能得逞，此时犯罪行为已完成、犯罪时机已错过，这些客观原因阻碍了汪某某实施和完成犯罪，系出于其意志以外的原因，属于“欲而不能”，因此汪某某的行为属于犯罪未遂。

四、评析意见

我国《刑法》第23条规定：“已经着手实行犯罪，由于犯罪分子意志以外的原因而未得逞的，是犯罪未遂。对于未遂犯，可以比照既遂犯从轻或减轻处罚。”《刑法》第24条规定：“在犯罪过程中，自动放弃犯罪或者自动有效地防止犯罪结果发生的，是犯罪中止。对于中止犯，没有造成损害的，应当免除处罚；造成损害的，应当减轻处罚。”犯罪未遂可简言成“欲而不能”，犯罪中止可概括为“能而不欲”。区分犯罪未遂与犯罪中止就要在主客观相统一的基础上，结合主观心态和客观环境，从两方面进行思考。

笔者同意中止说的观点，即案例中汪某某的行为构成犯罪中止，要对汪某某的行为进行准确定性，就要遵循主客观相统一的原则，将案件的客观情况与行为人的主观心态结合起来。理由如下：

（一）从案件客观情况和行为人主观心态来看

一方面，×日凌晨3时许，当车辆行驶至案发路段时，此路段经现场勘查以及侦查实验显示，为南北朝向，公路东侧为路基及山崖，公路西侧为路基及河道，路面较窄。此路段在日常天黑后很少有行人以及车辆经过，路面北高南低有大概15度的坡面，车长6.8米。汪某某将车停在公路左侧，挂了空挡拉起手刹，但未将车辆熄火，车灯开着可以看到前方。汪某某自己下车查看过一次，其应该知道有人蹲看车辆底部离车头距离只有1米，加速行驶时会严重危及人身安全。此时，汪某某想起被害人给自己及家庭带来的困扰，遂产生杀害被害人母子的想法，趁被害人抱着孩子蹲在车辆左前方探头查看之际，操作前进挡，加油朝被害人母子撞去，被害人躲闪，车头撞到路边路基，此时，汪某某显示出了强烈的杀人故意。被害人躲避后，汪某某从后视镜看到被害人在车后方，又操作倒挡，加油向后行驶，被害人再次躲避，此时汪某某再次显示出了杀人故意。

另一方面，前后两次撞击均未实现后，被害人左右脚均受伤，怀里还有一小孩，此时对于被害人来说可谓是夜黑风高、无所依靠，对于汪某某来说则是夜深人静、荒野郊外，有继续实施杀人之条件。但汪某某也许基于错过了自己开车杀人的机会，或者看到了被害人以及孩子的可怜，内心杀人想法渐渐淡化，将汪某某母子从河床抱上车，上车后害怕被害人报案遂捂嘴、谎称车辆失灵、夺手机，这时候的汪某某产生了害怕的主观心态。其后又将绳子缠绕在被害人身上，经询问，被害人陈述未捆绑手脚，可以看出汪某某内心并未有再次恶害之想法或者说内心依旧挣扎。之后，汪某某开车至天水市机动车考试中心附近将被害人解开，又掉头开车到徐家店的山上提出更改抚养协议内容，此时，汪某某已经完全丧失了实施恶害的任何客观条件，完全放弃了杀人想法。

分析了客观情况和汪某某各个阶段主观心态后，就要提出一个问题，即汪某某放弃犯罪是更多地源于“客观上的障碍”，还是更多地基于其“主观放弃”。要解决这一问题，我们就要从“能”与“欲”的角度来进一步剖析。

（二）从“能”与“不能”角度来看

犯罪人意志以外的原因，是指始终违背犯罪人意志的，客观上使犯罪不可能既遂，或者使犯罪人认为不可能既遂从而被迫停止犯罪的原因。其关键点在于被害人的及时躲避行为是否能达到阻止其犯罪意志的程度。显然，结合案卷证据材料我们可以看出，该案的发生时间点是×日凌晨3时许至6时许，此时汪某某均有实施杀人恶害之客观条件，人烟稀少、夜黑风高、被害人无所依靠，前后两次开车撞击虽都因被害人躲闪而未成功，但被害人左右脚均已受伤，也未离开能实施恶害之案发环境，可以说，被害人的人身安全仍然控制在汪某某手中，而未再发生恶害的主要原因系在案件发展偏离了汪某某实施杀人想法的规划后，其内心主动放弃，才未造成进一步的恶害结果。换言之，如果汪某某意志坚定，其仍然“能”继续实施犯罪行为，并达到犯罪目的。

（三）从“欲”与“不欲”的角度看

汪某某“能”继续实施犯罪并达到犯罪目的，但为何不再实施？原因只有一个，即汪某某在前后两次撞人未实现时，对于犯罪行为的继续或犯罪结果的发生是“不欲”的。如上文所述，汪某某在此时是能够继续实施犯罪的。一方面，汪某某在实施犯罪时客观上有能够继续实施犯罪的条件。另一方面，结合当时的客观情况，可以断定汪某某主观上完全有理由相信其能够继续实施犯罪并达到犯罪目的。但是，汪某某为何在两次撞人未实现后，在整个恶害条件具备时就放弃了犯罪的继续实施？这也是本案的存疑之处。行为人的主观心态可以说是复杂的，汪某某放弃犯罪时真正的心态已无法考证，现存证据也无法准确证实，但是根据汪某某放弃犯罪时的客观情况来对其主观心态进行合理推定，无法必然得出汪某某系被动放弃犯罪。相反，却可以在一定程度上认定汪某某的放弃是主动的。根据“存疑有利于被告”的原则，应该确定被告人对于停止犯罪是自主自动的。

通过上述分析，结合案件客观情况和行为人主观心态，被告人汪某某在完全能够继续实施犯罪的情况下，主动放弃犯罪，从而未造成死亡、重伤结果的发生，汪某某放弃犯罪的原因应更加侧重于“主观放弃”，即汪某某系“能而不欲”，其行为构成故意杀人的犯罪中止。

五、处理结果

法院认为，被告人汪某某对家庭不负责任，与被害人产生不正当两性关系并生有一子，后为摆脱婚外感情纠纷以驾车撞击的手段故意杀人，其行为构成故意杀人罪。公诉机关指控的犯罪成立，被告人汪某某在连续两次驾车撞击实施杀人犯罪时，由于被害人躲避及时，导致汪某某的犯罪未能得逞，系出于其意志以外的原因，应认定为犯罪未遂，故对公诉机关所指控的犯罪中止予以变更，对辩护人所持汪某某故意杀人中止的辩护意见亦不予采纳。依照《刑法》第232条、第23条的规定，判决被告人汪某某犯故意杀人罪，判处有期徒刑6年。被告人上诉，中级人民法院维持原判。

郝某某诈骗案

——对非法占有公私财物主观目的的认定*

要旨

民间借贷纠纷与诈骗罪，其界限在于行为人主观上是否具有非法占有公私财物之目的。非法占有的目的，属于行为人主观上的心理活动，具有很强的隐蔽性。如何判断行为人的主观心理状态，在一定程度上成了诈骗罪罪与非罪的关键区分点。其对于正确处理民间借贷纠纷和诈骗罪具有重要的指导意义。

一、基本案情

2014 年下半年，被告人郝某某因经济困难向童某借款 5000 元，后经童某介绍认识了马某。2014 年底至 2015 年 2 月间，郝某某谎称自己是大老板，在兰州市、天水市某区、某县等地有多处工程，以工程需要资金周转为由，3 次骗得马某现金 120 000 元。诈骗得逞后，郝某某以其中的 5000 元归还了童某的借款，将 16 000 元交给了童某，其余赃款部分归还个人借款，部分用于住宿、吃饭等挥霍。2015 年×月×日，被告人郝某某被公安机关抓获后，如实供述了骗取马某120 000元的事实。案发后，童某退还马某 21 000 元。

证据情况：2 张借条、6 份证人证言。

2017 年×月×日，天水市公安局某分局将本案侦查终结，移送某区人民检察院审查起诉。经退回补充侦查后，2018 年×月×日，某区

* 胡永军，甘肃省天水市秦州区人民检察院公诉科检察官；牛旭鹏，甘肃省天水市秦州区人民检察院科员。

人民检察院向秦州区人民法院提起公诉。2018年×月×日秦州区人民法院公开开庭审理了本案。

二、关键问题

郝某某的行为是民间借贷行为，还是构成诈骗罪?

三、分歧问题

本案审查起诉过程中，对于犯罪嫌疑人郝某某形成了两种意见：

一种意见认为，郝某某的行为不构成诈骗罪，而是民间借贷纠纷，应由民法调整，不应该入罪。

另一种意见认为，郝某某的行为属于诈骗行为，符合诈骗罪的构成要件。郝某某具有非法占有他人财物的目的，并采取了虚构事实、隐瞒身份的手段，取得他人信任后骗取钱财，数额巨大，应以诈骗罪定罪处罚。

四、评析意见

民间借贷行为与诈骗罪的界限。借款人由于某种原因，长期拖欠不还的，或者编造谎言或隐瞒真相而骗取款物，到期不能偿还的，只要没有非法占有的目的，也没有进行挥霍，不赖账，不再弄虚作假骗人，确实打算偿还的仍属借贷纠纷，不构成诈骗罪。笔者仔细研究了本案，支持第二种意见。理由如下：

（1）主观方面。诈骗罪的主观方面表现为直接故意，并且具有非法占有财物的目的。本案被告人郝某某以非法占有为目的，明知自己不具有还款能力，仍故意向被害人借款，数额巨大，用于个人挥霍。

（2）客观方面。首先，郝某某以虚构事实、隐瞒真相的方式实施了欺诈行为，使被害人陷入错误认识，并作出了郝某某所希望的财产处分，向其借款。其次，郝某某的欺诈行为使被害人产生了错误认识。被害人产生的错误认识系由行为人郝某某的欺诈行为所致。再次，成立诈骗罪要求被害人陷入错误认识之后作出财产处分。财产处分包括处分行为与处分意思。本案中，被害人陷入错误认识，作出了向郝某某贷款的行为，而该错误认识正是由郝某某的诈骗行为所导致的。最后，欺诈行为使被害人处分财产后，行为人获得财产，从而使被害人的财产受到损害。郝某某获得了“借款”，而被害人财产受到了损害。

综上所述，郝某某主观上持故意态度，以非法占有为目的，在明知自己无偿债能力的情况下，借贷他人金钱，挥霍一空，致使无法归还，数额巨大，符合诈骗罪的构成要件。经检察院检委会研究决定，最终对其以诈骗罪提起公诉。

五、处理结果

天水市某区人民法院审理后认为，被告人郝某某以非法占有为目的，采取虚构事实、隐瞒身份的手段，取得他人信任后骗取钱财，数额巨大，其行为构成诈骗罪，判处有期徒刑 4 年，罚金 8000 元。

吴某等抢劫、寻衅滋事案

——寻衅滋事与抢劫的辨析*

要旨

寻衅滋事与抢劫过程中，都存在暴力行为，但对犯罪嫌疑人主观故意及暴力程度应作详细分析，以作出正确认定。

一、基本案情

犯罪嫌疑人吴某，男，1997年×月×日出生，甘肃省天水市某区人，汉族，小学文化程度，农民，住甘肃省天水市某区某镇某村×号。

犯罪嫌疑人王某某，男，2000年×月×日出生，甘肃省天水市某区人，汉族，初中文化程度，无业，住甘肃省天水市某区某巷×号。

犯罪嫌疑人魏某某，男，2000年×月×日出生，甘肃省天水市某区人，汉族，小学文化程度，农民，住甘肃省天水市某区某镇某村×号。

犯罪嫌疑人马某某，男，2000年×月×日出生，甘肃省天水市某区人，汉族，初中文化程度，农民，住甘肃省天水市某区某镇某村×号。

犯罪嫌疑人夏某某，男，1996年×月×日出生，甘肃省天水市某区人，汉族，初中文化程度，农民，住甘肃省天水市某区某镇某村×号。

---

* 徐敏，甘肃省天水市秦州区人民检察院未成年人刑事检察科科员。

2016年10月18日6时50分许，犯罪嫌疑人吴某、王某某、魏某某、马某某等人在天水市某区某路职业技术学校门口，采用拳打脚踢的方式，对被害人郭某进行殴打，并抢走郭某价值897.12元的白色华为荣耀畅玩手机一部，后逃离现场。经秦州区司法鉴定中心鉴定：被鉴定人郭某损伤程度属轻微伤。案发后被抢手机未追回。

2016年10月20日21时许，犯罪嫌疑人吴某、王某某、魏某某、夏某某及赵某、王某某（两人因未满16周岁，已行政处罚）等人，在某区天河广场水木年华火吧酗酒后，在准备离开的过程中为寻求精神刺激、逞强，无故对停放在火吧门口的车牌号为甘L54×××的桑塔纳轿车、甘P59×××的别克轿车进行踩踏取乐，致使两车车身、车顶不同程度受损。经天水市某区价格认证中心鉴定：两车被损毁价值共计9339.00元，破案后，犯罪嫌疑人吴某、王某某、魏某某、夏某某家属赔偿损失费2250元。

2017年5月24日，天水市公安局某分局以犯罪嫌疑人王某某等人涉嫌寻衅滋事罪移送检察院审查起诉。检察院受理后，依照《刑事诉讼法》的有关规定，于2017年×月×日告知犯罪嫌疑人依法享有的诉讼权利；于2017年×月×日告知被害人及其法定代理人依法享有的诉讼权利；依法讯问犯罪嫌疑人，并审阅了全部案件材料，核实了案件事实与证据。检察院于2017年×月×日以被告人吴某、王某某、魏某某、马某某涉嫌抢劫罪，以被告人吴某、王某某、魏某某、夏某某涉嫌寻衅滋事罪，向天水市某区人民法院提起公诉。

二、关键问题

第一起案件中，犯罪嫌疑人的行为属寻衅滋事还是抢劫？

三、分歧意见

案件审查过程中，对于第二起案件中各犯罪嫌疑人无故对停放在火吧门口的车进行踩踏这一行为的定性没有争议，犯罪嫌疑人为寻求精神刺激、逞强，任意损毁他人财物，情节严重，符合寻衅滋事罪的犯罪构成，认定构成寻衅滋事罪没有异议。但对于第一起案件中犯罪嫌疑人行为的定性，出现了争议。

第一种意见认为，犯罪嫌疑人无事生非，无故对被害人进行殴打致被害人轻微伤，并抢走被害人手机，具有明显的寻衅滋事的故意，应认定为寻衅滋事罪。

第二种意见认为，犯罪嫌疑人当场采用暴力手段抢走被害人手机，并且主观上有非法占有的目的，符合抢劫罪的构成要件，应认定为抢劫罪。

四、评析意见

五名犯罪嫌疑人中吴某和夏某某是成年人，其余三人均是未成年人，其中马某某只参与了第一起案件，夏某某只参与了第二起案件。两起案件在被公安机关移送审查起诉时均被认定为寻衅滋事罪，经过检察院审查，办案人认为定性不准。若将第一起案件认定为寻衅滋事罪，那么马某某就不构成犯罪，综合案件事实及相关证据，办案人认为第一起案件被应认定为抢劫罪。理由是：

若认为第一起案件属于寻衅滋事罪中的强拿硬要，将第一起案件认定为寻衅滋事罪，则马某某不构成犯罪，因为马某某只参与了这一起案件。而根据《刑法》第 293 条第 3 款、最高人民法院、最高人民检察院出台的《关于办理寻衅滋事刑事案件适用法律若干问题的解释》（以下简称《解释》）第 2 条、第 4 条第 1 项的规定，需致 1 人以上轻伤或者 2 人以上轻微伤，强拿硬要公私财物价值 1000 元以上，或者任意损毁、占用公私财物价值 2000 元以上，才应被认定为“情节严重”。而在本案中，马某某所参与的第一起案件致被害人郭某 1 人轻微伤，被抢手机经鉴定价值为 897.12 元，均不能构成寻衅滋事罪，因此，马某某就不构成犯罪。

从该起案件的现实情况看，犯罪嫌疑人有寻衅滋事的故意，但整个案件发生的过程证实，犯罪嫌疑人是临时起意，使用暴力手段当场抢劫他人财物，并立即逃离现场，在客观上导致被害人轻微伤，而其在主观上则具有非法占有的目的。根据犯罪嫌疑人的供述，2016 年×月×日凌晨，吴某曾在网吧上网时跟魏某某、王某某等人说过自己没有手机使用，让大家啥时间有机会了给他“弄”（指偷或者抢）个手机，其主观目的明确，有事先预谋，只是在等待时机，并且在抢劫成功后，手机由吴某使用。

案件发生的时间、地点、对象证实，犯罪嫌疑人不是出于强拿硬要、寻求精神刺激、逞能、扰乱公共秩序的故意；从本案的侵害对象来看，犯罪嫌疑人采用暴力手段使被害人不敢反抗，从而当场抢走被害人的手机，并致被害人轻微伤的后果，已经超出了寻衅滋事的故意。根据《解释》第7条的规定，寻衅滋事的行为和抢劫行为重合和交叉时，即"实施寻衅滋事行为，同时符合寻衅滋事罪和抢劫罪等构成要件的，依照处罚较重的犯罪定罪处罚"。因此，本案应当以抢劫罪定罪处罚，对参与第一起案件的吴某、王某某、魏某某、马某某应以抢劫罪起诉。

综上，犯罪嫌疑人吴某、王某某、魏某某、马某某以非法占有为目的，采用暴力方式，抢劫他人财物，其行为已触犯《刑法》第263条之规定，构成抢劫罪。犯罪嫌疑人吴某、王某、魏某、夏某为寻求精神刺激、逞强，任意损毁他人财物，情节严重，其行为已触犯《刑法》第293条之规定，构成寻衅滋事罪。

五、处理结果

2017年9月×日，天水市某区人民法院依法不公开开庭审理本案。经庭审调查质证，采纳公诉机关指控及量刑建议，于2017年9月×日以被告人吴某犯抢劫罪，判处有期徒刑3年，并处罚金2000元；犯寻衅滋事罪，判处有期徒刑1年；合并有期徒刑4年，并处罚金2000元；决定执行有期徒刑3年6个月，并处罚金2000元。被告人王某某犯抢劫罪，判处有期徒刑2年，并处罚金1000元；犯寻衅滋事罪，判处有期徒刑8个月；合并有期徒刑2年8个月，并处罚金1000元；决定执行有期徒刑2年，并处罚金1000元。被告人魏某某犯抢劫罪，判处有期徒刑2年，并处罚金1000元；犯寻衅滋事罪，判处有期徒刑8个月；合并有期徒刑2年8个月，并处罚金1000元；决定执行有期徒刑2年6个月，缓刑3年，并处罚金1000元。被告人马某某犯抢劫罪，判处有期徒刑2年6个月，缓刑3年，并处罚金1000元。被告人夏某某犯寻衅滋事罪，判处有期徒刑1年2个月，缓刑2年。

宣判后，被告人吴某、王某某不服该判决，提出上诉。天水市中级人民法院于2017年×月×日作出刑事裁定书，裁定驳回上诉，维持原判。

马某某盗窃案

——“甩包诈骗”并非都构成诈骗罪*

要旨

在对某一个犯罪行为进行准确的定性时，需根据行为人的犯罪手段进行详细考量和把握。“盗骗交织”在很多案件中可见，并引发盗窃罪与诈骗罪的争议。“甩包诈骗”就是“盗骗交织”的一个典型案件，笔者将从诈骗罪的四要件角度进行分析，从被害人主观上有无处分意识入手区分两罪。

一、基本案情

2016年9月某日7时许，被告人马某某伙同杨某某（在逃），经事先预谋，在A市B区F路，由杨某某与被害人杜某某并排走，被告人马某某在超过杨某某和杜某某时假装从身上掉下一个内装有冥币的包，然后，杨某某把包捡起来假装说包里都是钱并要求和杜某某将捡起来的钱平分。杨某某将杜某某拉至路边准备分钱时，马某某过来询问杨某某和杜某某是否捡到他丢的钱和银行卡，并要求检查杨某某和杜某某身上的钱和银行卡。后二人将杜某某带至A市农村信用社F路支行的ATM机上假装要查杜某某的银行卡，将杜某某的银行卡密码获取。马某某将杜某某的钱和银行卡检查完后，杨某某与马某某互相掩护将杜某某的600元现金及银行卡盗走并让杜某某离开。后二人逃离现场并将杜某某银行卡内的7003.5元取走，二人共盗走杜某某7603.5元。2016年8月某日7时许，被告人马某某

---

* 赵巧峰，甘肃省天水市麦积区人民检察院公诉部科员。

和杨某某在A市B区F路以同样方式盗走张某某9708.47元。2016年9月某日7时许在A市B区F路，被告人马某某与杨某某以同样方式盗走杨某甲7545.5元。综上，被告人马某某三次共盗窃24 857.47元。对以上认定的事实，有书证、被害人陈述、被告人的供述与辩解、视听资料等证据证明。

二、焦点问题

(1)“甩包诈骗”应当以诈骗罪还是以盗窃罪定罪处罚?

(2)被告人被公安机关抓获后供述司法机关尚未掌握的同种罪行是否构成自首?

三、分歧意见

第一种观点认为，马某某构成诈骗罪。马某某与杨某某合谋采取“甩包”的方式，使被害人陷入错误的认识，马某某称要查验银行卡内的金额，进而获得被害人的银行卡密码，后二人将被害人的银行卡调包盗走后将银行卡内的钱款取出。马某某二人取得银行卡内钱款的主要原因是二人骗取了被害人的银行卡密码，故构成诈骗罪。

第二种观点认为，马某某构成盗窃罪。在本案中，虽然被告人马某某与杨某某合谋骗取了被害人的银行卡密码，但不等于实际占有了被害人财物，被害人也没有将自己的财产转移给行为人的意识，此行为只是为占有财物创造了条件。行为人实际占有财物是在第二阶段，即在不知情的情况下，马某某与杨某某合谋盗走被害人的银行卡，进而取出钱款。这是在被害人不知情的情况下，被害人并没有处分财产的意识。故应当以盗窃罪定罪处罚。

四、评析意见

笔者同意第二种意见，即被告人马某某的行为构成盗窃罪。主要原因如下：盗窃罪是指以非法占有为目的，秘密窃取他人财物，数额较大，或者多次盗窃、入户盗窃、携带凶器盗窃、扒窃的行为；诈骗罪是指以非法占有为目的，通过虚构事实、隐瞒真相等方式，骗取数额较大的公私财物的行为。诈骗罪与盗窃罪均是侵财类犯罪，两罪主观上均以非法占有为目的，客体均侵犯了他人财物的所有权。

两罪最主要的区别为客观方面。诈骗罪客观上表现为特定的行为发展过程，即行为人实施了欺骗行为—对方产生或继续维持错误认识—对方基于错误认识处分财产—行为人获得或者使第三者获得财产—被害人遭受财产损失。盗窃罪的客观方面表现为秘密窃取，犯罪分子采取公私财物所有人、保管人未发觉的方法、手段，将财物占为己有。盗窃罪与诈骗罪最主要的“分水岭”是被害人是否基于错误认识处分财产。

本案中，被告人马某某取得被害人财物的主要方式是秘密窃取，虽然采用“甩包诈骗”的方式骗取了被害人的银行卡密码，但银行卡及现金的取得主要是二人相互配合，在被害人未发觉的情况下秘密窃取或调包的，并非是被害人基于错误认识而交付财产。故对被告人马某某应当以盗窃罪定罪处罚。

被告人马某某到案后如实向司法机关供述尚未掌握的其他同种罪行，构成坦白。根据 1998 年 4 月 6 日最高人民法院公布的《关于处理自首和立功具体应用法律若干问题的解释》第 2 条以及《刑法》第 67 条第 2 款的规定，被采取强制措施的犯罪嫌疑人、被告人和已宣判的罪犯，如实供述司法机关尚未掌握的罪行，与司法机关已掌握的或者已判决的属不同罪行的，以自首论。2010 年 12 月 22 日，最高人民法院《关于处理自首和立功若干具体问题的意见》的第三部分规定了关于“司法机关还未掌握的本人其他罪行”和“不同种罪行”的具体认定。根据相关解释及意见，认定被告人马某某在公安机关供述的其他罪行与司法机关掌握的罪名属同种罪行，故不认定为自首，但根据《刑法》第 67 的规定，构成坦白。

“甩包诈骗”近年来频发，对“甩包诈骗”的行为构成盗窃罪还是诈骗罪，各法院的判决不一，应结合两罪的特点认真分析认定，坚持“以事实为根据、以法律为准绳”的原则，综合全案予以认定，正确认定罪名、准确适用法律，达到法律效果与社会效果的统一。

五、处理结果

公安机关移送审查起诉的罪名是被告人马某某的行为构成诈骗罪，且被告人马某某曾因相同的行为取得他人财物被其他法院以诈骗罪判处刑罚。公安机关及判决法院均认为被告人马某某取得财物所采取的主要方式是“甩包诈骗”，骗取被害人的银行卡密码及银行卡，构成诈骗罪。该案移送检察院审查起诉后经科室会议讨论决定变更罪名为盗窃罪。法院判决认为，被告人马某某罔顾法律，以非法占有为目的采用秘密窃取之手段，盗窃他人财物，数额较大，其行为已构成盗窃罪。公诉机关指控的罪名成立，予以支持。且被告人马某某系累犯，应对其从重处罚。鉴于被告人被抓获后能够如实供述司法机关尚未掌握的同种罪行，系坦白，依法可从轻处罚。依照《刑法》第264条、第25条第1款、第65条、第67条第3款、第52条、第53条、第64条的规定，判决如下：①被告人马某某犯盗窃罪，判决有期徒刑2年，并处罚金3000元。②责令被告人马某某向被害人张某某退赔9708.47元；向被害人杜某某退赔7603.5元；向被害人杨某甲退赔7545.5元。

姜某某破坏生产经营案

——刑事案件办理中如何实现法律效果、社会效果的统一*

要旨

民事上的“自助行为”要求具有紧迫性，其行为必须为法律和社会公德所认可，而正当防卫也要求“正在进行的不法侵害”为一种正在进行的行为，而非处于已经侵害过的状态。为要回他人抢占的土地，行为人未采取起诉等合法手段，而将他人在该土地上已种植十余年的花椒树全部锯断，被毁财物数额已达立案标准的，其既不属于民法规范的自助行为范围，也非刑法中正当防卫的情形，其行为已经构成破坏生产经营罪。该案以行为人构成破坏生产经营罪定罪，司法机关根据案件的实际情况，对双方当事人做了大量的思想工作，在双方达成调解协议的基础上，依法作出相对不起诉决定，既教育了行为人，也化解了社会矛盾，收到了极为良好的社会效果。

一、基本案情

犯罪嫌疑人姜某某与被害人周某某系同村邻里关系。十多年前，该村村委将A县某村的一块机动地承包给姜某某耕种，由姜某某家租给金某某耕种。周某某父亲周某成在未征得姜某某家同意的情况下，以金某某非本组村民，不应耕种该地为由，将该耕地占有并自己种上花椒树十余年，姜某某家对此从未予以制止。直至2016年，姜某某欲耕种土地，便多次要求周某成停种，但周某成对此置之不

* 郭洁璐，甘肃省天水市甘谷县人民检察院。

理。2016年12月，姜某某持自家手锯，来到该机动地里，将该地里由周某成种植的26棵花椒树全部锯断。经A县价格认证中心价格认定，姜某某损坏的花椒树价值8750元。案发后，姜某某主动投案自首。

本案由A县公安局侦查终结，以姜某某涉嫌破坏生产经营罪，于2017年6月向检察院移送审查起诉。检察院于2017年7月第一次退回侦查机关补充侦查，侦查机关于2017年8月补查重报。

二、关键问题

姜某某的行为是否构成破坏生产经营罪？如何处理才能达到法律效果与社会效果的相统一？

三、分歧意见

第一种意见认为，姜某某的行为系民法规定的自助行为，应当通过民法来规范，对其不应当作犯罪处理。

第二种意见认为，姜某某的行为系正当防卫，其锯花椒树的行为不构成犯罪，应当对其作绝对不起诉。

第三种意见认为，姜某某损坏他人种植花椒树，该树价值已达到破坏生产经营罪的立案标准，其行为已构成破坏生产经营罪，应当对其提起公诉。

第四种意见认为，姜某某的行为构成破坏生产经营罪，但情节轻微，且具有自首情节，可以作相对不起诉决定。

四、评析意见

民事自助行为是指权利人在受到不法侵害之后，为保全或者恢复自己的权利，在情势紧迫而不能及时请求国家机关予以救助的情况下，依靠自己的力量，对他人的财产或自由施加扣押、拘束或其他相应措施的行为。其在性质上属于私力救济，与正当防卫一样，具有免责性。从卷内证据来看，本案争议土地系多年前村委承包给姜某某的机动地，姜某某在多次向周某成说明但周某成不理会的情况下，将地内所有花椒树锯掉，这并不属于情势紧迫而不能及时请求国家机关予以救助的情形。事实上，姜某某对于周某成家种花椒树十年余的事情一直是知情的，但其并未制止，对其权利并没有进行主张。在想要回土地时，其既可以寻求村委会帮助解决，也可以向法院起诉，以保护自己的合法权益，但其却用直接锯掉花椒树这种破坏性的方式维护权利，显然不妥。同时，自助行为必须为法律和社会公德所认可的强制措施，且不得超过必要限度。很显然，姜某某的行为并不符合民法规定的自助行为的特征。

正当防卫是我国刑法规定的免责事由，是指为了使国家、公共利益、本人或者他人的人身、财产和其他权利免受正在进行的不法侵害而采取的制止不法侵害的行为，对不法侵害造成损害的，属于正当防卫，不负刑事责任。从表面上看，姜某某的行为符合正当防卫的条件，如"为了自己的财产权利"、针对"正在进行的不法侵害"、采取"制止不法侵害的行为"、对"不法侵害造成损害"，但这一分析忽略了正当防卫的隐性要求，即"正在进行的不法侵害"应当具有一定的紧迫性，即不防卫将会使其合法权利遭受侵害。可以说，该不法侵害是一种正在进行的行为。但在本案中，被害人周某成及周某某占有耕地的行为已经完成，不法侵害已经实现并成了一种状态。此时，姜某某再进行锯树的行为，显然不是针对正在进行的占有行为，而是针对已经占有的状态，其并不具有紧迫性。因此，不属于正当防卫的情形。

根据《刑法》第276条的规定，破坏生产经营罪是指由于泄愤报复或者其他个人目的，毁坏机器设备、残害耕畜或者以其他方法破坏生产经营的行为。根据最高人民检察院、公安部联合公布的《关于公安机关管辖的刑事案件立案追诉标准的规定（一）》的规定，行为造成公私财物损失5000元以上的，应当立案追诉。笔者认为，在客观上，姜某某实施了锯断他人正在种植的花椒树的行为，被锯花椒树价值8750元，已达破坏生产经营罪的立案标准；在主观上，姜某某具有破坏他人生产种植的故意，且具有认识到其行为违法性的能力；同时，其不具有违法阻却事由，姜某某的行为已经构成破坏生产经营罪。

但根据本案具体情况，该案系由邻里纠纷引起的案件，被锯断的花椒树所种植的土地系承包给姜某某家的，被害人有过错在先，数额也刚过立案标准，且具有自首情节。因此，对姜某某以情节轻微作出相对不起诉决定更为妥善。但在本案中，被害人对姜某某未予谅解，民事方面也未达成和解，故案件在处理过程中存在被害人上访等风险。

五、处理结果

A县人民检察院在受理该案后，对该案进行了全案审查，在对案件有了初步判定后，听取了双方意见。被害人周某某认为该地并非承包给姜某某家的，而是自家一直耕种的，对于被锯掉的花椒树其可以不要求赔偿，但对姜某某的行为不予谅解，更不会将地转给姜某某经营。而姜某某坚持该地就是自家的，其锯树行为固然不对，但也不会对周某某家有任何赔偿。检察院发现，本案中的争议焦点是该土地的承包经营权，这亦是解决本案问题的关键，若解决不好，则会引发双方更多的矛盾。而该土地承包经营权情况在案件移送审查起诉时并不明晰，为此，A县人民检察院承办人针对该问题将案件退回补充侦查。在补查重报后，补查的证据基本能确定姜某某所说的为事实。在此基础上，检察机关联合当地村委，对双方当事人进行了多次思想工作，以期在民事方面达成和解。但在该过程中承办人了解到，姜某某家中极为贫困，完全没有赔偿能力。于是，本院又多次给被害人做工作，将补充侦查情况及抢占土地的法律后果向被害人几番说明，并劝说被害人对姜某某予以谅解。经过大量的思想工作，被害人认识到自己抢占土地行为的错误，并表示对姜某某锯花椒树的行为予以谅解，不追究其刑事责任，也不再要求民事赔偿，并同意该地由姜某某继续承包经营。同时，通过劝说，姜某某也对被害人占有土地十多年的行为表示谅解，且不要求民事赔偿。在此基础上，2017年9月初，检察机关派人前往该村，在村委的见证下，促使双方正式签订调解协议。3日后，A县人民检察院正式对姜某某作出相对不起诉决定。

戴某、王某、周某涉嫌赌博案

——严格落实少捕慎捕*

要旨

"少捕慎捕"政策要求司法机关在办案过程中坚守法治理念，真正做到善于运用法治思维和法治方式司法办案，真正实现"凡逮捕均依法逮捕，凡不捕均依法不捕，凡监督均依法监督"的目标。坚持理性、平和、文明、规范司法，以理性的思维、平和的心态、文明的举止和规范的司法行为，运用法律、办理案件，履行侦查监督职能。

一、基本案情

某市人民检察院于2016年×月×日接到案管办转来的甘肃省某市某县公安局提请审查逮捕犯罪嫌疑人戴某、王某、周某涉嫌赌博罪一案的文书及案卷材料、证据。

戴某，男性，1955年×月×日出生，居民身份证号码6205221955××××××××，汉族，初中文化程度，户籍所在地为某省某市某县，住某省某市某县某镇某大道瓦窑项26号，于2016年×月×日被甘肃省某市某县公安局刑事拘留，现羁押于某省某市某县看守所。

王某，男性，1963年×月×日出生，居民身份证号码6205221963××××××××，汉族，初中文化程度，户籍所在地为某省某市某县，住某省某市某县某镇某路二中斜对面，于2016年×月×日被某省某市某县公安局取保候审。

---

* 王文亮，甘肃省天水市秦安县人民检察院侦查监督科科员。

周某，男性，1965 年×月×日出生，居民身份证号码 6205221965××××××××，汉族，初中文化程度，户籍所在地为某省某市某县，住某省某市某县某镇某大道瓦窑项 1 号，于 2016 年×月×日被某省某市某县公安局取保候审。

三名犯罪嫌疑人均无前科；无影响羁押的严重疾病。

经依法侦查查明：2016 年×月×日 21 时许，犯罪嫌疑人戴某、何某组织陈某、赵某、程某、何某等 24 人在犯罪嫌疑人王某经营的某县伯爵主题酒店 7 楼茶餐厅聚众赌博，并从中抽头渔利。当晚 22 时 40 时分许，某县公安局民警在对某县伯爵主题酒店进行例行检查时查处该赌博，并在该赌博现场查获赌资 379 847.6 元及一个用于抽头渔利的金属箱，后经办案民警开箱，查获该金属箱内装有当晚抽头渔利的现金 39 500 元。后经办案民警依法侦查发现，犯罪嫌疑人戴某、何某等 27 人在犯罪嫌疑人王某经营的某县伯爵主题酒店 7 楼茶餐厅聚众赌博并从中抽头渔利。经侦查，犯罪嫌疑人王某在明知犯罪嫌疑人戴某、何某用于赌博犯罪的情况下为其赌博提供场地，犯罪嫌疑人周某接受犯罪嫌疑人戴某吩咐联系召集参赌人员靳某、赵某、成某参与赌博。

二、关键问题

本案中三人是否构成赌博罪？是否有逮捕必要？本案犯罪嫌疑人戴某系北大村书记，同案犯何某在逃，重要证据尚未收集到位，若对戴某作不捕决定，则犯罪嫌疑人可能毁灭、伪造证据，有串供的可能。

三、分歧意见

第一种意见：批准逮捕三名犯罪嫌疑人。此案在某县影响较大，社会关注度高，若不批捕，可能引起舆论哗然。

第二种意见：批捕戴某，不批捕周某、王某。从现有证据材料分析，周某及王某构成犯罪的证据不充分。

四、评析意见

赌博罪是指以营利为目的，聚众赌博或者以赌博为业的行为，对于本案犯罪嫌疑人戴某，卷内杨某、程某、赵某、高某、何某等多名证人证实戴某与何某系组织者，并从中抽头渔利。5月26日当晚，聚众赌博人数达25人，现场查获抽头渔利数额为39 500元。因此，犯罪嫌疑人戴某的行为触犯了《刑法》第303条之规定，涉嫌赌博罪，可能判处徒刑以上刑罚，故根据《刑事诉讼法》第81条的规定，批准逮捕犯罪嫌疑人戴某。

犯罪嫌疑人王某虽为赌博提供场地，但是否收取何某与戴某支付的场地费？卷内戴某供述抽头渔利的钱都给了何某并由何某支付场地费，但何某在逃，故无法证实。根据最高人民法院、最高人民检察院出台的《关于办理赌博刑事案件具体应用法律若干问题的解释》第4条"明知他人实施赌博犯罪活动，而为其提供资金、计算机网络、通讯、费用结算等直接帮助的，以赌博罪的共犯论处"之规定，王某的犯罪情节轻微，不构成犯罪，故不批准逮捕犯罪嫌疑人王某。

犯罪嫌疑人周某称接受戴某的指示，召集了靳某、成某和赵某三人，而卷内只有靳某和成某称是被周某叫去赌博的，故周某的犯罪情节轻微，危害不大，不构成犯罪，根据《刑事诉讼法》第90条的规定，不批准逮捕犯罪嫌疑人周某。

五、处理结果

2016年×月×日，某县人民法院作出刑事判决，判决戴某犯赌博罪，判处有期徒刑7个月，罚金8万元。

吴某盗窃附条件不起诉案

——对具有惯偷恶习的未成年犯罪人是否可适用附条件不诉*

要旨

依据《刑事诉讼法》第 277 条的规定，对未成年犯罪，应强化教育功能，促其改变思想行为，回归社会。

一、基本案情

2016 年×月×日 22 时许，犯罪嫌疑人吴某窜至某县某镇人民医院后门附近，将停放在县人民医院后门附近的一辆三轮摩托车（车牌号：甘 EA××××）盗走，经鉴定价值 3500 元。

2016 年×月×日 12 时许，犯罪嫌疑人吴某骑着盗窃来的三轮摩托车，窜至某县某镇某村，翻墙进入路某家，将双卡录音机盗走，经鉴定，被盗录音机暂无经济价值。

二、关键问题

对具有惯偷恶习不良习性、家庭监管不力，且社会支持体系不发达地区的未成年人犯罪嫌疑人在采取逮捕措施后，是否应适用附条件不起诉决定?

三、分歧意见

第一种观点是，吴某在 16 岁之前就具有盗窃的不良习性，至案发时，因其达到刑事责任年龄，且因家庭疏于管理，其再犯罪的可能

---

* 安军田，甘肃省天水市秦安县人民检察院未成年人刑事检察科科长。

性很大，具有社会危害性，在前期采取逮捕措施的情况下，应移送法院审判，追究其刑事责任。

第二种观点是，吴某盗窃数额不大，社会危害不大，且取得了被害人谅解，应当依法对其不起诉。

四、评析意见

吴某从小具有盗窃的不良习性，社会危害大，应受法律惩处。其家庭管理也不是特别有效，爱心企业参与较少，在政府购买服务的社会支持体系极不发达地区，对其处理应充分评估风险。但因其为未成年人，系初犯，从家庭、国家、民族“增加正能量，减少反叛者”的长远发展角度考虑，应依据法律，要求司法机关付出更多努力，担负起更大社会责任，接受挑战，对其进行教育挽救，力促其健康成长，助其回归社会。

五、处理结果

经过6个月的考察帮教，对吴某作出不起诉处理。

（一）本案诉讼过程

在收到某县公安局于2016年×月×日提交的提请批准逮捕书及犯罪嫌疑人吴某涉嫌盗窃罪一案的法律文书及证据材料后，检察院在办理过程中，督促嫌疑人家长对失主进行赔礼道歉，但因未能联系到其父母，其爷爷当时未能及时向被害人赔礼道歉取得谅解，检察院对吴某作出批捕决定。2016年×月×日犯罪嫌疑人吴某涉嫌盗窃罪一案移送检察院审查起诉，检察院及时协调双方家长，调查了解了被害人、辩护方意见，在督促双方达成谅解后，通过羁押必要性审查，变更强制措施，建议公安机关对吴某取保候审。吴某向被害人道歉，并接受了6个月的跟踪考察帮教，没有再违法犯罪现象，故检察院对吴某作出不起诉处理。

（二）本案帮教经过

一是在未能联系到吴某父母的情况下，检察院及时联系其爷爷及姑姑作为监护人，对其进行批评教育，向其告知监护人的责任及义务，责令其严格管教吴某。二是与监护人及村委会签订帮教协议，定期对吴某进行观察教育。三是鼓励吴某积极参与劳动，让吴某在某餐饮业打工的过程中培养通过劳动改变生活的价值观念及权责相应的责任意识及品质。四是经考察帮教，吴某能够遵守法律，服从管理，回归社会，依法对其作出不起诉处理。

（三）典型意义

吴某作为留守儿童，在家长监管缺失的情况下，做了违法犯罪的事情。在此情况下，批评教育监护人、让其切实承担监管责任，对嫌疑人进行法律教育及心理引导，并联系相关爱心企业，进行养护培养，让涉罪青少年树立正确的人生观及价值观，是此案中吴某知罪悔罪，养成感恩心理，成功走向社会的核心因素。

薛某某羁押必要性审查案

——执检部门可否在审查起诉阶段进行羁押必要性审查*

要旨

关口前移，拓宽案件渠道，对全面完善案件启动机制具有重要意义。司法机关依托看守所信息平台，实时掌握监管信息，关注轻微刑事案件的进展，适时启动审查，尽可能将轻伤害、故意毁坏他人财物、过失犯罪等轻微刑事犯罪案件纳入案件审查范围。此类案件存在受害人，有可能达成刑事和解，从而出现不宜再羁押的情形。这类案件被纳入审查范围后，驻所检察官应根据情况逐一依职权审查、核实清楚双方是否已达成和解。在取得相关证据后，一旦发现没有必要继续羁押的，应及时启动审查程序。

一、基本案情

2017年×月×日11时34分，某县公安局接到报警称其父亲被人打伤，伤势严重被送至某市，要求出警。某县公安局民警迅速出警。经查，2017年×月×日16时许，某镇薛某村村民薛某某与薛贵某因土地发生纠纷，引起双方撕打，后薛某某将薛贵某殴打致伤。经鉴定，薛贵某外伤致脾破裂行手术治疗属重伤二级，外伤致左侧尺骨中段骨折属轻伤二级。某县公安局于2017年×月×日将此案立案侦查，2017年×月×日于拘留犯罪嫌疑人薛某某。2017年×月×日，犯罪嫌疑人薛某某被某县检察院批准逮捕。

2017年×月×日，某县人民检察院执检局了解到犯罪嫌疑人薛某

* 成婷，甘肃省天水市秦安县人民检察院刑事执行检察局，检察官助理。

某与受害人已达成和解协议，可能判处缓刑，遂决定对薛某某涉嫌故意伤害一案进行羁押必要性初步审查。随后执检局向检察院公诉科了解情况，并于2017年×月×日决定对薛某某羁押必要性进行立案审查。

执检局经审查后认为：犯罪嫌疑人薛某某自愿真诚悔罪，并通过向被害人赔偿损失、赔礼道歉获得被害人谅解。双方当事人已于2017年×月×日达成赔偿协议，赔偿款于当日交付完毕。犯罪嫌疑人薛某某应从轻处罚，可能宣告缓刑。对薛某某变更强制措施，不致发生社会危险。

2017年×月×日，某县人民检察院执检局向公诉科发出对薛某某变更强制措施的建议。2017年×月×日，某县人民检察院公诉科依法决定对薛某某变更强制措施予以释放。

二、关键问题

在审查起诉阶段，执检部门发现被逮捕的犯罪嫌疑人有可能存在不需要或者不应当继续羁押情形的，是否可以进行羁押必要性审查?

三、评析意见

最高人民检察院制定的《人民检察院刑事诉讼规则（试行）》第617条明确规定：“侦查阶段的羁押必要性审查由侦查监督部门负责；审判阶段的羁押必要性审查由公诉部门负责。监所检察部门在监所检察工作中发现不需要继续羁押的，可以提出释放犯罪嫌疑人、被告人或者变更强制措施的建议。”据此，羁押必要性审查，应当依照不同的诉讼阶段，区分为不同情形分别处理。侦查监督部门承担侦查阶段的羁押必要性审查职责，公诉部门承担审查起诉阶段、审判阶段的羁押必要性审查职责，监所检察部门（执检部门）在对看守所未决羁押实施法律监督过程中，对整个刑事诉讼过程的羁押必要性均可审查。

本案是执检部门在审查起诉阶段发现的，可以由执检部门负责羁押必要性审查。审查后发现犯罪嫌疑人薛某某自愿真诚悔罪，并已通过向被害人赔偿损失、赔礼道歉获得了被害人的谅解，双方当事人已于2017年×月×日达成赔偿协议，赔偿款于当日交付完毕。犯罪嫌疑人薛某某应从轻处罚，可能宣告缓刑。根据以上事实、有关证据和《人民检察院刑事诉讼规则（试行）》第616条中“人民检察院发现或者根据犯罪嫌疑人、被告人及其法定代理人、近亲属或者辩护人的申请，经审查认为不需要继续羁押的，应当建议有关机关予以释放或者变更强制措施”的规定，某县人民检察院执检局向检察院公诉科发出对薛某某变更强制措施的建议后，公诉科依法决定对薛某某变更强制措施。

本案中，执检部门在双方当事人达成调解协议前期就了解到双方当事人有调解意向，积极介入，实时跟踪案件进展，第一时间保障在押人员的合法权益。同时也体现出了检察机关内设机构在羁押必要性审查方面互相协作的重要性。

四、处理结果及执行情况

2017年×月×日，某县人民法院作出判决：被告人薛某某犯故意伤害罪，判处有期徒刑3年，缓刑4年。判决生效后，罪犯薛某某到居住地司法所报到并接受社区矫正。

彭某某交通肇事案

——公司后院是否属于“公共交通管理范围”*

要旨

长期以来，法律、司法解释、道路交通管理法规对公共交通管理范围规定得都较为模糊。加之，随着经济社会的快速发展，对公共交通管理范围和道路的界定和理解各异，造成实务中法律适用不统一。因此，进一步明晰公共交通管理范围，对于同类案件的处理具有至关重要的作用。

一、基本案情

2017年10月某日，彭某某（个体户）在未取得机动车驾驶证的情况下驾驶甘FQ××××号“某某”牌轻型普通货车，在某企业公司后院（闲置场所）内倒车时，碾压其车旁步行的席某某，造成席某某经某医院抢救无效于当日死亡。2017年11月某日，某市公安局交警支队某交警大队对此次道路交通事故作出责任认定，彭某某负全部责任，席某某及其父亲不负责任。2017年，甘肃某司法鉴定所对席某某的死亡原因作出鉴定，发现席某某的死亡原因是本次道路交通事故受伤致急性重型颅脑损伤致中枢性呼吸循环衰竭。

二、关键问题

公司后院是否属于公共交通管理范围？发生事故是否应该认定为交通肇事罪？

---

* 蔡玉霞，甘肃省嘉峪关市人民检察院党组书记、检察长；胡建芳，甘肃省嘉峪关市人民检察院法律政策研究室科员。

三、分歧意见

第一种意见认为，本案中彭某某的行为构成交通肇事罪。该种观点认为，交通肇事罪不以发生在公共交通道路上为必要条件，交通事故虽然发生在公共交通道路以外，但只要违反道路交通管理法规造成事故，且后果严重，均应认定为交通肇事罪。本案中彭某某在未取得机动车驾驶证的情况下，在公司后院倒车造成席某某死亡的行为，应被认定为交通肇事罪。

第二种意见认为，本案彭某某的行为应定性为过失致人死亡罪。公司后院明显不属于公共交通管理范围，彭某某倒车辗压席某某的行为，主观上存在疏忽大意的过失，客观上造成了死亡的危害后果，依据主客观相统一原则，彭某某的行为应被认定为过失致人死亡罪。

四、评析意见

笔者同意第二种评析意见。主要理由：一是最高人民法院出台的《关于审理交通肇事刑事案件具体应用法律若干问题的解释》第8条第2款规定："在公共交通管理的范围外，驾驶机动车辆或者使用其他交通工具致人伤亡或者致使公共财产或者他人财产遭受重大损失，构成犯罪的，分别依照刑法第一百三十四条、第一百三十五条、第二百三十三条等规定定罪处罚。"可见，公共交通管理的范围是认定交通肇事罪的重要标准。然而，发生场所的封闭性与开放性只是判定交通运输管理范围的一个方面。显然，企业厂区具有封闭性的特点，属于交通运输管理范围之外。二是交通肇事罪属于危害公共安全罪的一种，其保护的客体是交通运输管理秩序。本案与交通运输活动没有必然联系，是在未取得机动车驾驶证的情况下，练习倒车发生危害后果的行为，故本案不属于交通肇事行为。三是本案不构成重大责任事故罪。重大责任事故罪要求在生产、作业中违反有关安全管理的规定，而本案的事故发生地不属于生产、作业场所。同时，因彭某某是个体经营，与公司企业没有联系，其驾驶行为属于个体行为，故本案中彭某某的行为不构成重大责任事故罪。

五、处理结果

某城区人民法院以被告人犯交通肇事罪，判处有期徒刑2年。

张某贩卖毒品案

——贩卖“假毒品”的行为定性之分析*

要旨

不知道是假毒品而当作毒品进行贩卖的，事实上不可能造成损害法益的结果，不具有实质违法性，属于不具有可罚性且不应作为犯罪处理的对象不能犯。不知道假毒品而帮人贩卖的，行为人主观上没有以假毒品冒充真毒品骗取他人钱财的故意，客观上贩卖的也不是刑法规定的毒品，按照罪刑法定和主客观相统一的原则，不应以贩卖毒品罪（未遂）追究其刑事责任。

一、基本案情

2017年11月，公安人员接线报称，一名男子欲向某市黎某贩卖毒品，该队民警立即展开侦查。后该队在黎某的协作下在该市汽车客运站对面将贩卖毒品的张某抓获。经审讯和调查，犯罪嫌疑人张某主动交代其从上线“苍某”手中以350元的价格购买毒品并贩卖给黎某的事实，并在现场从买家黎某身上缴获疑似毒品海洛因0.38克，从张某身上缴获毒资400元。经鉴定，张某贩卖的疑似毒品小包中未检测出海洛因等毒品成分。

二、关键问题

本案中张某贩卖假毒品的行为究竟应如何定性?

三、分歧意见

关于张某行为之定性，存在以下两种意见：

---

* 王云基，甘肃省嘉峪关市人民检察院城区院公诉科员额检察官。

第一种意见认为，张某的行为构成贩卖毒品罪（未遂）。理由是：张某主观上认为上线“苍某”给他的是毒品，由他进行贩卖并获利50元，客观上完成了向黎某贩卖毒品的全过程，其行为符合贩卖毒品罪的构成要件。因其有贩卖毒品的故意，且已着手实施贩卖行为，对贩卖的毒品属于假毒品的情况属于意志以外的因素而致犯罪未能完成，应以未遂形态认定。

第二种意见认为，张某的行为不构成犯罪。理由是：刑法规定打击毒品犯罪是为了保护公众健康。就贩卖毒品的行为而言，对法益的侵害取决于行为人所贩卖的是毒品，这也是符合贩卖毒品罪的构成要件的。如果行为人客观上贩卖的根本不是毒品，仅因行为人误认为是毒品而进行贩卖便追究刑事责任，则有违罪刑法定原则。

四、评析意见

关于本案，侦查机关以犯罪嫌疑人张某涉嫌贩卖毒品罪移送审查起诉。笔者经分析审查后，认为其不构成犯罪，理由如下：

从法益侵害的角度来看，走私、贩卖、运输、制造毒品犯罪侵害的法益主要是公众健康，而贩卖假毒品的行为，不论该假毒品是否交付给了购买方，由于交易的并不是真正的毒品，因而实际上根本不可能对公众的健康产生丝毫威胁，更谈不上造成实际的侵害了。既然如此，认为这类行为侵犯了刑法所保护的法益也就无从谈起。当然，我国刑法把贩卖毒品罪规定在妨害社会管理秩序罪一章中，这表明贩卖毒品罪侵犯的法益不仅仅是公众健康，还有国家对毒品的禁止、管理秩序。但是，贩卖毒品的行为虽然在形式上扰乱了国家对毒品的管制秩序，实质上侵犯的却是公众的身体健康。因为国家管制毒品的终极目标在于使毒品不被滥用而危害公众的健康。而且，法益侵害说并不意味着凡是侵害法益的行为都成立犯罪，只有当行为对法益的侵害达到一定程度时才能作为犯罪处理。而贩卖假毒品的行为对毒品管制秩序所造成的危险性并不紧迫，更没有侵害或威胁到社会公众的身体健康，其对法益的侵犯还没有达到应受刑罚处罚所要求的严重程度。

从主客观相统一原则来看，行为人误将假毒品当作真毒品予以贩卖，结合其主观罪过似乎可以认定为“贩卖毒品”的行为。因为我们不否认，行为人的主观罪过可以产生观念上的危害性，但在犯罪的构成要件中，行为作为具有相对独立性的客观要素，同样必须存在产生危害社会的客观可能。否则，仅以主观罪过为依据便出入罪，离“主观归罪”便只有一步之遥了。笔者认为，应在严格坚持罪刑法定及主客观相统一的刑法原则基础上，来分析贩卖假毒品的行为。因为其客观上贩卖的根本不是毒品，便不能认定其在贩卖毒品。刑法之所以确定罪刑法定原则，反对类推解释，其中一个重要目的就是保护人权，使公民不受国家公权力的恣意侵犯。我们稍加思索便可发现，仅凭行为人主观上“明知”是毒品即将贩卖假毒品的行为入罪，很容易导致侵犯人权的危险。因为在这种定罪模式下，对于任何一个贩卖行为，司法机关都可以展开“深入”调查，“探究”行为人是否存在认识错误而将其入罪。

从立法沿革来分析，根据最高人民检察院于 1991 年 4 月 2 日公布的《关于贩卖假毒品案件如何定性问题的批复》（已失效）可知，不知是假毒品而以毒品进行贩卖的，应当以贩卖毒品罪追究被告人的刑事责任，对于其假毒品的事实可作为从轻或减轻的情节予以考虑。随后，该精神也得到了最高人民法院发布的《关于十二省、自治区法院审理毒品犯罪案件工作会议纪要》（已失效）的认可。1994 年 12 月 20 日，最高人民法院印发的《关于执行〈全国人民代表大会常务委员会关于禁毒的决定〉的若干问题的解释》（已失效）对此予以进一步明晰。该解释第 17 条第 1 款规定，明知是假毒品而冒充毒品贩卖的，以诈骗罪定罪处罚；不知道是假毒品而当作毒品走私、贩卖、运输、窝藏的，应当以走私、贩卖、运输、窝藏毒品（未遂）定罪处罚。这些规定虽然得到通说和司法实践的认可，但是学界也有不同的观点，张明楷教授认为该行为不构成犯罪。[1]笔者也认为，该类行为中行为人虽然有贩卖毒品的故意，但实际上实施的并不是贩卖毒品的行为，如若根据以上司法解释来处理，会出现

〔1〕 张明楷：《刑法学》（第 5 版），法律出版社 2016 年版，第 1147 页。

以下两种可能：张某作为上线“苍某”的销售端，其行为从属于“苍某”，如证实上线对假毒品是知情的，则“苍某”仅就诈骗350元的违法行为承担行政责任。此种情况下，张某如果对假毒品的底细不知情，而以贩卖毒品罪（未遂）来追究刑事责任，则明显罚不当罪；如果张某是知情的，也仅就400元的诈骗行为承担行政责任，而不构成犯罪。

此外，关于未遂的犯罪形态问题，其大前提为是否构成贩卖毒品罪。结合前文所述，应当根据行为是否符合客观的构成要件来进行判断。而犯罪的客观构成要件具有类型化、定型性的特点，贩卖毒品的客观行为要求行为人贩卖的必须是毒品，不知是假毒品而当作真毒品予以贩卖的，根本就不是我国刑法予以类型化的贩卖毒品行为，它完全没有实现构成要件的可能。所以，该类行为并不符合犯罪的客观要件，不能构成贩卖毒品罪。

五、处理结果

本案经某市某区人民检察院检察官联席会及检委会审议，认定张某的行为不构成犯罪，最终对其作出法定不起诉决定。

李某盗窃案

——不具有代管职责的秘密窃取是“盗窃”还是“职务侵占”*

要旨

职务侵占罪与盗窃罪均是以非法占有财物为目的，侵犯财产所有权的犯罪。但实践中，二者之间的区别难以认定，本案对此进行了区分。

一、基本案情

被告人李某，女，汉族，生于1975年×月×日，身份证号码：××××××××××××××××××，现住某县，打工。

2010年5月初，被告人李某应聘到某县城大什字“森马”服装店打工，从事销售导购工作。自5月某日起，李某发现其上早班时服装店管理不严，遂生盗窃之意，趁店内无人之机，先后多次秘密窃取该服装店货架上的衣服（共计53件）装入随身携带的布包内，藏于自家床柜内。经鉴定，涉案衣服价值6307元，案发后，被盗物品被全部扣押。

二、关键问题

认定行为人是否构成职务侵占罪，重点需要考察行为人是否利用了职务便利，是否具有代为保管的义务，否则应当认定其构成盗窃罪。

---

* 王玉国，甘肃省威武市民勤县人民检察院副检察长；王斌，甘肃省威武市民勤县人民检察院侦监科检察官。

三、分析意见

本案公安机关以职务侵占罪移送审查起诉，对于本案中李某的行为定性问题存在两种观点。

第一种观点认为，李某的行为不构成犯罪。李某是利用服装店导购员的职务便利，采取秘密窃取的方法，侵占服装店财物，其行为性质属于职务侵占，但因犯罪数额尚未达到职务侵占罪追诉标准所规定的“数额较大”标准，故不应以犯罪论处。

第二种观点认为，李某的行为符合盗窃罪的构成要件。李某利用工作中存在的管理漏洞，秘密窃取服装店财物，数额较大，应当以盗窃罪追究其刑事责任。

四、评析意见

笔者同意第二种观点。

第一，职务侵占罪是指公司、企业或其他单位的人员，利用职务上的便利，将本单位的财物非法占为己有，数额较大的行为。认定职务侵占罪的关键有两点：一是行为主体为特殊主体，必须是在本公司、本企业或本单位内担任一定的职务或因工作需要而主管、经手财物的不具有国家工作人员身份的人员。二是必须是利用职务上的便利。本案中，李某的行为究竟是构成盗窃罪还是构成职务侵占罪，关键在于认定其窃取行为是利用了职务上的便利，还是利用了工作上的方便。综合分析考察李某的岗位职责，其主要职责是向顾客介绍产品性价，引导顾客选购衣物，为顾客开具结算凭证。在该岗位上进行操作的员工对经由其手的财物是否具有占有、支配等职权，事关行为人在窃取公司财物时是否利用了职务上的便利。而“利用职务上的便利”并不是泛指一切职务上的便利，其特定的内涵决定了必须与行为人的职务相对应，是针对职务上的财物的关系而言的，具体表现为主管、管理、经营、经手公司财物的便利。所谓主管，是指审查、批准、调拨、安排使用或以其他方式支配、处分公司财物的职权；所谓管理，是指行为人直接负责公司财物的保管、看守以及其他依法处理等，如出纳员管理现金、会计管理账目、仓库保管员管理物资等；所谓经营，是指行为人利用公司资产进行的以增值或生息为目的的工业、商业等活动；所谓经手，是指行为人本身的职责并不负责对公司财物的管理支配，只是出于工作需求，临时性地对公司财产行使领取、支配、发放的职权。本案中，李某系该服装店的导购员，其虽然有经手公司财物的机会，但根据服装店的销售流程，李某只负责向顾客介绍产品性能、价格，出具结算凭证后，由顾客与收银员进行结算。在整个销售过程中，导购员与收银员、店主之间形成了稳定的销售流程，各职位之间相互协作、配合和监管。在此条件下，导购员对服装店的财物不具有相对独立的支配权，其导购行为是劳务行为而非职务行为。犯罪嫌疑人李某以非法占有为目的，占有他人财物，利用的是工作流程中存在的漏洞而非利用职务便利。

第二，被告人李某不具有代为保管服装店财物的职责。该服装店财物由店主与店员共同管理，该财物在刑法上的占有属于上位者——店主，而不属于下位者——店员，即使下位者事实上掌握或支配该财物，也应是单纯的监视者或占有辅助者。因此，下位者店员基于非法占有的目的取走财物，应成立盗窃罪，而非职务侵占罪。

五、处理结果

本案提起公诉后，某县人民法院判决认定公诉机关指控的事实和罪名成立，认定被告人李某犯盗窃罪，判处有期徒刑 1 年 6 个月，缓期 2 年执行，并处罚金 3000 元。宣判后，被告人李某未提出上诉，判决生效。

王某盗窃案

——曾因盗窃被行政处罚又再次盗窃是否可以认定为“多次盗窃”*

一、基本案情

犯罪嫌疑人王某，男，1988年×月×日出生，汉族，无业，甘肃省某县人。

2016年11月×日，王某在某县某镇东街鑫泰家园，盗窃住户梁某放于楼院内的驼毛34公斤。经鉴定，该被盗驼毛价值人民币910元。同年11月×日，王某因该盗窃事实被某县公安局行政拘留10日。

2016年11月×日，王某到某县某镇西街×号楼院，盗窃该楼住户何某红色沃尔德电动车一辆。经鉴定，该被盗电动车价值人民币920元。同年11月×日，王某因该盗窃事实被某县公安局行政拘留10日。

2016年11月×日，王某到某县某镇西街××号楼院，盗窃该楼住户詹某车库内“五粮醇”白酒4瓶，“漠玉”红枣枸杞酒2瓶，“天佑德”牌青稞酒2瓶，价值1096元。

二、主要问题

曾因盗窃被行政处罚再次实施盗窃行为的，是否符合“多次盗窃”的规定，应否按盗窃罪定罪处罚？

* 黄宝宝，甘肃省威武市民勤县人民检察院公诉科科员。

三、评析意见

（一）分歧意见

第一种观点认为，王某的行为构成盗窃罪。根据最高人民法院、最高人民检察院颁布的《关于办理盗窃刑事案件适用法律若干问题的解释》（以下简称《盗窃解释》）第3条“二年内盗窃三次以上的，应当认定为‘多次盗窃’”的规定，无需考虑每次盗窃行为是否已经受过处罚。

第二种观点认为，王某的行为不构成盗窃罪。理由是：王某的前两次盗窃行为均已受到处罚，不应将王某此次的盗窃行为计入次数，若再对其科处刑罚，属于重复评价，违背“一事不再理”的原则。

（二）评析意见

笔者同意第一种观点，王某的行为构成盗窃罪，已经受过行政处罚的盗窃行为应计入“多次盗窃”。理由如下：

第一，从法理上看，将已受过行政处罚的盗窃行为计入多次盗窃，并不违反“禁止重复评价”原则。“禁止重复评价”原则是指一次行为不能两次以上作为定罪量刑的事实依据，但可以作为处罚另一行为的危害性时评价行为人的人身危险性的事实因素。该原则的贯彻是在同一犯罪构成事实、同一诉讼之内实现的。同一犯罪构成事实、同一诉讼之内存在禁止重复评价的问题；不同犯罪处理、不同诉讼中将已经受到行政处罚作为评价行为人人身危险性的因素，则不存在禁止重复评价的问题，譬如刑法从重处罚累犯。第一种意见所持的“一事不再理”中的处罚属于性质相同的处罚，而行政处罚与刑事处罚是两种性质完全不同的处罚，两者分别独立存在，不能相互代替，两种不同性质的处罚是可以重叠的。王某之前所受的行政处罚应计入多次盗窃，不违反“禁止重复评价”原则。

第二，从实践来看，若将已受过行政处罚的盗窃行为排除出“多次盗窃”，不利于对盗窃犯罪的刑事打击。对于每次盗窃均未达到数额较大标准的盗窃惯犯而言，如果每次均对其施以行政处罚，意味着无论其盗窃多少次，司法机关均不能以“多次盗窃”追究其刑事责任；若要追究多次盗窃者的刑事责任，则只能在发现其前两次盗窃后不予抓获，等待其第三次实施盗窃后一并予以抓获并定罪量刑；对于多次盗窃者而言，则可以通过每次主动接受行政处罚以规避刑事处罚。由此可见，将已受过行政处罚的盗窃行为排除出“多次盗窃”可能会放纵盗窃犯罪分子，不利于对盗窃犯罪的刑事打击。

第三，从主观方面来看，王某具有盗窃习性，主观恶性较深，社会危害性较大。盗窃罪，是指以非法占有为目的，秘密窃取公私财物，数额较大或者多次窃取的行为。然而，在司法实践中，盗窃犯罪中屡教不改者占绝大多数，屡教不改的惯偷盗窃行为严重侵害了公民财产权的合法权益和安全，经行政处罚过后依旧不改的多次盗窃行为具有严重的社会危害性，应当受到刑法处罚。如果一概将曾被行政处罚的盗窃行为不计入“多次盗窃”，会导致具有多次违法前科且有较重的社会危害性的人无法受到法律的惩戒。若对具有盗窃习性的惯犯因数额未达到“较大”标准即不入罪，不仅不利于实现刑法的特殊预防与一般预防功能，而且有轻纵犯罪之嫌。为强化对此类屡教不改的惯偷盗窃的惩治效果，《盗窃解释》第 2 条明确规定：“一年内曾因盗窃受过行政处罚的，其盗窃‘数额较大’的标准可以按照前条规定标准的百分之五十确定。”因此，笔者认为，对“多次盗窃”的理解不应限定于“未经处理”的盗窃行为，这才符合《盗窃解释》打击屡教不改的惯偷盗窃行为的立法初衷。

综上所述，笔者认为，在认定“多次盗窃”的次数时，应将受过行政处罚的盗窃行为计入在内。本案中，王某曾因盗窃受过行政处罚又再次盗窃应当认定为“多次盗窃”，应以盗窃罪对其定罪处罚。

四、处理结果

一审某县人民法院以盗窃罪判处被告人王某有期徒刑 10 个月，并处罚金 1000 元。

孙某单位行贿案

——独资公司负责人的行贿行为应当被认定为自然人行贿还是单位行贿*

要旨

一人出资的独资公司，在公司运营过程中，出资人为谋取不正当利益向他人行贿的行为，应当认定为自然人行贿还是单位行贿？

一、基本案情

被告人孙某，男，兰州某园林绿化公司法定代表人，2015年11月因涉嫌行贿罪被武威市人民检察院批准逮捕。

2008年，孙某出资注册了兰州某园林绿化公司，并担任公司法定代表人，主要从事园林绿化和绿化工程养护。公司财务人员及财务资料不全，为图方便，公司经济往来中常使用孙某个人银行账户。2011年至2013年期间，孙某通过交通厅领导杨某给高速公路绿化项目部“打招呼”，获得了多个高速公路绿化工程，并以公司名义签订了绿化工程劳务协议。后为感谢杨某帮其获得绿化工程及在施工过程中给其提供便利，孙某多次以感谢、拜年等名义向交通厅领导杨某行贿100万元，给项目部工作人员邢某行贿4万元。

二、关键问题

孙某向他人行贿的行为究竟是构成自然人行贿罪，还是构成单位

---

* 冯天然，甘肃省威武市民勤县人民检察院检察长。魏海军，甘肃省威武市民勤县人民检察院案管办主任。

行贿罪?

三、分歧意见

本案中，对孙某行贿行为的定性有两种意见：

第一种意见认为，孙某的行为是个人行贿，应以（个人）行贿定罪。孙某在签订绿化工程劳务协议时尽管使用了公司的名义，但工程款结算是合同甲方直接转账到孙某个人的银行账户的，同时，孙某向他人行贿时，部分行贿款也是通过孙某个人银行账户转账的，因此，孙某获得的工程款应是其个人所得。另外，公司财务资料中无行贿费用支出的记载，所以孙某的行贿行为应属其个人行为，与公司无关。

第二种意见认为，孙某的行为是单位行贿，应以单位行贿定罪。孙某的园林绿化公司客观存在且实际运营，在签订绿化工程劳务协议时使用公司名义，因园林绿化公司属孙某一个人出资的独资公司，在公司运营过程中存在财务制度不健全、公司资金往来混用个人账户的情况。孙某是公司直接负责的主管人员，其向他人行贿的目的是为了公司获得利益，行贿资金也是来自公司营运所得的工程款，故孙某的行贿行为应属单位行贿。

四、评析意见

笔者同意第二种意见，具体分析理由如下：

行贿罪是指为谋取不正当利益，给予国家工作人员以财物的行为。在经济往来中，违反国家规定，给予国家工作人员以财物，数额较大的，或者违反国家规定，给予国家工作人员以各种名义的回扣、手续费的，以行贿论处。

单位行贿罪是指单位为谋取不正当利益而行贿，或者违反国家规定，给予国家工作人员以回扣、手续费，情节严重的行为。因行贿取得的违法所得归个人所有的，以行贿罪定罪处罚。

从立法原文来看，两种罪行有重叠、混淆的可能，司法实践中存在部分犯罪嫌疑人以单位行贿作为辩护理由企图减轻刑事责任甚至逃脱刑事追究的情形。本案体现出的焦点争议，恰好是司法实践中单位行贿与个人行贿容易混淆的难点，要明确区分行贿人的行为属单位行贿还是自然人行贿，应当主要从以下两个方面进行辨析：

1. 犯罪的主体

个人行贿的主体是自然人，个人行贿是一种钱权交易的对向性犯罪，即行贿主体和受贿主体两者具有对向性、同一性，二者之间一般不介入其他主体。

单位行贿的主体是单位，根据《刑法》第30条的规定，应指公司、企业、事业单位、机关、团体。最高人民法院颁布的《关于审理单位犯罪案件具体应用法律有关问题的解释》规定，单位指“公司、企业、事业单位”，既包括国有、集体所有的公司、企业、事业单位，也包括依法设立的合资经营、合作经营企业和具有法人资格的独资、私营等公司、企业、事业单位。

本案中，孙某的兰州某园林绿化公司符合单位主体身份，孙某是公司的法定代表人，孙某为本单位谋取不正当利益向他人行贿行为在职权范围之内，孙某的行贿行为应当属于单位行为。

2. 利益归属

个人行贿谋取的不正当利益必须直接归属于自然人，同时，行贿的财物必须属于自然人所有并归其支配。

单位行贿的目的是为单位谋取不正当利益，以单位名义作出，在单位意志支配下实施的单位行为，获取的利益必须归单位所有，如果归个人所有，则以自然人个人行贿罪论处。

本案的特殊之处在于，孙某的公司是独资公司，作为公司法定代表人的孙某是唯一的股东，对公司事务，孙某没必要也不可能召开会议。其就公司事务（包括为公司获取利益向他人行贿）作出的决定，就是公司的意志体现。仅因公司财务管理不规范，账务资料不全、记载不明，在运营过程中又以孙某的个人银行账户进行经济往来，结算的工程款多次进入孙某个人账户，导致孙某的账户款项公私不分，便认定获取的非法利益归孙某个人所有是欠妥的。

综上，要明确辨析属自然人行贿还是单位行贿，除了要看犯罪的主体、不正当利益归属外，还应当结合具体案件中的行贿资金来源、公司经营管理形式、盈亏的分享和分担及民事责任的承担等方面综合认定。本案中，被告人孙某为了谋取承揽劳务工程竞争优势，违背公平、公正原则，先后多次给予国家工作人员财物的行为，属单位行贿。

五、处理结果

2016年10月，某县人民检察院以被告单位兰州某园林绿化公司、被告人孙某构成单位行贿罪向该县人民法院提起公诉，该县人民法院审理后，于2017年3月作出判决：被告单位兰州某园林绿化公司犯单位行贿罪，判处罚金30万元；被告人孙某犯单位行贿罪，判处有期徒刑6个月；被告人孙某犯介绍贿赂罪，判处有期徒刑6个月；数罪并罚，决定执行有期徒刑10个月，缓刑1年。

高某行贿案

——单位挂靠人的行贿行为的性质认定*

要旨

无资质人挂靠某有资质单位，并以委托人身份签订工程合同，为谋取不正当利益向他人行贿，其行为应被认定为单位行贿还是自然人行贿？

一、基本案情

被告人高某，男，汉族，户籍所在地为甘肃省某市，个体。2015年2月，因涉嫌行贿罪被刑事拘留，2月某日被逮捕。

被告人高某从事工程机械租赁业务，因没有注册公司，无资格参与工程机械租赁项目招标，高某便挂靠朋友的某工贸公司，多次以某工贸公司的名义参与项目招标，高某以公司委托人的身份参与业务洽谈并签订合同。在合同实施、工程结算等方面，某工贸公司不参与高某经营事项，一切事务均由高某个人负责。2003年至2013年期间，被告人高某为感谢某路业集团董事长张某（另案处理）的帮助，在高速公路建设工程中多次签订业务合同，先后三次送给张某32万元的存折和银行卡，张某均已收受。

二、关键问题

挂靠关系中，挂靠人的行贿行为构成单位行贿罪还是自然人行贿罪？

---

* 杨述仁，甘肃省威武市民勤县人民检察院副检察长；魏海军，甘肃省威武市民勤县人民检察院案管办主任。

三、分歧意见

本案中，对高某行贿行为的定性有两种意见：

第一种意见认为，高某的行为是单位行贿，应以单位行贿定罪。高某挂靠的某工贸公司客观存在且实际运营，该公司不是法律意义上的空壳公司和死亡公司。工程机械租赁合同中，某工贸公司是合同的主体，高某是公司的委托人，直接负责主管该业务，故高某的行为代表公司，某工贸公司应为高某的行为承担责任，高某向他人行贿数额较大，应该以单位行贿罪追究某工贸公司和高某的刑事责任。

第二种意见认为，高某的行为是自然人行贿，应以自然人行贿定罪。高某挂靠某工贸公司，虽然在项目招标时使用公司的资质，在签订合同时使用了公司的名义，但是高某个人才是工程机械租赁业务的真实经营者，挂靠仅仅是高某为了有资格参与项目招标，获得租赁业务。尽管高某对外具有公司委托人的身份，但高某与公司的关系实际上并没有改变，高某不是公司的员工，更不是公司的业务主管。公司不参与高某的机械租赁业务，对高某的机械租赁业务既无资金投入，也不承担风险和利润分享。高某在业务运营中所作的决定不受公司董事会的约束，也不在公司领取工资报酬。高某为获得租赁业务向他人行贿，目的是为了本人获利，而不是为了某工贸公司。所以，高某的行贿行为属个人行为，应当以行贿罪追究高某的刑事责任。

四、评析意见

笔者同意第二种意见，具体分析理由如下：

所谓挂靠，是指一些人或企业有项目、无资质，借用其他具有资质的企业的名义，或是具有低资质、低等级的企业利用高资质、高等级的企业名义在社会上对外承接工程的一种行为。挂靠人一般需向被挂靠的企业交纳一定数额的“管理费”，但被挂靠企业基本不对挂靠人的实际经营活动实施管理，或者所谓“管理”也仅仅停留在形式上，挂靠人经济独立、自负盈亏。最高人民法院在制订《关于审理建设工程施工合同纠纷案件适用法律问题的解释》时并没有直接将该行为定义为“挂靠”，而是表述为“借用”，即没有资质的实际施工人借用有资质的建筑施工企业名义从事施工，“挂靠”与“借用”实际上系同一概念。《合同法》第52条第5项规定，借用挂靠资质的施工合同属无效合同。《建筑法》第66条规定，建筑施工企业转让、出借资质证书或者以其他方式允许他人以本企业的名义承揽工程的，对因该承揽工程不符合规定的质量标准造成的损失，建筑施工企业与使用本企业名义的单位或个人承担连带赔偿责任。需要特别注意的是，不能认为被挂靠单位为被挂靠人承担民事责任，就一定会承担刑事责任，因为民法调整的是平等主体之间的关系，刑法处罚的是具体的某种犯罪行为。

在自然人挂靠单位行贿案中，认定挂靠人向他人行贿的行为是否构成单位行贿犯罪，应重点确定犯罪主体是否具备单位主体身份、体现被挂靠单位意志，是否为了被挂靠单位利益，如是则构成单位行贿罪，反之则构成个人行贿罪。

本案中，首先，高某行贿没有以被挂靠的某工贸公司名义且行贿资金来源于高某而不是某工贸公司。其次，某工贸公司不参与高某工程机械租赁业务，在业务实施过程中，高某的决定不受限制于公司，也谈不上某工贸公司对高某业务经营的决策管理，故高某的行贿行为不是某工贸公司意志支配下实施的行为。最后，高某挂靠某工贸公司后，与公司之间的主体关系没有发生变化，两者之间仍是平等主体，没有隶属关系，同时，作为挂靠人的高某的经济仍然是独立的，高某能否获得租赁业务、获得业务多少、是否获利等均与某工贸公司无关。高某行贿所得的不正当利益归属高某个人而非某工贸公司。

综上，高某的行贿行为应属自然人行贿，应当以行贿罪追究其刑事责任。

五、处理结果

某县人民法院经审理，于2017年3月作出判决：被告人高某犯行贿罪，判处有期徒刑1年，缓刑1年6个月。

王某某、李某某非法买卖枪支案

——将非法买卖的气枪出借，第三人将借用人误伤致死，对买卖枪支行为人是否追究刑事责任*

要旨

严厉打击涉枪犯罪，着力维护公共安全是司法机关执法办案的重要职责和任务。但在司法实践中，正如“天下没有完全相同的两片树叶”，个案有个案的差异，应当坚持具体问题具体分析。办理枪支犯罪案件须严格遵循罪刑法定原则，准确把握案件定性及法律适用，切勿因案件涉枪而对法律生搬硬套，从而混淆罪与非罪的界限。

一、基本案情

2016年5月，犯罪嫌疑人王某某通过手机微信从昵称为“某某商贸总代招代理”处以765元的价格购买了一套气枪零部件，货到后按照图纸将该气枪组装完毕并携带玩耍。2016年七八月份，犯罪嫌疑人王某某又将该气枪以1100元的价格转售给犯罪嫌疑人李某某。2016年9月，犯罪嫌疑人李某某又将该气枪借给被害人张甲（又名张小甲）玩耍，张甲将该气枪放置在自己驾驶的车号为甘H-×××××的卡车驾驶室内。2016年10月某日，张乙（另案处理）在某县某镇某村张甲家外院中停放的张甲的卡车驾驶室内发现该气枪，并将该枪拿下车摆弄玩耍，不慎将该枪击发，枪内发射的弹丸击中张

* 林万银，甘肃省威武市古浪县人民检察院公诉科检察官。

甲头部，致使张甲不治身亡。当月，经某市公安司法鉴定中心鉴定：张甲系生前被钢珠弹丸击中头部致颅内出血、严重脑挫伤死亡。2016 年 10 月，经甘肃省公安厅物证鉴定中心鉴定，送检的气枪为以压缩气体为动力的枪支。

2016 年 12 月某日、2017 年 1 月某日，某县公安局分别将张乙过失致人死亡案和王某某、李某某非法买卖枪支案移送某县人民检察院审查起诉。

二、关键问题

最高人民法院于 2009 年发布的《关于审理非法制造、买卖、运输枪支、弹药、爆炸物等刑事案件具体应用法律若干问题的解释》（以下简称《解释》）第 1 条规定，个人或者单位非法制造、买卖、运输、邮寄、储存军用枪支一支以上或者以火药为动力发射枪弹的非军用枪支一支以上，或者以压缩气体等为动力的其他非军用枪支二支以上的，或者虽未达到上述最低数量标准，但具有造成严重后果等其他恶劣情节的，依照《刑法》第 125 条第 1 款的规定，以非法制造、买卖、运输、邮寄、储存枪支罪定罪处罚。非法买卖枪支，如果数量达不到立案标准，应如何理解并适用“具有造成严重后果等其他恶劣情节”这一司法解释规定？如何把握刑法上的因果关系？这是我们针对本案首先要应对和解决的问题。

三、分歧意见

关于本案的定性存在两种意见：

第一种意见认为，王某某、李某某买卖枪支的行为与被害人的死亡结果之间存在刑法上的因果关系，应当适用相关司法解释，对王某某、李某某以非法买卖枪支罪定罪处罚。

第二种意见认为，王某某、李某某买卖枪支的行为与第三人使用该枪支致被害人死亡之间没有刑法上的因果关系，司法解释的兜底条款在本案中不能适用，因此，王某某、李某某的行为不构成犯罪。

四、笔者意见

笔者赞同第二种意见。理由如下：

非法买卖枪支罪属危害公共安全犯罪，而危害公共安全罪是指故意或者过失实施危害不特定或者多数人的生命、健康或者公私财产安全的行为，其保护的法益系不特定或者多数人的生命、身体或者财产公共安全。本案中，王某某、李某某买卖的枪支经司法鉴定系以压缩气体为动力的枪支，从数量上看尚达不到追究刑事责任的标准。本案造成了一人死亡的严重后果，但对该后果应当结合实际案情予以综合分析判断，不能因为存在他人生命安全受到侵害的后果便推定买卖枪支的行为人构成犯罪。本案中，对张乙以过失致人死亡罪追究刑事责任没有任何问题，其侵犯的客体是特定人的生命，但对王某某、李某某以非法买卖枪支罪定性，于法无据。

首先，王某某、李某某买卖枪支的行为与第三人张乙使用该枪支致被害人死亡之间没有刑法上的因果关系。有人认为，犯罪嫌疑人王某某将该枪支组装后进行过试射，对该枪支流入社会后可能造成的危害后果应当是明知的。犯罪嫌疑人李某某明知该枪支具有一定的致伤力而予以购买并出借给他人，对该枪支流入社会后产生人身伤害的后果持放任态度，而该枪支被张乙发现后因操作不当造成枪支借用人死亡这一严重后果的产生。没有犯罪嫌疑人王某某、李某某买卖枪支的行为，没有李某某将枪支出借给他人的行为，就不会产生该枪支流入社会的后果，更不会产生致使他人死亡这一严重后果。因此，犯罪嫌疑人王某某、李某某买卖枪支的行为与被害人死亡的后果之间存在刑法上的因果关系。

但笔者认为，“条件因果关系说”在本案中不能成立。王某某、李某某非法买卖枪支后，李某某将枪支借给被害人张甲使用。李某某出借给被害人枪支的行为虽然造成了被害人死亡的结果，但这种出借行为并未对死亡结果起到决定性作用。被害人的死亡是由第三人的出现并操作不当这一异常介入因素引起的，即是由放置在汽车驾驶室内用毯子盖住的枪支，由不懂枪支的另案犯罪嫌疑人张乙偶然发现并操作失误的行为所造成。张乙对枪支操作不当对被害人的死亡起到了决定性作用。王某某、李某某买卖枪支以及李某某出借枪支的行为只是后面介入因素的一个前提和基础，对被害人的死亡后果并没有起到积极作用。犯罪嫌疑人王某某、李某某在买卖枪支时不可能预料到被害人死亡的后果，事实上也是后面的介入因素"中断"了两犯罪嫌疑人买卖枪支与被害人死亡的因果关系。因此，犯罪嫌疑人王某某、李某某非法买卖枪支的行为与被害人死亡结果之间不存在刑法上的因果关系。

其次，如果认定行为人王某某、李某某的行为构成犯罪属客观归罪。我国刑法关于买卖枪支罪的规定在犯罪构成上属故意犯罪，本案从买卖枪支的行为人出借枪支后，该出借的枪支造成借用人死亡的这一后果来推定、认定行为人买卖枪支的行为构成犯罪，与犯罪构成理论存在重大矛盾，存在客观归罪的问题，也不符合"罪刑法定"的基本原则。《解释》第 1 条第 9 项关于"虽未达到上述最低数量标准，但具有造成严重后果等其他恶劣情节"的规定，并没有否定非法买卖枪支罪属故意犯罪的立法本意。

最后，相关司法解释在本案中不能适用。有人认为，本案犯罪嫌疑人王某某通过网络购买枪支零部件后予以组装，后以 1100 元的价格卖给犯罪嫌疑人李某某。该枪支由李某某出借给他人后流入社会，因具有致伤力，其本身就带有不稳定因素，会对公共安全造成严重威胁。而本案的后果为李某某所购买的枪支出借他人后发生枪支借用人被误伤致死的严重后果。本案犯罪嫌疑人王某某、李某某买卖的枪支经鉴定为具有致伤力的气枪，虽然达不到追究刑事责任的"数量标准"，但造成了一人死亡的严重后果，我国刑法关于非法买卖枪支罪所规定的法益被侵犯，因此该司法解释对本案应当适用。

但笔者认为，本案中"第三人使用枪支过失致一人死亡"的结果不属于《解释》第 1 条第 9 项关于"虽未达到上述最低数量标准，但具有造成严重后果等其他恶劣情节"的规定的情形。虽然枪支被出借后，最终造成一人死亡的后果，但纵观全案情况，系第三人的过失行为导致一人死亡的结果发生。该案"第三人使用枪支过失致一人死亡"这一结果，无论是从主观意图，还是从客观表现来看，犯罪嫌疑人王某某、李某某买卖枪支的行为的社会危害性均比故意伤害致人死亡或者故意杀人等犯罪行为要小。换句话说，如果李某某将非法买卖的枪支出借给他人，借用人使用该枪支实施抢劫、杀人等行为造成危害后果，那么对王某某、李某某应当被追究刑事责任。综上所述，本案不能适用相关司法解释。

五、处理结果

王某某、李某某涉嫌非法买卖枪支案，经某县检察院审查后，就该案是否适用《解释》第1条第9项规定的问题向某市人民检察院予以请示。某市人民检察院批复，司法解释相关规定在本案中不能适用。2018年1月，某县公安局将该案作撤销案件处理。张乙过失致人死亡案，经某县检察院提起公诉后，法院以过失致人死亡罪判处被告人张乙有期徒刑3年，缓刑5年。

郭某、赵某交通肇事案

——车主雇佣无证人员驾驶无牌车辆发生交通事故是否构成交通肇事罪*

要旨

最高人民法院出台的《关于审理交通肇事刑事案件具体应用法律若干问题的解释》(以下简称《解释》)第7条规定:“单位主管人员、机动车辆所有人或者机动车辆承包人指使、强令他人违章驾驶造成重大交通事故,具有本解释第二条规定情形之一的,以交通肇事罪定罪处罚。”该条虽然明确规定了单位主管人员、机动车辆所有人或者机动车承包人指使、强令他人违章驾驶造成重大交通事故的,能够构成交通肇事罪的共犯,但是在现实案例中却出现了诸多分歧,在如何认定指使、如何认定是否具有刑法上的因果关系等方面都存有争议。该案是某县检察院办理的一起涉及车辆所有人和车辆驾驶人能否共同构成交通肇事罪的案件,历经三级法院5次审理,最终由甘肃省高级人民法院作出终审判决,认定车辆所有人郭某与车辆驾驶人赵某均构成交通肇事罪。该案对全省检察机关今后办理此类案件具有指导和借鉴意义。

一、基本案情

2014年7月某日,被告人郭某明知自己的车辆无行驶证、无号牌,仍指使雇佣的没有驾驶证的被告人赵某违章驾驶无号牌“××”

* 方勇,甘肃省酒泉市人民检察院。

牌重型半挂牵引车牵引无号牌挂车沿某县某路由南向北行驶，在行使至262KM+500M处时，与相对方向行驶的由河南省某县某村村民刘甲驾驶的豫N×××××号“××”牌重型半挂牵引车相撞，双方车辆起火燃烧，造成驾驶人刘甲、乘车人刘乙死亡。经某县交警部门进行调查认定，被告人赵某负事故的全部责任。案发后，被告人赵某逃逸。经公安机关网上追逃，被告人赵某投案自首，被告人郭某被抓获。以上事实有书证、证人证言、被告人供述、勘验检查笔录、鉴定意见等证据证实。

本案由某县公安局侦查终结，以被告人赵某、郭某涉嫌交通肇事罪移送某县人民检察院审查起诉。某县人民检察院审查后，于2015年3月×日对赵某、郭某以涉嫌交通肇事罪提起公诉。某县人民法院审理后，于2015年7月×日作出刑事判决，以赵某、郭某犯交通肇事罪，判处赵某有期徒刑4年，判处郭某有期徒刑1年，缓刑2年。判决作出后，被告人郭某不服一审判决提出上诉，某市中级人民法院经审理后认为，原审判决认定被告人郭某指使、强令赵某违章驾驶造成交通事故的事实不清、证据不足，故撤销原判，发回某县人民法院重新审判。某县人民法院于2015年10月×日重新组成合议庭对该案开庭审理，经审理后于2015年11月×日作出判决，以交通肇事罪判处被告人赵某有期徒刑4年，判处被告人郭某无罪。某县人民检察院审查判决后认为，一审法院认定郭某的行为不构成交通肇事罪错误，于2015年12月×日提出抗诉，某市人民检察院依法支持了某县人民检察院的抗诉。某市中级人民法院经开庭审理，于2016年3月×日作出刑事附带民事裁定，驳回上诉、抗诉，维持原判。某市人民检察院经审查该裁定，认为某市中级人民法院的二审裁定适用法律确有错误，于2016年5月×日提请甘肃省人民检察院抗诉，甘肃省人民检察院依法支持了某市人民检察院的抗诉。甘肃省高级人民法院经开庭审理，于2017年11月×日作出终审判决，维持对被告人赵某的定罪量刑部分，被告人郭某犯交通肇事罪，判处有期徒刑1年，缓刑2年。

二、关键问题

被告人郭某安排无驾驶证人员赵某驾驶无行驶证无号牌车辆上

路行驶，是否必然导致交通事故发生？郭某的行为与交通事故的发生是否具有因果关系？郭某能否构成交通肇事罪？

三、分歧意见

本案在诉讼过程中，对于被告人赵某构成交通肇事罪没有争议，但是对于被告人郭某是否构成交通肇事罪存在以下分歧：

第一种意见认为，被告人郭某是肇事车辆的所有人，虽然在知道赵某无驾驶证的情况下仍然雇佣赵某驾驶无牌、无证车辆上路行驶，但郭某安排无牌照车辆上路并不必然导致交通事故发生，郭某的行为与赵某驾驶车辆发生交通事故之间没有因果关系，故公诉机关指控被告人郭某犯交通肇事罪缺乏事实和法律依据，罪名不能成立。

第二种意见认为，被告人郭某在明知自己的车辆无牌无证的情况下，仍雇佣、安排无驾驶证的被告人赵某驾驶该车上路行驶与赵某违章驾驶该车辆发生重大交通事故之间存在刑法上的因果关系，其行为符合《解释》第7条的规定，犯罪事实清楚，证据确实充分，应当以交通肇事罪定罪处罚。

四、评析意见

笔者同意第二种意见，认为郭某的行为构成交通肇事罪，某县人民法院一审判决判处郭某无罪，某市中级人民法院裁定维持该判决均属适用法律错误。其理由和分析观点如下：

（1）被告人郭某明知自己的车辆无号牌、无行驶证，仍指使赵某无证驾驶该车辆上路行驶，造成重大交通事故的犯罪事实清楚，证据确实充分。现有证据能够证实，被告人郭某系肇事车辆的所有人，其对自己的车辆无牌无证这一事实是明知的。根据《道路交通安全法》的规定，无牌证车辆是严格禁止上路行驶的，被告人郭某在明知自己的车辆没有行驶证、没有牌照，知道所雇佣的赵某没有驾驶证的前提下，仍然雇佣、安排赵某驾驶该车辆上路行驶，最终发生重大交通事故，致二人死亡，其行为符合《解释》第7条的规定，犯罪事实清楚，证据确实充分，应当以交通肇事罪定罪处罚。

（2）被告人郭某的行为符合交通肇事罪的构成要件。被告人郭某作为肇事车辆的所有人，对从事货运的车辆具有安全管理职责。在肇事车辆未经登记挂牌的情况下，仍安排被其雇佣的无机动车驾驶证的赵某驾驶肇事车辆在自己指定的路线上行驶，即被告人郭某将不具备货运条件的肇事车辆投入运营的行为，实质上就是指使赵某违章驾驶。肇事车辆投入运营后，被告人郭某对肇事车辆违章货运行为不予管理，最终导致肇事车辆因违章驾驶而发生二人死亡的重大交通事故。根据《解释》第7条“单位主管人员、机动车辆所有人或者机动车辆人指使、强令他人违章驾驶造成重大交通事故，具有本解释第二条规定情形之一的，以交通肇事罪定罪处罚”的规定，被告人郭某存在“指使”行为，其行为完全符合交通肇事罪的构成要件，应当以交通肇事罪追究其刑事责任。

(3) 被告人郭某在明知自己的车辆无牌无证的情况下，仍雇佣、安排赵某驾驶该车上路行驶与赵某违章驾驶该车辆发生重大交通事故之间存在刑法上的因果关系。被告人郭某明知自己的车辆无行驶证、无牌照仍雇佣、安排赵某驾驶该车辆上路行驶的事实是清楚的，证据是确实充分的。并且，从交警部门出具的《道路交通事故认定书》来看，被告人赵某存在多个违章行为，其中一项就是驾驶没有登记的机动车上路行驶，而造成这一违章行为的直接责任人就是赵某。虽然赵某明知自己没有驾驶证，还驾驶车辆上路行驶是造成本次事故的直接责任人，理应承担刑事责任。但是如果没有郭某的雇佣、指挥、安排行为，如果郭某不将自己明知没有牌照、不能上路行驶的车辆交由赵某驾驶，该起事故是绝对不会发生的。所以，从本案违章行为的先后顺序来看，郭某指挥、安排赵某驾驶没有牌照的车辆上路行驶在前，而赵某无驾驶证驾驶车辆在后，也就是说，如果没有郭某的车，该起事故是不会发生的。郭某之所以要成为本案的被告人，就是因为他是车辆所有人，他对车辆没有行驶证、没有牌照这一客观事实是明知的，他需要对无牌无证的车辆上路行驶这一违章行为承担刑事责任。另外，交通肇事作为一种过失犯罪，其存在两种形态，一种为过于自信的过失，一种为疏忽大意的过失。对于过于自信的过失表现形式主要是行为人知道或者应当知道危害后果有可能发生，但是轻信可以避免并且继续放任行为的发展，最终导致了危害后果的发生。在本案中，赵某是郭某雇佣的司机，郭某身为车辆所有人，安排、要求赵某开车的行为是一种指使违章操作行为，郭某明知肇事车辆无牌照、无行驶证，存在安全隐患，上路行驶有可能会发生交通事故，但其仍然存在侥幸心理，自信赵某违章驾驶车辆不会出现交通事故，安排赵某违章驾驶车辆上路，最终发生了二人死亡的重大交通事故。在这一系列的行为中，如果没有郭某指使赵某违章驾驶的行为，那么赵某显然不会擅自违章驾驶车辆上路，本案中的交通事故就不可能发生。因此，被告人郭某过于自信指使赵某违章驾驶车辆上路行驶与赵某违章驾驶发生交通事故之间明显存在刑法上的因果关系，符合交通肇事罪的构成要件。

五、处理结果

甘肃省高级人民法院经开庭审理后认为，被告人郭某作为肇事车辆的所有人，雇佣没有驾驶证的赵某驾驶无牌车辆，并指使赵某按其指定的路线行驶，致使发生二人死亡的重大交通事故，根据法律规定，被告人郭某的行为构成交通肇事罪。据此，以被告人郭某犯交通肇事罪，判处有期徒刑 1 年，缓刑 2 年。

综上所述，笔者认为该案虽然是一起普通的交通肇事案件，但是案件中涉及的共犯问题却在司法实践中容易产生分歧，尤其是在认定因果关系上可能会产生不同的认识，该案的处理会对我们今后办理该类案件提供参考，值得结合刑法理论进行探讨。

刘某某寻衅滋事案

——轻微伤害行为致特异体质人死亡案件的定性问题分析*

要旨

近年来，行为人实施轻微的伤害行为致特异体质人死亡的案件不断出现，由于对该类案件的定罪处罚没有统一的规范和操作标准，与此相关的理论研究尚不成熟，导致在现实判例中对该类案件认定存在诸多分歧。特别是在如何认定轻微的伤害行为与死亡结果之间的因果关系，如何对行为人的轻微伤害行为定性等方面存在很多争议。本案是某区人民检察院办理的一起行为人实施轻微的伤害行为致特异体质人死亡的案件，因该类案件自身有其特殊性，有别于普通的、常见的暴力型犯罪，因此该案对该类案件的办理具有一定的理论价值和现实意义。

一、基本案情

2016 年 8 月×日，犯罪嫌疑人刘某某驾驶一辆皮卡车行驶至某区某快速通道一红绿灯路口处，同方向行驶的一辆越野车变道后在其前面紧急刹车，引起刘某某不满，其遂下车强行拉开越野车驾驶员车门，对驾驶员濮乙进行辱骂，后双方发生争执引起撕扯。濮乙父亲濮甲从副驾驶下车后，与刘某某撕扯在一起，后经劝解分离后倒地，经送医院抢救无效死亡。鉴定意见证实，被害人濮甲不存在致死性外伤，冠状动脉粥样硬化性心脏病（Ⅲ）及慢性纤维空洞性肺结核（开放性结核病）是导致其死亡的直接原因，情绪激动、饮酒、

* 赵佳丽，甘肃省酒泉市人民检察院公诉处检察官。

劳累、吸烟、外力作用及缺乏运动等是冠状动脉性猝死的诱发因素。

本案由某市公安局某分局侦查终结，以犯罪嫌疑人刘某某涉嫌寻衅滋事罪将案件移送某区人民检察院审查起诉，某区人民检察院审查后，于2017年6月×日对刘某某以涉嫌寻衅滋事罪提起公诉。在某区人民法院对该案审理期间，某区人民检察院以该案不存在犯罪事实为由申请撤回起诉，某区人民法院遂裁定准许某区人民检察院对该案撤回起诉。

二、关键问题

犯罪嫌疑人刘某某的行为与被害人濮甲的死亡结果之间是否具有因果关系？刘某某的行为应当如何定性？是否构成寻衅滋事罪？

三、分歧意见

本案在移送审查后，对于犯罪嫌疑人刘某某是否构成犯罪，是否构成寻衅滋事罪存在以下两种分歧意见：

第一种意见认为，刘某某的行为不构成犯罪。本案中，现有证据不足以证实刘某某殴打了濮甲，刘某某的撕扯行为与濮甲的死亡结果之间不具有刑法上的因果关系，因而刘某某不构成犯罪。这一观点实质上是对构成故意伤害（致死）罪的否定。

第二种意见认为，刘某某构成寻衅滋事罪。本案虽没有证据证实刘某某对濮甲进行了殴打，但刘某某的行为引发了濮甲与其相互辱骂、撕扯，致濮甲情绪激动而死亡。且当日刘某某无故拦截、辱骂、恐吓他人的行为致使该路段交通堵塞，严重影响交通安全，符合寻衅滋事犯罪无故追逐、拦截、辱骂、恐吓他人，情节恶劣的特征，构成寻衅滋事罪。

四、评析意见

笔者同意第一种意见，认为刘某某的行为不构成犯罪，其理由和分析观点如下：

（一）刘某某的行为不构成故意伤害（致人死亡）罪

其一，本案现有证据能够证实，犯罪嫌疑人刘某某与被害人濮甲发生了撕扯行为，被害人濮甲在撕扯行为发生后，因心脏病发作致死，无法证实刘某某殴打过濮甲。因而，只能认定刘某某的撕扯、辱骂行为诱发了濮甲患有的疾病进而致其死亡。通说认为，较轻微而短暂的伤痛或其他刺激因素，引起体内潜在疾病发作或病情恶化而导致死亡，根据司法审判量刑的需要，应将这类情况归为死亡诱因。死亡诱因不能单独危及生命或者造成较严重损害，不能归入根本死因。单从损伤程度上讲，死亡诱因属于轻微伤。因而，作为死亡诱因的轻微伤害与死亡之间没有必然的因果联系。轻微伤害不应被认定为是故意伤害罪的伤害行为，因而不构成故意伤害罪（致人死亡）。这也是结果加重犯中基本犯罪对结果加重犯成立的一种限制。因而，本案中，刘某某的行为不构成故意伤害（致人死亡）罪。

其二，我国的司法实践一直坚持故意伤害罪致人轻伤以上后果的才能构成故意伤害罪，立案标准以及伤情鉴定也是按照这一思路制定的。因而，殴打他人致轻微伤时，只存在是否构成寻衅滋事罪的问题，而不存在是否构成故意伤害罪的问题，自然也就不存在与寻衅滋事罪的区别问题。根据法释［2013］18号规定，随意殴打他人致二人以上轻微伤的，构成寻衅滋事罪。本案中，刘某某的撕扯行为与被害人濮甲的死亡结果不存在刑法上的因果关系，刘某某的撕扯、辱骂行为仅致被害人额头擦伤轻微伤，不构成故意伤害罪。

因而，本案的定性仅仅涉及是否构成寻衅滋事罪。如果不构成寻衅滋事罪，由于我国没有规定殴打罪或暴行罪，行为人的行为只能适用《治安管理处罚法》。

（二）刘某某的行为不构成寻衅滋事罪

我国《刑法》第293条规定，随意殴打他人，追逐、拦截、辱骂、恐吓他人，破坏社会秩序，情节恶劣的，处五年以下有期徒刑、拘役或者管制。最高人民检察院、公安部印发的《关于公安机关管辖的刑事案件立案追诉标准的规定（一）》第37条对寻衅滋事罪确定了如下立案标准：随意殴打他人造成他人身体伤害、持械随意殴打他人或者具有其他恶劣情节的；追逐、拦截、辱骂他人，严重影响他人正常工作、生产、生活，或者造成他人精神失常、自杀或者具有其他恶劣情节，破坏社会秩序的，应予立案追诉。最高人民法院、最高人民检察院出台的《关于办理寻衅滋事刑事案件适用法律若干问题的解释》对上述两种情形的寻衅滋事罪规定了更为量化的标准。

1. 刘某某的行为是否适用“随意殴打他人”

一般认为，应从主观与客观两个方面理解“随意”。主观随意的认定应遵循“双重置换规则”：把行为人置换为另一个社会正常人，看其是否实施相应的殴打行为，如果不会殴打则可以判断来自外部的刺激不足以引起行为人的殴打行为，因而可以认定行为人主观上具有随意性。如果将行为人置换为其他人后行为人仍会实施殴打行为，则说明来自外部的刺激足以引起殴打行为，因而行为人的殴打行为就是一个人的正常反应。本案中，从正常人的角度，濮乙的加塞行为的确让人不快，但并没有引发追尾等严重的交通事故，刘某某虽然因此而紧急刹车，但不至于上前拦截、辱骂进而发生撕扯行为。

一个反驳适用“随意”的意见主要是认为此案系“事出有因”。但是，这种观点在理论与实务界均遭到了质疑。“随意”不能被理解为是无缘无故、没有任何起因。随意殴打他人有时可能没有任何起因，有时可能因为日常生活中的摩擦或琐事，借题发挥，肆意殴打他人。实际上在现实案例中，所有的案件都是有起因的，即使是寻衅滋事罪的“无事生非”也往往是有起因的。因而，这里的“因”只能解释为“合理的原因”，或者说是在社会一般人看来较为合理的原因。本案中，刘某某因为对濮乙的加塞行为不满在先，发生冲突撕扯在后，的确是事出有因。但是，从社会的一般经验来讲，在加塞行为没有发生事故的情况下，后车车主不至于下车拦截、辱骂加塞车主，即使辱骂是符合社会惯例的，也不至于因此发生冲突。

因而，刘某某的行为应当被认定为是“随意”实施的行为。

在规定有殴打罪或暴行罪的国家，“殴打”一次有别于“伤害”，认为殴打的程度要求轻于伤害，殴打只是给被害人造成暂时性肉体疼痛、软组织损伤或轻微神经刺激，一般不会破坏人体组织的完整性或器官机能运转的正常性。但是，在我国刑法学上，并没有区分殴打与伤害的必要。从本质上来说，殴打他人身体的行为就是一种人身伤害行为，殴打不仅可能是重伤害，而且可能是轻伤害、轻微伤害，甚至是没有任何伤害的暂时性肉体疼痛。轻微伤害行为从本质上说也是伤害行为的一种，只是这种行为因情节较轻，一般不会造成轻伤以上的危害结果，进而不被认定为是构成故意伤害罪的伤害行为。这在《治安管理处罚法》的条文表述中可以得到印证。该法第 43 条规定，殴打他人的，或者故意伤害他人身体的，处 5 日以上 10 日以下拘留，并处 200 元以上 500 元以下罚款。此处的殴打应该被理解为是轻微伤害或者暂时性肉体疼痛。

既然轻微伤害或者暂时性肉体疼痛均为“殴打”的含义范畴，那么在本案中，虽然现有证据仅能证明刘某某实施了撕扯行为，但并不能据此排除刘某某实施了“殴打”行为，因为撕扯行为也可以被认定为是一种轻微伤害行为，只是这种殴打行为没有突破轻微伤害的界限。

因而，刘某某的行为应当被认定为是“殴打”行为。

综上，刘某某的行为应当被认定为是“随意殴打他人”的行为。

2. 刘某某的行为是否符合法释［2013］18 号第 1 条的规定

根据法释［2013］18 号第 1 条的规定，行为人为寻求刺激、发泄情绪、逞强耍横等，无事生非，实施《刑法》第 293 条规定的行为的，应当认定为“寻衅滋事”。本案中，现有犯罪嫌疑人供述、证人证言证实，犯罪嫌疑人刘某某对因濮乙加塞造成自己紧急刹车、险些追尾的行为极为不满，其下车拦截、辱骂的行为就是为了发泄这种不满情绪。因而，可以认定刘某某是出于发泄情绪实施了“拦截、辱骂”的行为。

3. 刘某某的行为是否适用法释［2013］18 号第 2 条的规定

根据法释［2013］18 号第 2 条的规定，随意殴打他人，破坏社会秩序，具有下列情形之一的，应当认定为《刑法》第 293 条第 1 款第 2 项规定的“情节恶劣”：致一人以上轻伤或者二人以上轻微伤的；引起他人精神失常、自杀等严重后果的；随意殴打精神病人、残疾人、流浪乞讨人员、老年人、孕妇、未成年人，造成恶劣社会影响的；在公共场所随意殴打他人，造成公共场所秩序严重混乱的。

本案中，刘某某的行为引发的后果不能被认定为是“情节恶劣”，其理由如下：

鉴定意见证实，被害人额头有擦伤，右眉弓上方有挫擦伤，损伤轻微，系擦蹭伤，胸部条形皮肤擦伤及多处肋骨骨折系医源性损伤。所以，仅能认定造成一人轻微伤，且从法条表述内容来看，此处造成轻伤和轻微伤，不适用举轻以明重规则，即此项不包括重伤、死亡的情形。

“引起他人精神失常、自杀等严重后果”，要求上述后果与行为人的“追逐、拦截、辱骂、恐吓”行为具有直接的、必然的因果关系。也就是说，被害人“精神失常、自杀”的直接原因就是受到行为人的“追逐、拦截、辱骂、恐吓”。本案中，行为人的“拦截、辱骂”行为仅仅是被害人死亡的诱因，被害人的特异体质才是其死亡的根本原因。换句话说，正常情况下，行为人的“拦截、辱骂”以及相伴的撕扯行为仅仅会造成被害人轻微伤，但被害人却死亡了。这种引起与被引起的关系不能被认定为是刑法上的因果关系。因而，刘某某的行为不符合“引起他人精神失常、自杀等严重后果”。

本案现有犯罪嫌疑人供述、证人证言、鉴定意见证实，刘某某与被害人之间发生了撕扯行为，但仅有被害人的妻子、儿子、儿媳三人的证言证明犯罪嫌疑人刘某某对被害人实施了殴打行为，且三人的证言之间存在不一致，犯罪嫌疑人的人身检查证明其自身也受到伤害。因而，证明刘某某对被害人实施殴打行为的证据之间形不成完整的证据链条。刘某某不能适用“随意殴打精神病人、残疾人、流浪乞讨人员、老年人、孕妇、未成年人，造成恶劣社会影响”。

本案中，证人证言证实，在撕扯现场，来往车辆是可以自由通过的，因而本案中的撕扯行为以及拦挡拉架行为没有造成严重的交通堵塞，也没有引发严重的交通安全隐患。因而，刘某某的行为不适用“在公共场所随意殴打他人，造成公共场所秩序严重混乱”。

4. 刘某某的行为是否适用法释［2013］18号第3条的规定

根据法释［2013］18号第3条的规定，行为人实施追逐、拦截、辱骂、恐吓他人，破坏社会秩序，引起他人精神失常、自杀等严重后果的，构成寻衅滋事罪。本案中，现有犯罪嫌疑人供述、证人证言证实，犯罪嫌疑人刘某某因对濮乙的加塞行为不满而下车强行拉开对方车门，对驾驶员濮乙进行拦截、辱骂，进而引发其与被害人濮甲之间的撕扯行为。但是，如上文分析，行为人的“拦截、辱骂”行为仅仅是被害人死亡的诱因，被害人的特异体质才是其死亡的根本原因，刘某某的行为不符合“引起他人精神失常、自杀等严重后果”。

综上，本案中犯罪嫌疑人刘某某不构成寻衅滋事罪。

五、处理结果

某区人民检察院对该案撤回起诉后，认为刘某某的行为与被害人濮甲的死亡结果之间不具有刑法意义上的因果关系，没有犯罪事实，于2017年10月×日依照《刑事诉讼法》第173条第1款之规定，决定对刘某某不起诉。

综上所述，笔者认为该案最终虽然以不起诉为终结，但案件中涉及定性问题却在司法实践中容易产生分歧，尤其是在认定因果关系上可能会产生不同的认识，该案的处理可为我们今后办理类似案件提供参考，值得结合刑法理论进行探讨。

赵某等人非法经营案

——利用网络销售非法彩票的行为构成非法经营罪还是开设赌场罪*

要旨

赵某等人利用网络销售非法彩票的行为构成非法经营罪。

一、基本案情

2017 年 2 月，被告人赵某、薛某口头协议在某县销售“某某”彩票，并约定由薛某出资，赵某联系销售地点、负责经营。后赵某委托被告人石某购买设备并提供销售彩票的系统账号，石某按销售彩票流水的 1% 提成。

同年 2 月，被告人赵某到某县联系租赁房屋，准备销售彩票。当月×日，被告人薛某通过微信向石某支付了 11 000 元的设备款。几日后，被告人赵某、石某、薛某、罗某到某县安装彩票销售设备，并进行调试。又两天后，石某、薛某、罗某离开某县，赵某留在某县负责销售彩票，薛某离开时预留周转资金 20 000 元。2017 年 2 月至 4 月，赵某用石某提供的网址和账号先后在某县甲小学对面棋牌室、某县乙小学对面体彩室、某小区大门东侧棋牌室销售“某某”彩票，累计接受总投注额1 365 275元。

经营期间，薛某认为赵某在经营数额上有所隐瞒，二人发生争议，薛某提出终止合作。3 月份，赵某先后向薛某返还投资款 50 000

* 黄芙蓉，甘肃省酒泉市金塔县人民检察院业务管理监督部控告申诉检察科科长。

元。当月，赵某向罗某支付45 000元用于购买设备和系统账号，罗某向赵某提供网站地址和4个账号。4月，赵某使用罗某提供的4个账号累计接受总投注额398 011元，盈利共计60 901.8元，被告人石某非法获利13 652.75元。当月×日，赵某经营的投注站被公安机关查获。

二、关键问题

赵某等人以营利为目的，利用网络在辖区范围内销售不属于某省某市发行“某某—福利彩票”的非法营利行为，侵犯的是社会管理秩序还是市场经济秩序？其行为应以开设赌场罪定性还是以非法经营罪定性？

三、分歧意见

赵某等人利用网站销售非法彩票的行为构成开设赌场罪。

四、评析意见

赵某等人以营利为目的，利用网络在辖区范围内销售非法彩票的行为，侵犯了正常的市场经济秩序，其行为应以非法经营罪定性。具体评析意见如下：

（1）非法经营罪，是指违反国家规定，有下列经营行为之一，扰乱市场秩序，情节严重的行为：①未经许可经营法律、行政法规规定的专营、专卖物品或者其他限制买卖的物品的；②买卖进出口许可证、进出口原产地证明以及其他法律、行政法规规定的经营许可证或者批准文件的；③未经国家有关主管部门批准，非法经营证券、期货或者保险业务的；④其他严重扰乱市场秩序的非法经营行为，如非法从事传销活动、彩票交易等。本罪侵犯的客体是国家限制买卖物品和经营许可证的市场管理制度。客观方面表现为未经许可经营专营、专卖物品或者其他限制买卖的物品、买卖进出口许可证、进出口原产地证明以及其他法律、行政法规规定的经营许可证或者批准文件，以及从事其他非法经营活动，扰乱市场秩序，情节严重的行为；主观方面具有谋取非法利润的目的。而开设赌场罪是指客观上具有聚众赌博、开设赌场、以赌博为业的行为，侵犯的客体是正常的社会管理秩序。

本案中，赵某等人以营利为目的，利用网络销售非法彩票的行为，属于擅自发行销售彩票的行为，侵犯了正常的市场经济秩序，其行为应以非法经营罪定性。

（2）根据《彩票管理条例实施细则》的规定，“未经彩票发行机构、彩票销售机构委托，擅自销售的福利彩票、体育彩票”均应被定性为“非法彩票”。赵某等人以营利为目的，利用网站在辖区范围内销售不属于某省某市发行的“某某—福利彩票”，是销售非法彩票的行为。国家之所以对彩票实行专营制度，目的之一在于对彩票的发行、销售行为能够有计划地予以控制，防止彩票中奖成为某些人为不劳而获而孜孜追求的目标。本案中，赵某等人以营利为目的，利用网络销售非法彩票的行为与国家专营彩票的目的背道而驰，其所追求的正是国家所禁止的，扰乱了国家正常的市场经济秩序，对经济秩序造成重大影响，符合非法经营罪的构成要件，应以非法经营罪定性。

3. 赵某等人利用网站销售非法彩票的行为应以非法经营罪定罪处罚。第一，赵某等人以营利为目的，利用网络销售非法彩票的行为，根据相关司法解释，属于擅自发行、销售彩票的行为，侵犯了正常的市场经济秩序，具有一定的社会危害性；第二，根据我国《彩票管理条例》及《彩票管理条例实施细则》的规定，赵某等人的行为属于擅自发行、销售彩票的行为；第三，2005 年最高人民法院、最高人民检察院发布的《关于办理赌博刑事案件具体应用法律若干问题的解释》第 6 条规定，未经国家批准擅自发行、销售彩票，构成犯罪的，依照《刑法》225 条第 4 项的规定，以非法经营罪定罪处罚。也就是说，非法经营彩票行为具有社会危害性，且司法解释已经明确将非法经营彩票行为达到一定数额的纳入刑法规制范围，即法律明文规定。本案中，赵某等人擅自发行销售彩票额达到非法经营罪入罪标准，应依法定罪处罚。

五、处理结果

某县人民法院认为，被告人赵某、石某、罗某、薛某的行为不属于非法发售彩票的行为，侵犯的是社会管理秩序而非市场经济秩序，故四被告人以营利为目的利用互联网在赌博网站上接受赌注，非法获利的行为应以开设赌场罪认定。法院依据各被告人犯罪情节，判处四被告有期徒刑缓刑并分处罚金，并依法没收被告人赵某非法所得60 901.80元。一审宣判后，赵某等人未上诉，判决失效。

王某某、张某某故意毁坏财物案

——如何认定为故意毁坏财物*

要旨

本案原本被某县公安局作为治安案件办理，后某县人民检察院在执法检查中发现该案线索，认为公安机关降格处理案件，遂依照程序监督公安机关立案，有效打击了犯罪，维护了群众合法权益。

一、基本案情

2016年，某市某种业有限责任公司在某县某乡某村流转1000余亩耕地，用来种植制种葵花。2016年7月×日，该公司员工孙某某发现，在制种葵花地周边有两块常规葵花将影响制种葵花的授粉，遂指派王某某、张某某到某村委会协商解决。经与某乡某村委会农户马某某、董某某协商未达成协议。2016年7月×日，王某某、张某某携带工具到马某某葵花地，将6.5亩葵花地中54%的葵花头割掉，将董某某种植的6.5亩葵花地中35%的葵花头割掉。

后马某某、董某某向某乡派出所报案，某乡派出所将本案立为治安案件，于2016年7月×日对王某某、张某某等人与受害人进行治安调解，双方就损失赔偿达成协议并实际履行。2016年8月×日，某县人民检察院在工作中发现某县公安局在办理王某某、张某某故意毁坏财物案时，未就受害人的损失进行价格鉴定，王某某、张某某的行为可能涉嫌犯罪，于2016年10月×日向某县公安局发出《要求说明不立案理由通知书》，某县公安局于6日后书面向某县人民检

---

* 段晓宏，甘肃省酒泉市金塔县人民检察院刑事检察部派驻金塔镇检察室主任。

察院说明不立案理由。2017年2月×日，某县人民检察院向某县公安局发出立案通知书。某县公安局于15日后立案侦查，经鉴定，被损毁葵花直接经济损失为10 930.05元。王某某、张某某因涉嫌故意毁坏财物罪，于2017年3月×日被某县公安局取保候审。某县公安局于2017年4月×日向某县人民检察院移送审查起诉。

本案的证据情况：犯罪嫌疑人王某某、张某某的供述，证实其未取得农户同意便私自砍割农户葵花头的事实。被害人陈述，证实其葵花头被割的事实。证人证言，证实犯罪嫌疑人未经农户同意，砍割农户部分葵花头的事实。现场勘验、检查笔录及照片，证实葵花被毁坏的数量。鉴定意见证实了被毁坏葵花的价格。治安调解协议书证实某市某种业有限责任公司的负责人已赔付了受害人损失的事实。

二、关键问题

王某某、张某某的行为是否涉嫌犯罪？是否需要追究刑事责任？

三、分歧意见

（1）本案犯罪事实显著轻微，不需要追究刑事责任。公安机关认为，被害人同意砍割葵花，只是未就补偿与嫌疑人达成协议，且嫌疑人在割完葵花头后，积极与村上联系，进一步协商补偿事宜，且在派出所主持下，已达成协议并实际履行。考虑到本案中被害人的葵花确实影响到了周围农户的种植，嫌疑人的行为虽不妥，但维护了更多群众的利益，犯罪事实显著轻微，可不追究刑事责任。

（2）本案两名犯罪嫌疑人的行为涉嫌故意毁坏财物罪，应当追究刑事责任。某县人民检察院经审查认为，犯罪嫌疑人未经受害人同意，擅自砍割受害人葵花，价格为10 930.05元，已达到立案追诉的标准。

四、评析意见

（1）嫌疑人的行为涉嫌故意毁坏财物罪。故意毁坏财物，是指故意毁灭或损坏公私财物，数额较大或者有其他严重情节的行为。最高人民检察院、公安部印发的《关于公安机关管辖的刑事案件立案追诉标准的规定（一）》第33条规定，故意毁坏公私财物，造成公私财物损失5000元以上的，应予立案追诉。犯罪嫌疑人造成被害人损失10 930.05元，超过立案标准，应当以涉嫌故意毁坏财物罪追究刑事责任。

（2）嫌疑人的行为不属于犯罪事实显著轻微，不需要追究刑事责任的情形。嫌疑人未经被害人同意，擅自砍割被害人的葵花，且造成损失达到立案标准一倍以上，虽然事后与被害人达成赔偿协议并实际履行，但这一情形是量刑时考虑的情节，不是关系罪与非罪的问题，不能认为赔偿了损失，其行为就不涉嫌犯罪，就不需要追究刑事责任。

（3）本案的有罪判决，打击了涉农犯罪，有效维护了农民的合法权益。在审判过程中，法院充分考虑到了犯罪嫌疑人的认罪态度、悔罪表现，以及已经赔偿损失，得到被害人谅解的事实，对犯罪嫌疑人从轻从宽判处，释法说理，有效地震慑了犯罪，为侵害农民利益的行为敲响了警钟，取得了良好的社会效果和法律效果。

五、处理结果

2017年6月×日，某县人民法院作出刑事判决：以故意毁坏财物罪，判处王某某拘役6个月，缓刑1年。判处张某某拘役6个月，缓刑1年。某县人民检察院经审查，认为判决认定事实清楚，证据确实充分，定性准确，量刑适当，审判程序合法，无错误，不抗诉。

张某、李某非法侵入他人住宅案

——强行进入他人住宅内的麻将室并殴打他人的行为该如何定性*

要旨

非法侵入他人住宅罪是侵犯公民住宅权利的犯罪，这种犯罪不光严重危害公民住宅安全，往往还伴随着殴打他人、毁坏财物等滋事行为。近年来，处理该犯罪时对这种复杂行为如何定性成了一个难以把握的问题，在司法实践中很容易将非法侵入他人住宅罪与寻衅滋事罪相混淆，本文结合案例简要谈谈二者的区别。

一、基本案情

(一) 案件基本事实

2012 年×月×日 2 时许，被告人张某酒后伙同李某来到某市某区 312 国道南边“星辉蓬布厂”寇某住宅门前，用拳头敲门，并用脚踢门。寇某将门打开后，张某即无故对寇某进行殴打，将寇某打倒在地后，被告人张某、李某又冲到二楼客厅内对高某进行殴打，并损坏了客厅内的烟灰缸、烧水壶等物品，之后又强迫寇某、高某等人喝啤酒。至当日 4 时许离开，持续时间约 2 小时，严重影响了寇某及家人的正常生活。

(二) 诉讼经过

2012 年×月×日，某市人民检察院监督某市公安局对张某、李某

---

* 张艳平，甘肃省玉门市人民检察院民行科科长。

涉嫌非法侵入他人住宅案立案侦查，某市公安局于2014年×月×日以被告人张某、李某涉嫌非法侵入住宅罪移送审查起诉。经审查，于2014年×月×日向某市人民法院提起公诉。2014年×月×日，某市人民法院作出刑事判决。

（三）主要证据情况

认定上述事实的主要证据有受案登记表，立案决定书，现场勘查笔录，现场平面示意图，现场照片，辨认笔录，人民医院疾病诊断证明，户籍证明，证人李某、吕某等人的证言，被害人寇某的陈述及被告人张某、李某的供述等。

二、关键问题

在审查该案时对张某、李某强行进入他人住宅内麻将室并殴打他人该如何定性产生了两种分歧意见：一种观点认为张某、李某强行进入住宅，该住宅内设置了供他人娱乐的棋牌室（未办理营业执照），之后无故对寇某及高某进行殴打，并损坏了客厅内的烟灰缸、烧水壶等物品，应以寻衅滋事定性；第二种观点认为张某、李某强行进入住宅，并无故殴打他人，危害了住宅的安宁和他人人身安全，其行为符合非法侵入他人住宅罪的构成要件，应以非法侵入他人住宅罪定性。

三、分歧意见

分歧意见一：本案应定性为寻衅滋事。《刑法》第293条第1款规定："有下列寻衅滋事行为之一，破坏社会秩序的，处五年以下有期徒刑、拘役或者管制：（一）随意殴打他人，情节恶劣的；（二）追逐、拦截、辱骂、恐吓他人，情节恶劣的；（三）强拿硬要或者任意损毁、占用公私财物，情节严重的；（四）在公共场所起哄闹事，造成公共场所秩序严重混乱的。"

本案中，张某以寇某欲在其家中开设棋牌室未向其打招呼为由，酒后临时起意或一时性起，而伙同李某强行进入寇某家中，在主观方面应是逞强、耍威风等不健康的目的，无故殴打他人并砸坏财物。但从后果上看，被害人的伤情均未达到轻伤以上或引起被害人精神失常或自杀等严重后果，滋事程度尚达不到刑事追究的程度，故应以寻衅滋事定性，不能构成刑事犯罪。

分歧意见二：本案应定性为非法侵入他人住宅罪。本案中，张某、李某未经居所人员允许，采用拳头敲门、用脚踢门的方式，强行进入他人住宅，并无故殴打寇某后又冲到二楼客厅内对高某进行殴打，并损坏了客厅内的烟灰缸、烧水壶等物品，其行为符合非法侵入他人住宅罪的构成要件，应以非法侵入他人住宅罪定性。

四、评析意见

笔者认为，应以非法侵入他人住宅罪追究张某、李某的刑事责任。非法侵入他人住宅罪，是指非法强行闯入他人住宅，或者经要求其退出仍拒绝退出，影响他人正常生活和居住安全的行为。我国《宪法》第39条明文规定："中华人民共和国公民的住宅不受侵犯。禁止非法搜查或者非法侵入公民的住宅。"《刑法》第245条规定："非法搜查他人身体、住宅，或者非法侵入他人住宅的，处三年以下有期徒刑或者拘役。司法工作人员滥用职权，犯前款罪的，从重处罚。"本罪规定侵入他人住宅的行为必须是非法的，所谓的"非法"是指不经住宅主人同意，又没有法律依据，或不依照法定程序强行侵入。所谓"侵入"，包括两种情况：一是未经主人允许，不顾主人反对、阻挡，强行进入他人住宅；二是进入住宅时主人并不反对，但主人要求其退出时拒不退出。所谓"他人"，包括住宅所有权人、对住宅有居住或出入权利的人。本罪的侵害行为，直接面对被害人，带有公开性、攻击性和挑衅性；所侵害的客体是复杂客体，它既侵害了被害人的居住权，又侵害了被害人的人身权利，并直接导致了被害人的"安全需要"的危机和精神上的创伤，甚至给被害人带来了身体上的伤害和财物上的损失。本案中，张某、李某在未经住宅主人寇某同意的情况下，强行闯入寇某住宅，并暴力强迫寇某及其朋友高某等人陪其在寇某家中喝酒，不让离开，不让报警，其行为即符合本罪"非法"情形的第一种。

非法侵入他人住宅罪在主观上只能是故意的，即行为人明知其侵入或继续停留在他人的住宅，违反居住者的意愿而积极侵入或消极不退出，有意以自己的行为表明对他人住宅权的藐视。非法侵入他人住宅罪的动机是各种各样的，有的基于报复而无理取闹，有的是滥用职权而逞威风，有的是为争夺房屋的所有权或者居住权，有的是为达到某种个人目的而向居住者施加压力等，无论哪种动机都不影响对本罪的成立。本案中，张某、李某在未经住宅主人同意的情况下，违反寇某意愿，实施了酒后强行闯入寇某住宅的行为。

《刑法》规定本罪是为了保护住宅成员的安宁，故只有以危险方法或怀有恶意进入住宅时，才构成本罪，即只有危害他人住宅安全情节严重的行为才能被认定为是犯罪。本案中，张某、李某非法侵入寇某住宅后，不仅对寇某及其朋友高某实施了殴打行为，并损害了寇某住宅客厅内的物品，强迫寇某及其朋友高某等人陪其在寇某家中喝酒，不让离开，不让报警。其行为不仅破坏了他人居住、生活、休息、工作的正常进行，造成一定社会影响，而且对寇某、高某的人身造成了伤害，并损坏寇某家中部分财物，属情节严重，应当定罪处罚的情形。

综上，张某、李某主观上明知自己的侵入违反权利人的意思，破坏他人住宅的安宁而积极侵入，客体上侵犯了他人住宅不受侵犯的权利，客观方面实施了未经他人允许，非法侵入他人住宅的行为，其行为符合非法侵入他人住宅罪的构成要件，应当以非法侵入他人住宅罪定罪处罚。

五、处理结果

2014年×月×日，某市人民法院刑事判决，张某、李某非法侵入他人住宅，并实施了暴力，干扰了他人正常生活，影响了他人的人身安全和生活安宁，其行为构成非法侵入他人住宅罪。据此，判处张某拘役6个月，缓刑1年；判处李某拘役3个月、缓刑6个月。判决后，被告人未上诉，公诉机关亦未抗诉，目前判决已生效。

白某、刘某、晋某、胡某盗窃案

——利用封建迷信欺骗他人“调包”财物的行为如何定性*

要旨

随着经济社会的发展和公民法治意识的普遍提高，普通民众对盗窃犯罪的预防更加重视。但是，盗窃犯罪的案件比例仍然居高不下，犯罪分子在秘密窃取他人财物的过程中表现出的手段、方式也更加多样化。盗窃罪和诈骗罪在客体上均属于侵犯公私财物的犯罪，在实际中，行为人的行为可能存在既使用了欺骗手段，又使用了秘密窃取的手段时，办案机关有可能对罪名的内涵把握不够准确，使得在司法实践中很容易混淆诈骗或盗窃行为。笔者将以案说法简要分析二者的区别。

一、基本案情

（一）案件基本情况

被告人白某、刘某、胡某、晋某四人经事先预谋，分工合作，专门寻找中老年人作为目标，由刘某、晋某假装寻找神医看病找到受害人后，胡某装成路人知道神医的住处，将受害人带至白某处，由白某冒充“神医的孙子”谎称受害人家中“邪气重”、身上有“晦气、血光之灾”“孙子有灾难”之类的迷信话语，让对方用钱消灾花钱“请符”，被害人信以为真，将钱财交付于白某以供“消灾”，

* 孙莉，甘肃省玉门市人民检察院案管办主任；徐芳，甘肃省玉门市人民检察院科员。

白某等乘机利用“调包”的方式，秘密盗取被害人现金。2015年×月×日至×月×日，四名被告人开车流窜至甘肃天水市、敦煌市、玉门市，采用同样的犯罪手段共实施作案4起，涉案金额共计人民币4.2万元。

（二）诉讼经过

本案由甘肃省某市公安局侦查终结，以被告人白某、刘某、晋某、胡某涉嫌诈骗罪于2016年×月×日向某市人民检察院移送审查起诉；某市人民检察院受理后，于2016年×月×日告知被告人有权委托辩护人，依法讯问了被告人，审查了全部案件材料，本案经二次退回补充侦查，于2016年×月×以犯罪嫌疑人白某、刘某、晋某、胡某涉嫌盗窃罪向某市人民法院提起公诉；某市人民法院于2016年×月×日，对四被告人作出有罪判决。

（三）证据情况

本案证据均系公安机关依法取得，证据之间具有关联性，能相互印证，形成了完整的证据链。本案的事实证据有：受案登记表、立案决定书；扣押决定书及扣押清单；农村信用社交易信息；户籍证明及常住人口基本信息；辨认笔录；被害人陈述；犯罪嫌疑人供述等。

二、关键问题

在审查过程中，公安机关和检察机关对采用迷信手段暗中“调包”被害人钱物如何定性产生了分歧？有三种不同意见：第一种意见认为，行为人的行为构成诈骗罪；第二种意见认为，行为人的行为构成盗窃罪；第三种观点认为，行为人的行为分别构成了诈骗罪和盗窃罪。

三、分歧意见

（1）白某等四人的行为构成诈骗罪。诈骗罪是指以非法占有为目的，用虚构事实或者隐瞒真相的方法，骗取数额较大公私财物的行为。本案中，行为人通过封建迷信说法欺骗被害人并使其做出财产处分的行为，使行为人取得对财物控制、被害人失去财物控制的结果与欺骗——上当受骗——交付财物存在环环相扣的因果关系。

白某等四人通过虚构事实的方法，骗取受害人的信任，使受害人自愿将钱财自愿转移到行为人手中，符合诈骗罪的构成要件，因此应定诈骗罪。

(2) 白某等四人的行为构成盗窃罪。盗窃罪是指以非法占有为目的，秘密窃取公私财物数额较大或者多次盗窃、入户盗窃、携带凶器盗窃、扒窃公私财物的行为。是否构成盗窃罪的关键是犯罪嫌疑人的行为是否属于"秘密窃取他人财物"，其特点是随着窃取行为的实施，被窃财物在空间上会发生位置移动。本案的被告人采用了欺骗的手段获得被害人信任，被害人将财物自愿交由被告人做法事消灾祈福。但被告人在和被害人在转移财物时达成的合意是"消灾"后会将财物归还，被害人仍享有该财物的所有权，被告人仅仅对财物享有保管权。在"消灾"的过程中，被告人以"调包"的手段秘密窃取了被害人的财物，该财物脱离被害人的掌控是违背被害人意愿的，并非是被害人受欺骗而自愿交付，被告人事先的诈骗行为只是为最终实施盗窃做准备，故本案应构成盗窃罪。

(3) 白某等四人的行为分别构成诈骗罪和盗窃罪。白某等人经事先预谋非法占有被害人钱财，既采取了虚构事实的欺骗行为，使被害人陷入错误认识，使被害人将财物实际转移到了被告人处，在客观上，整个行为已经达到了诈骗罪的既遂状态，故本案构成诈骗罪。本案中，四被告人事先预谋，所准备的一系列行为均是为最终的"调包"受害人财物作准备，其中诈骗是手段，盗窃是目的。该行为中，前者的欺骗手段已经触犯了诈骗罪，后又达到了四被告人以"调包"手段窃取财物的目的，属于盗窃罪。两者具有牵连关系，按照处理牵连犯从一罪处断的原则，应以其中法定刑较高的盗窃罪定罪处罚。

四、评析意见

笔者认同第二种观点，本案构成盗窃罪，现进行详细的分析：

诈骗罪和盗窃罪是现实生活中很常见的两种侵犯他人财产权利的犯罪，这两种罪的区别主要体现在客观方面。通常情况下，诈骗罪和盗窃罪是比较容易分辨的，但是在二者彼此交织的时候，就需要有一个明确的界限对诈骗罪和盗窃罪加以区分。判定行为人构成盗窃罪还是诈骗罪，主要是看行为人非法占有财物时起主要作用的具体手段行为的性质。如果起关键作用的手段是秘密窃取，就应定盗窃罪；如果起关键作用的手段是实施骗术，就应定诈骗罪。所谓关键手段行为，即行为人赖以实质或永久性占有财物的直接方式。本案中，白某等人最终取得财物，是其乘被害人不备，掉以轻心，采用“调包”的方法得到的，即是以秘密的方法取得了该财物。在手段行为上，之前的欺骗行为均是为“调包”做准备，起关键作用的是使财物发生实质性转移的“调包”的秘密窃取行为。根据受害人的认识，将财物转移给行为人并没有使行为人享有有效支配或控制的意思。受害人在“调包”行为后才发现或意识到失去了对财物的实际控制。综合本案在案件中起主要作用和实质性作用的是“调包”后使财物的实际控制权转移，行为人秘密窃取的目的达到，本案符合盗窃罪的构成要件。

白某等四人的行为不属于牵连犯。所谓牵连犯是指犯一罪，其方法或结果行为触犯其他罪名的犯罪。具体说，行为人仅意图犯某一罪，实施的方法行为或实施的结果行为，另外触犯了其他的不同罪名，其方法行为或目的行为，或原因行为与结果行为之间具有牵连关系，这种犯罪现象就是牵连犯。构成牵连犯的重要条件之一就是行为人实施的两个行为都必须可以分别构成犯罪，如果其中一个行为不能独立成罪，就不能成立牵连犯。在本案中，行为人在实施盗窃犯罪行为的过程中的确有欺诈行为，但这一行为并不能使被害人陷于认识错误，从而处分财产。本案中，白某等四人的欺诈行为在整个犯罪过程中并没有起到关键的作用，欺骗行为没有达到犯罪目的，不能单独构成诈骗罪。因此，行为人的行为不能成立牵连犯，更谈不上从一重处断的问题。

五、处理结果

2016年×月×日，某市法院判决如下：被告人白某犯盗窃罪，判处有期徒刑1年9个月，并处罚金6000元；被告人刘某犯盗窃罪，判处有期徒刑1年，并处罚金5000元；被告人晋某犯盗窃罪，判处有期徒刑1年1个月，并处罚金3000元；被告人胡某犯盗窃罪，判处有期徒刑11个月，并处罚金3000元。

判决后，被告人未上诉，公诉机关亦未抗诉，目前判决已生效。

李某甲等人聚众斗殴案

——聚众斗殴如何定性*

要旨

近年来，随着物质生活环境的不断改善，及其他各种因素的影响，群体性打架斗殴犯罪呈高发态势，给社会带来了许多不稳定的因素。由于个案案情不一，以及对相关法律规定的理解存在偏差，导致办案机关在办理此类案件时对所牵涉的罪名把握不够准确，进而错误认定案件的性质。基于此，笔者将针对司法实践中的个案，简要谈谈此类案件的定性问题。

一、基本案情

(一) 案件基本事实

2016年×月×日0时50分许，喝醉的李某甲、李某乙与李某丙在某市某镇热点KTV，因琐事发生口角。当日1时30分，李某甲、李某乙、蒲某甲、蒲某乙等人从热点KTV门口出来后，持事先准备好的啤酒瓶，与李某丙纠集的持洋镐把、木棒等工具在KTV门口等候的李某戊、伍某某、伊某某、张某某、王某某等人在热点KTV门口互殴，致李某戊右手第一掌骨基底部骨折、李某甲左侧第六肋骨骨折、左侧颞骨骨折，其他人均不同程度受伤。某市公安司法鉴定中心作出的人体损伤程度鉴定认定，李某戊、李某甲的人体损伤程度为轻伤二级。

---

* 茹小燕，甘肃省玉门市人民检察院公诉科科长；王红艳，甘肃省玉门市人民检察院科员。

（二）诉讼经过

李某甲等四人聚众斗殴一案由某市某镇热点KTV老板赵某某向某市公安局报案，某市公安局于2017年×月×日立案侦查，并于2017年×月×日向检察院移送审查起诉。检察院经两次退回公安机关补充侦查后，于2017年×月×日以李某甲等人涉嫌聚众斗殴罪向某市人民法院提起公诉。

（三）证据情况

证明本案基本案件事实的证据有：受案登记表、立案决定书、户籍证明、CT诊断报告书、×线检查报告单及疾病诊断证明、玉门市中医院住院病历、伤情照片、扣押决定书、扣押物品清单、扣押物品照片、现场勘验材料、辨认笔录及照片、法医学人体损伤程度鉴定书、被害人陈述、证人证言、犯罪嫌疑人供述与辩解。以上证据均系侦查机关依法取得，来源合法、内容真实，定案证据与被证明的案件事实之间具有客观性、关联性，认定李某甲等四人涉嫌聚众斗殴的犯罪事实均有相应的证据予以证实，证据之间及证据与案件事实之间的矛盾可以合理排除，根据现有证据足以得出唯一的排他性结论。

二、关键问题

在审查过程中，对李某甲等四人的行为定性有四种意见：第一种意见是其四人的行为构成聚众斗殴罪；第二种意见是其四人的行为构成寻衅滋事罪；第三种意见是其四人的行为构成故意伤害罪；第四种意见是其四人的行为属于正当防卫，依法不应当负刑事责任。

三、分歧意见

（1）李某甲等四人的行为构成聚众斗殴罪。聚众斗殴罪，是指为了报复他人、争霸一方或者其他不正当的目的，纠集众人成帮结伙地互相进行斗殴，破坏公共秩序的行为。本罪侵犯的客体是公共秩序，客观方面表现为纠集众人结伙斗殴的行为，主观方面为故意。李某甲等四人因事先与他人发生的争执厮打，在公共场所与对方持械互殴，造成双方不同程度受伤，斗殴双方人数均达到3人以上，破坏公共秩序，应属典型的聚众斗殴刑事违法行为。

（2）李某甲等四人的行为构成寻衅滋事罪。聚众斗殴是典型的聚众犯罪，李某甲等人系因其他原因聚集而临时参与斗殴，其行为不应当被认定为聚众斗殴罪，而应当被认定为寻衅滋事罪。寻衅滋事罪是指在公共场所无事生非，起哄闹事，随意殴打、追逐、拦截、辱骂他人，强拿硬要，任意损毁、占用公私财物，破坏社会秩序，情节恶劣或者后果严重的行为。本罪侵犯的客体是公共秩序；客观方面表现为在公共场所肆意挑衅，无事生非，起哄捣乱，进行破坏骚扰，破坏社会秩序，情节恶劣或者后果严重的行为；主体为一般主体；主观方面表现为故意。《刑法》第 293 条规定寻衅滋事罪有四种表现形式：①随意殴打他人，情节恶劣；②追逐、拦截、辱骂、恐吓他人，情节恶劣；③强拿硬要或者任意损毁、占用公私财物，情节严重；④在公共场所起哄闹事，造成公共场所秩序严重混乱。本案的案发地点为花海镇热点 KTV，地处该镇的繁华地段，其门前道路来往人群较多，应属“公共场所”。李某甲等四人在该 KTV 酒后无事生非，与他人发生口角，后又与对方在该 KTV 门口打架斗殴，且双方参与打架斗殴人员较多，造成公共场所秩序严重混乱，完全符合《刑法》第 293 条第 4 项规定的寻衅滋事罪的构成要件。

（3）李某甲等四人的行为构成故意伤害罪。聚众斗殴罪要求行为人主观上要有斗殴的故意。本案中的李某甲等人应系“被斗殴方”，其主观上并没有斗殴的故意，对其造成他人轻伤二级的后果，应当以故意伤害罪追究刑事责任。故意伤害罪，是指故意伤害他人身体的行为。本罪侵犯的客体是他人的身体健康权，客观方面表现为实施了非法损害他人身体健康并达到轻伤以上后果的行为，主观方面是故意犯罪。本案应分为两个阶段：第一个阶段是 KTV 内的寻衅滋事行为，在 KTV 内，李某甲等四人虽系酒后无事生非，与他人发生口角并厮打，应属典型的寻衅滋事，但在厮打过程中被及时制止，情节轻微，且没有造成严重后果，因此其四人在该阶段的行为应属行政违法行为，不应当追究刑事责任；第二个阶段是其四人在离开 KTV 时，在 KTV 门口与李某丙等人的打架斗殴行为，其四人在 KTV 门口持在离开 KTV 时准备好的啤酒瓶与李某丙、李某戊等人互殴，造成李某戊轻伤二级的后果，符合故意伤害罪的犯罪构成，应当以故意伤害罪追究其四人的刑事责任。

(4) 李某甲等四人的行为属于正当防卫，依法不应当负刑事责任。正当防卫是指为了使国家、公共利益、本人或者他人的人身、财产和其他权利免受正在进行的不法侵害，而采取的制止不法侵害的行为，对不法侵害人造成损害的，属于正当防卫，不负刑事责任。本案中，李某甲等四人在 KTV 内与李某丙发生口角并厮打后，李某丙纠集多人在 KTV 门口持械等候，肆意报复，待李某甲等人出 KTV 后便对其实施殴打。李某甲等人为了使自己的人身权利免受李某丙等人的不法侵害，而亦实施了殴打对方的行为，其四人的行为虽导致了对方李某戊轻伤二级的后果，但应属于正当防卫，依法不负刑事责任。

四、评析意见

综合本案证据，笔者同意第一种观点，李某甲等人的行为应当被认定为聚众斗殴。

(1) 聚众斗殴只是单行为犯，不是复行为犯，聚众只是斗殴的形式，而非实行行为。行为人只需要实施了聚众形式的斗殴行为，即可构成聚众斗殴罪，而无须实施聚众行为。为了斗殴而聚众，因其他原因聚众之后斗殴，临时起意而群起斗殴，只要实施斗殴行为时的状态是群体形式，都可构成聚众斗殴罪。因此，李某甲等人因其他原因聚集而临时参与斗殴，符合聚众斗殴罪中的“聚众”。

(2) 聚众斗殴中的故意是指行为人自身的主观故意，即只要行为人认识到自己“聚众”并与人去斗殴就可以。本案中，虽然李某甲等人均不承认其有斗殴的故意，但是卷内有其他证据可以证明其四人在互殴过程中持有啤酒瓶。由此可见，其四人在准备离开 KTV 时就已经意识到可能会与李某丙等人发生打架斗殴，所以准备了工具“啤酒瓶”。因此，其四人对自己“聚众”要与人去斗殴是有清楚的认识的，也就是说，其是有斗殴的故意的。

(3) 从表面上看，李某甲等人从 KTV 出来时，李某丙等人已经在持械等候，肆意报复，其四人系“被动应对”，其行为确似正当防卫。但是，纵观全案证据，在KTV门口，李某丙等人对其四人开始攻击时，其四人确实采取了抱头、搂腰、拉臂等一系列的防卫措施，但是其四人转而拿出事先准备好的啤酒瓶对李某丙等人实施攻击，并致使李某丙一方一人轻伤二级，其他人均不同程度受伤。其四人使用啤酒瓶殴打李某丙等人的行为，并不是为了防止自身受到伤害，而是转被动为主动，对对方实施攻击的行为，因此，其四人的行为是斗殴行为。

因此，对李某甲等人应当以聚众斗殴罪定罪处罚。

五、处理结果

2017年×月×日，某市人民法院以聚众斗殴罪判处李某甲有期徒刑3年，缓刑3年6个月；判处李某乙有期徒刑3年，缓刑3年；判处蒲某甲、蒲某乙有期徒刑1年7个月，缓刑2年。判决后，被告人未上诉，公诉机关亦未抗诉，目前判决已生效。

田某某盗窃案

——盗窃与侵占的评判*

要旨

盗窃罪与侵占罪均属于财产性犯罪，现实生活的复杂以及刑法解释的抽象性解释等诸多因素导致二者在司法实务中的定性存在模糊之处，正确区分盗窃罪与侵占罪对于司法实践具有重大的现实意义。笔者将从一则真实的案例分析入手，对盗窃罪与侵占罪的辨析提出自己的拙见。

本案中，田某某以非法占有为目的，将他人的遗忘物占为己有，其行为触犯了《刑法》第270条的规定，应当以侵占罪追究其刑事责任。田某某虽然已经着手实行犯罪，但就其是构成盗窃罪，还是构成侵占罪，颇有争议。

一、基本案情

2017年4月底，在A市B镇某建设银行ATM机服务厅内，被害人郭某在由西往东第二台ATM机存入4300元现金，没有按下“确认”存款键就离开了服务厅。田某某随后在该台ATM机办理存款业务时，见到ATM界面上显示“取消”“确认”，田某某明知按下“确认”键，存款就会自动存入银行相应的账户，按下“取消”键，存款就会取消，回到最初操作界面。为了办理自己的存款业务，田某某按下“取消”键，终止了存款程序，致使ATM机将被害人郭某的4300元存款返回至入钞口。待入钞口打开后，田某某将入钞口内的

* 袁国桐，甘肃省敦煌市人民检察院公诉科书记员。

4300 元现金取走，并更换了 ATM 机，将郭某的 4300 元现金，和自己原本准备存入的现金分两次存入了自己的银行账户。

本案由甘肃省 A 市公安局侦查终结，以田某某涉嫌盗窃罪，于 2017 年 5 月向检察院移送审查起诉。检察院于 2017 年 6 月第一次退回侦查机关补充侦查，侦查机关于 2017 年 7 月补查重报。检察院于 2017 年 7 月底作出不起诉决定书，对田某某作出不起诉决定。

二、关键问题

田某某的行为是构成盗窃，还是构成侵占？

三、分歧意见

第一种意见认为，田某某在周围没有别人的情况下，偷偷将被害人郭某的钱款取走，其行为涉嫌盗窃罪。

第二种意见认为，在被害人郭某以为其将钱款已经被存进 ATM 取款机，遂离开之后，田某某拿走的是属于被害人郭某的遗忘物，田某某的行为是侵占行为，不构成盗窃。

四、评析意见

盗窃罪是指以非法占有为目的，秘密窃取数额较大的公私财物或者多次盗窃的行为。本罪侵犯的客体是公私财物的所有权。盗窃对象是他人占有（控制）的财物，盗窃行为是排除他人对财物的支配、建立新的支配关系的过程，如果行为人只是单纯地排除他人对财物的支配而自己没有对财物重新支配时，则不属于盗窃行为，亦不构成盗窃罪。

侵占罪，是指以非法占有为目的，将他人交给自己保管的财物、遗忘物或者埋藏物非法占为己有，数额较大，拒不交还的行为。其行为对象是代为保管的他人财物、他人的遗忘物以及他人的埋藏物。

两罪的共同点在于：均属于侵犯财产类犯罪，犯罪对象是他人的财物，主观方面都表现为直接故意，以非法占有财物为目的。

两罪的根本区别在于：侵占罪是不转移占有的犯罪，即行为人只是基于不法所有的意图将原已占有的他人财物不法领得的行为；而盗窃罪则是转移占有的犯罪。换言之，变“自己占有”为“不法所有”是侵占罪的本质特征，将“他人占有”改变为“自己占有”

则是盗窃罪的本质特征。所以，理解侵占罪“自己占有”和盗窃罪中的财产“他人占有”的含义是问题的关键。

笔者同意第二种意见，认为田某某以非法占有为目的，将被害人 4300 元钱据为己有，存入自己的银行卡内，应是侵占行为，涉嫌侵占罪。盗窃罪要求犯罪对象是他人的财物，遗失物、无主物不能成为盗窃罪的犯罪对象。

从该案的具体情形来看，理由如下：

（1）田某某在公安机关的两次供述中，关于为什么按下“取消”键的供述并不一致。在审查起诉阶段其辩解为，以为机器出了故障，按“取消”键是为了回到主界面，办理自己的存款业务。根据银行提供的田某某银行卡的交易明细可以证明，田某某的确办理了自己的存款业务。以上证据不能证实田某某主观上具有非法占有的目的。

（2）侦查实验模拟的 ATM 机操作流程可以证实，一次没有完成的存款行为，在既不按“确认”键，也不按“取消”键的时候，会倒数 60 秒钟，60 秒钟操作超时后，卡槽会打开 47 秒，47 秒钟无任何操作，ATM 机会显示因操作超时由银行暂为保管。ATM 机在存款流程上发生的不确定性证实 ATM 机对该笔存款的保管具有不确定性，4300 元钱的所有权权属不清，不能成为盗窃罪的犯罪对象。

五、处理结果

经检察院检委会决定：田某某的行为属侵占行为，但数额达不到侵占罪的追诉标准，应对田某某作绝对不起诉。

李某等四人滥用职权案

——保险公司人员是否可以作为滥用职权罪的主体*

要旨

政策性农业保险是国家实施惠农政策的一项重要举措。意在规避自然灾害对农业生产的影响，提高农民的整体收益，保障农业生产的正常运行。近年来，各地发生了多起套取农业保险政策补贴案件，影响恶劣，不仅损害了农民群众的切身利益，更对国家财政资金造成了重大损失。笔者意在通过对李某、郭某、陈某、杨某某四人滥用职权案的分析，探讨保险公司人员是否可以作为滥用职权罪的主体。

一、基本案情

2014 年至 2016 年，人保财险某支公司在开展棉花、玉米保险承保工作中，为完成上级公司下达的任务目标，时任人保财险某支公司经理的李某授意公司工作人员郭某、陈某、杨某某，通过找人垫付保费的方式进行虚假投保，待承保工作完成后，制作虚假理赔案件，骗取虚假理赔款后向垫付人返还垫付款及支付一定好处费的方式套取农业保险财政补贴资金。本案造成国家政策性棉花、玉米保费补贴资金损失 333.9 万元，虚假理赔造成经济损失 105.92 万元，共计 439.82 万元。

本案由检察院反贪局于 2017 年 5 月立案侦查，2017 年 9 月侦查终结，移送审查起诉，2017 年 12 月，检察院依法提起公诉。

---

* 丁尚东，甘肃省敦煌市人民检察院公诉科检察官助理。

二、关键问题

李某、郭某、陈某、杨某某四人是否具备滥用职权罪的主体资格构成要件?

三、分歧意见

第一种意见认为，李某等四人不属于“在依照法律、法规规定行使国家行政管理职权的组织中从事公务的人员，或者在受国家机关委托代表国家机关行使职权的组织中从事公务的人员”，四人身份不符合构成滥用职权罪的要件。

第二种意见认为，四人作为国有公司管理工作人员，在开展政策性农业保险、行使国有公司管理职权过程中，未能正确履行职责，造成国有资金损失，符合滥用职权罪的主体资格构成要件。

四、评析意见

滥用职权罪是指国家机关工作人员故意逾越职权，不按或违反法律规定、处理其无权决定、处理的事项，或者违反规定处理公务，致使侵吞公共财产、国家和人民遭受重大财产损失等行为。本罪的主体是国家机关工作人员。2002 年 12 月，全国人民代表大会常务委员会实施的《关于〈中华人民共和国刑法〉第九章渎职罪主体适用问题的解释》规定：“在依照法律、法规规定行使国家行政管理职权的组织中从事公务的人员，或者在受国家机关委托代表国家机关行使职权的组织中从事公务的人员，或者虽未列入国家机关人员编制但在国家机关中从事公务的人员，在代表国家机关行使职权时，有渎职行为，构成犯罪的，依照刑法关于渎职罪的规定追究刑事责任。”2012 年 12 月最高人民法院、最高人民检察院公布的《关于办理渎职刑事案件适用法律若干问题的解释（一）》第 7 条规定：“依法或者受委托行使国家行政管理职权的公司、企业、事业单位的工作人员，在行使行政管理职权时滥用职权或者玩忽职守，构成犯罪的，应当依照《全国人民代表大会常务委员会关于〈中华人民共和国刑法〉第九章渎职罪主体适用问题的解释》的规定，适用渎职罪的规定追究刑事责任。”

四人是否满足滥用职权罪的主体构成要件的关键在于：四人是

否符合刑法规定的受委托行使行政管理职权。

笔者同意第二种意见，认为李某、郭某、陈某、杨某某四人作为国有公司管理工作人员，在开展政策性农业保险、行使国有公司管理职权过程中，未能正确履行职责，造成国有资金损失，构成滥用职权罪。农业保险属于国家政策性保险，四人的身份符合滥用职权罪的主体构成要件。

从该案的具体情形来看：

（1）根据《中央财政种植保险费补贴管理办法》《农业保险条例》《棉花、玉米种植保险条款》《A市政策性棉花、玉米保险实施方案》以及甘肃省财政厅、农牧厅、保监局、农业厅等部门出具的关于农业保险的相关文件证实，农业保险是以商业保险公司为承办主体、财政给予一定保费补贴的政策性农业保险。县级以上地方人民政府有关部门按照本级人民政府规定的职责，负责本行政区域农业保险推进、管理的相关工作，保险公司接受委托，具体开展农业保险业务。

（2）李某、郭某、陈某、杨某某供述，以及王某等人的证言证实：2014年、2015年人保财险某支公司在开展棉花、玉米政策性农业保险的过程中，为完成保险任务、正确履行行政管理职权，李某等四人以找人垫付保费的方式进行虚假投保，待承保工作完成后，以制作虚假理赔案件，骗取虚假理赔款后向垫付人返还垫付款及支付一定好处费的方式套取农业保险财政补贴资金，造成国有资金损失。

五、处理结果

经某市人民法院开庭审理：李某犯滥用职权罪，判处有期徒刑3年，缓刑3年；郭某犯滥用职权罪，免于刑事处罚；陈某犯滥用职权罪，免于刑事处罚；杨某某犯滥用职权罪，免于刑事处罚。

杨某某合同诈骗案

——房屋多次抵押借款、利用公证书抵押借款能否认定为合同诈骗罪*

要旨

司法实践中，合同诈骗罪与一般的民事纠纷的界定问题一直困扰着办案人员，要准确认定某一合同行为是罪还是纠纷，我们就要抓住该案的关键点，即对非法占有的判断。

一、基本案情

被不起诉人杨某某，男，41岁，汉族，务工，户籍所在地甘肃省F自治县，现住甘肃省B县G镇。

本案由甘肃省B县公安局侦查终结，以被不起诉人杨某某涉嫌合同诈骗罪，于2016年1月×日向检察院移送审查起诉。检察院受理后退回侦查机关补充侦查两次，延长审查起诉期限一次。

经本院依法审查查明：

2013年1月×日，被不起诉人杨某某以其团结巷安置楼东三单元×室的住房作抵押向任某某借款3万元，约定借款期限2个月，月利息3分钱。

2013年2月×日，被不起诉人杨某某又以团结巷安置楼东三单元×室的住房作抵押向汤某借款10万元，借款期限8个月，月利息4分钱，同时双方约定如果借款期限到期后杨某某不能将借款还清，该

* 吕小燕，甘肃省张掖市民乐县人民检察院。

套住房由汤某自行处理。

2013年4月×日，被不起诉人杨某某又一次将团结巷安置楼东三单元×室的住房以出售的方式作抵押向刘某借款15万元。期限2个月，月利息4分钱，双方约定借款期限内杨某某能还清借款，房子仍归还杨某某，否则房子归刘某所有。

2013年6月×日，被不起诉人杨某某再次以团结巷安置楼东三单元×室的住房作抵押向肖某某借款5万元，2013年7月×日，杨某某继续以该住房作抵押向肖某某借款1.5万元。2013年9月×日，杨某某继续以该住房作抵押继续向肖某某借款0.2万元。后杨某某陆续还款1.7万元，至今仍欠5万元。

认定上述事实的证据如下：①公证书、借条、身份证复印件、社区居委会证明、购房协议书；②证人张某某、张某甲、石某某、王某某的证言；③被害人肖某某、刘某、汤某、任某某的陈述；④被不起诉人杨某某的供述和辩解；⑤被不起诉人杨某某的户籍证明。

二、关键问题

（1）公证书是否是虚假的产权证明?

（2）一房能否多次抵押?

三、分歧意见

第一种意见认为，被不起诉人杨某某的行为不构成合同诈骗罪。公证书和产权证明之间有本质的区别，公证书不足以证明杨某某取得了所抵押房屋的物权，不具有担保的资格和价值。而且，杨某某的前三笔借款共计28万元，和杨某某抵押的房屋价值相近，杨某某可以以其安置房对这三笔借款进行抵押。其行为不符合合同诈骗罪的构成要件，不构成合同诈骗罪，是一般的民事欺诈行为。

第二种意见认为，被不起诉人杨某某的行为构成合同诈骗罪。杨某某以非法占有为目的，利用借款合同，隐瞒其将房屋多次抵押的真相，骗取他人财物，其行为符合合同诈骗罪的构成要件，应当以合同诈骗罪追究其刑事责任。

四、评析意见

笔者同意第一种意见，认为杨某某的行为不构成合同诈骗罪，是一般的民事欺诈行为，理由如下：

合同诈骗罪与民事合同欺诈均是以合同为基础，在签订、履行合同过程中存在欺骗行为使合同相对方及市场经济秩序受到不同程度的损害，但法律评价迥异。合同诈骗罪是一种犯罪行为，行为人将被追究刑事责任；合同欺诈则是一种民事违法行为，行为人只需承担“填平式”的民事赔偿责任。实践中，二者常常发生规范竞合，即凡是构成合同诈骗罪的行为都同时构成了民事合同欺诈，但构成民事合同欺诈却不一定构成合同诈骗罪。二者有很多相似之处，如均以合同为基础，均发生在签订、履行合同的过程中，行为人的主观心理态度均是故意，客观方面均采用虚构事实或隐瞒真相的方法欺骗他人。但它们毕竟是两种不同性质的违法行为，具有不同质的规定性。具体差异主要表现在以下几个方面：

（一）主观目的差异

合同诈骗罪以非法占有为主观目的。该目的是认定合同诈骗罪的核心问题，是区分合同诈骗罪与民事欺诈行为的重要界限。民事合同欺诈行为人致力于使用欺诈手段使合同相对方作出错误的意思表示，获利的主观目的并不是必备要件；合同诈骗罪的行为人的目的就在于非法占有他人财物。该非法占有与民事领域的“非法占有”不同，后者指没有法律依据而占有他人财物，仅仅是一种事实状态，并不涉及财物权属的转移；而刑法上的“非法占有”是一种主观目的，虽然表述为“占有”，其实质却是排除权利人对财物的所有权，将他人的物作为自己的所有物加以利用，不仅侵害权利人对财物的合法占有权，还侵害权利人对物的使用、收益、处分权能。

（二）主观故意差异

民事合同欺诈之故意，是指行为人具有故意欺骗他人的意思，即行为人明知自己的行为会使被欺诈人陷入错误认识，并且希望或者放任这种结果发生的一种心理状态。这一意思可以表现为直接故意，也可以表现为间接故意。间接故意的欺诈主要表现为行为人对某一重要事实轻率地作出陈述而不考虑其真假，以致相对人相信了实际上为虚假的陈述，并作出意思表示。此种欺诈的特征在于行为人并不考虑其真假尚未确定的陈述可能会给相对人造成的影响，行为人对其行为在主观上采取了一种放任自流或无所谓的态度。而合同诈骗罪是目的型犯罪，行为人具有非法占有他人财物的目的，为实现此目的，其对损害他人财产所有权这一犯罪结果必然持积极追求的态度。行为人明知自己的行为必然导致对方当事人财物上的损失，而仍然希望这一危害结果的发生，其心理态度始终是一种直接故意，对非法占有他人财物持无所谓的放任态度的不应构成本罪。因此，合同诈骗罪的主观方面只可能是直接故意，不包括间接故意。

（三）司法实务中，如何认定非法占有的目的

司法实践中，合同诈骗罪与民事诈欺行为最突出的区别在于是否“以非法占有为目的”，但是究竟以何种事实和理由认定行为人的行为具有“非法占有”的目的，则存在一定的难度。因为“目的”属于人的意识领域，是人的主观心理活动，我们只能通过行为人的行为对其加以把握。下面，笔者将结合司法实践中民事诈欺行为的不同表现形式对行为进行定性。

诈欺行为人主观心理的客观表征及其行为性质的认定：

人的主观心理活动虽然看不见、摸不着，但又并非完全不可把握。目的作为行为人意欲实现某种结果的心理态度，只有外化为客观的行为，才能成为法律评价的对象。作为有意识的、理性的人，其主观心理决定其行为，其行为又能反映其主观心理状态。因而，我们完全可以根据行为人之行为特征，判断民事诈欺行为人主观上是否具有非法占有他人财物的目的，并以此来对其行为进行定性。笔者认为，认定某一合同诈欺行为具有刑事违法性还是民事违法性，首先应以《刑法》第224条所列举的五种情形加以判断，这不仅是罪刑法定原则的基本要求，而且也是行为人具有非法占有他人财物目的的典型行为特征。此外，应考虑以下因素进行认定：

（1）行为人的履约能力。行为人的履约能力可分为完全履约能力、部分履约能力和无履约能力三种情形，应分别根据不同情况加以认定：①有完全履约能力，但行为人自始至终无任何履约行为，而以欺骗手段让对方当事人单方履行合同，占有对方财物，应认定

为合同诈骗罪。②有完全履约能力，但行为人只履行一部分，如果其不完全履行的目的是毁约或避免自身损失或由不可避免之客观原因造成，应认定为民事诈欺行为；如果其部分履行意在诱使相对人继续履行，从而占有对方财物，则应认定为合同诈骗罪。③有部分履约能力，但行为人自始至终无任何履约行为，而以欺骗手段让对方当事人单方履行合同，占有对方财物，应认定为合同诈骗罪。④有部分履约能力，同时亦有积极的履约行为，即使最后合同未能完全履行或完全未履行，亦应认定为民事诈欺。但是，如果行为人的履约行为本意不在于承担合同义务，而在于诱使相对人继续履行合同，从而占有对方财物，应认定为合同诈骗罪。⑤签订合同时无履约能力，之后仍无此种能力，而依然蒙蔽对方，占有对方财物的，应认定为合同诈骗罪。⑥签订合同时无履约能力，但事后经过各种努力，具备了履约能力，并且有积极的履约行为，则无论合同最后是否得以完全履行，均只构成民事诈欺。

（2）行为人的履约行为。虽然在构成合同诈骗罪与构成民事诈欺的场合，行为人所签订的合同都是欺诈性合同，但是合同诈骗罪的行为人具有无偿占有他人财物的故意，因而通常都不会有履行合同的行为，即使有部分履约行为，往往也是以此诱骗对方当事人，以图占有对方财物。而民事诈欺的行为人在获取不法利益的同时，一般还会承担合同约定的义务，且其不法利益的取得，多是通过履行一定的合同义务来获得的。所以，考察行为人是否履行了一定的合同义务，也可以作为区分合同诈骗罪与民事诈欺行为的界限之一。当然，实际存在的履行行为，必须是真实的履行合同义务的行动，而不是虚假的行为。履行行为是否真实，应当结合上述履约能力的不同情形来判断。这里，还需注意在以下两种情况下对行为性质的认定：①行为人在签订合同时并无非法占有相对人财物的目的，签订合同后也采取了积极履约的行为，但是在尚未履行完毕时，由于主客观条件发生了变化，行为人产生非法占有对方财物的意图，将对方财物占为己有。此种情况下，行为人的部分履行行为虽然是积极的、真实的，但是由于其非法占有的犯意产生在履行合同的过程中，其先前的积极履行行为已不能对抗其后来行为的刑事违法性，因而应构成合同诈骗罪。②行为人在取得相对人财物后，不履行合同，迫于对方追讨，又与他人签订合同骗取财物，用以充抵前一合同的债务。以后又用相同手法循环补缺，订立一连串假合同，以便使自己始终非法占有一定数额的他人财物，这种连环诈骗在司法实践中被形象地称为“拆东墙补西墙”。“拆东墙补西墙”表面上看似乎是行为人履行了合同，但实质上并非是履行行为，而只是行为人被迫采取的事后补救措施。其以签订合同骗取的财物还债的处置行为，说明他已将骗得的财物据为己有。所以，“拆东墙补西墙”的行为不能被认定为履约行为，而应被认定为合同诈骗罪。

（3）行为人对取得财物的处置情况。非财物所有者，可依法控制、使用他人财物，但非法定情况不得行使财产处分权。因此，若当事人没有履行义务或者只履行了一部分合同义务，则当事人对其占有的他人财物的处置情况。很大程度上反映了其当时的主观心理态度，不同的心理态度，对合同标的处置也必然有所不同。所以，当行为人对没有履行合同的原因难以说明或者部分履行合同的行为是否真实难以断定时，可以其对他人财物的处置情况认定行为人主观上是否有“非法占有”的目的。①如果行为人将取得的财物全部或大部分用于挥霍，或者从事非法活动、偿还他人债务、携款逃匿等，则应认定行为人有“非法占有”之故意，其行为构成合同诈骗罪。②如果行为人将取得的财物全部或大部分用于合同的履行，即使客观上未能完全履行合同之全部义务，一般也应认定为民事诈欺，不宜以合同诈骗论。③如果行为人将取得的财物用于自己合法的经营活动，当其有积极的履行行为时，应认定为民事诈欺；当其没有履约行为时，应认定为合同诈骗；行为人虽不履行合同，却在合同有效期限内将对方财物予以退还的，仍应视为民事诈欺。

（4）行为人事后的态度。行为人的事后态度，也是区分行为人在主观上有无诈骗故意的重要标志。给对方当事人造成损失后，如果行为人不主动采取补救措施，而是百般推脱责任，或者以“拆东墙补西墙”的办法还债，或者逃匿的，均应认为行为人有诈骗的故意；如果行为人采取了积极的补救措施来减少对方损失，或者表示愿意承担赔偿责任，则不能认为行为人有诈骗的故意。

需要指出的是，上述因素不能被孤立地用以证明行为人是否有“非法占有”的目的，而应在坚持主客观相统一原则的前提下，结合案件各种事实进行综合考量，具体还要结合行为人是否具有排除非法占有目的的因素及其他案件实际情况综合判定。例如，意外因素介入致行为人丧失履行能力；在签订合同时，具有履行能力，但因金融危机、自然灾害等不可抗力导致丧失履行合同能力的，应当排除行为人的非法占有目的。再比如，案发前还款，无论行为人实施何种欺骗行为，或者将钱款用于何种用途，只要案发前主动将钱款归还，都必须否认行为人的非法占有目的。

（四）分析本案

本案中，虽然犯罪嫌疑人杨某某供述其欠债较多，对任某某、汤某、刘某、肖某某的借款没有偿还能力，但是，不能仅以行为人没有偿还能力而判定其有非法占有的目的，应从具体行为分析来看其主观目的：

(1)《刑法》第224条规定，合同诈骗罪以非法占有为目的，具体表现为：在签订、履行合同过程中，以虚构的单位或者冒用他人名义签订合同的；以伪造、变造、作废的票据或者其他虚假的产权证明作担保的；没有实际履行能力，以先履行小额合同或者部分履行合同的方法，诱骗对方当事人继续签订和履行合同的；收受对方当事人给付的货物、货款、预付款或者担保财产后逃匿等行为。本案中，犯罪嫌疑人杨某某向被害人任某某、汤某、刘某、肖某某借款时提供的是抵押房屋的公证书或其复印件，公证书和产权证明之间有本质的区别，公证书不足以证明杨某某取得了所抵押房屋的物权，不具有担保的资格和价值，所以，杨某某的借款不符合“以虚假的产权证明做担保”的犯罪构成要件。

(2)《担保法》第35条规定：“抵押人所担保的债权不得超出其抵押物的价值。财产抵押后，该财产的价值大于所担保债权的余额部分，可以再次抵押，但不得超出其余额部分。”本案中，犯罪嫌疑人杨某某用于抵押借款的房屋经B县价格认定中心认定，住房及装修、家具、家电等财物总价值为279 736元。杨某某第一次向任某某借款3万元，第二次向汤某借款10万元，第三次向刘某借款15万元，第四次向肖某某借款5万元，以上抵押借款共计33万元。对肖某某的5万借款，杨某某的前妻张某某为共同借款人，杨某某的朋友王某某为连带担保人。除去有担保人和共同借款人的这5万债务外，杨某某的前三笔借款共计28万元，和杨某某抵押的房屋价值相近，根据《担保法》的规定，杨某某可以以其安置房对这三笔借款进行抵押。

综上，杨某某在借款过程中虽然有欺诈行为，但是没有非法占有的目的，而且客观行为表现上也不符合合同诈骗罪的构成要件，杨某某的行为不构成合同诈骗罪。

五、处理结果

2016年7月，检察院认为，被不起诉人杨某某的行为不构成合同诈骗罪，根据《刑事诉讼法》第173条第1款的规定，决定对杨某某不起诉。

任某某等人赌博案

——临时搭建场所召集他人赌博，是赌博还是开设赌场*

要旨

在不同时间、不同场所召集他人秘密进行赌博活动，并从中抽头渔利的，应以赌博罪定罪处罚。

一、基本案情

2015年×月×日至×月×日期间，被告人任某某多次召集他人在某县六坝公墓周边、某镇某村北河滩、某村附近河滩、某县大堵麻水管处农场等处以"摇碗子"押单双的方式聚众赌博。任某某担任摇宝的"宝官"，刘某某、何某某、班某某、张某某、吕某某成立赌博"公司"，被告人马某某、贾某负责"抽头打水"，姚某某、张某某等人放高利贷，被告人汪某某负责搭建帐篷、布置赌博场所、望风放哨。任某某、马某某、贾某、汪某某每场赌博参加人数有20人左右，赌资10万元左右，"抽头"渔利1万元~2万元不等。

2015年×月×日16时许，被告人任某某组织20余人在某县大堵麻水管处农场赌博时，被某县公安局民警查获。现场收缴赌博所用骰子2个、帐篷1顶、对讲机2部、凳子20个。

二、关键问题

临时搭建场所召集他人进行赌博，属聚众赌博还是开设赌场？

三、分歧意见

案件在审查起诉阶段产生了分歧：

* 曾怀民，甘肃省张掖市人民检察院；钱坤颉，甘肃省张掖市人民检察院。

一种意见认为，任某某等人提供场所，召集他人在其提供的场所多次实施赌博行为，应当以开设赌场罪追究其刑事责任。

另一种意见认为，任某某等人虽为赌博活动提供场所、赌具，但时间不固定、场所不固定，系一种组织、召集他人聚众赌博的行为，应当以赌博罪追究其刑事责任。

四、评析意见

任某某等人在某县六坝公墓周边、某镇某村北河滩、某村附近河滩、某县大堵麻水管处农场等以“摇碗子”押单双的方式召集人员赌博，赌博人员都是临时参与，任某某、马某某、贾某等人并没有在公开的、专门的场所开设赌场、组织赌博活动，其行为不符合开设赌场罪的构成要件。赌博罪侵犯的客体是社会主义的社会风尚，本罪在客观方面表现为聚众赌博或者以赌博为业的行为。所谓聚众赌博，是指组织、招引多人进行赌博，本人从中抽头渔利。这种人俗称“赌头”，赌头本人不一定直接参加赌博。所谓以赌博为业，是指嗜赌成性，一贯赌博，以赌博所得为其生活来源，这种人俗称“赌棍”。只要具备聚众赌博或以赌博为业的其中一种行为，即符合赌博罪的客观要件。区分开设赌场罪和赌博罪的关键主要有以下五点：

（1）在赌博时间上，聚众赌博的时间一般是临时、短暂的，而开设赌场的时间则是持续、稳定的。

（2）在赌博场所上，聚众赌博的场所一般不固定，开设赌场的场所一般是固定的营业地点和场所。

（3）在赌博规模上，聚众赌博的规模一般较小；而开设赌场的规模一般较大，其设备、工具、人员较为齐全。

（4）在赌博公开程度上，聚众赌博一般具有隐蔽性，而开设赌场一般具有半公开性，被一定社会范围内的公众知晓。

（5）在赌头参赌上，聚众赌博的赌头往往会利用其人际关系和人际资源来召集、组织每一次的具体赌博活动，本人有时会参与赌博；开设赌场的经营者则相反。

综合以上区别，任某某在不同时间、不同地点，临时联系参赌人员进行赌博，赌博行为均在秘密情况下进行。任某某参与赌博，并从中抽头渔利，其行为更符合聚众赌博，应当以赌博罪追究其刑事责任。而作为“打水”的被告人马某某、贾某以及提供帐篷、发电机等赌博条件的汪某某是任某某赌博罪的帮助犯，对其行为也应以赌博罪追究其刑事责任。

五、处理结果

某县人民法院认为，被告人任某某、马某某、贾某、汪某某以营利为目的，聚众赌博，其行为已触犯刑律，构成赌博罪。公诉机关指控的事实和罪名成立，予以支持。在共同犯罪中，任某某起主要作用，系主犯。马某某、贾某、汪某某在共同犯罪中起次要作用，是从犯，依法应当从轻处罚。汪某某自动投案，并如实供述犯罪事实，系自首，依法可以从轻处罚；任某某、马某某、贾某虽不具有自首情节，但能如实供述自己的罪行，依法可以从轻处罚。根据《刑法》，判决被告人任某某犯赌博罪，判处有期徒刑1年，并处罚金3万元；被告人马某某犯赌博罪，判处有期徒刑8个月，缓刑1年，并处罚金1万元；被告人贾某犯赌博罪，判处有期徒刑8个月，缓刑1年，并处罚金1万元；被告人汪某某犯赌博罪，判处有期徒刑6个月，缓刑1年，并处罚金5000元。

邓某滥伐林木案

——《林木采伐许可证》是否应该由林木卖方办理*

要旨

林业资源是一项极其宝贵的资源，对改善人类生存环境具有十分重要的意义，滥伐林木犯罪危害生态文明建设，在打击滥伐林木犯罪的办案过程中，还有大量值得思考的问题。本案旨在探讨林木采伐过程中《林木采伐许可证》应该由谁办理，以便在打击犯罪、保护林业资源的同时，兼顾犯罪嫌疑人的权利。

一、基本案情

2016年12月，邓某因树木影响庄稼生长致使土地无法流转，将自家耕地旁的125棵杨树以3000元的价格出售给前来收购木材的商贩，商贩负责采伐并将树木运走。经林业局专业工程技术人员鉴定，125株杨树的活立木蓄积为25.5779立方米。2017年7月，A县公安局森林分局依法将本案移送审查起诉。2017年8月，A县人民检察院对邓某作出不起诉决定（法定不起诉）。

二、关键问题

在林木流转过程中，《林木采伐许可证》究竟应该由谁来办理?

三、分歧意见

公安机关认为，《林木采伐许可证》应该由林木的卖方邓某办理，理由是林木所有权属于邓某，邓某在出售林木的时候知晓收购的商贩会将树林用作木材加工，因而，邓某在出售木材的时候应当

* 苏尚勤，甘肃省张掖市人民检察院公诉科科员。

办理《林木采伐许可证》。

公诉机关承办人认为，《林木采伐许可证》应当遵循“谁采伐，谁办理”的原则，应该由实际砍伐树木的采购方商贩办理，邓某流转的只是林木的所有权，至于林木流转之后的用途，不属于邓某管理的范畴。办理《林木采伐许可证》，是国家为规范林木采伐、保护林业资源而出台的一项行政审批制度，因而《林木采伐许可证》应由收购林木的商贩办理。

四、评析意见

现实中，林木的流转越来越普遍，但是就林木流转过程中，应该由谁办理《林木采伐许可证》，《森林法》未作出明确规定。就实践来看，由林木收购方办理《林木采伐许可证》更为合适。林木收购方往往常年收购、采伐林木，对于办理《林木采伐许可证》的法律规定比较清楚。本案中，邓某作为农民，对采伐林木需要办理《林木采伐许可证》缺乏法律意识，而林木的收购方肯定知晓采伐林木需要办理《林木采伐许可证》。加之，林木流转之后，林木的所有人已转变为林木收购方，收购方采伐树木的时间、地点都不确定，由林木出卖方办理《林木采伐许可证》有诸多不便。而对于林木收购方来说，其对自己需要什么时间伐树，怎样伐树都有着清楚的计划，因而办理《林木采伐许可证》也更方便。

五、处理结果

该案经检察长决定，对邓某作出不起诉决定（法定不起诉）。

张甲、张乙信用卡诈骗案

——当持卡人与非法占有人不是同一人时如何定罪*

要旨

张乙在堂弟张甲需要资金做生意的前提下以自己的名义办理了一张信用卡，之后张甲在信用卡的使用过程中，恶意透支本金数万元。在本案中，由于张乙出借信用卡的行为使得持卡人与以非法占有为目的的透支行为人不是同一人，存在是否构成恶意透支的行为和信用卡诈骗产生的罪责由谁承担两个问题。由此，司法机关对张乙出借信用卡的行为产生了分歧。承办人认定二人属于共犯，构成信用卡诈骗罪，应当承担共同的刑事责任，并以此观点为指导提起公诉。最后，C 县人民法院认定张甲和张乙是共同犯罪，以信用卡诈骗罪作出判决。

一、基本案情

张乙和张甲是堂姐弟关系。2016 年 1 月初，张甲与张乙以张乙的名字在中国工商银行 C 支行办理了卡号为 62220600××××××××的牡丹白金贷记卡，持卡人张乙将该卡激活后连同密码交由张甲使用。张甲取得该卡后，于 2016 年 1 月在 F 地、C 地进行贷记卡刷卡消费三笔，消费数万元，后该卡丢失。张甲随即联系办卡人张乙，张乙通过电话银行挂失后补领了一张牡丹白金卡继续交由张甲使用。至

* 杨卫东，甘肃省张掖市临泽县人民检察院。

2016年9月，该白金卡透支本金数万元，已产生利息及滞纳金1万余元，本息合计十几万元。拖欠期数达8期，经发卡银行工作人员通过电话、短信、书面等方式多次催收，超过3个月拒不还款。

2017年5月，C县公安局将此案移送审查起诉。2017年5月，经审查，犯罪嫌疑人张甲、张乙的行为构成信用卡诈骗罪，移送C县人民法院提起公诉。

2017年6月，C县人民检察院出庭支持公诉。2017年7月，因补充侦查建议C县人民法院延期审理。C县人民法院于同日同意延期审理。2017年7月，补充侦查完毕，建议法院恢复庭审。2017年8月，C县人民检察院继续出庭支持公诉。

二、关键问题

本案中，怀有非法占有目的透支使用信用卡的人是张甲，而不是持卡人张乙，对此，应追究二人的刑事责任，还是一人的刑事责任?

三、分歧意见

针对关键问题，主要有三种观点：

第一种观点是，只认定合法持卡人张乙构成信用卡诈骗罪，将张甲透支的行为视为其与张乙的民事借贷关系。但是，这种观点无法满足恶意透支定义中“以非法占有为目的透支行为”的要求，因而无法以信用卡诈骗罪起诉张乙，与观点本身产生了矛盾。

第二种观点是，只认定透支使用信用卡的张甲构成信用卡诈骗罪。在这种观点中，张甲不是合法的持卡人，主体不符合法律中对于恶意透支的规定，其就不可能构成信用卡诈骗罪，这种观点也不可取。

第三中观点是，将两人认定为共同犯罪，持卡人张乙和自己的堂弟张甲合谋以张乙自己的名义办理信用卡后，将信用卡交给张甲恶意透支，并对张甲的恶意透支行为在主观上持放任态度，张乙、张甲的行为构成共同犯罪，其中张甲是恶意透支的主要实施行为人，系主犯；张乙为张甲恶意透支提供了条件，系从犯。

四、评析意见

张乙给自己的堂弟张甲以自己的名义办理信用卡，违反了《信用卡业务管理办理》的规定，即信用卡仅限于合法持卡人本人使用，持卡人不得出租或转借信用卡及其账户，因此张乙就是刑法中规定的合法持卡人。由于转借行为使借卡人恶意透支，其侵犯的主要客体是国家金融管理秩序，在此意义上，无论是否属于合法持卡人，只要行为人共同恶意透支的行为破坏了金融管理秩序，就应当追究行为人的共同刑事责任。另外，持卡人违反规定将信用卡借于他人的行为在法律上属于无效授权，如果造成了恶意透支的结果，应当由持卡人承担相应的法律后果。本案中，被告人张甲恶意透支，拒不还款，应当承担相应的刑事法律责任。

五、处理结果

2017 年 8 月，C 县人民法院认定二人构成共同犯罪，一审判处被告人张甲犯信用卡诈骗罪，判处有期徒刑 4 年 10 个月，并处罚金数万元。被告人张乙犯信用卡诈骗罪，判处有期徒刑 2 年，并处罚金数万元。二人服从一审判决，未提出上诉。

张甲、张乙、张丙组织领导传销活动案

——纯资本运作传销行为能否被认定为组织领导传销活动罪*

一、基本案情

被告人张甲，男，1968年5月出生，汉族，农民，2015年10月因涉嫌组织领导传销活动罪被刑事拘留，同年11月被依法逮捕，无前科。

被告人张乙，男，1974年7月出生，汉族，农民，1990年因犯抢劫罪被判处有期徒刑数年。2016年3月因涉嫌组织、领导传销活动罪被刑事拘留，同年3月被依法逮捕。

被告人张丙，女，1967年8月出生，汉族，农民，2015年10月因涉嫌组织、领导传销活动罪被刑事拘留，同年11月变更强制措施为取保候审，无前科。

2012年10月至2015年10月，被告张甲、张乙、张丙经他人介绍诱骗加入一名为“某扶贫工程”的传销组织。该传销组织自称“资本运作、连锁销售”，以国家政策为名，以纯虚拟的份额作为“产品”，规定凡加入该组织者需交纳数千元申购一份虚拟份额，获得加入和发展下线的资格，之后每交×元为一份额，每人最多可以购买×份，并最多发展数名直接下线。通过层层复制，以伞状不断发展下线人员，三人建立起了上下线网络体系，上线人员会按比例瓜分下线所购份额，从伞下人员所申购资金份额中获利并得到晋升，级别越高获利越多。该组织内部有一定的管理模式和发展方式，将人

---

* 刘建华，甘肃省张掖市临泽县人民检察院侦监科副科长。

员分为实习业务员、组长、主任、经理、高级业务员五个等级，采用“五级三晋制”的等级晋升级别、实习业务员（1份~2份）、业务组长（3份~9份）、业务主任（10份~64份）、业务经理（65份~299份）、高级业务员即老总（300份以上），三晋依次为晋升主任、晋升经理、晋升老总。一条线份额达到500份、二条线份额达到400份、三条线份额达到300份上平台，上平台后按照发展下线的数量按月拿取分红。

被告人张甲于2012年8月加入该传销组织后，引诱蒋某某、被告人张乙为其直接、间接下线，2012年11月，达到高级业务员级别上平台；2012年10月，被告人张乙加入该组织后又引诱陈某某、贾某某、被告人张丙为其直接下线，2014年11月，达到高级业务员级别上平台；2012年10月，被告人张丙加入传销组织后又引诱任某某、丁某某为其直接下线，同时又伙同被告人张甲以其子张某某的名义申购12份虚拟份额加入传销组织，把张某某安排为被告人张甲的直接下线，同时又诱骗张某、张某某、赵某、汪某、马某等人为其子张某某组织体系内的直接、间接下线，被告人张丙从张某某组织体系内不断领取返利报酬；蒋某某、张某、张某某、任某某、马某、贾某等人又分别引诱他人加入该组织，并以此模式不断发展下线。2014年7月，该传销组织组织传销人员转移至宁夏某地后，被告人张甲、张乙、张丙继续从事传销活动。至案发，被告人张甲直接或间接发展下线一百余人，层级数级；被告人张乙组织直接或间接发展下线数十人，层级数级；被告人张丙直接或间接发展下线数十人，层级数级。

在传销活动期间，被告人张甲、张乙、张丙与他人租赁房屋组成“家庭”，接待新人住宿、学习，宣传传销知识、传授传销方法、灌输传销理念，承担管理直接下线，帮助协调发展间接下线、宣传、培训等职责，系传销组织的组织者、领导者。被告人张乙担任体系代表3个月，直接、间接收取传销人员交纳的申购资金累计达一百余万元。

二、诉讼经过

经审查，甘肃省N县人民检察院以被告人张甲、张乙、张丙构成组织、领导传销活动罪分别移送 N 县人民法院提起公诉。N 县人民法院组成合议庭适用普通程序公开开庭，对该案分别进行了审理。庭审中，法庭以需排除虚拟占有人员为由，要求补充侦查，N 县人员检察院建议法院延期审理，并追加起诉被告人张甲的犯罪事实，N 县人民法院再次公开开庭审理此案。

三、关键问题

（1）纯资本运作发展下线（与以往实物传销相比）能否被认定为组织、领导传销活动罪?

（2）如何界定组织者、领导者?

（3）按照传销组织运作模式，传销人员上平台后即脱离传销组织，对传销人员脱离传销组织的时间和形式的如何认定?

四、分歧意见

（1）参与人员以亲戚朋友的名义申购虚拟份额，将虚拟人员安排到传销体系中，该类虚拟人员能否计入传销人员数量?

第一种观点认为，不应将虚拟占位人员计入传销人员。理由如下：组织、领导传销活动罪是实行犯。参与人员为提升级别和层级，以虚拟人员的身份证明申购虚拟份额，并将其安排在传销体系中，而被安排进入传销组织中的虚拟人员自己本身并未参与传销，故不应被计入传销人员，但应被计入传销层级。

第二种观点认为，应被虚拟占位人员计入传销人员。理由如下：从传销体系的运作模式来看，参与人员以亲戚朋友的名义申购虚拟份额，并将其安排在传销体系中，其目的就是提升自己的级别和层级，领取更多的返利报酬，以此造成传销组织庞大、收入颇丰的假象，达到诱骗更多的人加入该传销组织的目的。参与人员是否被骗并不影响骗取财物的认定。而传销活动犯罪侵犯的是双重客体，即社会经济秩序和公民财产所有权。故虚拟占位人员应当被计入传销人员。

（2）司法实务中，个别传销人员虽到达高级业务员级别，但其并未实际履行各个级别的职责。如积极加入传销组织后，未承担任何职责，由其上线为其下线，助推其达到老总级别。对于这样的情况，应当如何处理？

一种观点认为，组织者、领导者应当职级一致，晋升为一定级别且应当实际履行相对应的职责，才具有非难可能性，才能被认定为构成组织、领导传销活动罪。就此情形应当遵循责任主义原则，即只有当行为人对侵害法益的行为与结果具有非难可能性（有责性或者责任）时，才能将其行为认定为犯罪，而且，量刑不得超出非难可能性的范围与程度。当传销人员按照传销组织的模式不断晋升级别，但其本身并未实际履行各级别阶段的职责时，其对传销活动的结果不具有非难可能性，因此，不应当将其行为认定为组织、领导传销活动罪。

另一种观点认为，行为人直接或间接发展的下线人员达到30人以上且层级在3级以上，就可以推定行为人为传销活动的组织者、领导者。

五、评析意见

（一）定罪分析

同以往的实物传销相比，纯资本运作的传销活动犯罪通过拉人头收取入会费，进行无产品、纯资本运作的非法传销活动，其作案手段更加高明，更具有欺骗性，因而发展更为迅速，社会危害性也更大。以该案为例，该案涉及一百余人、涉案金额数百万元，作案手法有以下特点：一是以“某扶贫工程”为名，谎称国家政策，伪造相关文件、国家领导人讲话，通过“洗脑”将亲友发展为传销人员，并不断扩展，形成金字塔式的传销组织。二是区别于以往推销产品式的传销手法，采用“纯资本运作”方式，即只出资而不推销商品，传销人员按级别从下线人员缴纳的资金中提取利润，从中非法获利。三是不拘禁人身自由，采取每月定时大聚餐、自律二十条的形式扩大声势，且宣称合法纳税，骗取群众信任。四是在传销人员出资数万元加入传销组织的次月，即可获得高达数千元的提成(其实就是缴纳款项中的部分)，宣称“付出立即有回报”，进一步迷惑广大群众。五是传销者的反侦查能力强，取证难度大。传销组织在成功发展群众加入后，交纳申购资金、发放返利报酬，大部分通过发放现金的形式，极少通过银行转账，相关的书面凭证也由极少数人掌握。同时，传销组织在发展下线时，严禁发展公务员、军人、教师等对象，极大地增加了公安机关的取证难度。六是由4人~6人租房组建“家庭”，家长负责管理家庭成员，安排接待新人，采取聊天、串门的方式宣讲传销组织，分散性、隐蔽性更强。七是采取出局制，当下线出现三个“老总”时，则上线出局，一条线出局，由另外一条线继续发展下线，直至三条线都出局。此时，若想继续赚钱就得重新加入发展下线，传销组织具有了自我发展的基因，更加难以杜绝。

《刑法》第224条之一规定，组织、领导传销活动罪以推销商品、提供服务等经营活动为名，要求参加者以缴纳费用或者购买商品、服务等方式获得加入资格，并按照一定的顺序组成层级，直接或间接以发展人员的数量作为计酬或返利依据，引诱、胁迫参加者继续发展他人参加，骗取财物，其组织内部参与传销活动人员在30人以上且层级在3级以上。本罪的认定应分为两个部分：一部分是实行行为，一部分是结果行为，具备这两个行为即可构成为本罪。本案中，被告人张甲、张乙、张丙交纳数万元申购十几份虚拟份额作为“产品”加入该传销组织，获得会员和发展下线的资格，后与他人组建“家庭”接待新人，陪新人串门、聊天，采取“现身说法”、聚餐聚会的形式诱骗发展下线，发展的下线人员按照一定的顺序组成层级，从中领取报酬。在发展直接下线的同时，其又协助间接下线不断发展下线，管理传销人员，协助收取传销资金。至案发时，被告人张甲组织内部参与传销人员达到一百余人以上，层级数级，被告人张乙、张丙组织内部参与传销人员达数十人以上，层级3级以上。为此，三被告人的行为构成组织、领导传销活动罪。

（二）组织者、领导者的界定

最高人民法院、最高人民检察院、公安部联合出台的《关于办理组织领导传销活动刑事案件适用法律若干问题的意见》（以下简称《意见》）针对“传销活动有关人员的认定和处理问题”规定，下列人员可以认定为传销活动的组织者、领导者：①在传销活动中起发起、策划、操纵作用的人员；②在传销活动中承担管理、协调等职责的人员；③在传销活动中承担宣传、培训等职责的人员；④曾因组织、领导传销活动受过刑事处罚，或者一年以内因组织、领导传销活动受过行政处罚，又直接或者间接发展参与传销活动人员在15人以上且层级在3级以上的人员；⑤其他对传销活动的实施、传销组织的建立、扩大等起关键作用的人员。根据《意见》的规定我们可以看出，组织者、领导者系在传销组织中承担发起、策划、操纵、管理、协调、宣传、培训等关键作用的人员。在本案中，采取“五级三阶制”的经营模式晋升级别，由低到高共分五个层级，即实习业务员（1份~2份）、业务组长（3份~9份）、业务主任（10份~64份）、业务经理（65份~299份）、高级业务员即老总（300份以上），三晋依次为晋升主任、晋升经理、晋升老总。每个级别都有各自的职责，一级管一级，级别越高职责越多。每个级别的传销人员除发展下线外，还负责管理直接下线，协助直接下线发展间接下线。加入组织后，按照组织的规定租房组建“家庭”，即建立传销窝点，接待新人住宿，陪新人“聊天”。达到经理级别的传销人员主要承担组织召开体系内会议，组织学习、安排人员讲课“转网”，给新人讲解传销知识，体系内参与人员返利的发放；达到老总级别的传销人员，主要负责体系内上平台人员报酬的计算核发，协助管理体系内传，接待上平台人员。本案三被告人在该传销体系承担宣传、培训职责，被告人张甲、张乙组织传销体系转移，管理传销资金核算发放返利报酬，承担管理、协调职责，对传销组织的发展壮大发挥了重要作用，均系传销组织的组织者、领导者。

（三）脱离组织的认定

被告人张甲、张乙、张丙脱离传销组织的时间是计算被告人组织体系内部参与传销人员数量的关键，对于脱离传销组织的形式和时间的认定，须进一步界定区分刑法意义上的犯罪形态和传销活动的完成状态，依法合理分析非法组织下运作模式在刑法意义上的外在表现和内在本质。

本案被告人张甲于2012年8月加入传销组织，发展三条下线，

2012年11月，份额达到300份平台，上平台被告人张甲离开四川M市，但在其居住地协助直接、间接下线发展下线，仍从传销组织领取报酬，并在兰州负责接待上平台传销人员，其中一条线第三代经理上平台后，被告人张甲在该线出局，另外两条线继续发展下线。2014年7月，被告人张甲伙同被告人张乙等人将传销组织转移宁夏某地继续从事传销活动。被告人张乙于2012年10月加入传销组织，发展三条下线，2014年11月份额达500份上平台。被告人张丙于2012年12月加入传销组织，发展两条下线，后伙同被告人张甲以其子张某某的名义申购虚拟份额，将张某某安排成被告人张甲的直接下线，后又发展张某、张某某、赵某等人加入传销，将张某等人安排为张某某的一条下线，并从张某体系内领取返利报酬，至案发时被告人张丙达到经理级别，但加上张某体系内人数，被告人张丙体系内部人数已达到30人以上。

从上述三被告人的职级情况分析，被告人张甲虽上平台“出局”形式上脱离传销组织，但被告人张甲的“出局”，实质上是为逃避打击。客观上，被告人虽“出局”，但仍继续发展下线，协助下线发展间接下线，参与传销组织的管理，并继续获取返利报酬，系该传销组织的组织者、领导者，对于传销组织的规模扩大、人员发展起至关重要的作用，造成了传销组织的规模和范围不断扩大的严重后果。其主观上对传销组织内部发展持积极放任的态度，根据《意见》第1条第3款“组织者、领导者形式上脱离了原传销组织后，继续从原传销组织获取报酬或者返利的，原传销组织在其脱离后发展人员的层级数和人数，应当计算为其发展的层级数和人数”的规定，被告人张甲并未真正脱离传销组织，其出局后发展的人员也应计入传销体系内。为此，对脱离传销组织的认定应当依照《刑法》关于本罪构成要件的规定，结合案情，从被告人在传销组织中承担的职责任务、达到的级别、领取报酬的时间、主观意识形态、造成的后果等方面综合分析，在刑法的范畴内依法认定，而不能以一个非法组织的内部运行规定评价犯罪。

六、处理结果

甘肃省N县人民法院以三被告人构成组织、领导传销活动罪分别判处被告人张甲有期徒刑数年，并处罚金数万元；判处被告人张乙有期徒刑数月，并处罚金数万元；判处被告人张丙有期徒刑1年6个月，缓刑2年，并处罚金数万元。

一审宣判后，被告人张甲以一审认定其为主犯，直接或间接下线人员达到一百余人事实错误，未将没有参与传销活动的虚拟人员剔除为由，要求依法改判。2017年1月，二审法院以一审法院剔除虚拟人员不当，对认定被告人张甲直接或间接发展下线一百余人的事实部分予以纠正，认定被告人张甲直接或间接发展下线140人以上，层级为18级，裁定维持对被告人张甲的量刑。

刘甲非法侵入住宅案

——入室窃取公民个人信息的行为能否被认定为非法侵入住宅罪*

要旨

刘甲以窃取公民个人信息为目的，趁被害人家中无人之际，用事先准备的开锁工具，利用技术开锁手段，用手机对受害人家中的户口本、身份证、银行卡等资料进行拍照，侵犯的是公民个人信息保密权。侦查机关以盗窃罪提请对犯罪嫌疑人刘甲采取逮捕强制措施，检察院侦查监督部门以涉嫌侵犯公民个人信息罪批准逮捕。审查起诉阶段，因犯罪嫌疑人刘甲窃取的公民个人信息数量，达不到以侵犯公民个人信息罪的追诉标准，承办人以犯罪嫌疑人刘甲涉嫌非法侵入住宅罪提起公诉，人民法院以犯罪嫌疑人刘甲犯非法侵入住宅罪作出判决。

一、基本案情

犯罪嫌疑人刘甲在2016年9月到10月期间，以窃取公民个人信息为目的，趁被害人家中无人之际，用事先准备的开锁工具，利用技术开锁手段，先后非法侵入B县陈某、桑某、苏某，C县张某、张某某、王某、濮某、刘某、宋某、康某、陈某某等十几户居民住宅，用手机对受害人家中的户口本、身份证、银行卡等资料进行拍照。其在被害人陈某某家中窃取信息时，被回到家中的陈某某夫妻

* 陈天会，甘肃省张掖市临泽县人民检察院。

及孩子堵在屋内，犯罪嫌疑人刘甲挣脱逃跑后，躲进附近一花池中间被接到报案前来出警的警察抓获。市公安局网络安全保卫支队对扣押的犯罪嫌疑人刘甲手机存储信息——附件3《媒体文件取证报告2016089》.rar——进行电子取证，证实犯罪嫌疑人刘甲手机内存储了以上被害人的户口本、身份证、银行卡等信息照片。

诉讼过程：2017年1月，C县公安局将此案移送审查起诉，2017年2月，因补充证据，退回C县公安局补充侦查。2017年3月，C县公安局将此案移送审查起诉。2017年4月，经审查，犯罪嫌疑人刘甲构成非法侵入住宅罪，向C县人民法院移送提起公诉。2017年5月，C县人民法院开庭审理被告人刘甲非法入侵住宅一案，公诉人出庭公诉。2017年6月，C县人民法院一审判处被告人刘甲犯非法侵入住宅罪，判处有期徒刑2年。2017年7月，被告人刘甲提出上诉。2017年9月，市中级人民法院二审裁定，维持原判。

二、关键问题

本案犯罪嫌疑人刘甲非法进入公民家中，没有非法占用他人财物的故意，没有盗窃财产类的东西，主要是窃取公民的个人信息，但窃取的信息数量又达不到非法侵犯公民个人信息罪的立案标准，犯罪嫌疑人刘甲的行为是否构成犯罪？应当以什么罪名提起公诉？

三、分歧意见

犯罪嫌疑人刘甲非法进入公民家中，社会危害性较大，对此存在不同的观点：

第一，犯罪嫌疑人刘甲的行为构成入室盗窃，应该不论其是否盗窃财物，一律以盗窃罪追究其刑事责任。

第二，犯罪嫌疑人刘甲窃取的是公民个人信息，应当以窃取公民个人信息罪的构成要件审查其是否构成犯罪。

第三，犯罪嫌疑人刘甲非法侵入的是公民的住宅，侵犯了公民的居住自由权，应当以非法侵入公民住宅罪追究刑事责任。

四、评析意见

犯罪嫌疑人刘甲以窃取公民个人信息为目的，趁被害人家中无人之际，用事先准备的开锁工具，利用技术开锁手段，先后非法侵入十几户居民住宅，用手机对受害人家中的户口本、身份证、银行卡等资料进行拍照，严重侵犯了公民的住宅安全。虽然没有侵犯公民的财产，但实施了入户行为，因为中途被抓获，窃取的公民信息数量达不到侵犯公民信息罪的程度，但其非法侵入他人住宅的行为实际是实施以上行为的必要步骤。为此，在处罚犯罪时，不需要数罪并罚，而应当按照重罪吸收轻罪的原则，以非法侵入住宅罪追究其刑事责任。

五、处理结果

2017 年 6 月，C 县人民法院一审判决被告人刘甲犯非法侵入住宅罪，判处有期徒刑 2 年。被告人刘甲提出上诉后，市中级人民法院经过二审裁定，维持原判。

冯某盗窃案

——顺手牵羊，是盗窃还是侵占*

要旨

在银行办理业务时，将他人忘在柜台上的手机顺手装入自己包中是侵占还是盗窃？本案对准确认定侵占罪和盗窃罪具有一定的指导作用，可为检察机关办理同类型案件提供有益参考。

一、基本案情

2014年3月，甘肃省C县某镇居民冯某，在C县工商银行大厅窗口办理存钱业务时，看见一男一女（女的是工商银行工作人员）在一旁说话，在靠近女方一侧柜台上放着一部手机。后该对男女离开，手机还在原地放着。冯某存完钱后，看大厅无人注意，遂将携带的包移到手机旁，并假装要把手中的银行卡装进包内，趁机将柜台上的手机装进包中后离开。十几分钟后，女方返回大厅发现放在柜台上的手机不见了，就向公安局报了案。C县公安局立案后查明，案发时该女正在给客户办理业务，随手将手机放在柜台上，冯某乘该女办理业务不注意之机，顺手将手机拿走，手机价值四千余元。2014年3月，C县公安局以侵占罪提请C县人民检察院批捕犯罪嫌疑人冯某。

二、关键问题

将他人遗忘的手机顺手装入自己包中构成盗窃罪还是侵占罪？

---

* 张永银，甘肃省张掖市临泽县人民检察院。

三、分歧意见

C县人民检察院侦监科收到案件后，围绕着冯某行为的定性问题，有以下两种不同认识：

第一种意见认为，冯某意图非法占有手机，为掩人耳目而将包放到手机旁，然后假装要把银行卡装进包，这一连串动作的目的是掩饰窃取手机的犯罪意图，符合盗窃罪的秘密窃取特征，构成盗窃罪。

第二种意见认为，涉案手机为女工作人员的遗忘物，冯某以非法占有为目的实施占有行为，构成侵占罪。

四、评析意见

笔者认为，冯某构成盗窃罪。理由是：

盗窃罪的对象为他人占有的财物，侵占罪的对象是自己占有的财物。因而，本案中，涉案手机由谁合法占有，成了本案的焦点。根据案件事实，被害人将手机置于柜台上离开后，其事实上已经脱离了对手机的占有。那么，此时手机归谁占有？是归冯某占有还是归银行占有或者是处于无人占有状态？对此，要结合财物所处的位置来具体分析。比如，被遗忘在马路上的手机，虽然属于遗忘物，但手机被人发现并捡拾后，捡拾人就取得了对手机的占有权。在此情况下，捡拾人将手机据为已有拒不返还构成对手机所有人所有权的侵犯，成立侵占罪，而非盗窃罪。但是，在一些特殊场所下，情况则会不同。比如，某人在饭馆吃饭时手机忘在饭桌上，被客人发现并偷偷拿走，拿走手机的人构成盗窃罪。比较上面两个例子我们可以发现，同样作为遗忘物，行为人的行为根据遗忘的场所不同，可能触犯不同的罪名。根本原因是：在第二个案例中，手机即使脱离了所有权人的控制，但对手机的占有权也不必然转移至拿走手机的人。手机遗忘在饭店，而饭店对顾客的财产具有保管职责，所以在手机所有人丧失对财物的占有权后，此时财物归饭店占有，行为人进而窃取该财物的，构成对饭店占有权的侵害，构成盗窃罪。再比如，乘客遗忘在出租车内的财物，乘客对财物的占有权在该乘客下车后转移至车主，即在此种情况下车主负有保管乘客财物的职责，如果后来的乘客非法占有该遗忘物则构成对车主占有权的侵犯，构成盗窃罪，而非侵占罪。具体到本案中，受害人是银行工作人员，而银行作为特殊服务机构，对在其服务区域内的顾客的财物负有安全保管职责，当然，银行的这一职能也同样适用于其工作人员。因而，当受害人将手机置于柜台而脱离对手机事实上的占有后，此时对手机的占有在法律上认为已经转移至银行，即此时手机由银行占有保管。故冯某在银行非法占有手机的行为，侵犯了银行对财物的占有权，构成盗窃罪。

五、处理结果

2014 年 3 月，经 C 县人民检察院检察委员会讨论，认为冯某的行为构成盗窃罪，便以冯某涉嫌盗窃罪对其依法批准逮捕。

张某利用邪教组织破坏法律实施案

——利用邪教组织破坏法律实施罪的认定及犯罪形态*

一、基本案情

被告人张某，男，1966年1月出生，汉族，农民。2012年11月被逮捕，无前科。

甘肃省C县人民检察院以被告人张某构成利用邪教组织破坏法律实施罪，且行为属犯罪预备，向C县人民法院提起公诉。

甘肃省C县人民法院经公开审理查明：2012年11月，被告人张某在某村社区农民郭某、孔某等群众家中传播“全能神”邪教思想，在群众向公安机关报案后，被告人张某被当场抓获，后公安民警对被告人张某的住所依法进行了检查，查获“全能神”邪教书籍31种180余册、成册宣传品6种20册、光盘10种112张，宣传工具mp3 1个、mp4 1个、mp5 3个，8G内存卡1个，读卡器1个等物品。

二、主要问题

（1）宣传邪教思想但并未散发所藏匿的大量邪教宣传品是否构成利用邪教组织破坏法律实施罪？

（2）宣传邪教思想但并未散发所藏匿的大量邪教宣传品是犯罪预备还是犯罪未遂？

（3）宽严相济刑事司法政策在邪教活动犯罪中的运用。

三、评析理由

（一）定罪理由分析

《刑法》第300条规定，利用邪教组织破坏法律实施罪是指利用

---

* 赵涛，甘肃省张掖市临泽县人民检察院。

邪教组织破坏国家法律、行政法规实施的行为。"邪教组织"，是指冒用宗教、气功或者其他名义建立，神化首要分子，利用制造、散布迷信邪说等手段蛊惑、蒙骗他人，发展、控制成员，危害社会的非法组织。邪教的"教"不是指宗教的"教"，而是特指一类邪恶的说教，并以此组织、发展起来的邪恶势力。"全能神"组织散布迷信邪说，蒙骗群众，危害社会，是典型的邪教组织。

本罪是行为犯，只要犯罪嫌疑人实施了利用邪教组织破坏法律实施的行为，便构成该罪，同时，相关的司法解释对涉及邪教的违法活动和犯罪行为给予了明确的界定。《解释（二）》第1条规定，制作、传播邪教宣传品，宣扬邪教，破坏法律、行政法规实施，具有下列情形之一的，依照《刑法》第300条第1款的规定，以组织、利用邪教组织破坏法律实施罪定罪处罚，其中第1项是制作传播邪教传单、图片、标语、报纸300份以上，书刊100册以上，光盘100张以上，录音、录像带100盒以上的。本案中，被告人张某藏匿的待传播的邪教宣传品数量已超过该项的规定，并且其还在群众家中传播邪教思想。最高人民法院、最高人民检察院《关于办理组织和利用邪教组织犯罪案件具体应用法律若干问题的解答》规定，为了传播而持有、携带邪教宣传品，且持有、携带的数量达到《解释（二）》第1条第1款第1项规定的数量标准的，根据具体案情，按犯罪预备或未遂处理。因此，被告人张某为了传播而藏匿大量邪教宣传品，并在群众家中传播邪教思想，破坏法律、行政法规的实施，其行为构成利用邪教组织破坏法律实施罪。

（二）犯罪未遂还是犯罪预备

被告人张某的行为在刑法范畴分析其犯罪形态时，需要进一步细化和分解，那就是其到群众家中宣讲"全能神"邪教思想（未发放邪教宣传资料），被群众举报后被公安机关在群众家中当场捉获，被抓获后公安民警在其家中查获大量的"全能神"邪教理论书籍、宣传册、光盘等（被告人张某交代尚未进行过发放），其行为由两个部分组成，一是到群众家中宣传邪教思想被当场抓获，二是在家中藏匿大量待传播的邪教宣传品。

本案中，被告人张某的行为存在故意犯罪的停止形态问题，即被告人张某的行为是属于犯罪的完成形态，即犯罪既遂，还是犯罪的未完成形态，如果是未完成形态，是犯罪预备，还是犯罪未遂或是犯罪中止的问题。故意犯罪的预备、未遂、中止和既遂形态，有一个至关重要的共同特征，即它们都是犯罪的停止形态，是故意犯罪过程中不再发展而固定下来的相对静止的不同结局，它们之间是一种彼此独立存在的关系，而不可能相互转化，犯罪预备形态不可能再前进为未遂形态，未完成形态不可能再转化为完成形态。本案中，被告人张某到群众家中宣传邪教思想，被群众举报后被公安机关民警当场捉获，犯罪行为即告停止，犯罪行为不再继续，是一种犯罪的未完成形态。

明确犯罪阶段与犯罪形态，是确定犯罪形态的前提条件。明确故意犯罪的完成与未完成形态的这一重要属性，是准确把握其性质并正确理解和解决其定罪量刑问题的基础，同时也是正确阐明故意犯罪的停止形态与故意犯罪的发展过程和阶段之间关系的需要。故意犯罪的过程，是指故意犯罪发生、发展和完成所要经过的程序、阶段的总和和整体，它是故意犯罪运动、发展和变化的连续性在时间和空间上的表现。故意犯罪的过程和阶段，以行为人开始实施犯罪的预备行为为起点，以行为人完成犯罪为终点。故意犯罪过程中的犯罪发展阶段有二：一是犯罪的预备阶段，其时空范围以行为人开始实施犯罪预备行为之时为起点，以行为人完成犯罪预备行为而尚未着手犯罪实行行为之时为终点；二是犯罪的实行阶段，其时空范围以行为人着手犯罪实行行为之时为起点，以行为人完成犯罪即达到犯罪既遂为终点。如果把故意犯罪的发展过程比作一条线，则这条线上就应有犯罪预备和犯罪实行两个“线段”，有开始犯罪预备、着手犯罪实行行为和犯罪完成（即达到既遂）三个“点”。

邪教宣传品对社会和人民群众的负面影响极坏，是邪教组织传播邪教的传统方式。邪教组织大多组织邪教成员通过发放大量邪教书籍、图片、光盘等方式去实施蒙蔽群众、危害社会的行为，因此这种行为对社会的危害极大，立法亦对制造和传播邪教宣传品的行为进行了严厉打击。《解释（二）》第1条对制作、传播邪教宣传品构成犯罪的数量作了明确的规定，同时明确了犯罪和违法数量的界限。该解释出台后并非规定一切传播邪教宣传品的行为都是犯罪行为，传播数量少的只是一般的违法行为，因为其危害程度较小，只有达到一定的数量，严重危害社会的行为才会被作为犯罪处理。从罪名的理解上，制作和传播邪教宣传品犯罪，制作和传播的开始是此类犯罪着手进入实施状态的时间节点。本案中，被告人张某在家中藏匿大量邪教宣传品，为传播创造条件，继而到群众家中宣传邪教思想，目的是说服一些群众加入“全能神”邪教组织。如果有群众想加入组织的，张某会为其发放教会资料。实际上，张某到群众家中宣传邪教思想也是为邪教活动、发展会员做准备。因此，依据《刑法》第22条之规定，为了犯罪，准备工具、制造条件的，是犯罪预备。本案中，被告人张某的行为属于犯罪预备，因为其藏匿的邪教宣传品尚未被发放，即传播行为尚未着手实施，犯罪没有进入着手实施阶段，其行为还处在为犯罪制造条件的预备阶段。

本案中还有一个重要的细节是，被告人张某在群众家中宣传邪教思想时被群众举报后被公安民警当场抓获。很明显，这是由于犯罪分子意志以外的原因，使得犯罪活动未得逞，是典型的犯罪未遂的表现形式。其实，这种认知错误是没有搞清楚刑法中的犯罪停止形态与犯罪发展过程和阶段的关系问题。犯罪停止形态与犯罪发展过程和阶段的一般关系具体表现为：①从犯罪人开始犯罪预备行为之时起，至着手犯罪实行行为前的整个犯罪预备阶段，可能出现犯罪的预备和中止这两种形态和结局。这一阶段中，由于行为人意志以外的原因而被迫停止犯罪预备行为或者未能着手犯罪实行行为的，是犯罪的预备形态；行为人此时自动中止犯罪预备行为的继续进行或者放弃着手实行犯罪的，是犯罪的中止形态。②从犯罪人着手实行行为开始，至犯罪实行阶段终了前的整个犯罪实行阶段，可能出现犯罪的未遂和中止这两种形态与结局。这一阶段中由于行为人意志以外的原因，而使犯罪停止在未完成形态的，是犯罪的未遂形态；行为人此时自动中止犯罪实行行为的继续实施或者自动阻止犯罪的完成，因而使犯罪停止为未完成形态的，是犯罪的中止形态。③犯罪实行阶段终了（而不仅仅是犯罪实行行为终了）即犯罪完成之时，出现犯罪的既遂形态。从上述分析可见，在犯罪的预备阶段，只会出现预备和中止两种形态与结局。而在犯罪的实行阶段，才会出现犯罪的未遂和中止两种形态与结局。要判断是犯罪预备还是犯罪未遂，首先必须分清犯罪是处在预备阶段还是实行阶段。在犯罪的预备阶段，由于行为人意志以外的原因而被迫停止预备行为的是犯罪的预备形态。本案中，被告人张某在群众家中宣传邪教思想，进行的违法行为是为犯罪做准备，正处在犯罪的预备阶段，被群众举报后被抓获，是因意志以外的原因被迫停止的预备行为，当然属于刑法中的犯罪预备，因为其犯罪还没有进入实行阶段，也就不存在犯罪的未遂形态。

（三）邪教犯罪从严也要从宽，宽严适度

宽严相济刑事政策是我国的基本刑事政策，注重宽与严的有机统一，该严则严，当宽则宽，宽严互补，宽严有度，对严重犯罪依法从严打击，对轻微犯罪依法从宽处理，对严重犯罪中的从宽情节和轻微犯罪中的从严情节依法予以宽严体现。对于危害国家安全犯罪、恐怖组织犯罪、邪教组织犯罪、黑社会组织犯罪、黑势力犯罪等严重危害国家政权稳固和社会治安的犯罪、故意杀人等严重暴力犯罪、贩毒等严重毒害人民健康的犯罪，我国将其作为严惩的重点，依法从重处罚；对于情节轻微、社会危害性较小的犯罪，或者罪行虽然严重，但具有法定、酌定从宽处罚情节，以及主观恶性相对较小、人身危险性不大的犯罪，可以依法从轻、减轻或免除处罚。

本案被告人张某实施了利用邪教组织犯罪的活动，该行为作为严重危害国家政权稳固和社会治安稳定的邪教犯罪，是依法应当予以严惩的重点，应当依法从重处罚。但由于其刚刚开始到群众家中宣传邪教思想，被广大群众所排斥，在涉及面没有扩大的情况下即被群众举报，被公安民警及时抓获，使其目的未有效得逞，对群众危害面不大，并且其持有的大量邪教宣传品并没有被散发，犯罪还处于预备状态，情节轻微，属于依法应当从轻、减轻处罚的情节，故对其应宽严并用。况且，组织和利用邪教组织犯罪活动的重点是打击那些组织者、策划者、指挥者和屡教不改的积极分子，对这些犯罪分子依法应当从重处罚的，依法从重处罚，而对于有自首、立功表现的，可以依法从轻、减轻和免除处罚，对那些受蒙骗、被胁迫参加邪教组织并已退出和不再参加邪教组织活动的人员，则不作为犯罪处理。本案被告人张某虽然涉及邪教犯罪，但并非组织者、策划者和屡教不改分子，且犯罪处于预备状态，社会危害性相对不大，判处1年有期徒刑予以惩戒，符合宽严相济的刑事司法政策，实现了法律效果和社会效果的统一。

四、处理结果

甘肃省C县人民法院审理后认为，被告人张某积极宣传邪教思想，在家中藏匿大量待传播的邪教宣传品，被告人张某利用邪教组织破坏法律实施的事实清楚，证据充分，应依法惩处。被告人张某为了传播而持有数量较大的邪教宣传品，为犯罪制造了条件，属于犯罪预备，可以比照既遂犯从轻、减轻处罚或免除处罚。案发后，被告人张某能够如实供述自己的罪行，有悔罪表现，依法可以从轻处罚。依照《刑法》第300条第1款、第22条、第67条第3款、第64条，最高人民法院、最高人民检察院公布的《关于办理组织和利用邪教组织犯罪案件具体应用法律若干问题的解释》（以下简称《解释》）第8条，《最高人民法院、最高人民检察院关于办理组织和利用邪教组织犯罪案件具体应用法律若干问题的解释（二）》（以下简称《解释（二）》）第1条第1款第1项的规定，于2013年4月判决如下：被告人张某犯利用邪教组织破坏法律实施罪，判处有期徒刑1年。一审宣判后被告人张某没有提出上诉。

杨某强奸拒不认罪案

——“零口供”情形下如何认定被告人违背妇女意志强行与之发生性关系*

要旨

本案审查的要旨在于强奸案件中，被告人不予供认，被害人与被告人身上无明显伤情的情形下，如何全面、客观地审查判断证据，正确地认定被告人是否违背妇女意志与之发生性关系。

一、基本案情

被告人杨某与被害人陈某系同事。

2016年6月×日19时许，杨某推门进入陈某宿舍，强行与陈某发生性关系后即驾车离去。当晚21时许，陈某采取割腕、碰头等行为实施自杀、自残时，被其同事阻止。次日，陈某报案后，双方又私下协商补偿，后杨某反悔不予支付补偿，陈某再次报案，案发。

某县人民检察院于2016年11月提起公诉。该县人民法院于2017年3月作出一审判决，认为认定杨某的行为构成强奸罪证据不足，宣告被告人无罪。一审宣判后，该县人民检察院认为一审判决确有错误，遂提出抗诉。该市人民检察院认为抗诉正确，决定支持抗诉。

二、关键问题

被告人采取暴力、胁迫手段，是否是认定违背妇女意志的必要

* 刘小玲，甘肃省平凉市人民检察院公诉处副处长。

条件？被害人或者被告人身上无伤情，是否可推断出被害人未反抗，被告人未强行与被害人发生性行为？

三、分歧意见

本案中，被告人与被害人发生性关系没有争议，但对本案证据是否可以证明被告人违背被害人意志，强行与之发生性行为，形成了两种分歧意见。

一审法院审理认为，认定被告人杨某违背陈某意志，强行发生性关系证据不足。理由是：本案证据不能排除合理怀疑。被告人杨某进入被害人房间后，被害人理应制止而未制止；被告人杨某违背被害人意志，被害人必奋力反抗，内衣物必造成损坏，而证据证实被害人衣物无损坏；被害人与被告人身体均未留下任何伤痕。据此，本案证据不足以证明被告人使用暴力、胁迫或其他手段，违背被害人意志与其发生性行为，杨某强奸罪证据不足，应判处无罪。

检察机关认为，认定被害人是否同意发生性行为，与被告人有无采取暴力、胁迫手段并无必然联系，只要证据能达到认定被告人的行为对被害人产生强制力，使被害人从主观上认识到让其不能反抗或反抗不了的程度即可。

四、评析意见

（1）强奸犯罪的核心要义在于对妇女性权的保护，考察标准在于是否违背妇女的意愿。“违背妇女意志”是强奸罪的实质，是必备要件，“暴力、胁迫或者其他手段”只是行为方式，是违背妇女意志的客观表现。无论从哪个方面进行审查，都不能脱离这个核心和标准。本案被告人辩解发生性关系时被害人是自愿的，而被害人陈述被告人违背其意志强行与之发生性关系，虽被害人及被告人身上均无伤情，但不能因此认为被告人杨某对被害人实施性侵害时未使用暴力、胁迫等手段，并进而推断出违背被害人意愿的证据不足。

（2）被告人是否违背被害人意志与有无采取暴力、胁迫手段无必然联系，只要被告人的行为对被害人产生强制力，使被害人从主观上认识到其不能反抗或反抗不了即可。被告人或者被害人身上虽没有伤痕，但也不必然排除被告人对被害人采取了强制力，达到其无法反抗的程度。本案被害人多次陈述称，自己手用力推杨某，杨某力气大推不开，推杨某的同时用手在他脸上抓，因指甲短没有留下印记。还称，杨某脱其裤子时其想用手去挡，但杨某趴在其身上手伸不下去。被害人的陈述可以证实其主观上并不愿意与被告人发生性关系，并采取了抓、推、护身体的方式阻止被告人强行与之发生性关系。

（3）强奸案件作案过程隐蔽，一般属“一对一”证据，旁证材料很难收集，审查判断时不能只因被告人与被害人的供述或陈述相互矛盾，一概认为案件事实不清、证据不足。而应结合案件的特点，针对双方言词的对比、陈述与供述是否符合情理、陈述与其他旁证在部分情节上能否相印证、被害人事后态度、案发时的情境，根据逻辑推定和经验法则去伪存真，查明案件事实真相。本案被告人杨某辩称发生性行为时双方出于自愿，与被害人陈述形成了“一对一”的局面。但被告人口供仅是证据链的其中一环，并非必要部分，缺少供述不必然会影响证据链的完整性。《刑事诉讼法》第53条第1款规定：“对一切案件的判处都要重证据，重调查研究，不轻信口供。只有被告人供述，没有其他证据的，不能认定被告人有罪和处以刑罚；没有被告人供述，证据确实、充分的，可以认定被告人有罪和处以刑罚。”这就为“零口供”定罪提供了法律依据。由于被告人的不供认，被害人的陈述成了指证犯罪的唯一直接证据，所以，被害人陈述的真实性是审查的重点。本案中，被害人陈某在侦查阶段共做过三次陈述，在这三次笔录中陈某对事前双方之间关系和交往、当晚被告人进到房间的情形、被强奸时的细节、事后的心态变化等问题均做了详细陈述，且在事过之后再次对其进行详细询问时，其陈述依然与之前的陈述一致，且对被告人对其实施强奸犯罪的事实陈述内容流畅稳定，没有重大矛盾，没有出现翻证现象，证实的部分情节也得到其他证人证言印证。案发后，被害人持刀自杀自残、哭诉一系列的行为，亦反映出被害人对该性行为是排斥的态度，是违背被害人意志发生的。

（4）本案可以排除合理怀疑，得出唯一性结论。《刑事诉讼法》

中规定“证据确实、充分”要求对所认定事实已排除合理怀疑，即综合全案证据必须排除其他一切可能，共同指向唯一结论。本案中的“合理怀疑”就是影响“违背妇女意志”认定的事实细节，必须运用在案证据和社会生活经验进行推理，排除被害人自愿的可能性，才能得出犯罪嫌疑人有罪的结论。

第一，被害人在被告人进入房间后没有时间防止犯罪发生。被告人杨某突然掀门进入后把门反锁，将被害人按倒床上。这一时间非常短，被害人当时在床上，要反应过来再走出去，时间上不允许，所以被害人无法有效防止被告人对其实施侵害。第二，被害人没有呼救是出于对自己名誉的保护。一般而言，妇女在遭受性侵时会极力反抗并求救，但不能一概而论，人的性格各有特点，犯罪现场情况更是千差万别，不同妇女在不同的情景下反抗的形式是不一样的，不能简单地以没有反抗或反抗程度小就否定强奸行为，需纵观全案进行综合分析。本案系熟人作案，被害人与被告人系同事关系，被害人未婚，当晚隔壁房间均有同事。陈某没有大声呼叫符合其生活现状和当时所处环境，不影响“违背妇女意志”的认定。

综上，本案证据足以认定杨某实施强奸犯罪的事实。

五、处理结果

二审法院撤销某县人民法院一审对被告人杨某宣告无罪的刑事判决，以被告人杨某犯强奸罪，判处有期徒刑3年。

杨某某盗窃案

——能否将未成年时期的盗窃前科作为追诉依据*

要旨

我国规定了未成年人犯罪记录封存制度，免除了未成年人前科报告义务，旨在帮助其摆脱“犯罪标签”，与他人享有同等的权利，故犯罪嫌疑人在未成年时受过刑事处罚不宜作为成年后认定犯罪的追诉依据。

一、基本案情

犯罪嫌疑人杨某某，男性，生于1999年10月，半文盲，家住某市某区某家园×区×号楼×单元×室，无业。2017年8月因盗窃罪被某区人民法院判处有期徒刑9个月，并处罚金1000元，同年11月刑满释放。

犯罪嫌疑人杨某某于2017年11月在某区一服装店，趁店内无人之际窃取苹果6PLUS手机一部，经鉴定价值为1670元。2017年12月，杨某某因涉嫌盗窃罪被某市公安分局依法刑事拘留。

二、关键问题

犯罪嫌疑人在未成年时期曾因盗窃受过刑事处罚，成年后再次盗窃作案，认定“数额较大”的标准可否依照规定标准的50%确定？

三、分歧意见

第一种意见认为，杨某某秘密窃取他人财物价值1670元，虽尚未达到2000元的立案标准，但其在未成年时有盗窃前科，现既已成

---

* 张潇鹤，甘肃省平凉市崆峒区人民检察院侦监科科员。

年，应适用最高人民法院、最高人民检察院出台的《关于办理盗窃刑事案件适用法律若干问题的解释》第2条第1款之规定，“曾因盗窃受过刑事处罚的”，数额较大的标准可按前款规定的50%确定，即杨某某此次盗窃数额超过1000元就可达到追诉标准，故其行为已构成盗窃罪。

第二种意见认为，未成年人犯罪记录应予封存，杨某某在未成年时的盗窃前科不应作为追诉依据，其在本案中的盗窃金额尚未达到“数额较大”的标准，故其行为不构成犯罪。

四、评析意见

笔者同意第二种意见。

首先，我国《刑事诉讼法》第275条规定了犯罪记录封存制度，“未成年人刑事案件诉讼程序”明确规定，犯罪的时候不满18周岁，被判处五年有期徒刑以下刑罚的，应当对相关犯罪记录予以封存。

其次，《刑法修正案（八）》第19条规定，犯罪的时候不满18周岁被判处五年有期徒刑以下刑罚的人，免除前款规定的报告义务。该条规定应被理解为只要是犯罪时不满18周岁的未成年人即可免除前科报告义务，而不考虑该主体犯后罪时成年与否。

最后，《刑法》第65条规定，不满18周岁的人不构成累犯。这就意味着司法机关办理案件时，依法不应当再讯问犯罪嫌疑人未成年时是否有前科以及受过何种处罚。结合本案，有意见认为，犯罪嫌疑人杨某某在未成年时被定罪量刑，已经依据“坚持教育为主、惩罚为辅原则”的精神从轻、减轻处罚。但本案犯罪嫌疑人杨某某不思悔改，再次盗窃作案，认定后罪时应全面考虑其未成年时的违法犯罪记录，以达到惩戒效果。

笔者认为，上述案件中杨某某成年后实施了盗窃行为，涉案金额不足2000元。司法机关如果因查询到杨某某的盗窃前科，并将其未成年时的犯罪行为与成年后的犯罪行为相叠加，认为盗窃数额达到1000元即可追究其刑事责任，以这种追诉标准认定其犯罪，明显不符合对未成年人特殊保护的立法精神，无异于变相地向社会公开了杨某某在未成年时期被封存的犯罪记录。“免除未成年人前科报告义务”的立法本意在于帮助未成年人摆脱犯罪记录的阴影，与其他人享有同等的权利。试问，如若杨某某当真没有前科，此案是否构成犯罪？此时认定杨某某构成犯罪，无法有效地避免“标签理论”产生的负面影响，有违刑事立法关爱未成年人的制度顶层设计。因此，根据保护未成年人合法权益的立法精神，第二种观点更贴合立法修改的初衷。

未成年人犯罪记录封存制度顺应了国际社会对未成年人特殊保护的发展趋势，契合了我国未成年人刑事司法的现状，为犯罪行为较轻的未成年人重新回归社会创造了有利条件。故笔者认为，司法机关在办理案件时不宜将嫌疑人未成年时已被封存的犯罪记录作为追诉依据。

五、处理结果

就犯罪嫌疑人杨某某涉嫌盗窃一案，某市公安分局已于 2017 年 12 月撤销案件，并对杨某某作出治安管理处罚。

惠某某盗窃案

——扒窃型盗窃罪既遂与未遂的认定*

要旨

从刑法修正案的立法背景及法条表述来看，扒窃型盗窃罪明显属于行为犯，但在扒窃时被当场抓获，数额较小的情况下是否构成盗窃罪，构成盗窃既遂还是未遂，则要结合是否是惯犯等因素进行综合考量。

一、基本案情

惠某某，男，现年42岁，系某市某区农民。因涉嫌犯盗窃罪于2017年2月被某市公安局某分局刑事拘留，3月被取保候审，后因取保候审期间外逃于同年7月被逮捕。

惠某某于2014年11月因吸食毒品被某市公安局某分局行政拘留15日，强制隔离戒毒2年。

经查明的案件事实：2017年2月，惠某某在某区某商场前门一卖袜子摊位盗得被害人马某上衣口袋内手机1部，鉴定价值370元。嗣后，惠某某在某商场后门一卖菜摊位持镊子窃取被害人郭某上衣口袋内手机时被郭某之母发觉，随后被执勤民警当场抓获，涉案手机价值270元。

诉讼经过：某市某区人民检察院以崆检刑诉［2017］281号起诉书指控惠某某犯盗窃罪，并于2017年8月向某市某区人民法院提起公诉。

---

* 王彬，甘肃省平凉市崆峒区人民检察院控申科科员。

证据情况：有公诉机关当庭出示的接受刑事案件登记表、接处警工作登记表及抓获经过、情况说明、户籍证明、某市公安局某分局行政处罚决定书及强制隔离戒毒决定书、某市某区禁毒办公室证明，搜查证、搜查笔录、扣押物品清单，指认笔录及指认现场照片，涉案财物价格鉴定结论书，被害人马某、郭某的陈述，证人张某的证言，惠某某在侦、审中的供述等证据证实。

二、关键问题

本案第二起盗窃案件，惠某某盗窃郭某口袋内手机时，被当场抓获是否构成盗窃罪既遂?

三、分歧意见

本案第二起盗窃案件中，对于惠某某盗窃郭某口袋内手机时被发现，并被当场抓获是否构成盗窃罪既遂，有三种不同意见。

第一种意见认为，《刑法修正案（八）》规定，惠某某在公共场所秘密窃取他人随身携带财物，属于扒窃，扒窃一律入刑，且扒窃行为犯，一经实施即既遂。故第二起盗窃案，惠某某构成盗窃罪既遂。

第二种意见认为，本案第二起盗窃案件中，惠某某未实际取得财物，系犯罪未遂。根据相关司法解释，盗窃未遂的，只有情节严重才应当追究刑事责任，因此，本案中第二起盗窃案件惠某某不构成盗窃罪。

第三种意见认为，本案中第二起盗窃案件惠某某实施扒窃行为，构成盗窃罪，但是系犯罪未遂，可以比照既遂犯从轻、减轻处罚。

四、评析意见

笔者同意第三种意见，理由如下：

第一，从社会危害性上讲，将扒窃纳入犯罪圈具有实质合理性。《刑法修正案（八）》将扒窃单独入刑，即只要实施了扒窃行为就构成盗窃。与普通的盗窃行为相比，惠某某的扒窃行为不仅具有剥夺被害人郭某财产所有权的特征，还呈现出惯窃、使用专业工具进行辅助等特点。其在当日对被害人马某扒窃既遂后，又持镊子继续对被害人郭某实施了扒窃行为。不仅如此，惠某某有吸毒史，且无收入来源，其扒窃行为还具有转化为抢夺等恶性犯罪的抽象危险性。扒窃是在公众场所众目睽睽之下进行的，这也说明惠某某的主观恶意较大。加大对扒窃行为的打击力度，更有利于保护人民生命财产，加强社会和谐稳定。但我们也不能因此认为只要行为人实施了扒窃行为，就构成了盗窃既遂。

第二，《刑法》第 23 条第 1 款规定："已经着手实行犯罪，由于犯罪分子意志以外的原因而未得逞的，是犯罪未遂。"惠某某在取保候审期间外逃，不遵守取保候审规定，连续作案，使用专业工具，且有吸毒劣迹，其扒窃行为不仅存在时间和空间上的间隔，还导致被害人的财产损失这一"外界"变动（结果），且行为与结果之间具有因果关系。故其扒窃行为存在既未遂形态，且既未遂的区分标准在于财物是否"失控"，只有被害人已失去对其财物的实际控制才构成盗窃既遂，反之为未遂。

笔者认为，《刑法修正案（八）》第 39 条对《刑法》第 264 条作出了修改："盗窃公私财物，数额较大的，或者多次盗窃、入户盗窃、携带凶器盗窃、扒窃的，处三年以下有期徒刑、拘役或者管制，并处或者单处罚金……"该规定将"扒窃、入户盗窃"加了进来。本案中，惠某某以非法占有为目的，在公共场所窃取他人财物，其行为已构成盗窃罪。但惠某某在某商场后门实施的本案中第二起盗窃，因其持镊子正在盗窃时被他人发觉，后被附近巡逻民警抓获，尚未取得财物，故系犯罪未遂，应从轻处罚。

五、处理结果

2017 年 9 月，某市某区人民法院判决惠某某犯盗窃罪，判处有期徒刑 6 个月，并处罚金 1000 元。

孙某某过失致人死亡案

——交通肇事罪与过失致人死亡罪区分的关键*

要旨

虽然交通肇事罪致人死亡在刑法意义上是特殊的过失致人死亡，但其与过失致人死亡罪这两个罪名却被分别规定在刑法侵害公共安全和公民人身权利两个章节。这说明，它们侵犯的客体和重点保护的法益不同，交通肇事罪重点保护公共交通运输安全，而过失致人死亡罪强调的是对个体生命健康权的保护。

一、基本案情

2017年7月×日19时10分许，被告人孙某某在参加其祖母三周年忌日活动并在自家招待完亲戚后，准备驾驶自己的陕A37×××号银色轻型厢式货车给亲戚归还凳子，在未仔细观察车辆四周的情况下，便启动其停放于自家门前沙石路上的汽车行进，致使其驾驶的汽车右后轮碾压到被害人柳某某，其遂与被害人的祖母程某某将柳某某送到某县人民医院，柳某某经抢救无效死亡。经鉴定：死者柳某某系生前被汽车轮胎碾压，致重度颅脑损伤死亡。

案发地点即被告人孙某某家门前的沙石路，全长约60米，隔着水渠与乡道平行，主要供村组内村民日常出行。

二、关键问题

本案中，孙某某的行为到底应当构成交通肇事罪还是过失致人

---

* 张诚，甘肃省平凉市灵台县人民检察院检察长、检察员；桂小春，甘肃省平凉市灵台县人民检察院控申科副科长、检察员。

死亡罪？关键在于正确界定案发地点是否为纳入公共交通管理范围内的道路，孙某某是否违反交通运输管理法规危害了公共安全。

三、分歧意见

本案办理过程中，针对孙某某的行为究竟构成何罪，出现了两种不同意见。

第一种意见认为，孙某某的行为构成过失致人死亡罪。被告人孙某某由于疏忽大意，在未能仔细观察车辆四周的情况下，便启动停放在自家门前的沙石路上的机动车辆前进，致一人死亡。案发地孙某某屋门前自建的沙石路不属于公共交通管理范围内的道路，根据相关司法解释，孙某某的行为应当被认定为过失致人死亡罪。

第二种意见认为，孙某某的行为构成交通肇事罪。被告人孙某某违反交通运输管理法规，因而发生重大事故，致一人死亡，完全符合交通肇事罪的构成要件。被害人家属也持该种意见。

四、评析意见

笔者认为，认定本案的关键在于正确区分交通肇事罪和过失致人死亡罪。

最高人民法院出台的《关于审理交通肇事刑事案件具体应用法律若干问题的解释》第 8 条第 2 款规定："在公共交通管理的范围外，驾驶机动车辆或者使用其他交通工具致人伤亡或者致使公共财产或者他人财产遭受重大损失，构成犯罪的，分别依照刑法第一百三十四条、第一百三十五条、第二百三十三条等规定定罪处罚。"《刑法》第 233 条为过失致人死亡罪，过失致人死亡罪被规定在刑法侵害公民生命权利、民主权利罪这一章，说明该罪重点保护的法益为公民的生命健康安全；而交通肇事罪则被规定在刑法危害公共安全罪这一章，说明该罪重点保护的法益为公共安全，亦即不特定多数人的生命财产、健康安全。所以，区分交通肇事罪和过失致人死亡罪的关键在于正确界定案发地点是否为公共交通管理范围内的道路，被告人的行为是否违反了交通运输管理法规，危害了公共交通运输安全。

交通肇事罪发生的时空条件是特定的，即在实行公共交通管理的范围内发生的重大交通事故。何谓公共交通管理范围内，应当是指公安交通管理机关管理范围内的道路。所谓道路，根据《道路交通安全法》第 119 条的规定，是指公路、城市道路和虽在单位管辖范围但允许社会机动车辆通行的地方，包括广场、公共停车场等用于公众通行的场所。《公路法》第 6 条规定："公路按其在公路路网中的地位分为国道、省道、县道和乡道……"本案是在孙某某屋门前自建的沙石路这个特定路段发生的，既不属于城市道路也不属于公路。那是否为其他用于公众通行的场所呢？《刑事审判参考》在相关案例分析中认为，对道路的认定，关键在于对道路"公共性"的理解，而何谓"公共"，其最本质的特征在于对象的不特定性。笔者认为，本案事发路段不属于公共交通管理范围内的道路，被告人孙某某的危害行为侵害的是特定个人的生命健康权，即造成了邻居柳某某死亡的结果，并未侵犯交通运输的公共安全。因此，被告人孙某某的行为不属于交通肇事。根据最高人民法院出台的《关于审理交通肇事刑事案件具体应用法律若干问题的解释》第 8 条第 2 款之规定，被告人孙某某的行为应构成《刑法》第 233 条规定的过失致人死亡罪。

五、处理结果

2017 年 11 月，某县人民法院以过失致人死亡罪判处孙某某有期徒刑 1 年 4 个月，缓刑 2 年。

杨某强奸痴呆患者案

——如何认定明知是“程度严重”的痴呆症患者*

要旨

与女痴呆症患者发生性关系是否构成强奸罪要综合行为人是否明知受害人是痴呆症患者以及患者智能障碍对性防卫能力影响的严重程度来认定。

一、基本案情

杨某在王某经营的服装店闲逛时偶遇郑某（女），闲谈后，杨某支付100余元给郑某购买裤子一条，同时互留了电话号码保持联系。几天后，杨某与郑某电话联系好后，当晚在郑某家发生了性关系，事后杨某给了郑某100元现金。几天后，郑某在王某商店给杨某送了一双绣有“爱”字图案的鞋垫。此后又过了十多天，杨某和郑某电话联系后还发生过两次性关系。发生性关系过程中，杨某没有使用暴力、胁迫等手段，郑某也是自愿的。经鉴定：郑某系中度精神发育迟滞，无性防卫能力。

二、关键问题

杨某在和郑某发生性关系前是否明知郑某系“程度严重”的痴呆症患者?

三、分歧意见

本案在处理上出现了两种不同的意见：

---

* 张诚，甘肃省平凉市灵台县人民检察院检察长、检察员；张红英，甘肃省平凉市灵台县人民检察院侦监科副科长、检察员。

一种意见认为，杨某在和郑某发生性关系前应该明知郑某是“程度严重”的痴呆症患者。理由是：郑某和杨某初次见面时，在开玩笑过程中郑某就接受了杨某给其买的裤子，如果郑某属正常人的话不可能接受陌生人杨某为其买的裤子，所以，杨某给郑某买裤子是为了欺骗郑某与其发生性关系，杨某的行为构成强奸罪，应追究其刑事责任。

另一种意见认为，杨某在和郑某发生性关系前并没有认识到郑某系“程度严重”的痴呆症患者，理由是郑某能正确表达自己的意志，生活能完全自理，在与杨某的交往中与正常人没有明显的区别，所以，杨某的行为不构成强奸罪，不应追究其刑事责任。

四、评析意见

笔者同意第二种处理意见，理由如下：

第一，从本案的证据来看，杨某并不明知郑某系“程度严重”的痴呆症患者，表现在如下几点：

首先，郑某与杨某在平时的交往中有互赠礼物的行为，而且郑某送给杨某有特殊标志的鞋垫在当地具有代表意义，并不是普通的礼物。

其次，证人证言证实郑某丈夫在外打工，郑某生活能自理，还能照顾老人和孩子，陌生人在与郑某交往中不一定能及时发现郑某患有严重的智力问题，如“时间长了人都知道她脑子有问题”，“郑某脑子有时反应迟钝，思想意识都清楚”。

再次，郑某陈述证实，她对与杨某多次发生性关系的事百般隐瞒，在其丈夫威逼下，才承认与杨某有性关系。因此她应该具有正常人（一定）的认知能力，如“白某（系郑某丈夫）在外面有女人，我也就不想给他说我有人的事”。

最后，杨某的供述证实他在主观上并没有认识到郑某系“程度严重”的痴呆症患者。如“我第一次见郑某的时候没有发现她不正常，直到最后一次和她发生性关系，我在星火街道正和他人谈生意时，她走到我面前说她想我之类的话，我才发现她不是个正常人也没有再和她交往”。

第二，从法律规定上看，最高人民法院、最高人民检察院、公安部《关于当前办理强奸案件中具体应用法律的若干问题的解答》（以下简称《解答》）规定，明知妇女是精神病患者或者痴呆者（程度严重的）而与其发生性行为的，不管犯罪分子采取什么手段，都应以强奸罪论处。这类案件的关键，一是看被害人是否确系精神病或痴呆症患者以及病情的轻重；二是看行为人对此是否存在认知。如果被害人由于精神疾病而导致完全丧失辨认、控制自己行为的能力，行为人对此有认知而仍与其发生性行为，那么就等同于利用被害人的疾病，与不知反抗的人发生性行为。因此，行为人应该承担强奸罪的刑事责任。

《解答》明文规定精神病患者以及痴呆症患者必须属于程度严重的情况，除非行为人使用暴力、胁迫或者其他手段强行与被害人发生性关系，否则不能单纯因为被害人是精神病或痴呆症患者就认定行为人的行为构成强奸罪。

综上，在司法实务中，如果被害人在言行上与正常人无明显差别，行为人确实不知妇女是“程度严重”的痴呆者，也未采用暴力、胁迫等手段的，即使经司法鉴定妇女无性防卫能力，行为人也不构成强奸罪。

五、处理结果

某县公安局向该县人民检察院提请批准逮捕杨某2次，提出复议1次，某县人民检察院审查后认为本案虽然经过两次补充证据，但杨某在与郑某发生性关系前是否明知郑某系“程度严重”的痴呆症患者，仍然缺少确实充分的证据，因此，对杨某不予批捕。最后该县公安局决定撤销此案。

孙某等人寻衅滋事案

——因赌债殴打债主的行为如何定性*

要旨

寻衅滋事和故意伤害案件属于多发性案件。寻衅滋事罪包括的内容庞杂，在相关案件上容易发生分歧。实践当中，寻衅滋事随意殴打他人与故意伤害两罪之间在表面形式上存在着许多相似之处，尤其是在寻衅滋事行为造成轻伤结果的情况下，如何定性是需要仔细分析的问题。如果定性不准确，就会出现量刑上的不公正，不仅会损害犯罪嫌疑人的合法权利，也会影响我国刑法的统一适用性和稳定性。

一、基本案情

孙某欠王某4万元借款，欠曹某8万元赌债，由于无钱偿还，2015年2月份孙某贷款10万元，欲取款后先归还曹某2万元，其余归还王某及他人欠款，但曹某要求孙某先一次性归还其所有欠款8万元。2015年2月×日，孙某找王某商议帮自己取款，次日中午，王某纠集吴某、马某、梁某、王某某等13人携带砍刀2把、洋镐把1根和孙某分乘3辆轿车到达某县城。王某、孙某等人商议，他们的目的是要让孙某把10万元贷款取到，但“钢板”（指曹某）要从中扣钱，“钢板”如果强行扣款，发生冲突就动手打“钢板”，又购买洋镐把11根做准备。当日16时许，孙某等14人找魏某取回存有10

* 张诚，甘肃省平凉市灵台县人民检察院检察长、检察员；刘晓丽，甘肃省平凉市灵台县人民检察院驻百里镇乡镇检察室副主任、检察员。

万元贷款的银行卡，曹某闻讯后赶到，在马路边栏杆处和孙某发生撕扯，马某、吴某等人手持砍刀、洋镐把对曹某一通乱打，致曹某轻伤。

二、关键问题

孙某等人因赌债殴打债主，致债主轻伤的行为，如何定性?

三、分歧意见

对于孙某等人因为赌债殴打债主的行为如何定性存在分歧意见。

第一种意见认为，孙某等人的行为构成寻衅滋事罪。理由是：寻衅滋事罪，是指在公共场所无事生非，起哄闹事，随意殴打、追逐、拦截、辱骂、恐吓他人，强拿硬要，任意损毁、占用公私财物，破坏公共秩序，情节恶劣或者情节严重、后果严重的行为。而孙某等人在公共场合持砍刀、洋镐把无故殴打曹某，情节恶劣，既侵犯了他人身体健康权也破坏了社会管理秩序。其行为符合《刑法》第293条第1款第1项“随意殴打他人，情节恶劣的”及最高人民法院、最高人民检察院《关于办理寻衅滋事刑事案件适用法律若干问题的解释》（以下简称《解释》）第2条第1项“致一人以上轻伤或者二人以上轻微伤的”、第4项“持凶器随意殴打他人的”的规定，符合寻衅滋事罪的构成要件，应当以寻衅滋事罪定性。

第二种意见认为，孙某等人的行为构成故意伤害罪。理由是：故意伤害罪，是指故意伤害他人身体的行为。孙某等人的行为事出有因，其伤害的对象是特定的，就是开设赌场、放高利贷的曹某。而且本案中未出现《刑法》第293条第1款第4项“在公共场所起哄闹事，造成公共场所秩序严重混乱的”的行为，所以，孙某等人的行为未破坏社会管理秩序，只是造成曹某轻伤的后果，应以故意伤害罪定性。

四、评析意见

就本案而言，笔者赞同第一种意见，理由如下：

第一，从侵犯的法益来看，寻衅滋事罪破坏的是社会管理秩序，故意伤害罪侵犯的是他人的身体健康权。本案中，孙某伙同王某、马某等人持砍刀、洋镐把在公共场合（即县城机关单位比较集中、人流量大的交通要道南环路）殴打曹某，引来多人围观，造成公众恐慌。证人魏某、马某陈述："反正打人的阵势还是很厉害，一大群人提着刀棍光天化日之下在街道打人，又临近春节，纯粹无法无天，我在某县长了这么大都没见过这阵势，像电影里的黑社会械斗一样，当时我心里感觉还是很害怕的，之后几天回想起这件事心理还是有阴影的。如果社会治安像那天那样子，我们群众的生命安全就没什么保障，上班都感觉受影响了。"因此，各被告人在公共场合殴打他人的行为，在侵犯曹某身体健康的同时又破坏了社会管理秩序，侵犯的是双重客体。

第二，从随意性来看，伤害行为是"无事生非"还是"事出有因"。任何事情都是有起因（或者诱因）的，我们不能以正当化的诱因而认为由此引发的殴打他人的行为不属于"滋事"。本案虽以赌债纠纷为诱因，但孙某因为不想全部履行赌债就纠集十几人对债主曹某进行殴打，这不应该成为正常人伤害他人的理由。孙某等人的行为严重超越了正常人处理债务纠纷的方式范围，支配这种心理的就是对人与人之间正常交往规则的藐视和不屑。按照自己的野蛮、偏激、异常方式行事，这种行为就是"无事生非"，符合寻衅滋事罪逞强要横的主观动机和殴打他人的随意性、恣意性。

第三，从罪数来看，《解释》第 7 条规定，实施寻衅滋事行为，同时符合寻衅滋事罪和故意杀人罪、故意伤害罪、故意毁坏财物罪、敲诈勒索罪、抢夺罪、抢劫罪等罪的构成要件的，依照处罚较重的定罪处罚。寻衅滋事罪的法定刑为五年以下有期徒刑、拘役或者管制，故意伤害罪的（轻伤）法定刑为三年以下有期徒刑、拘役或者管制，根据两罪从一重罪的原则，应当以寻衅滋事罪定罪处罚。

第四，从罪刑相适应原则来看，刑罚既要与犯罪性质相适应，又要与犯罪情节相适应，还要与犯罪嫌疑人的人身危险性相适应。孙某因为曹某想让其全部履行债务，就纠集王某等 13 人，准备了大量的、伤害力强的作案工具，在公共场合殴打曹某，情节恶劣，引起多人围观，并给群众造成了恐慌，社会危害极大，以故意伤害罪定罪处罚，只保护了被害人的身体健康权，却忽略了对社会管理秩序的保护，致使孙某等人的犯罪行为和所受的法律处罚不相适应，显然不符合罪刑相适应的原则。

综上所述，笔者认为，此案应以寻衅滋事罪定罪处罚。

五、处理结果

某县公安局以寻衅滋事罪向该县人民检察院移送起诉，该县人民检察院审查后，以寻衅滋事罪向该县人民法院提起公诉，该县人民法院以故意伤害罪分别判处孙某等人 6 个月至 1 年有期徒刑。

吕某某骗取贷款案

——“以贷还贷”的行为能否被认定为骗取贷款罪*

要旨

近年来，银行面临如何处置不良贷款等重大压力。银行信贷人员经实践发现，“以贷还贷”是能够在最短时间内改善银行信贷质量和美化资产负债表的“最佳方式”，如何区分“以贷还贷”与“以欺骗手段获取银行贷款”成了此类案件罪与非罪的关键。笔者希望通过对该案的分析理解，明晰合法贷款行为与骗取贷款罪的区别。

一、基本案情

2009年5月×日，犯罪嫌疑人吕某某在甘肃某商业银行股份有限公司（简称“某银行”）通过该行信贷员张某某第一次抵押贷款65万元，2010年5月×日该笔贷款到期前，吕某某在该行第二次“以新贷款还旧贷款”的形式贷款65万元，保证形式由抵押担保改为保证人担保。

2011年5月，65万元贷款到期时，经张某某与吕某某商议，吕某某还款15万元，剩余50万元贷款继续以“以贷还贷”的方式偿还，担保方式仍然为保证人担保，贷款期限为1年。该笔贷款到期后该行工作人员向吕某某催收，吕某某未还款。2016年5月×日，某银行向某县公安局报案，次日，侦查机关以“吕某某涉嫌骗取贷款

* 王峰，甘肃省平凉市华亭县人民检察院；摆凤琴，甘肃省平凉市华亭县人民检察院。

罪”立案侦查，13日后，犯罪嫌疑人吕某某向某银行还款50万元，欠下329 013.77元利息。2017年2月×日，某县人民检察院收到吕某某涉嫌骗取贷款一案，经审查认为该案事实不清、证据不足退回侦查机关补充侦查二次，2017年5月×日，该案第二次补查重报。

二、关键问题

部分办案人认为以贷还贷属于银行正常业务行为，部分办案人认为在“以贷还贷”过程中编造虚假材料，贷款用途发生改变，属于以欺骗手段获得银行信任，骗取贷款的行为。主要分歧点在于在借贷双方均了解贷款用途的情况下，“以贷还贷”行为中借款人是否对银行存在欺骗行为？

三、分歧意见

第一种观点认为，吕某某与张某某的行为构成骗取贷款罪，吕某某与张某某构成共同犯罪。以欺骗手段取得银行贷款属于破坏金融管理秩序罪，保护的是金融管理秩序，犯罪客体是复杂客体，包括金融管理秩序和金融机构财产权。

（1）吕某某有骗取银行贷款的主观意图，张某某实施了帮助行为。吕某某在第一次抵押贷款65万之后，所贷款项投资失败，并沉迷于赌博。吕某某在明知自己无力偿还所欠银行贷款的情况下，仍然与张某某合谋假借“某货物运销”之名向银行第二次、第三次提出申请贷款，并隐瞒贷款用途，寻找保证人为其进行担保，其犯意的提出、积极的作为最后促成了骗取银行贷款的后果。

（2）张某某作为某商业银行股份有限公司的正式工作人员，专门从事银行放贷业务，在明知吕某某无力偿还现有银行贷款的情况下，经二人共同商议，由吕某某提出贷款申请，张某某则利用职务之便编造虚假材料，形成虚假贷款可行性报告，并获得银行贷款委员会通过，同意向吕某某发放贷款50万元。吕某某与张某某分工明确，互相配合，积极地采用欺骗手段获得银行贷款委员会的信任（即骗取银行的信任），得到了“用于某货物运销”的贷款，随后这笔贷款被用于偿还到期的银行贷款，达到以新贷款偿还旧贷款的目的。

第二种观点认为，吕某某的行为不构成骗取贷款罪。

（1）骗取贷款罪的客观行为表现为行为人编造引进资金、项目等虚假理由骗取银行或其他金融机构贷款。犯罪嫌疑人吕某某以“某货物运销”的名义向某银行贷款50万元用于偿还其在该行的到期贷款，但银行工作人员张某某在明知吕某某贷款事由虚假的情况下，为了降低该银行的不良贷款率，故意编造虚假材料向吕某某发放了贷款，用于偿还旧贷款。本案中，吕某某实施的行为不能造成骗取贷款的结果。

（2）骗取贷款罪的犯罪嫌疑人主观方面应当具有欺骗银行获取贷款的故意。综合全案证据，虽然犯罪嫌疑人吕某某提出了“以贷还贷”的想法并由保证人担保，但最终还是由张某某以吕某某在某银行贷款时留存的资料为基础，自行编写、虚报相关数据并形成贷款可行性报告而促成发放贷款，即骗取贷款的具体行为主要由张某某实施。所以，犯罪嫌疑人吕某某虽然具有骗取银行贷款的动机，但现有证据无法证实犯罪嫌疑人吕某某具有骗取银行贷款的主观故意。

四、评析意见

笔者同意第二种意见。从民事法律规定方面讲，最高人民法院《关于适用〈中华人民共和国担保法〉若干问题的解释》第39条规定：“主合同当事人双方协议以新贷偿还旧贷，除保证人知道或者应当知道的外，保证人不承担民事责任。新贷与旧贷系同一保证人的，不适用前款的规定。”这一规定的主旨在于如果主合同当事人双方协议以新贷偿还旧贷，保证人知道或者应当知道，贷款合同的保证人应当承担保证责任。即此类情况下，“以贷还贷”的形式是允许存在的。从刑事证据方面讲，在贷款到期之前，张某某在了解到吕某某无力偿还该行贷款的情况下，询问吕某某是否需要以新贷款偿还旧贷款，吕某某积极同意后，张某某利用之前吕某某留在银行的贷款资料重新编写了贷款可行性报告，并依照正常贷款程序让吕某某履行了借款人的义务，即“以贷还贷”的提出者、主要实施者为张某某，吕某某则进行积极的配合完成了“以贷还贷”的行为。从实际商业贷款操作方面而言，“以贷还贷”意味着借款人和保证人不再需要支付逾期贷款的高额罚息和仅仅支付正常贷款利息。这无疑是贷款人和保证人的福利，是他们获得“重生”的机会，银行也可以减少账面上不良贷款的余额，降低贷款不良率，为银行释放更多的资金流动性。特定情况下，“以贷还贷”也是现在银行行业年终优化资金性质的主要做法，一举三得，屡试不爽。

综上所述，2011 年 5 月犯罪嫌疑人吕某某在向某银行申请贷款的过程中，经张某某审查没有还款能力，但为了降低该行的不良贷款率，张某某自行提供相关虚假材料帮助吕某某完成“以贷还贷”的过程，依据罪刑法定原则，综合全案证据，犯罪嫌疑人吕某某的行为不构成骗取贷款罪。

五、处理结果

在案件审查过程中，承办人员认为该案案情重大、复杂，经提交检察院检委会讨论决定，某县人民检察院检察委员会作出对吕某某骗取贷款案不起诉决定，并向甘肃某商业银行股份有限公司发出检察建议。

张某某故意伤害案

——主观要素与犯罪定性的再认识*

要旨

犯罪嫌疑人对犯罪动机、目的不作供述，或对犯罪主观方面供述不明时，应如何认定其主观要素？如何综合其他证据及案情认识犯罪主观方面？在证据出现变化的情况下能否改变案件定性？犯罪构成四要件理论和三层次理论在认识案件中存在分歧。

一、基本案情

2016年11月×日，犯罪嫌疑人张某某怀疑其妻李某某与被害人王某某有不正当男女关系。同年11月×日8时许，张某某在某县南城区一饭店吃饭期间给王某某发短信约王某某见面，王某某在回信中称与李某某“真心相爱”。当日11时许，张某某回家中取了一把菜刀藏匿于腰间返至该饭店门前下车，见王某某站在马路边，便叫了王某某。王某某答应后，张某某便抽出藏在腰后的菜刀砍伤王某某左手腕部，又在其左头部砍了一刀，后被人拉住并夺下了菜刀。王某某被送往某县中医院救治。张某某离开现场后给王某某父亲打电话得知王某某在某县中医院救治，便购买了一把菜刀和一把螺丝刀，在中医院五楼楼道内找到王某某。王某某为躲避张某某便跑进外二科某号病房将房门反锁，张某某用菜刀砸碎病房门上玻璃，伸进去在王某某右胸部砍了一刀，王某某用右手推门时，张某某又在其

* 赵麦长，甘肃省平凉市庄浪县人民检察院。

右臂外侧砍了一刀，进病房后又在王某某的后颈部、左肩部各砍了一刀，之后又将王某某拉出病房，大声叫道“你把我张某某这么大的一个哥没有当哥，我今天就把你杀死在医院里”。这时围观的两人将张某某拉住并夺下其手中的菜刀和螺丝刀，张某某又对王某某说“我见你一次杀你一次”，说完后离开了现场。

某县公安局法医于2016年11月鉴定，被鉴定人王某某所受损伤为轻伤二级。后某县公安局以故意杀人罪向该县人民检察院移送审查批准逮捕。

在审查起诉阶段，经甘肃某司法鉴定机构鉴定，王某某左腕关节活动功能丧失90%，损伤程度为重伤二级；后经甘肃某司法医学鉴定所重新鉴定，王某某左腕关节活动功能丧失55%，损伤程度为重伤二级。

二、关键问题

如何认识行为的主观要素与犯罪的主观方面？如何在犯罪嫌疑人对主观方面不作供述时认定其犯罪性质？

三、分歧意见

第一种意见认为，张某某构成故意杀人罪。主要理由是：虽然犯罪嫌疑人张某某不承认有杀人故意，但根据其所持凶器为两把菜刀、一把螺丝刀，砍击的部位为被害人头部、脖子等要害部位，犯罪嫌疑人作案过程所说的话为“见一次杀一次”“杀死在医院里”，应认定其主观方面为故意杀人，张某某的行为应被认定为故意杀人罪。

第二种意见认为，张某某构成寻衅滋事罪。主要理由是：犯罪嫌疑人张某某身强力壮，从所持凶器及砍击部位看，如果有杀人故意，则不可能都是轻微伤（头、脖等部位伤鉴定为轻微伤）或轻伤(手腕伤第一次鉴定为轻伤)。另外，从其所说的“见一次杀一次”“把我这么大的哥不当哥”等话，可以判断其主要意图是逞强耍横。如果要杀人，则一次就可能杀死，而不是“见一次杀一次”。犯罪嫌疑人张某某因较小的事情而随意持刀砍伤他人，造成他人轻伤，其行为可以认定为寻衅滋事犯罪。

第三种意见认为，张某某构成故意伤害罪。主要理由是：在不构成故意杀人犯罪上，该意见与第二种意见相同，但认为张某某的行为不构成寻衅滋事犯罪。寻衅滋事犯罪是对公共秩序的公然挑衅，而本案中犯罪嫌疑人是针对人身进行伤害，因而其行为应被认定为故意伤害罪。但问题是，如果在审查批准逮捕时认定故意伤害轻伤，则会导致不批准逮捕后果。

后在审查起诉阶段因证据发生了变化，即鉴定意见由轻伤二级变成了重伤二级，根据法律规定，应认定为故意伤害犯罪（具体理由下文论述）。

四、评析意见

（一）定性直接影响诉讼

在审查起诉阶段，各种意见基本统一认定本案构成故意伤害罪，其中一个主要原因是证据发生了变化，鉴定意见变更为重伤二级。在审查批准逮捕阶段，各种意见不一，并且不同的意见可能导致不同的处理结果。因为县人民检察院在审查案件时有一个惯例，一般对犯罪结果为轻伤害的故意伤害案不批准逮捕，绝大部分轻伤害案件由当事人自诉。由于当时鉴定意见为轻伤，因此如果定性为故意杀人或寻衅滋事，则批准逮捕可能性大；如果定性为故意伤害，按照惯例，便不能批准逮捕。在审查起诉阶段，对轻伤害案件一般都适用自诉，只有证据不足、事实不清的案件才提起公诉，大部分轻伤害案件都不能进入公诉程序。

（二）不同诉讼阶段是否可以有不同定性

确定案件性质主要取决于两个方面：一是法律的规定；二是证据证明情况。要确定案件性质，在具体的案件中，证据往往可以起到更为关键的作用。在本案中，由于证据的变化，出现了在不同的诉讼阶段案件定性上的变化，这是一种正常情况，而不应认为案件的性质是一成不变的。

具体到本案中，在审查批准逮捕阶段，笔者认为，张某某的行为应当被定性为寻衅滋事犯罪。从犯罪嫌疑人的行为过程来看，其行为是逞强耍横，虽然有具体的作案对象，但表现为以偶发小事而随意殴打他人，且造成了轻伤的后果，应当以寻衅滋事罪批准逮捕。

在审查起诉阶段，因证据发生变化，鉴定意见为重伤，根据最高人民法院、最高人民检察院《关于办理寻衅滋事刑事案件适用法律若干问题的解释》第 7 条的规定，实施寻衅滋事行为，同时符合寻衅滋事罪和故意杀人、故意伤害罪的构成要件的，依照处罚较重的犯罪定罪处罚。显然，故意伤害罪（轻伤）法定最高刑为 3 年，寻衅滋事罪法定最高刑为 10 年，故意伤害罪（重伤）的法定最高刑为死刑。故本案中张某某的行为应被认定为故意伤害罪。

（三）如何认识行为的主观要素与罪责的主观方面

在传统的四要件犯罪构成理论中，犯罪嫌疑人的主观方面是犯罪定性的重要构成要件。一般认为，在犯罪嫌疑人对主观方面不作供述或供述不明的情况下，应当根据犯罪的整个事实来认定其主观方面。犯罪三层次构成理论认为主观要素反映行为计划，但同时在罪责层次中又把犯罪的故意（或过失）与构成要件的主观要素行为故意（或过失）相区别，因而传统的"主观方面"更容易走向"行为非价值"，而犯罪三层次构成理论则更容易走向"结果非价值"。具体到本案中，持犯罪四要件构成理论的人更容易认为案件应被定性为故意杀人，而持犯罪三层次构成理论的人则更倾向于认为案件应被定性为故意伤害。

如同罪名的认定过程是一个不断的由法律到证据、再由证据到法律的过程一样，罪责的主观方面也是一个不断的由主观要素到行为计划（甚至行为），再由行为计划到主观要素，不断循环往复的过程，有时还要同结果一起综合分析，不可绝对地割裂开来。具体到本案中，不仅要看行为人砍击的部位、所说的话语，还要考量其砍击的动机和目的，甚至结果和说话的特殊语境。不能因为说了"杀了你"就认定犯罪嫌疑人有杀人故意，正如同不能因为有人说了"妈的"就说其有强奸的故意一样。

（四）在犯罪嫌疑人不供述其主观意图时如何定性

在犯罪构成要件中，行为是认识犯罪最重要的要件，而行为本身是一个从具有危害性的行为计划出发，到达一定的危险的过程。

在本案中，犯罪嫌疑人对行为计划不作供述或辩解为“无意划伤”“吓唬”，综合全部作案过程，在犯罪嫌疑人持菜刀第一次砍被害人时，先问了一句被害人，使被害人在有充分思想准备的情况下才做出了用刀砍的动作，在之后多次用刀砍的部位大多指向头、面部，但结果是头、面部的伤都是轻微伤。第一次法医鉴定时，被害人仅手腕部伤为轻伤，而手腕部伤据受害人陈述是犯罪嫌疑人的刀要砍其头，用手挡时形成的。此后，两次鉴定的结果虽有不同，但重伤二级的伤均为手腕部伤。据此可以看出，犯罪嫌疑人的行为计划不是故意杀人，没有“希望或放任被害人死亡”的意图。在审查起诉阶段，法医的鉴定意见为手腕部伤为重伤，行为人明知用刀砍可能造成重伤而故意砍伤他人身体，主观方面对造成他人身体的伤害是明知并且追求的，伤害的故意是可以认定的，综合全案证据，将张某某的行为认定为故意伤害罪是准确的。

五、处理结果

2017 年 9 月，某县人民法院认为，被告人张某某持凶器故意伤害他人身体并致人重伤，其行为已构成故意伤害罪，该县人民检察院指控的犯罪事实清楚，证据确实、充分，指控的罪名成立，予以支持。依照《刑法》第 234 条第 2 款之规定，判决被告人张某某故意伤害罪，判处有期徒刑 5 年 6 个月。

张某某提出上诉，认为被害人王某某重伤鉴定意见错误，导致原判量刑太重。某市中级人民法院于 2017 年 11 月裁定认定原判事实清楚、证据确实充分、量刑得当，维持原判。

郝某等人寻衅滋事案

——被害人有过错是否构成寻衅滋事罪*

要旨

在办理寻衅滋事案件时，往往会出现被害人有一定过错的情况，这会对案件的定性产生影响，从而在庭审过程中成为嫌疑人和辩护人要求改变案件定性和量刑的理由。依据最高人法院、最高人民检察院《关于办理寻衅滋事刑事案件适用法律的若干问题解释》第1条第2款的除外条款规定："矛盾系由被害人故意引发或者被害人对矛盾激化负有主要责任的除外。"这为案件的合法判决带来了一定的困难。某检察院办理的郝某等人寻衅滋事案中有几起便存在这样的情况，具有一定的典型性。

一、基本案情

犯罪嫌疑人郝某因被害人雍某无端在电话中对其进行骚扰辱骂、"拉弓约架"而心生怨气。2016年9月×日凌晨，犯罪嫌疑人郝某纠集景某、李某、杨某等人从某县"某KTV"喝酒消费出门后，遇见前来挑衅的被害人雍某。犯罪嫌疑人郝某不由分说便朝雍某脸部扇了几巴掌，进而将雍某甩倒在地，犯罪嫌疑人李某上前与郝某一起将雍某拖至树下。犯罪嫌疑人郝某随即指使景某从其车后备厢取来一把工兵铲，景某拿到工兵铲后先持工兵铲朝雍某背部击打数下致铲头脱落。郝某后从景某手中接过工兵铲对朝雍某头部、身上一顿乱打。犯罪嫌疑人李某、杨某、景某等人围住雍某一顿拳打脚踢。

---

* 王原，静宁县人民检察院办公室副主任。

被害人王某恰路过案发现场，见雍某被郝某等人殴打，即上前喝止郝某等人。犯罪嫌疑人郝某以为王某是雍某同伙，便持工兵铲朝王某脸部、头部击打数下，犯罪嫌疑人杨某、李某等人围住王某对其一顿拳打脚踢，被害人王某挣脱后逃离。

2012 年 10 月×日，因鲍甲在某县“某某 KTV”消费时在电话中与犯罪嫌疑人郝某二人发生了口角。犯罪嫌疑人郝某便纠集景某、马某、苟某、尚某等人来到“某某 KTV”楼下，持从尚某店里取来的东洋刀、洋镐把等器械将鲍甲及与鲍甲一起的鲍乙、杨某某等人堵在楼道口。犯罪嫌疑人马某持刀欲刺杨某某，被杨某某持啤酒瓶击中头部。犯罪嫌疑人郝某、景某将鲍甲堵在楼梯口，持棒球棍、洋镐把朝其头部、身上一顿乱打，将其打倒在地。犯罪嫌疑人尚某、苟某手持洋镐把、砍刀追逐拦截鲍乙，将其撵回至“某某 KTV”楼下，犯罪嫌疑人景某、苟某、尚某等人围住鲍乙，朝其身上乱打乱踢，后郝某又持洋镐把朝鲍乙身上击打数下。鲍甲、鲍乙受伤后被送往某县中医院住院治疗，后经调解，犯罪嫌疑人郝某除交纳二人医疗费外，另补偿 1 万元了事。

2013 年 1 月×日晚，因曾在电话中受厚某辱骂，犯罪嫌疑人郝某指使杜某、马某、尚某、景某等人将厚某从某县某镇甲宾馆带到乙宾馆某房间。马某、尚某将厚某踢倒在地，杜某用水壶在厚某的头部击打数下，马某、尚某、景某等在厚某的身上乱踏乱打，杜某又用椅背在厚某的身上乱打，后郝某朝厚某的嘴部击打数拳，致厚某受伤。次日，厚某被送某县人民医院住院治疗。后经调解，郝某等人给厚某 10 万元了事。

二、关键问题

本案中的关键问题在于犯罪嫌疑人郝某认为在上述三次案件中，被害人都先辱骂过自己，其殴打雍某、王某、鲍甲、厚某等人的行为系被害人故意引发，不应当以寻衅滋事罪追究刑事责任。对此，应如何准确适用最高人民法院、最高人民检察院《关于办理寻衅滋事刑事案件适用法律若干问题的解释》（以下简称《解释》）第 1 条第 2 款的除外条款——“矛盾系由被害人故意引发或者被害人对矛盾激化负有主要责任的除外”的规定?

三、分歧意见

(1)第一种意见认为,犯罪嫌疑人郝某为发泄情绪、逞强耍横,纠集多名社会闲散人员,多次随意殴打他人,严重破坏社会秩序,应当以寻衅滋事罪追究其刑事责任。

(2)第二种意见认为,该案是由被害人的过错引起的,根据《解释》第1条第2款的除外条款——“矛盾系由被害人故意引发或者被害人对矛盾激化负有主要责任的除外”的规定,不构成寻衅滋事,应该以故意伤害定罪。

四、评析意见

在该案中,郝某辩护时提出根据《解释》第1条第2款的除外条款,郝某等人殴打雍某、王某的行为系由二被害人故意引发,不应当以寻衅滋事罪追究郝某等人的刑事责任。经过两次补充侦查,被害人雍某确实存在在电话中无端滋扰犯罪嫌疑人郝某的行为,另据雍某陈述及证人证言,其有找郝某“拉弓约架”的主观意图。但综合全案证据,不能以该除外条款的规定排除对郝某等人“随意殴打他人”涉嫌寻衅滋事犯罪的认定,理由是:

(1)犯罪嫌疑人郝某等人在该起犯罪事实中不但殴打了雍某(轻伤二级),也殴打了前来阻止他们行凶的无辜路人王某(轻伤一级)。在该起事件中,被害人雍某对犯罪嫌疑人郝某有不利举动,但王某没有过错,与郝某之间不存在矛盾纠纷,同样遭受殴打,因此判断犯罪嫌疑人郝某等人系“随意殴打他人”。

(2)综合全卷证据,犯罪嫌疑人郝某等人在此之前就曾多次随意殴打他人,涉嫌多起寻衅滋事犯罪,从这些客观事实上判断,也应认定为“随意殴打他人”。

(3)寻衅滋事犯罪中“随意殴打他人”保护的法益应是社会一般交往中的个人的身体安全。“随意”一般意味着殴打的理由、对象、方式等明显异常。犯罪嫌疑人郝某殴打雍某的理由是对方打电话骚扰他、向他约架,殴打的对象却不限于雍某一人。殴打他人时使用了随车携带的利器“工兵铲”,且郝某同伙景某、李某、杨某等人共同参与实施了殴打他人的行为。

在郝某等人随意殴打鲍甲、鲍乙的事件中，犯罪嫌疑人郝某以被害人鲍甲在电话中辱骂自己为由，纠集景某、马某、苟某、尚某等人持洋镐把、东洋刀等凶器在“某某 KTV”楼下追逐、拦截被害人，对被害人实施随意殴打，致二被害人均受轻微伤。犯罪嫌疑人郝某因厚某在电话中辱骂自己，便指示杜某、马某、尚某、景某等人将厚某从某镇甲宾馆带到乙宾馆某房间，伙同杜某、马某等人对厚某拳打脚踢，致厚某受伤（轻伤二级）。以上两起犯罪事实，卷内均有书证、证人证言、被害人陈述、鉴定意见等证据能够证实，犯罪嫌疑人亦供认不讳。以上两起犯罪事实，犯罪嫌疑人郝某均以被害人在电话中辱骂过自己为由，逞强耍横，纠集众人对被害人实施伤害，致二人轻微伤、一人轻伤，情节恶劣。综上，犯罪事实清楚、证据充分，应当以寻衅滋事罪追究犯罪嫌疑人郝某等人的刑事责任。

五、处理结果

某人民检察院经审查，对犯罪嫌疑人郝某以寻衅滋事罪、敲诈勒索罪，对犯罪嫌疑人景某、尚某、李某等 11 人以寻衅滋事罪，向某县人民法院提起公诉。经某县人民法院审理，于 2017 年 11 月×日判决郝某犯寻衅滋事罪，判处有期徒刑 5 年 6 个月，并处罚金 1000 元；犯敲诈勒索罪，判处有期徒刑 1 年，并处罚金 2000 元。两罪并罚，决定判处有期徒刑 6 年，并处罚金人民币 3000 元。判决景某、尚某、李某等 11 人犯寻衅滋事罪，分别判处 5 年到缓刑 1 年不等的刑罚，并判处相应的罚金。

杨某某等人强奸案

——嫖宿未满14周岁幼女构成强奸罪的主观方面判定*

要旨

本案审查的要旨在于如何准确把握“嫖宿幼女”型强奸案中“幼女”身份的事实认定以及行为人具备“明知”要件的相关证据判断。

一、基本案情

2016年4月，李某（女，14周岁，另案处理）通过微信聊天认识刘某某（13周岁，系某中学初二学生），并引诱刘某某卖淫挣钱。同年4月×日，李某经刘某某同意后，遂电话联系朱某某（男）为刘某某介绍嫖客。朱某某通过微信联系到嫖客杨某某，二人商量好嫖资数千元、对方条件为处女。某日，被告人朱某某和李某将刘某某带至约定的白银区某茶楼与杨某某见面，二人事先教唆刘某某向对方谎报年龄为17周岁。三人行至该茶楼楼下时，由李某在此等待，朱某某则单独带着刘某某进入该茶楼二楼一包厢内。见面后，杨某某以微信转账方式当场向朱某某支付嫖资数千元，待朱某某先行离开后，杨某某在该包厢内与刘某某发生了性关系。事后，朱某某从中获利若干元，李某从中获利若干元，分给刘某某若干元。

公安机关以杨某某涉嫌强奸罪提请批准逮捕，检察机关以该罪对杨某某依法批准逮捕。该案移送审查起诉后，检察机关认定杨某某在嫖宿对象的判断上应当知道对方可能系幼女的身份，结合全案证

---

* 张俊霞，甘肃省白银市白银区人民检察院未检科科长。

据，认为该案事实清楚，证据确实充分，对杨某某以强奸罪提起公诉。

二、关键问题

本案的关键问题在于杨某某以嫖娼形式与刘某某自愿发生性关系构成强奸罪的主观故意是否明确，即杨某某是否具备法律规定“明知”是幼女而与之发生性关系的犯罪构成要件?

三、分歧意见

本案中，杨某某以支付金钱为对价与刘某某自愿发生性关系的事实成立，但在杨某某的行为是“明知”对方是幼女而实施的强奸犯罪行为，还是不“明知”对方系幼女而实施的普通嫖娼交易行为问题上，形成了两种分歧意见。

第一种意见认为，杨某某的行为构成强奸罪，且属奸淫幼女，应从重处罚行为。理由是：本案中，杨某某明知对方有可能系不满14周岁的幼女，仍与之发生性关系，无论被害人是否自愿，其行为均构成强奸罪。

第二种意见认为，杨某某的行为不构成犯罪，指控其构成强奸罪证据不足。理由是：杨某某与被害人系自愿发生性关系，双方是典型的卖淫嫖娼行为且杨某某已支付嫖资。另外，被害人刘某某向杨某某谎报了年龄，加之当时被害人也化了淡妆，杨某某确实不“明知”被害人未满14周岁，因此，其主观上没有奸淫幼女的故意。

四、评析意见

本案中，杨某某和刘某某之间是一种你情我愿的嫖娼交易行为，指控杨某某构成强奸罪，必须准确把握杨某某是否具有“明知”对方系幼女而与之发生性关系的主观故意。虽然杨某某对是否“明知”被害人系幼女有诸多辩解，但认定其是否有罪以及构成何罪应立足本案事实和证据，严格依据相关法律规定客观判定。笔者现从本案行为人构成强奸罪的法理依据、案件事实以及卷内证据三方面作如下分析：

(1) 从法理依据来看，该案是一起嫖宿幼女型强奸案。首先，嫖宿幼女的行为被认定为强奸罪早有法律来源。1991年9月通过的

《全国人人民代表大会常务委员会关于严禁卖淫嫖娼的决定》对于嫖宿不满14周岁的幼女的行为依照《刑法》关于强奸罪的规定定罪处罚。之后，1997年《刑法》将其独立成罪（嫖宿幼女罪）。2015年11月1日施行的《刑法修正案（九）》将之前《刑法》第360条第2款删除，对应的“嫖宿幼女罪”自然也随之废除。需要注意的是，对于以金钱财物等方式引诱幼女与自己发生性关系，或者知道或应当知道幼女被他人强迫卖淫而仍与其发生性关系的，在以前的司法实践中很多是以“嫖宿幼女罪”定罪处罚。2015年实施的《刑法修正案（九）》取消了嫖宿幼女罪，意味着该行为回归到了原有的强奸罪的入罪标准，这也能充分体现了我国立法注重对幼女这一特殊群体加大保护的价值和追求。因此，杨某某的行为产生的危害不能简单地从形式上的嫖娼交易行为进行判定，而应当从本案被害人系幼女的这一实质进行评判。其次，从强奸（幼女）罪的犯罪构成分析，刑法及相关司法解释对于强奸幼女有特殊的规定和认定标准。通常认为，幼女在法律上没有性承诺能力，因此，与不满14周岁的幼女发生性关系的，不管行为人采用什么手段，也无论幼女是否同意，就将被以强奸论处，并且从重处罚。2013年最高人民法院、最高人民检察院、公安部、司法部出台的《关于依法惩治性侵害未成年人犯罪的意见》（以下简称《意见》）以及最高人民法院刑一庭对《意见》有关问题的解读，对奸淫幼女等性侵害犯罪中主观明知的认定坚持罪过责任原则，认为行为人“明知”被害人年龄是默示的犯罪构成必要要件，并就如何准确判定“明知”作了规定和解读。该《意见》第19条第1款规定，知道或者应当知道对方是不满14周岁的幼女，而实施奸淫等性侵害行为的，应当认定行为人“明知”对方是幼女。该条第2、3款又对如何判定“明知”进行了具体解释和指引：第2款规定，对于不满12周岁的被害人实施奸淫等性侵害行为的，应当认定行为人“明知”对方是幼女，这条规定属于不加限制条件的绝对指引；第3款又规定，对于已满12周岁不满14周岁的被害人，从其身体发育状况、言谈举止、衣着特征、生活作息规律等观察可能是幼女，而实施奸淫等性侵害行为的，应当认定行为人“明知”对方是幼女，这条规定属于相对确定的指引。之所以这样规定，并非是国家降低了对已满12周岁幼女的保护力度，主要是考虑到司法实践的复杂性，不排除存在一般人、行为人根本不可能判断出12周岁至14周岁年龄段中某些被害人是否是幼女的特殊情形。换言之，对于已满12周岁幼女实施奸淫等性侵害行为的，如无极其特殊的例外情况，一般均应当认定行为人明知被害人是幼女。最高人民法院对于极其特殊的例外情况，也从三个方面进行了解读：一是客观上被害人身体发育、言谈举止、衣着特征、生活作息规律等确实接近成年人；二是必须确有证据或者合理依据证明行为人根本不可能知道被害人是幼女；三是行为人已经足够谨慎行事，仍然对幼女年龄产生了误认，即使其他正常人处在行为人的场合，也难以避免这种错误判断。且该解读仅对于诸如发育较早、貌似成人、虚报年龄的已满12周岁不满14周岁的幼女，在谈恋爱正常交往过程中，双方自愿发生了性行为，确有证据证实行为人不可能知道对方是幼女的才可以采纳其不明知的辩解，但应特别严格掌握。相反，如果行为人采取引诱、欺骗等方式，或者根本不考虑被害人是否是幼女，而甘愿冒风险对被害人进行奸淫等性侵害的，一般都应当认定行为人明知被害人是幼女，以实现对幼女的特殊保护，堵塞惩治犯罪的漏洞。从上述法律规定中我们可以得出，立法对于已满12周岁不满14周岁幼女的年龄状况判定虽是相对确定的指引，但这仅对极其特殊的例外情形留下了司法适用的空间，而非是对一般情形的普遍豁免。显然，杨某某的情形不属于上述法律及相关解释规定不明知的极其特殊的例外情形。

（2）从本案的事实来看，杨某某应当能够判定被害人刘某某可能是幼女。首先，本案被害人刘某某案发时13周岁，系初二就读学生，尽管在双方交易当时刘某某受朱某某、李某教唆向杨某某谎报年龄为17周岁、上高一，但刘某某的身体发育状况、言谈举止、气质、衣着、外貌等特征经学校调查取证以及通过外部观察与同龄人相符，且刘某某为人比较听话老实，符合一个初中生的年龄特质，与真正17岁的学生有较大差距。其次，针对刘某某的外貌、气质、心理等状况，按照普通公众的认知水平，处在杨某某所处的场合是不会作出其为17岁的判断的。杨某某在交易之前从介绍人朱某某处即得知嫖娼对象是处女、学生。杨某某作为三十多岁的成熟男子，自己也有一个11岁的女儿。其所拥有的社会经验和阅历应当使其对13周岁的幼女与接近成年人的17岁女孩在谈吐、外表、生理发育等方面的差别有基本的辨识能力。杨某某完全可以避免这种错误判断的产生，因此，杨某某辩解对刘某某可能是幼女不明知仅是其推卸法律责任、刻意回避事实的一种借口而已。

(3) 从本案的证据来看，没有证据或者合理依据可以证实杨某某在实施行为时不存在根本不可能知道对方是幼女的情形。首先，本案证人肖某某、李某、芦某某等人的证言证明，被害人刘某某与同龄人的身体发育、穿着打扮、言谈举止相同，无明显的比同龄人成熟的特征。同案人朱某某在刘某某与杨某某发生完性关系后，对李某说“这么小的姑娘别再来了，让她好好上学去”。这一事实也进一步印证了刘某某的外表符合幼女的特征。其次，公安机关从朱某某手机提取的朱、杨二人的微信聊天记录，也证明杨某某所主动追求嫖娼的对象是在校学生、处女，而杨某某的供述也证实其在包厢内只想和对方发生性关系，也没问对方的实际年龄。最后，没有任何证据可以证实刘某某在案发当时衣着花枝招展，打扮浓妆艳抹，言谈举止成熟圆滑，具有接近成年人的特征，让包括杨某某在内的普通公众都难以识清对方可能是幼女。恰恰相反，卷内证据显示刘某某在当时系戴着一副眼镜的青涩少女，是一个根本没有性经验的处女，是被他人引诱之下遭受伤害的无知幼女。综合全案证据，可以判定杨某某应当知道与其发生性关系的对象在年龄上可能较小，然其在侥幸心理的支配下，未尽谨慎核实义务，客观上造成不满14周岁的幼女刘某某被其奸淫这一严重危害后果的发生，其行为符合强奸罪的构成要件。

需要强调的是，以非强制性手段奸淫幼女、引诱幼女卖淫等性侵害犯罪，是否以行为人明知被害人系幼女为构成犯罪的必要要件，各国规定存在差异。英美法系国家针对此类犯罪大多规定了严格责任，即行为人不得以不知被害人系幼女为无罪的抗辩理由，或者在少数情况下，只有在其误认幼女年龄存在真实的、合理的理由时，才可以作为抗辩理由。大陆法系国家大多排斥严格责任的存在，“明知”被害人系幼女，一般是构成相应性侵害犯罪的明示或默示要件。而我国刑法实践及理论通说均坚持罪过责任原则，以“明知”被害人年龄为默示的犯罪构成必要要件。《意见》的出台亦坚持了此种立场，但第19条第3款对于已满12周岁不满14周岁的幼女判定作了相对确定的指引，往往在司法实践中造成行为人肆意辩解以求免责。最高人民法院对该《意见》的解读为司法实务者指明了办理该类案件的主旨和方向，即对已满12周岁不满14周岁的幼女以“明知”作为普遍情形的判定标准，以“不明知”作为极其特殊的例外情形，从严把握，嫖宿幼女罪取消后转为强奸罪处理也应从严把握。

五、处理结果

某区人民法院以强奸罪判处杨某某有期徒刑4年6个月，杨某某不服一审判决后提出上诉，某市中级人民法院驳回上诉，维持原判。

董某某抢劫案

——随意殴打他人型寻衅滋事与抢劫的区分*

要旨

本案审查要旨在于通过案例，分析实践中如何把握随意殴打他人型寻衅滋事罪与抢劫罪之间的关系，进而完成对案件的准确定性。

一、基本案情

2017年5月×日晚，嫌疑人董某某酒后至白银区某家属院值班室（系个人承包，相对独立的生活起居场所）外，砸破值班室窗户玻璃，从窗户钻入值班室，并持砖头击打在值班室的被害人何某某腰部，何某某受到惊吓欲往室外跑，董某某又抓住其头部进行击打，后何某某跑出值班室报警。随后，民警在白银区某楼道将董某某抓获，并在董某某上衣口袋中查获被害人的手机、音响各一部。经鉴定：何某某胸骨骨折评定为轻伤二级，涉案手机及便携式音响价值一百余元。

二、关键问题

本案的关键点在于董某某的行为应如何被定性？

三、分歧意见

嫌疑人董某某的行为应如何被定性？

一种观点认为，董某某的行为应被认定为寻衅滋事罪。

---

* 孙迎春，甘肃省白银市白银区人民检察院副检察长；陈艳雪，甘肃省白银市白银区人民检察院侦查监督科科员。

另一种观点认为，董某某的行为宜被认定为抢劫罪。

四、评析意见

（一）定性为寻衅滋事的逻辑路径

寻衅滋事罪旨在保护公共秩序或社会秩序，法益保护点在于公共性和不特定性，该罪名在分则罪名中具有补充性，刑法理论认为该罪是一个“口袋罪”。下文将具体分析案例中董某某行为被定性为寻衅滋事罪的具体路径。

1. 对案件重要情节进行定性分析

（1）将值班室定性为公共场所。本案案发现场位于家属院值班室。董某某的客观行为发生在不特定人员可随意进出的值班室。既然值班室是任何人都可自由出入的场所，董某某砸破值班室玻璃，从窗户翻进值班室，在值班室将被害人何某某打伤，后又拿走何某某放置于值班室的财物的行为就损害了公共场所秩序。

（2）造成被害人何某某轻伤的后果。董某某的行为致何某某轻伤，符合寻衅滋事罪中的“随意殴打他人”。根据2013年7月22日起施行的最高人民法院、最高人民检察院《关于办理寻衅滋事刑事案件适用法律若干问题的解释》第2条的规定，随意殴打他人，破坏社会秩序，致一人以上轻伤或二人以上轻微伤的，属“情节恶劣”。董某某的行为符合“情节恶劣”。

（3）董某某醉酒故而无法认定其抢劫具有主观上的非法占有故意。案发后，董某某自称醉酒，对案发过程以一句“我喝醉酒了，我不知道”来涵括。由于董某某砸窗户玻璃，从窗户翻进值班室内，在取财之时没有对被害人明确表示他是来抢东西的，因此从董某某拿走财物的客观行为，无法推断出董某某将财物装进自己上衣口袋时具有非法占有故意。

（4）董某某的取财行为不符合抢劫罪要求的“双当场”性。董某某砸窗闯进值班室，被害人何某某被打伤后逃离值班室，现有证据无法证实董某某是何时拿走财物的。董某某当场对何某某实施了暴力，但是被害人何某某的“离场”，使得董某某并未当场直接夺取、取走被害人的财物或是迫使被害人当场直接交出财物。故董某某当场对何某某实施了暴力行为，但并未“当场”取走财物。

2. 综合定性分析

董某某的行为发生在公共场所，造成对社会公共秩序的破坏；随意殴打被害人何某某，造成何某某轻伤的后果，因而董某某的行为，符合《刑法》第 293 条寻衅滋事罪中“随意殴打他人，情节恶劣”的规定，故董某某的行为宜被认定为寻衅滋事罪。

（二）定性为抢劫罪的逻辑路径

1. 案例重点情节定性分析

（1）“值班室”究竟是公共场所还是私人场所。案件证据显示，值班室为与外界相对隔离的常态样简易房间，室内有生活必需品，室外放置有食物。“值班室”内齐全的生活用品显示出了该房间的生活性，案件证人证言及被害人陈述也揭示了“值班室”住所的真实属性，即“值班室”是被害人居住的私人场所。

（2）关于“双当场”的认定。《刑法》第 263 条抢劫罪的犯罪构成中明确要求“双当场”。案例中，董某某砸破窗户玻璃进入值班室。被害人何某某受惊被伤逃离值班室。董某某在值班室外被抓获，从其身上查获属于何某某的置于值班室内的财物。董某某当场对何某某实施暴力，且暴力程度达到抢劫罪的暴力程度，其当场取财行为得益于其暴力压制了被害人的反抗行为，符合抢劫罪构成要件中对“双当场”性的要求。

（3）“醉酒”能否成为主观“无能”的抗辩事由。抢劫罪要求以非法占有为目的，根据同时性原则，要求实施暴力行为当时即具有劫财的故意。有观点认为，行为人故意或者过失使自己陷入无辨认控制能力的状态，然后在无辨认控制能力的状态下实施刑法禁止的行为造成危害结果的，属于原因自由行为。本案中，董某某属原因自由行为，董某某醉酒实施刑法禁止行为时有责任能力，故醉酒不能成为其主观“无能”的抗辩事由。

2. 综合定性分析

案例中，董某某的部分行为性质确实符合寻衅滋事罪中的“随意殴打他人”，若将董某某的行为定性为寻衅滋事罪，则无法评价其致何某某轻伤的行为及后果，故将董某某行为定性为寻衅滋事罪欠妥。

2005年6月8日起施行的最高人民法院《关于审理抢劫、抢夺刑事案件适用法律若干问题的意见》（以下简称《意见》）第9条第4点明确规定，寻衅滋事罪中行为人客观上一般不以严重侵犯他人人身权利的方法强拿硬要财物，抢劫罪的行为人则以暴力、胁迫等方式作为劫取他人财物的手段。案例中，董某某破窗入室，施暴侵财，其行为致使何某某人身法益受损、财产法益受损，将其行为定性为抢劫罪更为妥当。

综上，案例中董某某的行为，客观上足以压制何某某的反抗，且利用何某某的不能、不敢反抗取走何某某置于其住处的财物。主观上，董某某醉酒属原因自由行为，其主观非法占有目的可从其取财行为中推定，故而在全面评价董某某行为后，应认定其为抢劫罪。

（三）结论

1. 抢劫罪和寻衅滋事罪存在竞合

《刑法》第263条对抢劫罪的描述是“以暴力、胁迫或者其他方法抢劫公私财物的”，第293条第3项对寻衅滋事罪的描述是“强拿硬要或者任意毁损、占用公私财物，情节严重的”。可见，两罪存在一定程度的法条竞合。两罪罪状的描述都存在着手段行为的强迫性、对财产法益的损害性。抢劫罪是暴力型犯罪，指行为人剥夺被害人的意志自由，在此基础上侵犯被害人的财产法益。在手段方面，寻衅滋事罪要求的暴力程度小于抢劫罪，不要求行为人完全剥夺被害人的意志自由。在结果方面，寻衅滋事罪对财物的价值作出了具体要求，抢劫罪无此要求。因强拿硬要导致的严重后果，在寻衅滋事罪中是成罪要素，在抢劫罪中则是结果加重要素。

2. 破除罪名对立思维

《意见》第9条规定了抢劫罪与相似犯罪的界限，其中第4点[1]规定了与寻衅滋事罪的界限，可见，该意见强调的更多是抢

---

〔1〕 寻衅滋事罪是严重扰乱社会秩序的犯罪，行为人实施寻衅滋事的行为时，客观上也可能表现为强拿硬要公私财物的特征。这种强拿硬要的行为与抢劫罪的区别在于：前者行为人主观上还具有逞强好胜和通过强拿硬要来填补其精神空虚等目的，后

劫罪和寻衅滋事罪之间的区别。实践中，为了准确确定行为性质，很容易将抢劫罪和寻衅滋事罪对立起来。实践证明，该种思维方式似乎无力应对不断变化的实际案件。此时，从罪名间的交叉竞合视角出发，或许能得到更理想的效果。

3. 案例最终结论分析

从法益保护的角度，若将案例中董某某的行为评价为寻衅滋事罪，则无法评价其损害何某某财产权益的行为。认定寻衅滋事罪，要求行为人的行为完全符合《刑法》第 293 条中某一项的要求，董某某的行为符合第 293 条第 1 项，但其侵犯何某某财产法益却无法满足第 293 条第 3 项的要求。反观抢劫罪，董某某对何某某人身施暴，并在何某某无意志自由的情况下拿走何某某财物，将董某某行为认定为抢劫罪可全面评价其行为对法益的损害。

破除罪名对立思维，从两罪交叉竞合视角可见：客观上，董某某的行为在致何某某轻伤二级方面符合寻衅滋事罪的构成要件，也符合抢劫罪对人身损害构成要件的要求；何某某的取财行为是寻衅滋事罪无法评价的，但是符合抢劫罪对财产损害构成要件的要求。主观上，董某某属原因自由行为，寻衅滋事罪要求行为人具有逞强好胜和通过强拿硬要来填补其精神空虚等目的，抢劫罪则要求具有非法占有目的，基于主观见之于客观，董某某的非法占有目的推定于其取财行为。抢劫罪要求行为人主观上具有非法占有目的，同时不排斥其主观上还具有逞强耍横或填补精神空虚的目的，因而将董某某的行为认定为抢劫罪较为妥当。

五、处理结果

白银市某区人民法院于 2017 年以抢劫罪判处董某某有期徒刑若干年，并处罚金若干。

（接上页）者行为人一般只具有非法占有他人财物的目的；前者行为人客观上一般不以严重侵犯他人人身权利的方法强拿硬要财物，而后者行为人则以暴力、胁迫等方式作为劫取他人财物的手段。司法实践中，对于未成年人使用或威胁使用轻微暴力强抢少量财物的行为，一般不宜以抢劫罪定罪处罚。其行为符合寻衅滋事罪特征的，可以寻衅滋事罪定罪处罚。

王某某等人敲诈勒索案

——民事索赔过限与敲诈勒索的界限区分*

要旨

本案审查的要旨在于如何准确区分民事索赔与敲诈勒索罪。

一、基本案情

2016 年 6 月，王某某因儿子订婚在白银区某烟酒店以赊账方式购买了数瓶茅台白酒、数瓶剑南春白酒，并与该烟酒店老板程某某约定，其儿子婚宴用酒均从该店购买，事后一并结账。2017 年 8 月，因王甲（王某某亲家）过生日，王某某再次在该烟酒店以赊账方式购买剑南春白酒，双方家人在用餐过程中用手机扫描该酒外包装盒上的二维码发现无法显示信息，后对之前购买的数瓶酒的包装进行二维码扫描也无法显示信息，于是怀疑所购买的酒均系假酒。2016 年 8 月，王某某伙同妻子鲁某某、亲家母刘某某等人到该烟酒店，以该店销售假酒为由索要赔偿，并以不赔偿即向工商、食药部门检举作为“要挟”。后该烟酒店老板程某某向王某某、鲁某某、刘某某等人赔偿现金若干元及价值数千元的茅台酒数瓶、剑南春酒数瓶。2016 年 10 月，王某某等人向程某某退还若干元。

二、关键问题

本案的关键问题在于王某某等人以举报违法行为作为“要挟”索要高于实际损失数倍的赔偿，应当被认定为敲诈勒索罪还是民事索赔？

---

* 陶朝华，甘肃省白银市白银区人民检察院公诉科副科长。

三、分歧意见

对王某某等人是否构成敲诈勒索罪，形成了两种分歧意见。

第一种意见认为，王某某等人构成敲诈勒索罪。理由是：王某某等人以不赔偿就向工商、食药部门检举烟酒店老板销售假酒作为要挟，使程某某产生了怕被举报的恐惧心理，继而被迫处分了高于对方实际损失的财产，构成敲诈勒索罪。

第二种意见认为，王某某等人不构成敲诈勒索罪，属于民事索赔行为。

四、评析意见

本案中，王某某的行为属于民事索赔超过了一定限度，不应认定为犯敲诈勒索罪。原因如下：

敲诈勒索罪的基本犯罪脉络通常是：对他人实施威胁—使对方产生恐惧心理—对方基于恐惧心理处分财产—行为人或第三人取得财产—被害人遭受财产损失。因此，认定王某某等人是否构成敲诈勒索罪，需厘清以下问题：①王某某等人主观上是否以非法占有为目的；②王某某等人声称要向食药、工商部门举报是否构成敲诈勒索罪中的“威胁或要挟”。

第一，王某某等人没有非法占有的目的。敲诈勒索罪中的“非法占有”是在没有事实和法律依据的情况下，以侵犯他人公私财产所有权为主要目的的占有。本案事出有因。王某某等人的行为是基于可能购买了假酒的事实，主观心态为气愤恼怒、讨说法，目的是获得赔偿。首先，王某某虽然以赊账的方式买酒，但双方就事后支付价款的事宜已达成合意，出售方也实际交付了货物，物的占有已合法转移，双方的买卖合同关系成立，应受到相关民事法律的调整和保护。其次，基于合法的民事合同关系的赔偿请求权应当受到保护。根据我国《消费者权益保护法》第 55 条的规定，经营者提供商品或服务有欺诈行为的，应当按照消费者的要求增加赔偿其受到的损失，增加赔偿的金额为消费者购买商品的价款或者接受的服务费用的 3 倍。《食品安全法》第 148 条也规定，消费者因不符合食品安全标准的食品受到损害的，可以向经营者要求赔偿损失，金额为价款的10倍或者损失3倍的赔偿金。王某某等人索赔若干元现金及数瓶酒，共计数千元，约为购买商品价款的5倍左右，虽高于《消费者权益保护法》的赔偿标准，但仍在《食品安全法》的赔偿标准范围以内，符合常理和人们对事物的一般认知。基于上述合法的合同关系及合理的民事赔偿请求，无法认定王某某等人主观上有非法占有他人财产的故意。

第二，王某某等人所称的"举报"不应当被认定为威胁。敲诈勒索罪中的"威胁或要挟"手段须为以恶害相通告的胁迫，恶害的表现形式通常为以损害被害人的生命、健康、自由、名誉等权利客体相威胁，但不要求恶害的实现具有违法性。王某某等人基于主张赔偿请求权的主观目的索取赔偿，该目的不具有违法性，其"不赔偿就向工商、食药部门举报"的言辞是在自力救济不能实现的情况下寻求公力救济的主观意愿表现，如果该烟酒商店确有销售假酒的行为，应接受上述部门的查处，如果没有售假行为，也应接受合法的监督。因此，王某某等人举报售假的言辞行为不应被认定为敲诈勒索罪中的"威胁或要挟"。

第三，理论和司法实践中对"天价索赔"和敲诈勒索的区分仍存在较大争议。如在2006年黄某向华硕电脑索赔500万美元及2014年李某峰向今麦郎公司索赔450万元的案件中，索赔数额与购买的商品相比较均可谓"天价"，上述严重不符合人们的一般认知和客观实际的案件是否构成敲诈勒索罪尚存在巨大争议。本案中，王某某等人索赔的数额虽高出实际购买的商品数倍，但仍符合情理和人们对事物的一般认知，故不宜以犯罪论处。

五、处理结果

A市B区人民检察院最终认定，王某某等人的行为不构成敲诈勒索罪，对三人作了不起诉处理。

刘某、候某诈骗案

——以少充多、以次充好销售伪劣产品的行为能否被认定为诈骗罪*

要旨

生产、销售伪劣产品罪与诈骗罪在作案手段上均具有欺骗性，存在一些相似之处。司法实践中，对于二者的认定极易产生分歧和混淆。本案或可对在实践中正确认定生产、销售伪劣产品罪与诈骗罪有所助益。

一、基本案情

（一）案件事实

犯罪嫌疑人刘某（男，43岁）、候某（男，28岁）车载假冒真彩文具分别至某县、某区、陇西县等地，冒充“广东真彩兰州分公司”业务人员，以销售真彩系列文具等为名，以少充多、以次充好，将大件的玩具、书包放在纸箱顶层，声称此真彩系列文具及玩具是自己平时积攒及公司的奖励。被害人看后，候某先出高价，刘某则以每件8角的一口价的出价方式，取得被害人苟某、万某、王某信任。随后，两人密切配合，一人从越野车纸箱中边取边数，另一人则快速装箱，将档案盒、中性笔及笔芯放在箱底，而将大件的玩具、书包等放于箱子顶部，行为人则让被害人按计算器计数的方法，先后向苟某、万某、王某等人销售13 200元的劣质文具、玩具等物品。

---

* 杨成龙，甘肃省定西市通渭县人民检察院侦查监督科检察官助理。

（二）诉讼经过

2015年×月×日，犯罪嫌疑人刘某、候某因涉嫌诈骗罪被某县公安局刑事拘留；2015年×月×日，犯罪嫌疑人刘某、候某被某县人民检察院以涉嫌诈骗罪批准逮捕；2016年×月×日，某县人民检察院以候某涉嫌诈骗罪起诉至某县人民法院。

（三）案件证据

具体包括：书证，检查、辨认、扣押笔录，证人证言，被害人陈述，犯罪嫌疑人供述与辩解等。

二、关键问题

犯罪嫌疑人刘某、候某的行为是否构成犯罪？

三、分歧意见

在案件办理过程中，主要存在以下两种观点：

第一种意见认为，刘某、候某的行为不构成犯罪。理由如下：生产、销售伪劣产品罪表现为在产品中掺杂、掺假、以次充好或者以不合格产品冒充合格产品的行为，侵害的法益是社会主义市场经济秩序。本案中，刘某、候某以明知是伪劣产品而销售的故意，在销售文具时以次充好，向不同的商事主体销售伪劣产品，违反了市场经济管理法规，破坏了社会主义市场经济秩序，刘某、候某的行为涉嫌销售伪劣产品罪。此外，行为人的犯罪行为中也有小部分行为与诈骗罪的构成要件相一致，因法条竞合，行为人的行为只能成立一罪，故成立销售伪劣产品罪。但是，只有生产、销售伪劣产品数额较大（销售金额达到5万元）才能构成生产、销售伪劣产品罪，由于刘某、候某销售金额不足5万元，故刘某、候某的行为不构成犯罪。

第二种意见认为，犯罪嫌疑人刘某、候某的行为构成诈骗罪。理由如下：客观上，刘某、候某手持真彩公司产品报价单，冒充真彩公司销售人员，声称其产品是公司发的奖励及在平时发货中“积攒”的，现低价销售，虚构事实，欺骗被害人。主观上，刘某、候某将质量好的真样品给被害人查看，在点货时采用“障眼法”让被害人按计算器计数。刘某与候某密切配合快速点数、装箱，使被害人无法直接接触到货物，了解货物的质量，具有诈骗的故意，在实施诈骗行为后二人迅速离开现场，与被害人断绝联系，具有非法占有他人财物的目的，故刘某、候某的行为应被认定为诈骗罪。

四、评析意见

笔者赞同第二种观点，理由如下：

第一，从行为侵害的客体（法益）来看，刘某、候某的行为侵犯了他人的财产所有权，并没有侵犯社会主义市场经济秩序。诈骗罪属于侵犯财产类犯罪，侵害的法益是公私财产权；而生产、销售伪劣产品罪属于破坏社会主义市场经济秩序罪，侵害的法益是经济秩序。具体到本案，法律保护之法益是正常的市场竞争秩序和消费者合法权益。在本案中，刘某、候某分别以5300元、4000元、3900元卖给三名被害人的产品中，最多的是中性笔及笔芯，而这些中性笔笔芯中大多都没有墨水或只有少量墨水，根本无法书写。不经常使用中性笔的被害人都可以看出这些笔根本卖不出去，而对经常使用中性笔的群体来说，则更容易鉴别。所以，犯罪嫌疑人刘某、候某卖与被害人的此批物品在市场上根本无法流通。对被害人来说，这些无法销售的物品“一文不值”，都是假货，导致自身财产受到损失。因此，刘某、候某的行为侵害的是被害人的财产权。

第二，从行为的客观方面来看，刘某、候某的行为是诈骗行为，而非销售伪劣产品的行为。诈骗罪表现为行为人使用虚构事实、隐瞒真相的欺骗手段，使财产所有人陷入错误认识而“自愿”交出财产；销售伪劣产品罪表现为行为人在产品中掺杂、掺假，以假充真，以次充好，以不合格产品冒充合格产品。虽然，诈骗罪和销售伪劣产品罪的客观行为都具有欺骗性质，但是在本质上，销售伪劣产品仍是一种经营行为。区分这一行为是诈骗行为还是经营行为，关键在于行为人与被害人之间是否有实质的交易行为，即买卖双方的这种交付行为是否实现了买方的基本交易目的。[1]如果交付行为实现

---

〔1〕张琳、周治成：“以销售为幌子的诈骗罪与销售伪劣产品罪的区分”，载《中国检察官》2012年第2期。

了买方的基本交易目的，则属于经营行为，反之，则属于诈骗行为。在本案中，行为人刘某、候某卖给被害人的大部分中性笔显然属于无法使用、不具使用价值的物品，在市场上根本无法销售。行为人虽然提供了相当的给付，但被害人基于销售盈利而交换的目的基本无法实现，并且，行为人在收到被害人现金后立即离开现场，所留电话也无法接通。故刘某、候某与被害人之间的行为不是获取利润的经营行为，而是非法占有他人财物的诈骗行为。

第三，从行为人的主观方面来看，行为人刘某、候某具有诈骗的故意。理由如下：行为人选择的对象是街边摆摊、无文具销售经验的人；行为人取得被害人财物后立即离开，所留电话随后亦无法接通；行为人对销售价格也没有固定的预期，而是完全看被害人的经济条件。所以，依据主客观相一致的原则，刘某、候某主观上具有诈骗的故意，应成立诈骗罪。

第四，在犯罪行为构成要件上，刘某、候某的行为更符合诈骗罪的构成要件内容。犯罪嫌疑人刘某、候某持真彩公司文具售价单，冒充真彩公司销售人员，编造中性笔为公司发给自己的奖励和偷藏的公司的货等虚假事实，隐瞒中性笔的真实质量和性能，并拿比较好的笔记本、玩具样品给被害人查看，骗得被害人的信任，使得被害人相信文具为真彩牌文具，质量可靠，自己零售可以获得可观的利润。行为人将笔记本、玩具、中性笔按每件 8 角的价格卖给被害人，在点货装箱时使用“障眼法”，让被害人用计算器计数。由刘某从箱子里往外取货，候某则立即往箱子里装，以避免被害人与货物接触，使被害人难以发现购买的是假货，顺利骗取了被害人财物。被害人在行为人离开后才发现行为人所卖货物根本无法销售，给被害人造成了财产损失。故刘某、候某的行为完全符合诈骗罪的构成要件。

第五，从诈骗罪与销售伪劣产品罪之间的关系讲，诈骗罪与销售伪劣产品罪不成立法条竞合关系。法条竞合，是指一个行为同时符合了数个法条规定的犯罪构成，但从数个法条之间的逻辑关系来看，只能适用其中一个法条，当然排除适用其他法条的情况。一般来讲，是否具有法条竞合关系，并不取决于案件事实，而是取决于法条之间是否存在包容与交叉关系。[1]而诈骗罪和销售伪劣产品罪犯罪构成相对独立，两者并不存在包容与交叉关系，故两罪不成立法条竞合。于本案来讲，自然不能运用法条竞合的处理原则认定候某、刘某的行为成立销售伪劣产品罪。此外，张明楷教授在论述正确处理诈骗罪与销售伪劣产品罪关系时特别说明："不能因为刑法规定了销售伪劣产品罪，就认为凡是出卖伪劣产品的行为均不成立诈骗罪。"本案中，刘某、候某使用诈骗手段，向他人销售假冒文具，骗取他人财物，符合诈骗罪的构成要件，应以诈骗罪追究二人的刑事责任。

综上，犯罪嫌疑人刘某、候某的行为构成诈骗罪。

五、处理结果

经审理，某县人民法院判决被告人候某、刘某犯诈骗罪，分别判处有期徒刑 10 个月、9 个月，各处罚金 2000 元。

〔1〕 张明楷：《刑法学》（第 4 版），法律出版社 2014 年版，第 435、436 页。

包某某敲诈勒索案

——行为人为了行使自己的权利而使用威胁手段能否被认定为敲诈勒索罪*

要旨

在私法领域中，行为人为了行使自己的权利而使用威胁手段能否被认定为敲诈勒索罪，事关公民基本权利的保护，也有助于合理区分罪与非罪的界限。

一、基本案情

(一) 案件事实

2006年以来，包某某一直在某县某乡某村河内开设“陇川砂场”。2014年6月至2015年6月，当地居民因运砂车辆将乡村道路碾压损坏，而自发组织上路阻拦运砂车辆通行。包某某的上游砂场老板杨某某、张某某、常某某因其砂无法运出，便从包某某砂场内通行，因通过砂场的运砂车辆较多，导致该砂场内道路碾压损坏，且易发生危险。包某某借机伙同其女儿将经过包某某砂场内的运砂车辆拦截并收取费用，后包某某父女又以维修其砂场内道路花费为由，向上游砂场老板杨某某、张某某、常某某先后敲诈勒索现金共计18 000元。

(二) 诉讼经过

2017年×月×日，犯罪嫌疑人包某某因涉嫌敲诈勒索罪被某县公

* 何睿奇，甘肃省定西市通渭县人民检察院检察官；陈海娃，甘肃省定西市通渭县人民检察院检察官助理。

安局刑事拘留；2017 年×月×日，某县人民检察院以包某某的行为不构成敲诈勒索罪对其作出不批准逮捕决定；2018 年×月×日，经某县人民检察院复议维持原不批准逮捕决定；2018 年×月×日，经某市人民检察院复核决定维持原不批准逮捕的决定。

（三）案件证据

书证，证人证言，被害人陈述，犯罪嫌疑人供述与辩解等。

二、关键问题

犯罪嫌疑人包某某的行为是否构成敲诈勒索罪？

三、分歧意见

案件办理过程中，主要存在以下两种观点：

第一种观点认为，包某某的行为不构成犯罪。理由如下：敲诈勒索罪是指行为人以非法占有为目的，采取威胁、恐吓的方式迫使对方基于恐惧交付财物或者处分财产上的利益，数额较大或者多次敲诈的行为。行为人为了行使自己的权利而使用威胁手段的，原则上不成立敲诈勒索罪；如果行为人毫无权利可言而勒索，则构成敲诈勒索罪；如果行为人行使的权利具有争议性，则要看行为人主张权利的手段是否具有相当性；如果行为人主张权利的手段不能达到令对方产生恐惧心理的程度，行为人主张权利的手段能为社会所容忍，则不构成敲诈勒索罪。包某某强行拦停经过其沙场的车辆并索取费用，其一是因为通过其砂场的运砂车辆较多，容易将其砂场内道路碾压损坏，且易发生危险；其二是索取费用用作维修费，以加宽道路。包某某行使权利的行为虽然对上游砂场老板的生意造成了胁迫，但其手段并不能达到令对方产生恐惧心理的程度，能为社会所容忍。故包某某的行为不构成犯罪。

第二种观点认为，犯罪嫌疑人包某某的行为构成敲诈勒索罪。理由如下：客观上，犯罪嫌疑人包某某在某村河内修建“陇川砂场”期间，将该河道上游原有道路占为己有，并在其砂场办公房后设通行道路，之后，政府将这一道路修缮为某街道至某村的村级公路。在此期间，因道路被拉砂车辆损毁，村民进行阻拦，用大石块堵塞道路，迫使上游拉砂车辆出入必须经过“陇川砂场”。犯罪嫌疑人包某某以“陇川砂场”内修路机械燃油为由，强行拦停经过其砂场的车辆，并向车辆司机索取费用。主观上，犯罪嫌疑人包某某以非法占有为目的，以威胁的手段告知上游砂场老板收取费用事宜，迫使上游砂场向犯罪嫌疑人包某某妥协，支付砂场拉砂车辆过往“陇川砂场”费用18 000元。故包某某的行为应被认定为敲诈勒索罪。

四、评析意见

笔者赞同第一种观点，理由如下：

(1) 客观违法性基准：包某某的行为不能被认定为系敲诈勒索罪中的“胁迫”行为。从敲诈勒索罪的行为构造来看，成立敲诈勒索行为，要求行为人所实施的胁迫行为必须使他人产生恐惧心理，且对方基于恐惧心理处分了财产。敲诈勒索罪中的胁迫，是指以恶害相通告，以使对方产生恐惧心理。恶害的种类没有限制，包括对被害人（广义）的生命、身体、自由、名誉等进行胁迫。包某某行使权利的行为虽然对上游砂场老板的生意造成了胁迫，但其手段不能达到令对方产生恐惧心理的程度，能为社会所容忍。

(2) 主观有责性基准：包某某的行为不能表明行为人具有“非法占有他人财物的目的”。根据理论通说，敲诈勒索罪的构成不仅要求行为人客观上实施敲诈勒索行为，主观上还必须具备“非法占有目的”。“非法占有目的”作为敲诈勒索罪不成文的构成要件要素，必须存在于行为人实施敲诈勒索行为时。犯罪嫌疑人包某某向上游砂场老板索取费用用作维修费，加宽道路，因此，应当否定行为人的“非法占有目的”。

五、处理结果

2018年×月×日，经某市人民检察院复核，决定以包某某的行为不构成敲诈勒索罪维持原不批准逮捕的决定。

令某某妨害公务案

——行为人咬伤交警的行为如何认定*

要旨

妨害公务是司法实践中极其常见的犯罪类型，但在司法实践中的认定具有一定的缺陷性。笔者将通过令某某涉嫌危险驾驶、妨害公务案，提出自己对妨害公务罪在司法认定上的一些看法。

一、基本案情

2017年×月×日凌晨，令某某酒后驾驶越野车沿某县某镇文化街由西向东行驶，行驶至文化街“新美超市”门前时，因醉酒在车内睡着，将车辆停放在机动车道上阻碍了其他交通工具的正常通行。接到群众报警后，某县公安局交警大队民警郭某某带领协警姜某、王某、杨某某于4时许赶到现场进行处理，现场要求被告人进行酒精呼气检测，被其当场拒绝。民警遂将令某某带至某县人民医院进行血样采集，令某某拒不配合，并在王某右大腿咬了一口。后民警强行将令某某带至交警大队，双方发生肢体冲突，令某某在反抗中咬伤姜某右手中指。经甘肃天信司法鉴定中心鉴定：令某某血液中检出乙醇，平均含量为224.36毫克/100毫升，属于醉酒驾驶机动车。经某县公安司法鉴定中心鉴定：姜某的损伤程度属轻微伤。

本案的证据有：书证，受理道路交通事故案件登记表、受案回执、立案决定书、拘留证等强制措施文书；被害人姜某、王某的陈述；

---

* 张婧，甘肃省定西市通渭县人民检察院。

证人证言、鉴定意见、现场勘验检查笔录及照片，人身伤情检查笔录及照片、试听资料证据。

二、分歧意见

本案中，对于令某某构成危险驾驶罪无异议，但关于令某某咬伤民警的行为应如何定性主要存在两种意见：

第一种意见认为，令某某两次咬伤协警的行为属于暴力方法阻碍国家机关工作人员依法执行公务，构成妨害公务罪。

第二种意见认为，令某某在县公安局交警大队执法过程中，由于执法人员不具有适法性，所以令某某的行为主观上没有以使用暴力、威胁方法阻碍国家机关工作人员依法执行职务的故意，属于正当防卫。故令某某的行为不构成妨害公务罪。

三、案件评析

《刑法》第277条规定，以暴力、威胁方法阻碍国家机关工作人员依法执行职务的，构成妨害公务罪。本罪的构成要件有以下几点：①当事人必须以暴力、威胁方法阻碍国家机关工作人员依法执行职务。②行为内容是阻碍国家机关工作人员依法执行职务，即公务活动具有正当性和合法性。③责任形式为故意。行为人必须明知国家机关工作人员正在依法执行职务，而故意以暴力、胁迫方法予以阻碍。

本案中，交通值班警察接受报案后，在民警郭某某的带领下，协警姜某、王某、杨某协助共同出警。视频资料显示，民警开警车到达后，遂敲窗叫醒车内熟睡的令某某，要其下车配合检查，现场要求被告人进行酒精呼气检测，被令某某当场拒绝。民警遂将令某某带至某县人民医院进行血样采集，令某某拒不配合，并在王某右大腿咬了一口。令某某在其供述中也表明其曾两次拒绝检查，令某某在主观上已经明知为民警执行公务，但因害怕民警掌握其醉酒驾车的事实而拒绝配合。在令某某拒绝下车进行检查后，民警强行将令某某带至交警大队，双方发生肢体冲突，令某某在强行反抗中咬伤姜某右手中指。在执行公务活动过程中，执法人员存在未按规定采取约束性保护措施醒酒、未按规定使用警械的执法瑕疵（公安部

《关于公安机关办理醉酒驾驶机动车犯罪案件的指导意见》公交管［2011］190号中第1条第3点），因此，本案中执法人员执行公务的行为是否合法便成了妨害公务案能够成立的前提。公务行为合法性判断应以执法人员行为时为准。公务行为具有推定力，一经作出便推定其具有合法性、有效性，相对人必须服从接受，不能拒绝和阻碍，即便认为不当或者非法，也仅能采取事后救济手段。在本案中，执法人员向令某某做出了酒精呼气检测和血液抽样检查两项行政行为，虽然具有瑕疵，但依据当时所维护的社会利益及公务的正常执行，没有采取约束醒酒措施而直接对令某某采取血液抽样检查，或因其拒不配合而带回交警大队此类必要控制手段并不影响公务的合法性认定。因此，应当认定工作人员属依法执行职务。

《刑法》第20条第1款规定："为了使国家、公共利益、本人或者他人的人身、财产和其他权利免受正在进行的不法侵害，而采取的制止不法侵害的行为，对不法侵害人造成损害的，属于正当防卫，不负刑事责任。"本案中，视听资料虽然反映出协警有不当言语，但通过出警民警的证言、办案说明等证据，民警并未对令某某实施不法侵害，故令某某正当防卫的条件不成立。令某某主观上具有明知国家机关工作人员正在依法执行公务，而故意以暴力方法阻碍取证，妄图规避法律的故意意图。

综上所述，笔者认为令某某的行为构成妨害公务罪。

四、处理结果

2017年×月×日，某县人民法院作出刑事判决：令某某构成危险驾驶罪、妨害公务罪，判处拘役6个月，缓刑1年，并处罚金3000元。

赵某某交通肇事案

——民事判决书认定的责任对刑事立案的影响*

要旨

对于民事判决书所确认的道路交通事故责任是否可以作为刑事立案的依据，法律目前没有明确规定，在实践中，司法机关应坚持刑事证明标准高于民事证明标准的原则。

一、基本案情

2011年×月×日14时许，赵某某驾驶一辆大型客车与相向行驶的任某某驾驶的小型客车相撞，致小客车内的任某某与朱某某两人死亡。事故发生后，当地交警部门第一次作出《道路交通事故认定书》，认定赵某某与任某某负同等责任，朱某某无责任，但由于程序违法被撤销。重新认定责任时，交警部门仍然认定赵某某与任某某负同等责任，朱某某无责任。受害者家属于是就民事赔偿问题向人民法院提起诉讼。人民法院经过审理认为，鉴定机构是否具有车速鉴定资质不确定，其所作的车速鉴定意见不能作为道路交通事故责任认定的依据，故对重新认定的《道路交通事故认定书》不予采信，判决认定赵某某应承担本起事故的主要责任，任某某承担次要责任，据此对民事赔偿作出了判决。判决生效后，受害者家属依人民法院判决书确定的赵某某在事故中负主要责任为依据，要求检察机关以交通肇事罪对赵某某提起公诉。

---

* 王成，甘肃省定西市渭源县人民检察院检察业务管理监督部负责人。

二、关键问题

民事判决书所确认的道路交通事故责任是否可以作为刑事立案的依据?

三、分歧意见

对于本案中赵某某的行为是否涉嫌交通肇事罪存在分歧，主要有两种观点。

观点一：赵某某的行为涉嫌交肇事罪。理由是：根据最高人民法院、公安部《关于处理道路交通事故案件有关问题的通知》（已失效）第4项的规定：“人民法院经审查认为公安机关所作出的责任认定确属、伤残评级不妥，则不予采信，以人民法院审理认定的案件事实作为定案的依据。”同时，根据人民检察院《刑事诉讼规则（试行）》第437条的规定：“在法庭审理中，下列事实不必提出正确进行证明……（二）人民法院生效裁判所确认的并且未依审判监督程序重新审理的事实。”因此，赵某某的行为经人民法院生效判决确定其在交通事故中负主要责任，这一人民法院生效判决所确认的事实是我国法律对案件的最终认定，具有不可置疑的权威，故应追究赵某某的刑事责任。

观点二：赵某某的行为不涉嫌交通肇事罪。理由是：民事判决书所确认的道路交通事故责任是否可以作为刑事立案的依据目前没有法律明确规定。要判定行为是否构成刑事犯罪，需要有确实、充分的证据。本案在缺少唯一性证据前提的情况下，应坚持疑罪从无的原则，故赵某某的行为不涉嫌交通肇事罪。

四、评析意见

（1）刑事证明标准高于民事证明标准。虽然我国刑事、民事证明标准的表述都是“案件事实清楚，证据确实、充分”，但它们之间还是有区别的，刑事证明标准显然要高于民事证明标准。首先，刑事诉讼与民事诉讼处置的法益不一样。刑事诉讼是认定被告人是否有罪，而民事诉讼是判断被告是否承担民事责任，前者显然更为重要。其次，由于刑事诉讼与民事诉讼的举证责任不一样，故取证的手段和力度也不一样。刑事诉讼的取证任务主要在于国家的侦查机关和公安机关，他们拥有强制的取证手段，可以动用很多国家资源来收集和保全证据。而民事诉讼的取证任务在于普通民众，他们只能动用个人资源来收集和保全证据。从这个角度来讲，刑事证明标准高于民事证明标准是合理、可行的。最后，刑事证明标准高于民事证明标准也符合国际惯例。如著名的“辛普森杀妻案”，由于公诉方的证据没能“排除合理怀疑”地证明辛普森有罪，所以，陪审团认为辛普森不一定是杀人凶手。而在后来的民事审判中，基于同样的证据，另一陪审团却认定辛普森“有罪”。

（2）公安机关是处理交通事故的专门机关，交通警察具有交通事故责任划分的专业能力，在普通情况下《道路交通事故认定书》对交通事故责任的判断不会出错。在案件审理中，法官可以依据《道路交通事故认定书》，对交通事故发生过程进行司法认知。但是，《道路交通事故认定书》确定的是交通事故责任人之间或者责任人与受害人之间的行政责任，不能直接认定被告人的刑事责任。

（3）行为是否构成交通肇事罪，应根据刑法所规定的交通肇事罪的构成要件，并依司法认知和危险分配理论进行实质的分析判断。最高人民法院《关于审理交通肇事刑事案件具体应用法律若干问题的解释》第1条规定：“从事交通运输人员或者非交通运输人员，违反交通运输管理法规发生重大交通事故，在分清事故责任的基础上，对于构成犯罪的，依照刑法第一百三十三条的规定定罪处罚。”这一司法解释说明，发生重大交通事故，在没有分清事故责任前，不能认定肇事者的行为性质应否负刑事责任及刑事责任的大小。结合本案，基于相同的证据而得出两种不同的事故责任。对此，检察机关在审查案件时应抽丝剥茧，去伪存真。民事判决书所确认的道路交通事故责任是否可以作为刑事立案的依据目前没有明确的法律规定，而交通警察部门所作出的《道路交通事故认定书》由于种种原因不能被采信的情况下，应坚持疑罪从无的原则，对赵某某的行为不予追究。

综上所述，笔者同意第二种观点，赵某某的行为不涉嫌交通肇事罪，不应对其提起公诉。

五、处理结果

检察机关根据《刑事诉讼法》第 171 条第 4 款之规定对赵某某作出了不起诉决定。本案的诉讼程序已经终结，处理结果已经确定。

马某盗窃案

——未遂行为应否追究刑事责任*

要旨

认定盗窃犯罪，是否追究刑事责任，应当纵观全案，充分审查行为的违法性、社会危害性以及刑事可惩罚性，参照犯罪数额，切实体现罚当其罪，罪刑相适应，真正实现公平和正义。

盗窃犯罪是一种多发性侵财型犯罪，而盗窃未遂是盗窃案件中常见的一种形态，对于盗窃未遂是否以犯罪论，因 2013 年最高人民法院、最高人民检察院《关于办理盗窃刑事案件适用法律若干问题的解释》（以下简称《两高解释》）的出台而观点不一。笔者认为有探讨的必要，借此抛砖引玉，仁者见仁，智者见智，以期达到相互交流、共同提高和辨法析理、学以致用的目的。

一、案情简介

2016 年×月×日 7 时许，犯罪嫌疑人马某窜至某县某镇药材市场，趁人不备将周某停放在市场内的一辆隆鑫 125 摩托车撬坏，骑上摩托车准备逃跑时，被群众发现并当场抓获。该摩托车经估价价值人民币 6000 余元。

二、关键问题

以数额较大的公私财物作为盗窃目标，实施犯罪时因意志以外的原因盗窃未遂的，应否追究刑事责任?

---

* 蒲汉杰，甘肃省定西市渭源县人民检察院民事行政检察部负责人、检察员、检委会委员。

三、分歧意见

审查过程中，对如何处理马某的行为存在两种意见：

第一种意见认为，马某的行为属于盗窃未遂，由于盗窃数额未达巨大标准，不应追究马某的刑事责任。

第二种意见认为，马某的行为属于盗窃未遂，但可以追究马某的刑事责任。

四、评析意见

笔者认为，该案分歧的焦点在于对《两高解释》第12条第1款"盗窃未遂，具有下列情形之一的，应当依法追究刑事责任：(一) 以数额巨大的财务为盗窃目标的"这一条款的不同理解。司法实践中的通常理解为：只有以数额巨大的财物为目标盗窃未遂的，才能追究当事人的刑事责任。对于数额较大的盗窃未遂，一般不能追究刑事责任。笔者认为，这种理解值得商榷。

对未遂犯采取何种处罚原则，各国的规定不尽相同。主要有三种：一是必减主义，即应当比照既遂犯减轻处罚；二是同等主义，即应与既遂犯处以同等刑罚；三是得减主义，即比照既遂犯从轻、减轻处罚，也可同罚。我国《刑法》第23条规定，已经着手实行犯罪，由于犯罪分子意志以外的原因而未得逞的，是犯罪未遂。对于未遂犯，可以比照既遂犯从轻或者减轻处罚。《刑法》总则部分对未遂犯的规定是"可以比照既遂犯从轻或者减轻处罚"，这里强调的是"可以"，实际上采用的是得减主义，这是我国刑法对犯罪未遂的一般处罚原则。

犯罪未遂虽然没有完成犯罪，但由于其客观上已着手实行犯罪，主观上又未放弃犯罪意图，因此，从立法精神上讲，对未遂犯不能免除处罚，一般都可以比照既遂犯从轻或者减轻处罚。但是，未遂犯如果属于犯罪情节轻微，不需要判处刑罚的，或者有其他法定免除处罚的条件的，也可以免除处罚。根据案件的具体情况，有的也可以不从轻或者不减轻处罚，如对累犯、惯犯、犯罪情节特别恶劣、危害后果严重的未遂犯。

《两高解释》规定，盗窃未遂，以数额巨大的财物为盗窃目标的，应当依法追究刑事责任，该解释强调的是“应当”。笔者认为，上述司法解释与《刑法》总则部分对未遂犯的规定并不矛盾，并且是符合《刑法》总则对未遂犯的处罚原则和立法本意的，即得减主义“比照既遂犯从轻、减轻处罚，也可同罚”的处罚原则。该解释中的“应当定罪处罚”符合《刑法》总则对未遂犯“有的也可以不从轻或者不减轻处罚”的法理精神。

另外，《两高解释》第7条规定，盗窃公私财物数额较大，行为人认罪、悔罪，退赃、退赔，且具有法定从宽处罚情节等四种情形之一，情节轻微的，可以不起诉或者免予刑事处罚。必要时，由有关部门予以行政处罚。这四种情形中没有包括“盗窃未遂”，并未规定对盗窃财物数额较大未遂，不能追究刑事责任。

结合本案，笔者同意第二种意见，即马某的行为属于盗窃未遂，可以追究马某的刑事责任。

五、处理结果

某县人民法院一审判决马某犯盗窃罪，判处有期徒刑8个月，并处罚金2000元。

沈某某盗窃

——盗窃客车行李架上的物品的行为是否属于扒窃*

要旨

检察机关办理涉及盗窃犯罪的审查逮捕案件，要严格区分普通的盗窃行为与扒窃行为，要坚持打击犯罪和保障人权并重原则，严格贯彻落实“少捕慎捕”刑事政策，对犯罪嫌疑人实施的不构成犯罪案件，应当依法对犯罪嫌疑人作出不批准逮捕的决定。

一、基本案情

（一）案件事实

2017年7月×日16时许，沈某某在某县汽车北站院内发车区停放的甘××××××大巴车上，将被害人鲁某某放在该大巴车行李架上的灰色女士手提包内的现金人民币381元盗走。经审查，某县公安局于2017年7月×日以涉嫌盗窃罪对沈某某立案侦查，于当日对沈某某予以刑事拘留。

（二）诉讼经过

2017年7月×日，某县公安局提请该县人民检察院批准逮捕沈某某。某县人民检察院依法指派办案人员讯问了犯罪嫌疑人，告知了其享有的权利、义务，听取了犯罪嫌疑人的意见，核实了有关证据，并召开检察官联席会议讨论。后经主管检察长决定，犯罪嫌疑人沈某某的行为不构成盗窃罪，对犯罪嫌疑人沈某某不批准逮捕。

---

* 张晓丽，甘肃省定西市临洮县人民检察院侦监科。

（三）证据情况

抓获经过、户籍证明、现场勘验检查笔录及照片、辨认笔录及照片、证人证言、被害人陈述、犯罪嫌疑人供述和辩解。

二、关键问题

沈某某盗窃放在行李架上物品的行为是否属于扒窃?

三、分歧意见

对于本案的定性存在两种不同的意见：

第一种意见认为，犯罪嫌疑人沈某某的行为构成盗窃罪。本案中，被害人将手提包放在自己座位顶部的行李架上，该手提包处于被害人现实的占有、控制范围之内。犯罪嫌疑人沈某某在公共交通工具上窃取提包内现金的行为属于扒窃，其行为已构成盗窃罪。

第二种意见认为，被告人沈某某的行为不构成犯罪。扒窃是指在公共场所或公共交通工具上窃取他人随身携带财物的行为。秘密窃取的对象应为被害人贴身放置的财物。本案中，被害人将提包放置在行李架上，该提包与被害人身体分离较远，不具备紧密控制的条件，因此，犯罪嫌疑人沈某某盗窃提包内现金的行为应被认定为盗窃而非扒窃。

四、评析意见

笔者同意第二种意见，犯罪嫌疑人沈某某的行为不构成犯罪。理由是：在公共场所或者公共交通工具上盗窃他人随身携带的财物的，应当被认定为是扒窃。第一，本案发生在正在营运中的大巴车上，该车作为从事旅客运输的车辆，承载的旅客具有不特定多数人的特点，认定为公共交通工具没有争议。第二，本案的争议是对“随身携带”的理解。第一种观点是：随身携带的财物是指放置于被害人身边，处于被害人可看、可控范围之内的一切财物。第二种观点是：随身携带的财物是指被害人带在身上或者放置于身体，置于其随时可能的现实支配之下的财物，一般体现在附着于本人的身体，或虽未附着但距离极近，可用身体随时直接接触的财物。这两种观点产生的原因在于对被害人对财物控制的紧密性的认识不同。第三，扒窃的社会危害性不但体现在侵害公私财产上，同时也体现在其破坏了公共场所的安全感以及对个人人身安全性的侵害上。在本案中，被害人将提包放在座位上方的行李架上，因此此时提包与被害人的身体分离较远，不具备紧密控制的条件，故嫌疑人将提包内现金窃走的行为不宜被认定为是扒窃。第四，将扒窃入刑的初衷是解决车站、商场等公共场所扒窃猖獗又不好取证的问题。对于盗窃行为，治安处罚和刑罚是以数额为分界线的。一般情况下，扒窃所窃得的财物数额都不大。因此，在实践中，对个案应区分对待，不能对扒窃作扩大解释，从而违背立法初衷，将严重违法与轻微犯罪混为一谈，造成打击面过大的不良后果。

五、处理结果

2017 年 7 月，某县人民检察院决定对犯罪嫌疑人沈某某不批准逮捕。

郑某某诈骗案

——公司解散后业务员隐瞒实情收取货款，且未及时上交是否构成犯罪*

要旨

本案由某县公安局以郑某某涉嫌职务侵占罪立案侦查，后以郑某某涉嫌诈骗罪移送审查起诉。本案在审查起诉时发现，未查明甘肃A有限责任公司（下称“A公司”）在解散时要求业务员继续收取未收回的货款，以及A公司法定代表人袁某某向犯罪嫌疑人郑某某多次索要货款未还后，郑某某是否与袁某某协商一致写了欠公司货款的欠条的事实。鉴于案件中部分事实未查清，某县人民检察院决定退回公安机关补充侦查。案件做到了事实、情节清楚，证据确实、充分，同时保证了无罪的人不受刑事追究，维护了公平正义。

一、基本案情

（一）案件事实

2016年4月，犯罪嫌疑人郑某某应聘到A公司担任业务员，负责该公司漆类商品的销售工作。2017年6月A公司解散时，要求业务员将客户所欠的货款收回并承诺发工资，后犯罪嫌疑人郑某某在公司解散前，从邱某某处收取货款1500元，公司解散后，从客户胡某某、邱某某处收取到A公司货款6716元，以上共计8216元。2016

* 张芳贵，甘肃省定西市临洮县人民检察院公诉科。

年12月，犯罪嫌疑人郑某某将A公司所欠的工资扣除后，与A公司法定代表人袁某某协商后打了一张欠A公司6600元货款的欠条。2017年12月，郑某某向袁某某通过微信转账支付了所欠的6600元货款。

（二）诉讼经过

本案由A公司法定代表人袁某某于2016年12月报案至某县公安局经侦大队。某县公安局于2017年1月以郑某某涉嫌职务侵占罪立案侦查，并于2017年3月对郑某某取保候审。2017年5月，某县公安局以郑某某涉嫌诈骗罪向本院移送审查起诉。经过退回补充侦查并提交检察官联席会议讨论，检察机关认为郑某某没有犯罪事实，于2017年12月根据《刑事诉讼法》第173条第1款之规定，对郑某某作出不起诉决定。

（三）证据情况

本案中的证据有书证，其中受案登记表、报案材料证实2016年12月×日郑某某在A公司解散后收取该公司的货款拒不归还；欠条证实2016年12月×日郑某某给袁某某打了一张欠A公司货款6600元的欠条；证人宋某某（业务员）的证言证明A公司解散时要求业务员继续收取未收回的货款，其在A公司解散后也收取了货款，并在扣除自己的工资和奖金后将剩余货款给了袁某某；证人张某某（业务经理）的证言证实袁某某让其从郑某某处索要货款，多次索要后郑某某均未归还；证人胡某某、邱某某（客户）的证言证实，郑某某与二人联系后，二人分别购买了郑某某代理的A公司出售的漆类商品，并先后分别向郑某某支付货款共计8216元，郑某某向二人索要货款时未告知A公司已经解散，二人也没有问关于A公司的事；被害人袁某某的陈述证实郑某某在公司解散后私自从公司客户胡某某、邱某某处收取了货款，向郑某某多次索要货款，郑某某均未归还，2016年12月×日郑某某给其写了一张欠A公司6600元货款的欠条；郑某某的供述与辩解证实其将A公司出售的漆类商品推销给了胡某某和邱某某，A公司解散时要求业务员继续收取货款，收到货款后发工资和奖金，其向胡某某、邱某某收取了货款后用于自己花销，袁某某等人多次索要无法归还，后郑某某向袁某某写了一张欠A公司6600元货款的欠条；提取笔录证实办案民警依法从郑某某的手机中提取到了郑某某与张某某通话时的录音；视听资料通话录音证实郑某某向袁某某打了一张欠A公司货款的欠条，A公司在解散时要求业务员继续收取货款。

二、关键问题

郑某某的行为是否涉嫌犯罪，是否需要追究刑事责任?

三、分歧意见

公安机关认为，郑某某的行为构成犯罪，但是对于构成职务侵占罪还是构成诈骗罪，不同的办案部门有不同的意见。

（1）郑某某的行为构成诈骗罪。郑某某应聘成为A公司的业务员，但是在A公司解散后，郑某某不再是该公司的业务员，而其在A公司解散后从客户处仍然收取货款，并且未告知客户A公司已经解散，隐瞒其不再是A公司业务员的事实。客户胡某某、邱某某未了解到A公司已经解散的情况，误认为郑某某仍然是A公司的业务员将货款交给了郑某某。郑某某隐瞒事实真相，致使客户限于错误认识处分财产，并且郑某某将收取的货款用于自己花销，实施了非法占有的行为，数额较大，郑某某的行为构成诈骗罪。

（2）郑某某的行为构成职务侵占罪。郑某某作为A公司业务员，其职责是代理销售公司货物并从相应的客户处收取货款后交给公司。郑某某正是基于A公司业务员这一身份和职务便利，从公司客户处收取了涉案货款。郑某某收到货款后不仅没有及时交给公司，并且在A公司索要时还拒不归还，非法占为已有，数额较大，其行为构成职务侵占罪。

（3）本案中郑某某没有犯罪事实，其行为不构成犯罪，不应追究刑事责任。郑某某的行为不构成诈骗罪。客户胡某某、邱某某拿到货物后有向A公司支付货款的义务，郑某某在收取货款的过程中未告知客户A公司已经解散，其已离职，不属于诈骗罪中的隐瞒真相。并且将胡某某、邱某某认定为诈骗案被害人是错误的，郑某某从客户处收取货款的行为不能被认定为是诈骗。A公司解散时，授意业务员收取货款。郑某某没有将收取的货款实施隐匿行为，并表示愿意将货款归还 A 公司且打了欠货款的欠条，主观上没有非法占有的目的。郑某某收取 A 公司货款的行为和没有及时将货款归还 A 公司的行为也不能被认定为是诈骗。

郑某某的行为不构成职务侵占罪。随着 A 公司的解散，郑某某不再具有 A 公司业务员的身份，其在该公司解散后收取货款，不符合职务侵占罪的犯罪主体要求。同时，本案中，郑某某涉嫌职务侵占的数额是 8216 元，达不到职务侵占罪“数额较大”的标准，其行为不构成职务侵占罪。

四、评析意见

笔者同意第三种意见，认为郑某某没有犯罪事实，其行为不构成犯罪，不应追究刑事责任。

(1) 郑某某的行为不构成诈骗罪。诈骗罪是指以非法占有为目的，用虚构事实或者隐瞒真相的方法，骗取数额较大的公私财物的行为。其基本构造为：行为人以非法占有为目的实施欺诈行为—被害人产生错误认识—被害人基于错误认识处分财产—行为人取得财产—被害人受到财产损失。本案中，郑某某向 A 公司客户胡某某、邱某某收取货款时，二人已经拿到了等价的公司货物，二人的财物没有被郑某某非法占有，二人没有受到任何财产损失。公安机关将胡某某、邱某某认定为诈骗案被害人是错误的。同时，A 公司解散时授意业务员继续收取货款，因此，郑某某有权继续从客户处收取货款，而客户在拿到公司货物后也有义务支付货款，故郑某某在收取货款的过程中未告知客户 A 公司已经解散、其已离职，并不影响郑某某向客户收取货款，此行为不属于诈骗罪中的隐瞒真相。郑某某从客户处收取货款的行为不能被认定为是诈骗。

根据案件事实，郑某某从客户处收取来的货款属于 A 公司所有，郑某某未向 A 公司归还货款，应当将 A 公司作为本案的受害方。但是，公司解散后业务员继续收取货款是 A 公司于解散时主动提出的，郑某某没有通过欺骗手段得到收取货款的权利；在 A 公司向郑某某索要货款时，郑某某也没有实施隐瞒或者骗取货款的行为，承认其已从客户处收到了货款愿意归还公司，并且给A公司法定代表人写了欠货款的欠条，其主观上没有非法占有A公司货款的意图。

综上，郑某某不仅没有实施诈骗罪客观方面应有的虚构事实、隐瞒真相的行为，而且缺乏诈骗罪主观方面非法占有的目的，郑某某的行为不符合诈骗罪的犯罪构成要件，不应当被认定为是诈骗罪。

（2）郑某某的行为不构成职务侵占罪。职务侵占罪是指公司、企业或者其他单位的人员，利用职务上的便利，将本单位财物非法占为己有，数额较大的行为。其犯罪主体为特殊主体，为公司、企业或者其他单位的人员。本案中，随着A公司解散，公司主体不存在，郑某某不再具备A公司业务员的身份，其收取涉案货款是在该公司解散以后，故郑某某不符合职务侵占罪的犯罪主体要求。同时，根据最高人民法院、最高人民检察院《关于办理贪污贿赂刑事案件适用法律若干问题的解释》第11条的规定，职务侵占罪中“数额较大”的数额起点，按照本解释关于受贿罪、贪污罪相对应的数额标准规定的2倍执行，即职务侵占罪中“数额较大”的起点为6万元。本案中，郑某某涉嫌职务侵占的数额是8216元，达不到职务侵占罪“数额较大”的规定，郑某某的行为也不符合职务侵占罪的犯罪构成要件，不应当被认定为犯职务侵占罪，公安机关以郑某某涉嫌职务侵占罪立案侦查明显有误。

五、处理结果

2017年12月，检察院对郑某某根据《刑事诉讼法》第173条第1款之规定，作出不起诉决定。公安机关没有申请复议，被害方A公司也没有申诉。

曹某某等人寻衅滋事案

——寻衅滋事犯罪中提供作案工具后具体犯罪对象发生转移的如何认定共同犯罪*

要旨

寻衅滋事犯罪是频发的危害公共秩序的刑事案件。一般情况下，参与寻衅滋事行为的人数较多，不同行为人对整个事件的参与程度明显不同。准确认定行为人是否构成共同犯罪，是依法严厉打击此类刑事犯罪与保护无罪的人不受刑事追究的前提。在本案办理过程中，各方虽对曹某某是否构成寻衅滋事犯罪的共同犯罪人发生了分歧，但是最终还是作出了对曹某某以寻衅滋事罪起诉的决定，并得到了刑事判决的支持，为办理同类刑事案件积累了经验。

一、基本案情

（一）案件事实

2017年5月×日晚，被告人孙某某在“某某”酒吧喝酒上厕所期间与其他包厢内客人发生口角，因害怕打架，便打电话让被告人曹某某将刀拿到该酒吧。随后，曹某某将其住处的刀拿到“某某”酒吧后与被告人孙某某、林某某、翟某某一起喝酒。当晚凌晨某时许，四被告人离开酒吧，被告人翟某某将该酒吧隔壁“某某”宾馆门前的挡车铁桩踏倒。“某某”宾馆负责人丁某某出来理论时，被告人林某某和翟某某在“某某”宾馆门前对丁某某进行殴打。后丁某某

* 任玉艳，甘肃省定西市临洮县人民检察院公诉科。

跑回宾馆，被告人林某某又冲进宾馆用宾馆吧台上的服务牌殴打丁某某。此时，被告人孙某某拿曹某某拿来的刀冲进宾馆，在丁某某背部砍了一刀。经鉴定，被害人丁某某的伤情为轻伤二级。

（二）诉讼经过

本案由被害人丁某某于2017年5月×日报案至某县公安局某派出所。某县公安局于9日后立案侦查，并于当日以涉嫌寻衅滋事罪对被告人孙某某、林某某、翟某某实施刑事拘留。经该县人民检察院批准，于2017年6月×日对三被告人执行逮捕，以涉嫌寻衅滋事罪对被告人曹某某取保候审。该县人民检察院于2017年9月×日依法延长审查起诉期限半个月。案件审查过程中，经提交检察官联席会议和检察委员会讨论，检察院最终对曹某某以寻衅滋事共同犯罪（从犯）起诉至某县人民法院。

（三）证据情况

认定前述事实的证据：①物证：被害人丁某某的伤情照片；②书证：受案登记表等；③王某某等人的证言；④被害人丁某某的陈述；⑤被告人孙某某、林某某、翟某某、曹某某的供述与辩解；⑥鉴定意见：某县公安司法鉴定中心法医学人体损伤鉴定意见书；⑦勘验、检查、辨认等笔录；⑧视听资料："某某"宾馆监控视频的光盘。

二、关键问题

寻衅滋事共同犯罪中，具体的犯罪对象发生转移时，是另起犯意还是犯意延续？提供作案工具的嫌疑人是否应当以寻衅滋事的共同犯罪承担刑事责任？

三、分歧意见

第一种意见认为，被告人曹某某的行为与孙某某等人的行为之间没有犯意联络，即无共同的犯罪故意，不构成寻衅滋事罪。原因在于：根据被告人孙某某的供述，孙某某等人在"某某"酒吧与其他包厢内的人发生口角，因其害怕打架便给曹某某打电话说，让曹某某把他房子里的刀拿来，当晚可能要打架。同时，证人王某某的证言也能证明孙某某给曹某某打电话，让曹某某把刀拿到酒吧的事实。曹某某将刀拿到“某某”酒吧孙某某等人喝酒的包厢内，并与孙某某等人一起喝酒。在喝完酒一起离开酒吧时，孙某某已经将该刀拿在手中。出了“某某”酒吧后，翟某某因踏坏“某某”酒吧隔壁“某某”宾馆门前的停车杆，与该宾馆负责人丁某某发生口角，并与被告人林某某一起殴打被害人丁某某。丁某某逃跑至该宾馆内后，林某某追至宾馆内继续殴打丁某某，此时孙某某持刀进入宾馆将被害人砍伤。宾馆外发生寻衅滋事的起因在翟某某而不在孙某某，并且，在这个过程中，曹某某没有实施任何行为。本案是被告人翟某某、林某某临时起意的偶然性寻衅滋事，被告人孙某某参与其中。孙某某的作案工具虽然是曹某某拿来的，但被告人曹某某就本案的发生与其他三被告人缺少意思联络，并且对孙某某使用该刀砍伤，被告人曹某某没有预见，主观上缺乏共同犯罪的故意，故被告人曹某某的行为不构成犯罪。

第二种意见认为，被告人曹某某与其他三被告人系共同犯罪，但应当认定为从犯，应根据《刑法》第 293 条 1 款第 1 项之规定，以寻衅滋事罪追究刑事责任。

四、评析意见

笔者同意第二种意见。

首先，孙某某等人与曹某某之间有共同的犯罪故意。孙某某因害怕打架而让曹某某将凶器（刀）拿到公共场所，而曹某某在已经知道要打架的情况下，仍然将刀拿到酒吧。双方意思表达一致，形成合意，曹某某主观上即与孙某某等人有了相同的犯罪故意，具有犯意联络，即产生了共同寻衅滋事的故意，对公共场所秩序造成了严重威胁。

其次，曹某某的行为与损害结果之间具有刑法上的因果关系。第一，孙某某因害怕打架而让曹某某将凶器（刀）拿到公共场所，后孙某某用曹某某带到现场的凶器将被害人砍伤，曹某某的行为与被害人轻伤结果之间建立了物理上的因果关系。第二，孙某某等人在酒吧门外用曹某某拿来的凶器将被害人砍伤时，曹某某一直在现场，其虽然没有实施殴打行为，但曹某某将刀带到现场后，在四人离开酒吧时，孙某某即将刀拿在手中，曹某某应当预见孙某某有可能使用该作案工具实施犯罪行为，但未对其将凶器带到现场的行为实施任何挽救行为，其对于犯罪结果的发生持放任态度。而且，曹某某在现场对于其他三名被告人在心理上有激励作用，因此其行为与被害人轻伤结果之间建立了心理上的因果关系。因其未实施殴打行为，在共同犯罪中起次要作用，因此可以被认定为从犯。

最后，孙某某等人的行为并非另起犯意，只是寻衅滋事中具体犯罪对象发生变化。孙某某等人在“某某”酒吧喝酒，孙某某在上厕所期间与其他包厢内的人发生口角，因其害怕打架便给曹某某打电话说，将其房子里的刀拿来，当晚可能要打架。曹某某拿刀至酒吧这一公共场所时，应当预见其行为已经对公共场所秩序造成潜在危害，即当晚孙某某等人持刀与何人发生冲突，也在曹某某的犯意之内。因此，曹某某将刀带到现场后，虽然在酒吧内没有发生打架，但孙某某带刀离开酒吧，该刀对公共秩序的危害仍在继续，并且寻衅滋事的犯罪对象本不特定。从曹某某将刀带到酒吧内至本案结果的发生，这是一个整体的过程，无论是在时间上还是在空间上都是一种犯意延续，只是具体的犯罪对象发生了转移。无论发生何种犯罪结果均在曹某某的犯意之内，不应该将曹某某将刀带到酒吧和酒吧门口发生寻衅滋事的事情分开讨论，曹某某对整个事件有共同的犯罪故意，应当负刑事责任。

五、处理结果

2017 年 10 月×日，某县人民法院判决如下，被告人林某某、孙某某、翟某某随意殴打他人，被告人曹某某为打架提供管制刀具，致一人轻伤二级，情节恶劣，对被告人孙某某、翟某某、林某某、曹某某均应以寻衅滋事罪追究刑事责任，判处林某某有期徒刑 8 个月，孙某某有期徒刑 7 个月，翟某某有期徒刑 7 个月，曹某某拘役 5 个月、缓刑 10 个月。各被告人及被害人均未上诉。

王某某贩卖毒品案

——犯罪嫌疑人对自己贩卖毒品的行为翻供后对案件如何定性*

要旨

在查处毒品案件时，犯罪嫌疑人对在其身边或住处查获的毒品，往往辩称并不知情。有的刚被抓获时惊魂未定，承认他明知被查获的东西是毒品，但到了起诉、审判阶段就翻供。公、检、法三机关有时对此认识也不一致，使案件很难处理，由此便引发了如何判断其是否“明知”的问题。

犯罪嫌疑人对携带或运输的毒品是否“明知”是一种对事物的主观认知状态。判断一个人的主观认知，不能以当事人是否承认为标准，而应该以客观的事实为依据，否则就会形成只要自己承认了就会被判处重刑，对坚决否认者则按无罪处理，这显失公正，并且会极大地影响对毒品犯罪的打击惩处。

一、基本案情

2015年12月，某县公安局特勤人员赵某向该县公安局反映王某某贩卖毒品线索。2015年12月×日14时许，被告人王某某同特勤人员赵某驾驶赵某的甘××××××小轿车在某县某镇某大酒店地下停车场同化妆成“买家”的某县公安局侦查员见面并确认之前已商量好的毒资。当晚23时许，被告人王某某确定在某县某镇某大酒店交易毒

* 殷亦君，甘肃省定西市临洮县人民检察院公诉科。

品后，在其到达某大酒店大厅内时即被设伏的某县公安局禁毒大队民警抓获，并当场从其驾驶的甘××××××银灰色小轿车副驾驶座位处查获毒品可疑物6小包。经称量化验，该6小包毒品可疑物净重295.88克，均含有甲基苯丙胺成分。

二、分歧意见

本案在审查过程中，对王某某的行为如何定性及适用法律存在争议，主要存在以下两种意见：

第一种意见认为，王某某被抓获时尚未处在毒品交易过程中，被查获的毒品在其驾驶的车辆内，其并未实施严格意义上的贩卖行为。且王某某前期虽作了有罪供述，但后期翻供称自己并不知道从出租车上拿的物品是毒品，故根据《刑法》第348条之规定，王某某构成非法持有毒品罪。

第二种意见认为，从案件事实上看，虽然王某某有翻供行为，但前期的有罪供述已排除非法证据的可能。且王某某实施了主动联系上家购进毒品，后又委托赵某联系买家，在见到买家所带购买毒品的钱款后决定交易。其从托运毒品的车辆上拿到毒品后先进行了验货，后同下家确定交易地点并前往交易，被当场抓获。因此不能因为其翻供称对毒品的不明知而否定其存在贩卖毒品的行为，应故根据《刑法》第347条第1款、第2款第1项之规定，认定王某某的行为构成贩卖毒品罪。

三、评析意见

贩卖毒品罪是指明知是毒品而故意实施贩卖的行为。最高人民法院、最高人民检察院、公安部联合下发的《办理毒品犯罪案件适用法律若干问题的意见》第2条“关于毒品犯罪嫌疑人、被告人主观明知的认定问题”规定：“走私、贩卖、运输、非法持有毒品主观故意中的‘明知’，是指行为人知道或者应当知道所实施的行为是走私、贩卖、运输、非法持有毒品行为。具有下列情形之一，并且犯罪嫌疑人、被告人不能作出合理解释的，可以认定其‘应当知道’，但有证据证明确属被蒙骗的除外：……（七）采用高度隐蔽的方式交接毒品，明显违背合法物品惯常交接方式的。”最高人民法院印发的《全国法院毒品犯罪审判工作座谈会纪要》中的第2点关于毒品犯罪法律适用的若干具体问题第（一）部分罪名认定问题规定："贩毒人员被抓获后，对于从其住所、车辆等处查获的毒品，一般均应认定为其贩卖的毒品。"结合本案的案件事实，王某某明知从兰州上线处联系到的是毒品甲基苯丙胺，主动联系上家购进毒品，后其先委托赵某联系买家，在见到买家所带钱款后决定交易。其从上线向其托运毒品的兰州红色出租车上拿到毒品后先进行了验货，后同下家确定交易地点并前往交易，但在交易地点被事先设伏的公安民警当场抓获。虽然公安民警在抓获时王某某尚未实施毒品交易，但从其驾驶至交易地点停放的车辆中搜查出了毒品，且其事先已同下家在交易地点的地下车库查看了毒资。王某某贩卖毒品的主观目的、客观行为充分证实其是在明知是毒品的情况下实施贩卖毒品行为的，因此应当认定为贩卖毒品罪。

四、处理结果

2016年12月×日，某县人民法院以被告人王某某犯贩卖毒品罪，判处有期徒刑15年，剥夺政治权利2年，并处没收个人财产20 000元。王某某未上诉，判决已生效。

杨甲与杨乙、刘丙提供劳务者损害责任纠纷提请抗诉案

——公告送达不应成为法院剥夺当事人诉讼权利的“法定方式”*

要旨

公告送达作为一种兜底性的送达方式，是有严格适用条件的，不能随意适用以规避法律关于送达的相关规定，更不能因此而导致当事人的诉讼权利受到侵害。公告送达不应成为法院剥夺当事人诉讼权利的“法定方式”，只有严格依法送达，才能真正让老百姓在每一起司法案件中感受到公平正义，才能真正维护当事人的合法权益。本案在民行检察监督实践中具有一定的典型性。

一、基本案情

(一) 案件当事人

申请人 (一审被告)：杨甲，男，汉族，×年×月×日出生。

其他当事人 (一审原告)：刘丙，男，汉族，×年×月×日出生。

其他当事人 (一审被告)：杨乙，男，汉族，×年×月×日出生。

(二) 案件事实

2013 年 1 月，杨乙将刘丙的 300 多公斤药材以每斤 22 元的价格连同自己的药材卖给了某地老板，账由杨乙统一和该地老板结算后，由杨乙支付刘丙药材款，中间没有差价。该地老板雇佣杨甲的车拉

---

* 张珅，甘肃省定西市临洮县人民检察院民行科。

运药材。药材过秤后由杨乙和该地老板在杨乙家算账。刘丙和他人往杨甲的车上装药材，刘丙在车上，其他人在地上给其递药材。装药时杨甲将车停靠在崖跟前，药材装好后，刘丙在车上帮忙绑绳，因车被崖挡住，绳无法绑，刘丙就从车上下来。后来刘丙又上到了车顶，杨甲将车往前移动时，车上装的药材散开，刘丙从车上摔下来导致受伤。杨乙将刘丙送往A县人民医院住院治疗。刘丙住院治疗32天，共花费医疗费25 128.1元（其中住院费23 799元，门诊治疗费1329.1元），刘丙住院治疗期间杨乙支付医疗费16 000元，给付刘丙药材款10 000元。出院后刘丙用合作医疗报销医疗费用15 000元，领取了A县民政局支付的医疗救助金3000元。刘丙出院后就其伤残程度及后续治疗费用委托甘肃某司法医学鉴定所进行了司法医学鉴定，经鉴定，刘丙伤残等级为八级，后续治疗费约需8000~9000元。为此，刘丙支付鉴定费2600元。后刘丙和杨乙多次协商赔偿事宜未果。刘丙起诉至B县人民法院，请求法院判决杨甲、杨乙赔偿其各项经济损失费148 301元。

（三）诉讼经过

诉讼中，杨甲未出庭，刘丙、杨乙出庭参加诉讼。2015年1月，B县人民法院作出［2014］临辛民初字第76号民事判决。审理认为，为他人无偿提供劳务的帮工人，在帮工活动中遭受人身损害的，被帮工人应当承担赔偿责任，但受害人有重大过失的，可以减轻赔偿义务人的赔偿责任。该案中，刘丙为自己和杨乙往杨甲的车上装药材及给杨甲的车上绑绳的民事行为，属无偿提供劳务的帮工行为，其在帮工活动中遭受人身损害，杨乙和杨甲作为被帮工人应当承担相应的赔偿责任。但刘丙作为具有完全民事行为能力的成年人，应当预见到车辆移动可能给其造成人身损害，而未采取保护措施，未尽谨慎注意的安全义务，故应认定其对损害结果的发生有重大过失，应减轻被帮工人的赔偿责任。结合该案实际，刘丙的经济损失共确定为57 644.4元，由刘丙、杨乙、杨甲分别按2∶3∶5的比例各自承担赔偿责任较为适当。据此，依照《民法通则》第106条第2、3款，第119条，第130条，第131条；最高人民法院《关于审理人身损害赔偿案件适用法律若干问题的解释》第 2 条、第 3 条、第 13 条、第 14 条；最高人民法院《关于民事诉讼证据的若干规定》（已被修改）第 2 条、第 76 条；《民事诉讼法》第 144 条之规定，判决：刘丙的医疗费等经济损失 57 644.4 元，由杨乙赔偿 17 293 元（已付 16 000 元，再付 1293 元），杨甲赔偿 28 822 元，其余经济损失由刘丙自负。

杨甲认为，B 县人民法院在审理本案过程中，向其公告送达相关法律文书违反法律规定，向 B 县人民检察院申请监督。该县人民检察院于 2016 年 10 月向 B 县人民法院发出检察建议，B 县人民法院于 2016 年 11 月答复 B 县人民检察院检察建议不予采纳。B 县人民检察院认为 B 县人民法院对检察建议的处理结果错误，跟进监督，提请 C 市人民检察院抗诉。2017 年 3 月，C 市人民检察院作出民事抗诉书，向 C 市中级人民法院提出抗诉。

二、关键问题

公告送达能否成为法院规避法律关于送达的规定，进而剥夺当事人诉讼权利的“法定方式”?

三、评析意见

送达程序是诉讼程序的组成部分，虽然看似简单，但却是保障当事人诉讼权益，确保实体判决合法、公正的第一环节。《民事诉讼法》规定，公告送达只有在受送达人下落不明或者其他送达方式无法送达的情况下才能被使用。但实践中，法院未优先采用当事人已经提供的联系方式，包括从当事人家属可获取的联系方式，径直采用公告送达方式，使得法律有严格限定的公告送达条件被随意扩大，导致当事人提出质疑。送达程序不规范既会导致当事人程序性权利被剥夺，引发不必要的缠访缠诉，影响社会稳定，也会导致诉讼效率低下，造成司法资源的浪费，且在一定程度上损害了司法公正和司法权威。因此，公告送达不应成为法院规避送达规定，进而剥夺当事人诉讼权利的“法定方式”。本案针对法院公告送达程序违法提出抗诉，并最终改判，切实维护了当事人的合法权益，实现了民行检察监督法律效果与社会效果的有机统一，具有一定的典型性。

四、处理结果

C 市中级人民法院受理抗诉后，于 2017 年 3 月裁定提审本案。2017 年 6 月，C 市中级人民法院作出《民事调解书》，经调解双方当事人自愿达成如下协议，并经 C 市中级人民法院确认：杨甲赔偿刘丙 11 000 元（已履行），杨乙赔偿刘丙 16 000 元（已履行），刘丙自愿放弃对杨甲、杨乙的其他诉讼请求，一审案件受理费共计 3266 元，杨甲负担 2193 元，刘丙负担 1073 元。

郝某某故意杀人案

——交通肇事后将被害人遗弃，致被害人死亡的准确认定*

要旨

交通肇事罪是司法实践中极其常见的一类犯罪。交通肇事后将被害人遗弃，致被害人死亡，在司法实践中也屡见不鲜。但理论和实践对交通肇事后将被害人遗弃，致被害人死亡有不同的认识和理解，给司法实践造成一定的困难 。笔者将通过对一起交通肇事后将被害人遗弃案件的分析，浅谈对准确适用交通肇事后将被害人遗弃，致使被害人死亡规定的认识。

一、基本案情

2014 年 10 月×日 6 时左右，郝某某驾驶其无牌证的红色正三轮摩托车途经某镇，将路上行人包某某撞伤，致其头部受伤并出现昏迷。随后，郝某某在路人的帮助下将包某某抬到自己的三轮摩托车上，在驾驶三轮摩托车送包某某去医院的途中，将昏迷的包某某遗弃在该镇一圆形蓄水池附近。当日 9 时左右，包某某被家人找到后立即送往医院救治，2014 年 12 月，包某某因救治无效死亡。经法医鉴定，包某某符合钝性外力作用致颅脑损伤继发肺部感染死亡，颅脑损伤为根本死因，肺部感染为直接死因。

二、关键问题

对郝某某的行为是根据最高人民法院《关于审理交通肇事刑事案件具体应用法律若干问题的解释》（以下简称《解释》）第 6 条

* 后永平，甘肃省定西市岷县人民检察院公诉科科员。

之规定，行为人在交通肇事后为逃避法律追究，将被害人带离事故现场后遗弃，致使被害人无法得到救助而死亡，直接认定构成故意杀人罪（既遂），还是依据犯罪构成理论及刑法关于交通肇事罪和故意杀人罪的规定，认定为构成交通肇事罪与故意杀人罪（未遂）？

三、分歧意见

本案中，关于郝某某的行为应当如何认定，产生了两种不同的意见。

第一种意见认为，郝某某的行为构成故意杀人罪。郝某某驾车将包某某撞伤，致其头部受伤（经鉴定为颅脑损伤）并出现昏迷，后将包某某带离事故现场后遗弃，导致包某某死亡。根据《解释》第6条的规定，对郝某某以故意杀人罪定罪处罚。

第二种意见认为，郝某某的行为构成交通肇事罪与故意杀人罪（未遂），应数罪并罚。郝某某在交通事故后虽有遗弃行为，但根据法医鉴定，包某某的死亡是由于颅脑损伤继发性肺部感染导致的，其死亡是由先前的交通肇事行为引起的，遗弃行为并非是致死原因。另外，将一个颅脑损伤并昏迷的人遗弃，有导致被遗弃者死亡的高度危险，但有死亡的危险并未现实化为实害结果，因此属于故意杀人未遂。

四、评析意见

对郝某某行为的准确认定，主要在于能否准确判断其行为与损害结果之间是否存在因果关系，以及如何适用《解释》第6条的规定。理论上认为，如果能确定行为与结果之间存在因果关系，则该行为与结果属于同一构成要件。

（一）本案中的因果关系

要准确认定本案中的因果关系，首先要确定本案的犯罪行为与实害结果。本案中，郝某某实施了两个行为，产生了一个实害结果。第一个行为是交通肇事将包某某撞伤，致其颅脑损伤并出现昏迷；第二个行为是将颅脑损伤并昏迷的包某某遗弃。产生的一个危害结果是，包某某在医院救治60天后救治无效死亡。那么，判断是交通肇事行为还是遗弃行为导致了包某某死亡，即确定导致包某某死亡结果出现的原因行为便成了准确认定郝某某行为的关键。

根据鉴定意见，包某某系钝器外力作用致颅脑损伤继发性肺部感染死亡，颅脑损伤为根本原因，肺部感染为直接原因。医学上所谓根本死因，是指引起死亡的原发性、自然性疾病或者暴力因素。直接死因，是指直接引起死亡的原因，常见的直接死因有感染、出血、栓塞、中毒、全身衰竭。如扼颈可导致立即窒息死亡，也可导致当时不死亡而引起喉头水肿，引发肺炎而死。如果扼颈不经过中间环节而立即致死，则扼颈既是根本死因，又是直接死因，也是唯一死因。如扼颈引起肺炎而死，则肺炎是直接死因，扼颈是根本死因。本案中，导致包某某颅脑损伤的直接原因就是郝某某的交通肇事行为，并不是郝某某的遗弃行为。换言之，可以将包某某的死亡结果归因于郝某某的交通肇事行为，即交通肇事行为与最终的死亡结果之间存在因果关系，属于同一犯罪构成要件。而郝某某遗弃包某某的行为与包某某的最终死亡结果不具有刑法上的因果关系，不能置于同一构成要件之中。

或许有这样的疑问，包某某的死亡发生在交通肇事后的第 59 天，怎么还能属于同一构成要件？这一困惑可根据刑法上隔时犯的理论来解决，即郝某某交通肇事致包某某颅脑损伤的行为产生了他人生命死亡的危险，只是该死亡的危险转化为现实的构成要件的结果（死亡结果）的过程，在时间上存在间隔。

（二）关于《解释》第 6 条的准确理解、适用

《解释》第 6 条规定，行为人在交通肇事后为逃避法律追究，将被害人带离事故现场后隐藏或者遗弃，致使被害人无法得到救助而死亡或者严重残疾的，应当分别依照《刑法》第 232 条、第 234 条第 2 款的规定，以故意杀人罪或者故意伤害罪定罪处罚。适用该《解释》需要同时具备以下三点：①必须在发生交通肇事后；②行为人为逃避法律追究，将被害人带离事故现场后隐藏或者遗弃；③致使被害人无法得到救助而死亡或者严重残疾。前两个点比较容易理解，只要发生交通肇事后，行为人为逃避法律追究，将被害人带离事故现场后隐藏或者遗弃的即可。重要的是第三点，必须是由于将

被害人带离事故现场后隐藏或者遗弃，致使被害人无法得到救助而死亡或者严重残疾，即带离事故现场隐藏或者遗弃行为致使被害人得不到救助是死亡的原因，死亡是隐藏或者遗弃行为致使被害人得不到救助导致的结果，二者间存在引起与被引起的因果关系。如果说虽有隐藏或者遗弃行为，但是死亡结果并非是隐藏或者遗弃行为所导致的则不能适用该规定。如前所述，郝某某虽然有遗弃包某某的行为，但是由于包某某的死亡结果并非是由郝某某遗弃导致的，而是由于先前的交通肇事行为所致，因此，不能根据该《解释》第6条的规定直接认定郝某某的行为属于故意杀人罪。

（三）遗弃行为的性质

本案中，郝某某交通肇事将包某某撞伤，致其颅脑损伤并出现昏迷，在将被害人送往医院救治途中，又实施了一个新的行为，将被害人包某某拉到一偏僻的山沟里遗弃。按照当时的情形，根据正常一般人的生活经验，将一个颅脑损伤并昏迷的人遗弃到一个相对偏僻的地方，实施一个具有导致被遗弃者生命死亡的高度危险行为，在客观上对他人的生命制造和增加了不被允许的危险。因此，郝某某将包某某遗弃的行为，属故意杀人罪的实行行为。但由于被害人家属的积极寻找，导致他人生命死亡的危险现实化为构成要件结果的历程（因果关系历程）中断，该行为包含的危险结果并未实现，故属于故意杀人罪未遂。

综上，由于郝某某的交通肇事行为导致了被害人包某某的死亡，因此，其行为构成交通肇事罪。在交通肇事之后又将被害人拉到偏远处遗弃，属于故意杀人罪，但由于被害人家属积极寻找，死亡结果并未出现，属于故意杀人罪未遂，应数罪并罚。

五、处理结果

本案由甘肃省某县人民检察院以被告人郝某某构成故意杀人罪提起公诉。该县人民法院经审理认为，郝某某发生交通事故后，将被害人带离现场后遗弃，致使被害人死亡，依照《刑法》第232条及最高人民法院《关于审理交通肇事刑事案件具体应用法律若干问题的解释》第6条的规定，于2015年7月作出一审判决，判处郝某某犯故意杀人罪，判处有期徒刑6年6个月。

李某某、陈某某盗窃案

——在入室盗窃作案时轻微威胁被害人的行为应如何定性*

要旨

转化型犯罪是指某一犯罪行为在实施过程中，由于行为人主客观表现的变化而使整个行为的性质转化为更严重的犯罪，从而应以转化后的犯罪定罪处罚的犯罪形态。我国《刑法》第269条规定，犯盗窃、诈骗、抢夺罪，为窝藏赃物、抗拒抓捕或者毁灭罪证而当场使用暴力或者以暴力相威胁的，依照本法第263条的规定定罪处罚。这种转化型抢劫是先有一个取得财物行为，后采取暴力行为，与标准的抢劫罪先暴力后劫财有所不同，是一种常见的转化型抢劫罪。本案是一起入室盗窃作案时被失主发现，为逃离现场轻微威胁被害人后潜逃的案件。被告人的行为应如何定性是一个值得探讨的问题。

一、基本案情

2017年8月×日11时许，被告人李某某伙同陈某某用铰筋钳剪断某县村民张某某家门锁，在入室实施盗窃时，被务农回家的张某某及其10岁的儿子撞见。李某某和陈某某随即逃跑至房后厕所边，发现无路可逃时，李某某顺手拿起厕所边的铁锨，陈某某手中拿着作案时用于剪门锁的铰筋钳喊了声“打”。张某某和儿子见状立即转身跑出大门。李某某和陈某某随后跑出来，逃跑到张某某家房背后的山上。李某某被随后赶来的村民当场抓获，陈某某潜逃后被公安

* 杨英凤，甘肃省定西市岷县人民检察院侦查监督科科长。

机关抓获。

二、关键问题

被害人发现罪犯后是否具有抓捕的主观意图？被告人是为了摆脱被害人逃离现场还是抗拒抓捕逃离现场？

三、分歧意见

第一种意见认为，被告人李某某、陈某某的行为构成盗窃罪。理由是：被告人李某某、陈某某为实施盗窃犯罪行为进行了事先谋划，踩点准备了手钳等作案工具，并入室实施盗窃行为，其主观上有非法占有的目的，客观上实施了窃取他人财物的行为。被告人正在行窃时发现被害人突然回家，便立即逃跑，在发现无路可逃的情况下顺手持械喊"打"。而被害人张某某务农中途回家无意中撞见盗贼后并没有意识到抓捕，出于自保立即退出自家大门时，二被告人随即逃跑，在逃跑途中也没有威胁、殴打被害人的行为。本案中，被告人入户盗窃，被失主发现后没有为窝藏赃物、抗拒抓捕而当场使用暴力的行为，以暴力相威胁的行为轻微，只是为摆脱被害人后逃离现场，以暴力相威胁的强度较小，对被害人未造成损伤。因此，二被告人入户盗窃他人财物的行为符合《刑法》第264条规定的盗窃罪的主客观构成要件，应以盗窃罪定罪处罚。

第二种意见认为，被告人李某某、陈某某的行为构成抢劫罪。理由是：被告人非法进入他人住宅进行盗窃作案时，被突然回家的被害人张某某撞见，在准备逃跑时发现张某某挡住其逃出大门的路线，便顺手持械喊"打"，致使被害人张某某受到暴力相威胁后被迫退出自家大门，二被告人得以顺利脱逃。因此，本案中被告人李某某、陈某某的行为属于为抗拒抓捕而当场以暴力相威胁的情形，其行为符合《刑法》第269条规定的转化型抢劫罪的构成要件，应以《刑法》第263条规定的抢劫罪定罪处罚。

第三种意见认为，被告人李某某、陈某某的行为不构成犯罪。理由是：被告人事先谋划、踩点、准备工具后，非法进入他人住宅实施盗窃作案时，被突然回家的张某某发现，尚未窃得财物而逃离现场，属于盗窃未遂。且盗窃的地点是乡村农民家，其目标既不具有数额巨大的财物，也不具有珍贵文物，盗窃作案中未发生其他严重情形。因此，李某某、陈某某的行为不构成盗窃犯罪，从而更不能认定为转化型抢劫犯罪。

四、评析意见

笔者同意第一种以盗窃罪定罪处罚的观点。转化型抢劫案件应当根据具体案情，结合被害人的主观目的和被告人的主观意图以及客观行为进行审查分析定性，不能仅凭被告人的一个举动来认定犯罪性质。

第一，本案被告人李某某、陈某某事先商量盗窃作案，并在张某某家附近踩点发现被害人家早晨下地务农至晚上才回家，便准备了剪大门锁子的铰筋钳，趁中午被害人家中无人之机，剪锁非法进入张某某家住宅，准备秘密窃取财物之际，被中途有事突然回家的张某某撞见并挡住逃出大门的路线。李某某便顺手拿起厕所边的铁锨，陈某某手中拿着作案时用于剪门锁的铰筋钳口中喊了声“打”，在张某某和儿子转身跑出家门时，二被告人随后跑出大门，扔掉铁锨潜逃。李某某、陈某某非法进入他人住宅，实施盗窃犯罪，在被害人发现后为摆脱被害人抓捕而逃离现场，以暴力相威胁的强度较小，对被害人未造成损伤，且被害人突然发现家中盗贼，还未反应过来要抓捕时，看见盗贼持械喊“打”威胁，急忙退出大门，实际也没有实施抓捕被告人的行为。而被告人在随后跑出大门的过程中也未实施暴力殴打、威胁的行为，只是为摆脱被害人而逃离现场。根据最高人民法院《关于审理抢劫刑事案件适用法律若干问题的指导意见》（法发［2016］2号）中关于转化型抢劫犯罪认定中的解释，对于以摆脱的方式逃脱抓捕，暴力强度较小，未造成轻伤以上后果的，可以不认定为“使用暴力”，不以抢劫罪论处。

第二，本案从量刑方面来看，如果按照转化型抢劫罪认定，就必须按照入户抢劫定罪处罚。依照《刑法》第263条的规定，入户抢劫的，处十年以上有期徒刑、无期徒刑或者死刑，并处罚金或者没收财产。本案中，李、陈二被告人未窃得他人财物，为摆脱抓捕而以暴力相威胁被害人，对被害人未造成轻微伤以上的后果。如果以抢劫罪处罚，则处罚过重，有失“罚当其罪”的量刑原则。

第三，本案被告人李某某、陈某某在事先有预谋、做准备的情况下非法进入他人住宅，准备秘密窃取财物。虽然盗窃未遂，但根据《刑法》第264条，盗窃公私财物，数额较大的，或者多次盗窃、入户盗窃、携带凶器盗窃、扒窃的，处三年以下有期徒刑、拘役或者管制，并处或者单处罚金，入户盗窃不以盗窃财物的数额为限制，且李某某、陈某某二人均有犯罪前科。

综上所述，李某某、陈某某的行为符合《刑法》第264条规定的盗窃犯罪构成要件，应以盗窃罪定罪处罚。

五、处理结果

2017年12月，某县人民法院以被告人李某某、陈某某均犯盗窃罪，各自判处有期徒刑9个月，李某某、陈某某二被告人认罪服判。

赵某某诈骗案

——诈骗罪与合同诈骗罪在实践认定中的区别*

要旨

现今，我国社会主义市场经济发展迅猛，市场主体之间的经济往来越来越密切，签订契约合同能够使主体之间的权利义务更加明确，从而保障市场活动有秩序地运行。与此同时，有关于合同的诈骗行为层出不穷，本是用来保障市场主体合法利益的合同却成了诈骗的手段。但是，并非所有关于合同所发生的诈骗行为都属于合同诈骗罪的范畴，因此，在法律实践认定中如何区分诈骗罪和合同诈骗罪是具有重要意义的。

一、基本案情

（一）案件事实

被告人赵某某从2010年3月份开始，为偿还之前做生意所欠下的债务，以做生意缺乏资金为由，以高于银行利息的方式先后与多人签订借款合同，在受害人王某某等45人处骗取人民币2 089 199元，所得钱款已被挥霍且自身无偿还能力，导致45位受害人个人合法财产遭受严重损失。

（二）诉讼经过

2017年5月，受害人陈某某报案称，被告人赵某某多次以拉货的形式，骗走其26 000多元，请求出警调查。某县公安局受案调查，经查证后决定立案侦查。随后对被告人赵某某进行刑事拘留。某县人

---

* 李文奇，甘肃省定西市岷县人民检察院公诉科科员。

民检察院在对案件进行审查以后依法提起公诉。2017 年 11 月，该县人民法院对赵某某诈骗案依法开庭公开审理。

（三）证据情况

案件证据主要包括借条、甘肃银行某县支行、中国农业银行某县支行、某县农村商业银行交易明细等书证，能够证实被告人赵某某与他人的借款事实的存在以及银行交易明细；证人苏某、张某、张某甲、吴某等人的证言；被害人王某某、李某、马某、赵某等 45 人的陈述，能够证明被告人赵某某向王某某等人借款的事实和签订借款合同的经过；被告人赵某某的供述和辩解也能够印证其为偿还借款而多次隐瞒真相向他人借钱的事实。

二、关键问题

被告人赵某某在资不抵债的情况下，虚构做生意需要资金，以高于同期银行利息为诱饵，与他人签订借款合同骗取被害人王某某等人财产共计人民币 2 089 199 元且无力偿还。被告人赵某某诈骗的犯罪事实证据确凿、充分，但是界定其犯罪行为是构成普通诈骗罪还是合同诈骗罪在本案中有所争议。

三、分歧意见

（一）被告人赵某某的犯罪行为应认定为合同诈骗罪

合同诈骗罪侵犯的客体是社会主义市场经济秩序，要求行为人实施了扰乱市场秩序的经济活动。被告人赵某某与多位受害人签订的借款合同，使被害人陷入认识错误而作出财产处理的决定。在本案中，被害人陷入认识错误作出财产处理与合同内容是有因果关系的。被告人赵某某在借款合同中谎称需要做生意的资金，以高于银行利息的手段使被害人陷入认识上的错误，从而使被害人自愿作出借款的财产处分决定，而实际上，被告人赵某某自身无合同借款偿还能力，符合合同诈骗罪的犯罪构成要件。被告人赵某某的行为造成了受害人共计 2 089 199 元的重大财产损失，应当依照《刑法》第 224 条的规定，以合同诈骗罪定罪处罚。

（二）被告人赵某某的犯罪行为应认定为普通诈骗罪

被告人赵某某同受害人签订的借款合同，不属于合同法意义上的合同。不能仅以有合同出现就定合同诈骗罪。该合同必须是真正意义上的合同，即其必须符合合同法规定的合同基本条款，包括合同标的、数量、质量、价款或报酬、履行期限、地点及方式、违约责任和解决争议的方法。根据被告人赵某某的供述和辩解，被告人赵某某在资不抵债的情况下，虚构做生意需要资金，以高于同期银行利息为诱饵，骗取被害人王某某等人现金 2 089 199 元，至今无力偿还。其主观上隐瞒借款实际用途，使被害人产生借出的资金安全并能及时收回的错误认识。而事实上，被告人将获得的借款用于抵债和支付利息，从而导致被害人资金无法收回，其主观上具有非法占有他人财物的意图，符合诈骗罪的主观要件，客观上实施了虚构事实、骗取他人财物的行为。且本案中的合同不是合同诈骗罪概念里的合同。赵某某的行为造成了 2 089 199 元的财产无法被追回，给公私财物造成了重大损失，后果严重，应当依照《刑法》第 266 条的规定，以诈骗罪定罪处罚。

四、评析意见

（一）被告人赵某某隐瞒自身无偿还能力的事实，恶意骗取数人财产的行为非民事借款，属于诈骗行为

被告人赵某某在明知其无实际偿还能力的前提下，虚构自己做生意需要资金的事实，并以高于银行存款利息的方式使多位受害人陷入认识错误而处分财产。被告人赵某某在其供述中说到，其做生意一年的收入大概在 14 万左右。由此可见，被告人赵某某明知自身没有偿还能力，仍然与多人签订借款合同的行为已经不是民事上的借款行为而是诈骗行为。

（二）被告人赵某某与他人签订的借款合同，不属于合同诈骗罪的合同范畴

合同诈骗罪是指以非法占有为目的，以虚构事实或者隐瞒真相的方法，骗取对方当事人财物，数额较大的行为。合同诈骗犯罪在诈骗方法和对象上有其特定性：首先，其是利用合同进行诈骗，也就是说，诈骗行为必须发生在合同的签订或者履行过程中；其次，合同诈骗犯罪的行为人非法占有的财物应当是与合同签订、履行有

关的财物。

五、法院判决结果

法院作出一审判决，认定被告人赵某某以非法占有为目的，明知其资不抵债且无实际履行的能力，但仍采取支付高额利息的方式与他人签订合同，骗取他人财物，数额特别巨大，其行为已构成合同诈骗罪。公诉机关指控的犯罪事实成立，应予支持，但指控的罪名及诈骗数额不当，应予变更。被告人赵某某犯合同诈骗罪，判处有期徒刑 10 年，并处罚金人民币 8 万元。对被告人赵某某的违法所得继续予以追缴。

梁某某不服法院财产保全裁定案

——死亡赔偿金是否属于死者遗产*

要旨

死亡赔偿金是否属于死者遗产？死者遗产不足以支付生前个人债务时，死亡赔偿金对债权人和死者继承人的权利义务认定有着重大影响。本案的成功办理是对这一问题的有益探索，对检察机关办理涉及死亡赔偿金的保全、审判、执行等各类案件的监督有一定的借鉴意义。

一、基本案情

梁某某的丈夫包某民因交通事故死亡后，包某民的债权人李某某以梁某某、包某某（包某民父亲）、赵某某（包某民母亲）、包某（包某民儿子）等4人系包某民法定继承人为由，向某人民法院提起民间借贷纠纷诉讼。该法院在审理该案期间，根据原告的申请作出财产保全裁定，裁定对某县人民法院保管的因包某民交通事故死亡人身损害赔偿一案赔偿给梁某某等4人的赔偿款（主要是死亡赔偿金）中的65 000元采取财产保全措施，暂停支付。梁某某对某县人民法院作出的财产保全裁定不服，向某县人民检察院申请监督。

二、关键问题

债权人能否请求死者的继承人用死亡赔偿金清偿死者生前的个人债务？

* 李明明，甘肃省定西市漳县人民检察院民事行政检察科负责人。

三、分歧意见

本案中，对于梁某某丈夫的死亡赔偿金能否作为财产保全标的进行保全，存在两种不同意见：

第一种意见认为，死亡赔偿金是受害人死亡后，由相关责任人按照一定标准给予死者家属的经济赔偿，与死者有密切联系，属死者的遗产。如果死者遗产不足以清偿其生前债务，理应用死亡赔偿金清偿。法院根据李某某的申请，裁定对死亡赔偿金进行保全并无不当，检察机关应当作出不支持监督申请的决定。

第二种意见认为，死亡赔偿金是由相关责任人按照一定标准给予死者近亲属的经济赔偿，其权利人是死者的近亲属，并非死者，因此死亡赔偿金不是死者的遗产。死者生前的债务应从死者的遗产中清偿，死者遗产不足以清偿死者生前债务时，死者的继承人没有义务用其个人财产清偿死者生前的债务（除非继承人自愿偿还）。法院对死亡赔偿金采取保全措施属适用法律错误，检察机关应建议法院撤销该保全裁定。

四、评析意见

笔者同意第二种意见，理由如下：

第一，死亡赔偿金不是死者的遗产，而是死者继承人的财产。遗产是被继承人死亡时遗留的个人所有的财产，也即遗产在死者死亡前就已存在。而死亡赔偿金是受害人死亡后由相关责任人按照一定标准给予死者家属的赔偿，并不是死者死亡时遗留的个人所有的财产，故死亡赔偿金不是死者的遗产。死者继承人依法取得的死亡赔偿金，虽与死者有密切关系，但不能以此为理由认为死亡赔偿金是死者的遗产。

第二，最高人民法院对死亡赔偿金是否为死者的遗产有明确的司法解释。最高人民法院于2005年3月22日公布的《空难死亡赔偿金能否作为遗产处理的复函》（[2004] 民一他字第26号）中明确规定："空难死亡赔偿金是基于死者死亡对死者近亲属所支付的赔偿。获得空难死亡赔偿金的权利人是死者的近亲属，而非死者。故空难死亡赔偿金不宜认定为遗产。"虽然该规定回答的是有关空难赔偿金是否为死者遗产的定性问题，但其立法精神反映的是最高人民法院是否将死亡赔偿金认定为遗产的基本态度。

第三，继承人只在其所继承遗产范围内对被继承人的生前债务承担偿还责任，其责任是有限责任而不是无限责任。《继承法》第33条第1款规定："继承遗产应当清偿被继承人依法应当缴纳的税款和债务，缴纳税款和清偿债务以他的遗产实际价值为限。超过遗产实际价值部分，继承人自愿偿还的不在此限。"

第四，财产保全标的应当属于判决生效后被告应当或者可能支付给原告的财产，不可能支付给原告的财产不能成为财产保全的标的。财产保全是指人民法院在利害关系人起诉前或当事人起诉后，为保障将来的生效判决能够得到执行或者避免财产遭受损失，对当事人争议的标的或当事人的财产，采取限制当事人处分的强制措施，但诉讼中被告不应当或不可能支付给原告的财产，不应成为财产保全的标的。《民事诉讼法》第102条规定："保全限于请求的范围，或者与本案有关的财物。"

第五，最高人民法院编辑下发的《人民法院办理执行案件规范》一书明确表示，不得对死亡赔偿金采取保全措施。最高人民法院执行局为了加强人民法院执行工作的规范化建设，专门组织力量编写了《人民法院办理执行案件规范》一书，该书第二编"执行实施案件办理规范"概括了不得查封、扣押、冻结的17项内容，其中第16项内容就是关于不得对死亡赔偿金采取保全措施的规定。这一规定进一步反映了最高人民法院对死亡赔偿金是否采取保全措施的鲜明态度。

第六，本案的保全标的应为被继承人的遗产而非继承人的财产。李某某诉梁某某等4人借贷纠纷案，是因包某民死亡、梁某某等4人系死者继承人缘由而提起的。梁某某等4人和李某某之间并无直接的借贷关系。本案即便是李某某最后胜诉，梁某某等4人也只能在其所继承的被继承人的遗产范围内对李某某承担有限清偿责任，而不是承担无限清偿责任。

五、处理结果

某县人民法院采纳了某县人民检察院关于撤销该案保全裁定的建议，作出解除本案财产保全裁定的裁定。

赵某非法买卖爆炸物案

——非法买卖用于烟花爆竹生产的黑火药是否构成非法买卖爆炸物罪*

要旨

由于《民用爆炸物品品名表》将用于烟花爆竹生产的黑火药排除在了民用爆炸物品之外，致使在司法实践当中对于烟花爆竹原材料——黑火药——是否应当认定为爆炸物观点不一。本案旨在通过分析烟花爆竹原材料——黑火药——的危险性以及相关联的规定，认定该类黑火药属于刑法意义上的爆炸物。

一、基本案情

2012年，原A区花炮厂和原B区花炮厂整合成立C烟花爆竹有限公司（以下简称“C公司”），2015年2月，该公司取得《安全生产许可证》，2015年7月取得《营业执照》，赵某系厂长。2015年5月，安监部门在检查中发现C公司存在安全隐患，责令C公司停产整顿，并暂扣《安全生产许可证》。2015年8月，为生产需要，赵某安排赵某某前往江西省某化工厂购买黑火药，赵某某购买好15吨黑火药后，由赵某提前联系好的货车司机冯某将黑火药运回C公司。2015年8月，在未进行整顿，且未得到安监部门批准恢复生产的情况下，赵某便安排刘某叫来工人自行生产。2015年9月×日，炮厂发生爆炸，致3人死亡，20余人受伤及大量民房受损。

---

* 马小花，甘肃省陇南市武都区人民检察院。

二、关键问题

用于烟花爆竹生产的黑火药是否属于刑法意义上的爆炸物?

三、分歧意见

第一种观点认为，用于烟花爆竹生产的黑火药不属于刑法意义上的爆炸物。理由在于：刑法所称爆炸物，指的是《民用爆炸物品安全管理条例》《民用爆炸物品品名表》所列之民用爆炸物品及军用爆炸物品。而《民用爆炸物品安全管理条例》及《民用爆炸物品品名表》明确将烟火药、烟花爆竹及用于烟花爆竹生产的黑火药排除在了民用爆炸物品范围之外。因此，用于生产烟花爆竹的烟火药、黑火药不属于爆炸物品。赵某等人非法买卖用于烟花爆竹生产的黑火药的行为不构成犯罪。

第二种观点认为，赵某等人的行为涉嫌非法买卖爆炸物罪。

四、评析意见

笔者同意第二种观点，非法买卖用于烟花爆竹生产的黑火药的行为构成非法买卖爆炸物罪。理由如下：

（1）非法买卖爆炸物罪，是指违反国家有关爆炸物的管理规定，未经批准，非法买卖爆炸物，危害公共安全的行为。这里的爆炸物是指能够引起爆炸、具有较高危险性、较大杀伤性的物品。笔者认为，凡符合爆炸物以上特性的物品，都应被认定为爆炸物，而不应局限于《民用爆炸物品品名表》当中所列的物品。根据《烟花爆竹安全管理条例》的规定，烟花爆竹包括烟花爆竹制品和用于制作烟花爆竹的原材料。《全国危爆物品安全管理重点地区挂牌督办办法》《关于开展黑火药和引火线专项治理的通知》也都对用于烟花爆竹生产的黑火药的危险性予以了肯定。由此可见，用于烟花爆竹生产的黑火药与《民用爆竹物品品名表》中所列之其他黑火药，在具有危险性这一点上并无区别。笔者认为，在《民用爆炸物品安全管理条例》及《民用爆炸物品品名表》发布之前，国务院于2006年1月发布的《烟花爆竹安全管理条例》已将用于烟花爆竹生产的黑火药纳入了其管理范围之内，若再次将该类黑火药纳入《民用爆炸物品安全管理条例》范围内，将导致对该类黑火药的多头管理，引起管理混乱。因此，单独制定《烟花爆竹安全管理条例》的目的是为了对烟花爆竹实行更为规范的管理，保障人民群众的生命财产安全，而不是对该类黑火药的爆炸物属性予以否认。

（2）公安部于1984年发布的《关于印发爆炸物品名称的通知》明确黑色火药、烟火剂和烟花爆竹属于爆炸物。国家安全监管总局办公厅、公安部办公厅《关于开展黑火药和引火线专项治理的通知》（已失效）规定："要按照《最高人民法院、最高人民检察院、公安部、国家安全监管总局关于依法加强对涉嫌犯罪的非法生产经营烟花爆竹行为刑事责任追究的通知》（以下简称《通知》）要求，在查处非法生产、经营、运输黑火药和引火线行为时，依法强化对相关行为人的刑事、行政责任追究，严厉打击和震慑相关违法犯罪活动。"《通知》第1条明确规定，非法生产、经营烟花爆竹及相关行为涉及非法制造、买卖、运输、邮寄、储存黑火药、烟火药，构成非法制造、买卖、运输、邮寄、储存爆炸物罪的，应当依照《刑法》第125条的规定定罪处罚。

如果说之前的论证只是对该类黑火药系爆炸物品的间接分析，那么以上的通知则直接将生产烟花爆竹的黑火药与刑法意义上的"爆炸物"画上了等号。

综上，用于烟花爆竹生产的黑火药与其他黑火药的爆炸属性无异，系刑法意义上的黑火药。赵某等人非法买卖用于烟花爆竹生产的黑火药的行为构成非法买卖爆炸物罪。

五、处理结果

对赵某以重大责任事故罪、非法买卖爆炸物罪数罪并罚，判处有期徒刑7年。

王某某故意伤害案

——酒后斗殴行为是否构成寻衅滋事罪*

要旨

在司法实践中，寻衅滋事罪中的随意殴打他人行为与故意伤害罪中的殴打他人行为具有相似之处。本文旨在紧扣两罪的犯罪构成要件，结合案件客观事实，认定被告人的行为构成故意伤害罪。

一、基本案情

2017年1月，在A区某小区门口，被告人王某某酒后与同在该小区居住的被害人胡某发生口角，进而发生斗殴。在打架过程中，王某某对胡某的裆部用右膝盖顶了数下，并用脚朝其裆部踢了一脚，后王某某离开现场，胡某被亲友送往医院救治。经陇南市A区公安司法鉴定中心鉴定，胡某下体部损伤为轻伤二级。

A区公安局以犯罪嫌疑人王某某涉嫌寻衅滋事罪向本院移送审查起诉，本院审查后，于2017年5月以故意伤害罪向A区人民法院提起公诉，A区人民法院于2017年10月公开审理此案。本案的证据主要有：①受案登记表、立案决定书、户籍证明等书证；②证人证言；③现场勘验笔录；④犯罪嫌疑人王某某的供述与辩解；⑤视听资料。

二、关键问题

本案中被告人的行为是构成故意伤害罪还是寻衅滋事罪?

* 张菁，甘肃省陇南市武都区人民检察院。

三、分歧意见

本案存在两种不同的意见：

第一种意见认为，被告人行为构成寻衅滋事罪。本案中，在居民居住的小区门口，被告人酒后为寻求刺激，发泄情绪，无事生非而随意殴打被害人，情节恶劣，扰乱社会公共秩序，应当认定为寻衅滋事罪。

第二种意见认为，被告人的行为构成故意伤害罪。被告人与被害人发生口角、引起争端，矛盾激化后推搡撕扯，进而发生斗殴，即被告人针对特定对象，造成轻伤结果，其性质是故意伤害行为。

四、评析意见

笔者认同第二种意见。理由在于：

（1）根据犯罪嫌疑人供述和被害人陈述，王某某与胡某居住在同一小区，系邻居关系，且双方原来相识并互有来往。案发时，两人均不同程度饮酒，胡某将朋友送到门口与饮酒归来的王某某、司某某相遇，双方在打招呼过程中发生口角。胡某陈述其让王某某原地等着，胡某送朋友回来后，双方再次发生争吵并升级为相互厮打，案件事出有因。

（2）被告人针对的犯罪对象特定，主观方面具有伤害的故意。案发现场当时的监控视频资料显示，王某某在等待胡某过程中，现场有多人进出，王某某并未对任何一人随意滋事，针对胡某的行为特征明显。视频资料显示，在胡某返回后，二人相互争执、推搡、撕扯的行为持续数分钟之久。前期二人均有推搡撕扯的行为，进而升级为斗殴，司某某多次对两人劝阻无效，最终在双方厮打中，胡某被王某某打伤下体。整个案件进程显示，本案系典型的口角争端演化的相互斗殴案件，符合故意伤害罪的构成要件。

五、处理结果

A 区人民法院以被告人王某某犯故意伤害罪，判处有期徒刑 2 年。

南某某交通肇事案

——交通肇事罪与故意杀人罪之区分*

要旨

交通肇事致人死亡案件中，行为人放弃施救的，不能一概认定为故意杀人，而是要区分不同情形处理。关键是要查明行为人在何种情况下放弃救助，是否因不予以救助而导致被害人死亡。如果行为人在案发后积极救助被害人，但因条件限制未能救助成功，则构成交通肇事罪；如果能救助而没有救助，放任死亡结果的发生，则属于不作为的故意杀人。现对南某某交通肇事案进行评析，以供今后办理此类案件时参考。

一、基本案情

（一）案件事实

2013年7月×日，栾甲、栾乙和赵某乘坐由犯罪嫌疑人南某某（16周岁）无证驾驶的无牌两轮摩托车，自A坝驶往B坝方向。该两轮摩托车在S219线90KM+100M处掉头转弯时，不慎掉入公路坎下的深潭，南某某、赵某、栾甲三人连同摩托车一起落水，栾乙因及时脱离摩托车而未掉下公路。之后南某某、栾甲从潭中爬出，赵某溺水情况不明。南某某试救赵某，因潭水太深又返回岸上。三人在岸边反复喊叫赵某，而未见回应，估计其已淹死，便离开现场，并于当日上午报案。报案后当日上午便将赵某打捞出水，发现其已死亡。经县公安司法鉴定中心鉴定："死者赵某系生前入水，溺水死

* 王治强，甘肃省陇南市成县人民检察院；汪玮玮，甘肃省陇南市成县人民检察院。

亡。”县公安局交通警察大队认定：“南某某承担本起事故的全部责任，赵某、栾甲、栾乙无责任。”

(二) 诉讼经过

本案由县公安局于报案次日以南某某涉嫌故意杀人罪立案侦查，3日后提请批准逮捕。县人民检察院认为，南某某涉嫌交通肇事罪，但无逮捕必要，于9日后作出不予批准逮捕的决定。案件提起公诉后，县人民法院于2014年1月作出判决。

二、关键问题

交通肇事致人死亡案件中，行为人放弃施救的，是否构成故意杀人罪?

三、分歧意见

公安机关认为，南某某涉嫌故意杀人罪。理由是：被害人赵某是因南某某驾驶摩托车失控掉入潭中的，南某某对赵某有法律上的救助义务，而南某某在事发后既没有及时报警，也没有采取积极有效的救助措施，导致被害人溺水死亡，符合故意杀人罪的构成要件。

检察机关认为，南某某的行为构成交通肇事罪。理由是：南某某违反相关的道路交通法规，因而发生交通事故，致使车辆及乘坐人员掉入水中。其虽然积极救助，但因条件限制未成功，造成一人死亡，需负事故全部责任，符合交通肇事罪的构成要件。

四、评析意见

笔者同意第二种观点。认为南某某的行为构成交通肇事罪，因其为未成年，且又是初次过失犯罪，无逮捕必要。理由如下：

第一，案发后南某某积极施救，但因条件限制未成功。南某某、栾甲、赵某三人一同落水，南某某、栾甲二人自行爬上路边，赵某溺水情况不明。当南某某自身脱险后，未找见被害人，呼喊被害人未见回应，并试图下水寻找，但因其年仅16周岁，潭水太深又不会游泳，不敢下水寻找。寻找被害人无果后，距落水已经过了四十多分钟，其确信被害人已经淹死，而放弃了寻找。又因手机欠费停机，而未及时报警。本案与发生在公路上能对被害人施救而不施救或逃逸不同，是因条件限制未能救助成功。

第二，被害人的死亡与放弃救助无因果关系。按照正常情况，人溺水 10 分钟后便会死亡。南某某是在被害人溺水四十多分钟后放弃施救的，且当时未找到被害人也未发现任何生命迹象。也就是说，南某某放弃施救时，被害人早已死亡。因此，本案被害人的死亡与放弃施救无因果关系。

第三，南某某的行为构成交通肇事罪。南某某无证驾驶无牌两轮摩托车，搭载 4 人，已违反了相关的道路交通法规。在驾驶车辆转弯调头时，因操作失误致使车辆及三人掉入水中，并造成一人死亡的严重后果，且负事故全部责任，其行为触犯了《刑法》第 133 条，涉嫌交通肇事罪。

第四，对南某某无逮捕必要。南某某系未成年人，且系初犯，又是过失犯罪。另外，其家属对被害人家属积极赔偿，得到了被害人家属的谅解。其本人配合侦查，对其取保候审足以防止发生社会危险性，故无逮捕必要。

五、处理结果

南某某犯交通肇事罪，判处管制 1 年。

单某某故意伤害案

——正当防卫与故意伤害之区分*

要旨

当被他人无故殴打避让多次后，还击一拳致他人轻伤的行为，不应被认定为故意伤害，而应被认定为正当防卫。特撰此文，供今后办理此类案件时参考。

一、基本案情

（一）案件事实

2017年2月×日凌晨1时许，在某县城某酒店大厅，单某某和逯某某与其同学强某某闲谈，马某某见状心生不满，便叫来朱某某、李某某、韩某某、张某等多人，要赶走单某某和逯某某。朱某某用巴掌扇坐在沙发上的单某某的脸，单某某躲过。朱某某又扇单某某一巴掌，单某某又躲过。韩某某对单某某身上踢了一脚后，又将逯某某拉到大厅殴打。同时，朱某某又踢了单某某，并在其面部扇了一巴掌。单某某便起身朝朱某某下颚处打了一拳，致朱某某受伤倒地。随后，张某、韩某某、李某某等人对单某某和逯某某拳打脚踢，单某某再未动手。朱某某的伤经诊断为下颌骨骨折，鉴定为轻伤二级。

（二）诉讼经过

本案由某县公安局以单某某涉嫌故意伤害罪提请某县人民检察院审查批捕。该院经审查认为犯罪嫌疑人单某某的行为属正当防卫，

* 王治强，甘肃省陇南市成县人民检察院；张新民，甘肃省陇南市成县人民检察院。

不构成犯罪，作出不批准逮捕的决定。公安局提出复议，检察院维持了原不捕决定。

二、关键问题

被无故殴打避让多次后，还击一拳致他人轻伤的行为，能否认定为正当防卫？

三、分歧意见

第一种意见认为，单某某的行为涉嫌故意伤害罪，理由是：单某某虽遭对方殴打但并未受太重的伤，单某某朝朱某某下颚处打一拳致其轻伤，符合故意伤害罪的构成要件。

第二种意见认为，单某某的行为属正当防卫，理由是：单某某在朱某某和韩某某 5 次动手脚殴打，且挨了一脚一巴掌后，才打了朱某某一拳，虽致人轻伤，但系为了自己的人身免受正在进行的不法侵害而进行的制止不法侵害的行为。

四、评析意见

笔者同意第二种意见，即单某某的行为是正当防卫。理由如下：

《刑法》第 20 条第 1 款规定："为了使国家、公共利益、本人或者他人的人身、财产和其他权利免受正在进行的不法侵害，而采取的制止不法侵害的行为，对不法侵害人造成损害的，属于正当防卫，不负刑事责任。"成立正当防卫的起因条件是有不法侵害的发生和存在，时间条件是不法侵害正在进行，对象条件是不法侵害者本人，主观条件是为制止不法侵害，限度条件是没有造成不应有的重大损失。正当防卫与互相斗殴的区别是，互相斗殴的双方都有非法侵害对方的意图和行为，而正当防卫则是在无辜遭到非法侵害时逼迫自卫，而非主动侵害对方。

就本案而言，其一，单某某对事情的发生并无过错，也非一气之下主动侵害对方，而是在朱某某寻衅滋事，纠集多人对其大打出手的情况下，被迫自卫。因此，对单某某的不法侵害行为是客观存在的，符合正当防卫的起因条件。其二，单某某是在朱某某和韩某某接二连三的攻击下，即不法侵害正在进行时，出手还击的，具备不法侵害的紧迫性和防卫的适时性，符合正当防卫的时间条件。其三，单某某打朱某某一拳，不是为了泄愤，而是为了制止朱某某等人继续对自己实施不法侵害，符合正当防卫的主观条件。其四，单某某向已 4 次对他动手脚的朱某某打了一拳，并未伤及其他人，防卫手段针对的是不法侵害者朱某某本人，符合正当防卫的对象条件。其五，单某某在迫不得已的情况下，只打了朱某某一拳，再未动手打朱某某和其他人，之后受到多人的拳打脚踢也未动手再还击，其防卫手段具有必要性和相当性，符合正当防卫的限度条件。

因此，单某某的行为不是故意非法损害他人身体健康，而是正当防卫。

五、处理结果

县公安局根据检察院的不批捕决定，对犯罪嫌疑人单某某宣布无罪释放，并根据检察建议对寻衅滋事违法行为人马某某、朱某某、张某、韩某某、李某某等人依法作出了治安处罚。

赵某危险驾驶案

——危险驾驶罪中未当场查获时应如何准确认定*

要旨

危险驾驶罪是司法实践中常见的一类犯罪，大多数危险驾驶行为均是被执法人员当场查获的，对该类犯罪都比较容易理解认定。但对于当场并未查获，事后发现的危险驾驶行为该如何准确理解认定，刑法及其修正案没有明确规定。实践中，危险驾驶案中当场查获并获取初步证据是一个很关键的客观因素，其关系到危险驾驶罪的成立与否。笔者以办理的一起危险驾驶案件为例，对危险驾驶案中事后查获该如何准确认定进行分析，以期对我们今后办理此类案件起到一定的借鉴作用。

一、基本案情

2017 年 8 月×日，赵某在 A 县 B 桥某啤酒摊喝酒，饮酒后因赊账和啤酒摊老板巩某发生争执后离开。零时许，啤酒摊老板巩某等人收摊步行到 B 桥。赵某酒后无证驾驶小轿车来到 B 桥，当看到巩某后，便驾车向巩某等人驶去，巩某发现赵某驾车向自己驶来，一边躲避一边将一瓶啤酒扔向该车。赵某驾车掉头后，巩某又将一瓶啤酒扔向该车，赵某驾车快速驶向巩某，在离巩某不远处用力刹车，巩某躲避到人行道。接着，赵某再次开车快速驶向巩某等人，巩某躲避，并向该车左后门踹踏，致车辆左后面门凹陷，玻璃破碎。赵某倒车后，驾车回到家中，将车辆停放后又回到啤酒摊准备和巩某等

* 李寿斌，甘肃省陇南市康县人民检察院。

人协商处理此事，被出警的民警当场抓获。后经鉴定，赵某血液中酒精含量为125.21毫克/100毫升。

二、分歧意见

本案中，赵某的行为是否构成犯罪，实践中出现了两种不同的意见。

第一种意见认为，赵某的行为不构成犯罪。理由是：尽管赵某是在醉酒状态下驾驶机动车，但被公安人员查获时，其未驾驶机动车，并未对公共安全造成危害。醉酒驾驶应属于行为犯，对查获前的醉酒驾驶行为追究责任，有扩大追究范围的嫌疑。另外，赵某将车辆开回家到再一次去啤酒摊之间具有一定的时间间隔，期间存在情况的变化，对后续结果的认定具有重要影响。综合情况考量，赵某的行为不应被认定为危险驾驶罪。

第二种意见认为，赵某的行为构成危险驾驶罪。理由是：赵某在明知自己饮酒后仍然无证驾驶，无视公共安全，驾车冲撞巩某等人，社会危险性大，达到了追究刑事责任的情节。且通过对全案证据的审查，有直接证据证实赵某醉酒驾驶机动车，赵某对自己醉酒驾驶的行为也供认不讳。通过补查，也排除了赵某在将车辆停放后到查获前再次饮酒的可能。故而，应当对赵某以危险驾驶罪追究刑事责任。

三、评析意见

醉酒驾驶机动车刑事案件多因公安机关交通管理部门在道路上设卡检查、临时抽查，或者因发生交通事故后紧急报警而案发。最高人民法院、最高人民检察院、公安部联合制定的《关于办理醉酒驾驶机动车刑事案件适用法律若干问题的意见》第1条规定："在道路上驾驶机动车，血液酒精含量达到80毫克/100毫升以上的，属于醉酒驾驶机动车，依照刑法第133条之一第1款的规定，以危险驾驶罪定罪处罚。"但对于是否为当场查获的并未具体规定。危险驾驶罪的立法本意是为了保护不特定多数人的生命健康及财产安全，只要有证据能够证实行为人在达到醉酒标准后仍然驾驶机动车上路行驶，其行为就已经对公共安全造成了危害，就应该受到法律的追责。

在本案中，行为人赵某明知自己的行为属于醉酒后驾驶机动车仍然实施，并且以自己的行动表明具有侵犯他人生命健康权利的危险性，虽未造成危害，但情节恶劣。经调取现场监控，结合目击证人的证言，再结合行为人自己的供述，能够形成证据链，从而证实赵某危险驾驶的行为成立。在最后排除了间断期间再次饮酒的可能后，笔者同意第二种观点，对赵某以危险驾驶罪追究刑事责任。

四、处理结果

A县人民检察院于2017年11月以赵某犯危险驾驶罪向人民法院提起公诉，A县人民法院于2017年12月以赵某构成危险驾驶罪判处赵某拘役5个月，缓刑1年，并处罚金5000元。

胡某某信用卡诈骗案

——盗窃罪与信用卡诈骗罪的认定*

要旨

本案审查的要旨在于如何在案件办理过程中根据案件的事实、情节，结合法律的规定对案件的性质进行准确定性。

一、基本案情

2017 年 2 月，被告人胡某某去 A 县 B 镇赶集时，在 A 县 B 中学附近的路边排水沟里捡拾到一个帆布包，该帆布包里装有张某某的中国工商银行卡信用卡（卡号：621226××××××××25951，户名：张某某）和写有该银行卡密码的纸条。2017 年 2 月，被告人胡某某拿着捡拾到的信用卡在某银行的 ATM 柜员机上连续 10 次取款人民币 20 000 元。该案侦破后，被取现金 18 700 元已追回并返还失主。

A 县公安局于 2017 年 5 月将本案移送 A 县人民检察院院审查起诉，审查后 A 县人民检察院于同月月底以胡某某构成信用卡诈骗罪向 A 县人民法院提起公诉。2017 年 6 月，A 县人民法院一审判决被告人胡某某的行为构成盗窃罪。A 县人民检察院于 2017 年 7 月提出抗诉，该市中级人民法院于 2017 年 9 月终审判决胡某某的行为构成信用卡诈骗罪。

二、关键问题

本案的关键问题在于胡某某捡拾到他人信用卡后取款的行为是构成盗窃罪还是信用卡诈骗罪？

---

* 王伟，甘肃省陇南市西和县人民检察院公诉科助理检察员。

三、分歧意见

对胡某某捡拾到他人信用卡后取款的行为是构成盗窃罪还是信用卡诈骗罪，存在以下两种分歧意见：

第一种意见认为，胡某某的行为构成盗窃罪。理由是：银行卡为借记卡，不属于信用卡范畴。胡某某利用捡拾到他人信用卡及密码便条之便，在ATM机上窃取他人银行卡内存储现金20 000元的行为属于《刑法》规定的秘密窃取他人财物的行为，应认定为盗窃罪。

第二种意见认为，胡某某的行为构成信用卡诈骗罪。理由是：全国人民代表大会常务委员会《关于〈中华人民共和国刑法〉有关信用卡规定的解释》(以下简称《解释》）明确规定具有套现功能的借记卡属《刑法》上的信用卡，本案被告人胡某某的行为完全符合冒用他人信用卡的行为，应被认定为信用卡诈骗罪。

四、评析意见

本案中，胡某某捡拾到的他人银行卡属于信用卡的一种，胡某某利用捡拾到他人银行卡及密码便条之便，在ATM机上窃取他人银行卡内存储现金20 000元的行为属于《刑法》第196条规定的信用卡诈骗罪中冒用他人信用卡的行为，胡某某的行为构成信用卡诈骗罪。原因如下：

(1）根据《刑法》的规定，对于盗窃罪和信用卡诈骗罪的认定如下：根据《刑法》第264条的规定，盗窃罪是指以非法占有为目的，窃取公私财物数额较大，或者多次盗窃、入户盗窃、携带凶器盗窃、扒窃的行为，主观方面是故意，侵犯的客体是公私财物所有权。根据《刑法》第196条的规定，信用卡诈骗罪是指以非法占有为目的，利用信用卡进行诈骗活动，骗取数额较大财物的行为，主观方面也是故意，侵犯的客体是信用卡管理制度和公私财产所有权。并且，信用卡诈骗罪有四种具体的表现形式：①使用伪造的信用卡，或者使用以虚假的身份证明骗领的信用卡的；②使用作废的信用卡的；③冒用他人信用卡的；④恶意透支的。本案中，胡某某捡拾到他人银行卡和密码便条之后并没有将之交给公安机关和持卡人，也没有上交其他部门，而是利用他人银行卡及密码便条在ATM机上窃取他人银行卡内存储现金 20 000 元。由此来看，胡某某的行为既有非法占有的故意，也有秘密窃取他人财物的行为，已经构成盗窃罪。但是，胡某某的行为同时也属于《刑法》第 196 条关于信用卡诈骗罪规定的第 1 款第 3 项冒用他人信用卡的情形，即拾得他人信用卡后以持卡人名义使用合法持卡人的信用卡进行骗取财物的行为，也构成信用卡诈骗罪。那么，对本案定性的问题就是本案中胡某某捡拾到的银行卡是否属于《刑法》规定的信用卡的范畴。如果不属于信用卡的范畴，胡某某构成盗窃罪，反之，胡某某构成信用卡诈骗罪。

（2）信用卡和银行卡的区别同《刑法》中关于信用卡的规定。信用卡是银行卡的一种，银行卡主要有借记卡、贷记卡和准贷记卡三种。借记卡是由发卡银行向社会发行的先存款后消费且没有透支功能的银行卡。信用卡是由商业银行向个人和单位发行，凭此向特约单位购物、消费和向银行存取现金，具有消费信用的特制载体卡片，一般单指贷记卡。两者的本质区别主要是，信用卡是先消费后还款，借记卡是先存款后使用，且信用卡具有透支功能。本案中，胡某某捡到的银行卡为借记卡，一般情况下不属于信用卡的范畴，但是根据《解释》中"刑法规定的'信用卡'，是指由商业银行或者其他金融机构发行的具有消费支付、信用贷款、转账结算、存取现金等全部功能或者部分功能的电子支付卡"的规定，只要是具备了消费支付、信用借贷、转账结算、存取现金等全部功能或者部分功能便都属于刑法意义上的信用卡。因此，我国《刑法》中的信用卡就应当既包括国际通行意义上的具有透支功能的信用卡，也包括不具有透支功能的银行借记卡。本案中，胡某某捡到的银行卡当然属于刑法上的信用卡，其利用捡拾到他人信用卡及密码便条之便，在 ATM 机上窃取他人银行卡内存储现金 20 000 元的行为属于《刑法》第 196 条规定的冒用他人信用卡的行为，应被认定为信用卡诈骗罪。

综上所述，本案中胡某某的行为构成信用卡诈骗罪。

五、处理结果

A 县人民检察院以被告人胡某某构成信用卡诈骗罪向 A 县人民法院

提起公诉，A县人民法院一审判决被告人胡某某的行为构成盗窃罪，判处有期徒刑1年，缓刑1年，并处罚金5000元。A县人民检察院经仔细研究仍然坚持认为被告人胡某某的行为应按《刑法》第196条第1款第3项之规定予以惩处，遂以一审判决认定被告人行为构成盗窃罪适用法律不当提出抗诉。市中级人民法院最终认定，胡某某的行为构成信用卡诈骗罪，判处有期徒刑1年，缓刑1年，并处罚金20 000元。

张某诈骗案

——通过借用他人身份证办理手机分期业务套取现金挥霍的行为是否构成犯罪*

要旨

根据被借用的身份证持有人的主观意志准确区分借用他人身份证办理手机分期业务套取现金挥霍的行为是民事纠纷，还是构成诈骗罪。

一、基本案情

2016年12月，张某让何某某用其身份证给他办理一部分期手机，每个月的分期款由张某自己还，何某某答应了张某。2017年1月×日中午，张某把何某某领到A县五金大厦旁边的苹果手机专卖店，以何某某的身份证办理了一部4200元的手机分期业务。办理完所有手续后，张某将手机以3600元的低价转让给手机店老板，所得3600元用于挥霍。到分期还款日时，张某没有按约定还款。2017年5月，张某某在A县城关镇某养生足道打工时和张某、李某结识，在一次洗脚后，李某以自己没有拿身份证为由，借张某某身份证去宾馆开房，张某某将身份证借予李某，后李某和张某商议，以张某某的身份证给李某办理一部手机分期业务。李某征得张某某同意后，和张某、张某某三人到A县妇幼保健站楼下的苹果手机体验店给李某分期购买了一部OPPO R9 PLUS，后将手机以2500元转让给手机

* 李应，甘肃省陇南市礼县人民检察院。

店老板，手机老板将2500元通过支付宝转账到李某的支付宝账户，所得钱被李某和张某两人挥霍。2017年9月，李某还清了全部手机分期款。2017年5月，李某通过王某某认识了兰某某和南某某，经王某某介绍让兰某某和南某某用自己的身份证给李某办理分期手机业务，分期的钱由李某还，后在李某和张某的带领下，先后以南某某的身份证办理了4部手机分期业务套取现金，以兰某某的身份证办理了2部手机分期业务套取现金。后张某和李某商议，以南某某的身份证办理的3部手机的分期款由张某还款，以兰某某的身份证办理的2部和以南某某的身份证办理的1部的手机分期款由李某还款。到还款日时，李某还了以南某某身份证办理的2部手机分期款和以兰某某的身份证办理的1部分期手机款，其余的张某和李某都没有还。南某某和兰某某及家人找到李某家，向李某父亲说明情况后，李某父亲承诺以南某某和兰某某的身份证办理的手机分期款由他还。2017年6月×日，靳某某在某广场碰见李某和张某。李某对靳某某说："借一下身份证分期一部手机，钱我还。"靳某某同意后，三人在某街的一家OPPO手机店分期购买了一部OPPO R7 PLUS，价值3498元，分期24个月，每月的分期款由李某还。次日，李某又联系到靳某某，让其再分期一部手机，靳某某没有理睬，张某便来到靳某某上班的地方，对靳某某说："李某叫你再分期一部手机。"二人便来到A县妇幼保健站楼下的苹果手机体验店，办理了一部价值3498元的分期手机。张某将分期购买来的手机低价转让给手机店，所得3100元自己挥霍一空。张某又以同样的方式在乔某、王某某知悉的情况下，借用乔某、王某某等人的身份证办理手机分期业务以套取现金挥霍。

二、分歧意见

观点一：张某的行为构成诈骗罪。理由：张某以自己还款为由，骗取被害人的信任，在被害人用自己的身份证为其办理手机分期业务购得手机后，又将分期手机低价转让给手机店以套取现金挥霍。张某未按约偿还手机分期款，其行为符合诈骗罪的构成要件，涉嫌诈骗罪。

观点二：张某的行为不构成犯罪。理由：张某是在被害人同意的情况下借用被害人的身份证为其办理手机分期业务购得手机的，也是在被害人在场的情况下将购得的手机低价转让给手机店套取现金挥霍的。各被害人作为成年人应当承担用自己身份证为张某办理手机分期业务后张某不能按期还款的后果。张某在该案中并没有采用虚构事实、隐瞒真相的方法骗取他人财物，主观上是否有非法占有的目的也不清楚。因此，张某的行为不构成犯罪。

三、评析意见

笔者同意上述观点二的意见，认为张某的行为不构成犯罪。理由如下：

诈骗罪，是指以非法占有为目的，用虚构事实或者隐瞒真相的方法，骗取公私财物数额较大的行为。本罪的客体是公私财物所有权。本罪的客观方面表现为用虚构事实或者隐瞒真相的方法，骗取公私财物，数额较大的行为。诈骗行为最突出的特点就是行为人设法使被害人在认识上产生错觉，以致“自觉地”将自己所有或者持有的财物交付给行为人或者放弃自己的所有权，或者免除行为人交还财物的义务。诈骗的手段多种多样，五花八门，概括起来表现为：其一，虚构事实，即变造某种根本不存在的或者不可能发生的，足以使他人受蒙蔽的事实骗取他人财物；其二，隐瞒真相，即隐瞒客观上存在的事实情况，既可以隐瞒部分事实真相，也可以隐瞒全部事实真相。行为人往往通过隐瞒真相的方法，使公私财物所有人、管理人陷入错误认识，从而“自愿”交付财物。本罪的主体为一般主体，即年满16周岁、具有刑事责任能力的自然人。本罪的主观方面是直接故意，且以非法占有为目的。犯罪的构成必须主客观要件相统一，缺一不可。

第一，张某没有实施虚构事实、隐瞒真相的诈骗行为。张某明确告知各身份证出借人，身份证是为其办理手机分期业务的，且各出借人均拿着自己真实身份证，自愿到手机店为张某办理分期手机业务，因此，张某并没有虚构事实或者以隐瞒真相的方法骗取各出借人的身份证及相关资料为其办理分期手机业务。手机店在张某和身份证出借人提供了真实身份证和相关真实资料的情况下，为身份证持有人办理手机分期业务，在办理过程中，张某对手机店没有欺诈行为。且在整个办理分期业务过程中，身份证持有人都是自愿去手机店，并提供自己的真实身份证等相关资料为张某办理手机分期业务的，张某并没有欺诈行为，且张某变卖手机获取现金的行为，各身份证持有人均知道。各身份证出借人均系成年人，将自己的身份证借给张某办理手机分期业务，应当明知张某不能按期还款时自己将要承担的后果。

第二，本案中不存在明确的“刑事案件被害人”，此案的借贷、套现、不能按期归还等行为，属于民事纠纷。

第三，由张某等人的行为产生的纠纷应通过民事诉讼程序解决。

四、处理结果

2017年9月，A县公安局对嫌疑人张某以涉嫌诈骗罪立案侦查，并于同日对张某予以刑事拘留。2017年10月，A县公安局以张某予以涉嫌诈骗罪提请A县人民检察院批准逮捕。7日后，A县人民检察院以张某的行为不构成犯罪为由对张某作出不批准逮捕的决定。8日后，A县公安局将张某无罪释放。

马某、杨某某贩卖毒品案

——贩卖毒品罪中如何认定贩卖故意*

要旨

贩卖毒品故意和行为均有动态性、牟利性、对合性，贩卖毒品是一个联系下线，寻找毒源，买进毒品，交接毒品的动态过程，贩卖毒品所谋取的利益既包含金钱也包括毒品等其他财物利益。

一、基本案情

原审被告人马某，男性，1963年×月×日出生，东乡族。其于2016年3月被A县人民检察院以贩卖毒品罪批准逮捕，于2008年因贩卖毒品被判处有期徒刑1年6个月，于2009年5月刑满释放；2011年9月又因犯掩饰、隐瞒犯罪所得罪被判处有期徒刑2年2个月，于2014年5月刑满释放。

原审被告人杨某某，男性，1991年×月×日出生，东乡族，户籍所在地为甘肃省A县，因涉嫌贩卖毒品，于2016年3月被以贩卖毒品罪批准逮捕。2012年5月，因犯抢夺罪被判处有期徒刑5年。

起诉审判认定事实一致：2012年，马某与杨某某在兰州市第二看守所相识。2016年1月，犯罪嫌疑人杨某某刑满释放后，准备往B地向甘南人“核桃”贩卖15克甲基苯丙胺（冰毒），遂叫马某介绍货源。同年1月，马某打电话给朋友“瓜三”寻找货源，“瓜三”将B县贩毒人员（另案处理，下称“东乡人”）介绍给马某。犯罪

---

* 马志华，甘肃省临夏回族自治州人民检察院；潘肖华，甘肃省临夏回族自治州人民检察院。

嫌疑人马某电话联系“东乡人”商量购买15克毒品，“东乡人”表示少于100克不卖，最后商定以每克150元的价格购买甲基苯丙胺（冰毒）100克。马某从A县某信用社取了15 000元现金作为购买100克甲基苯丙胺（冰毒）的毒资后将15 000元现金在某信用社汇到“东乡人”（户名赵某某，赵某某因贩卖、运输甲基苯丙胺1900克于2016年11月被A县公安局抓获）的卡上。同日下午，“东乡人”打电话通知到兰州市交易甲基苯丙胺（冰毒）。犯罪嫌疑人杨某某、马某驾驶车牌号为甘A×××××的灰色本田锋范车从广河出发到兰州后，二人等到晚上，“东乡人”打电话让他们到兰州某宾馆门前等候，之后一“东乡人”将一包甲基苯丙胺（冰毒）交给马某，马某将这包甲基苯丙胺（冰毒）拿上后放到副驾驶工具箱内，由杨某某驾驶该轿车，马某坐在副驾驶从某高速出发前往A县。约一小时后，民警在A县某高速收费站出口设卡将二人抓获，抓捕时马某将用白色塑料袋包裹的一包可疑物毒品晶体扔到甘A×××××的灰色本田锋范车副驾驶室门前地上，侦查人员当场查获马某扔到路面上可疑物毒品晶体一包，经称量，净重98.5克。后经鉴定，所送检材中均检出常见毒品甲基苯丙胺成分。“核桃”的通话清单显示其通话基站位置从B地到了A地。

A县公安局于2016年5月将本案侦查终结并移送A县人民检察院审查起诉。A县人民检察院于2016年11月以被告人马某、杨某某犯贩卖毒品罪向A县人民法院提起公诉。A县人民法院于2017年2月作出［2017］甘2924刑初6号刑事判决：被告人马某犯非法持有毒品罪，宣告刑期7年6个月，并处罚金5000元。被告人杨某某，犯非法持有毒品罪，宣告刑期7年，并处罚金3000元。

A县人民检察院认为，A县人民法院的上述判决对被告人马某、杨某某定罪有误，量刑不当，提出抗诉。上级人民检察院经审查后，认为A县人民检察院抗诉理由正确，支持抗诉。

二、关键问题

马某、杨某某是否具有贩卖毒品故意，二人的行为是构成贩卖毒品罪还是非法持有毒品罪。

三、分歧意见

检察机关认为，本案杨某某为了牟利而买进毒品向“核桃”贩卖，马某帮助杨某某介绍毒源、支付毒资、买进毒品在交付“核桃”途中被抓获，应当被认定为贩卖毒品罪。

一审审判机关认为，马某、杨某某贩卖毒品的供述不稳定，当庭翻供，且毒品上家和下家都未抓获，无法认定二人具有贩卖毒品故意，应当改判为非法持有毒品罪。

四、评析意见

(1) 精准认定被告人行为罪名，是本案抗诉成功的关键。贩卖毒品罪与非法持有毒品罪是实践中最容易混淆和发生争议的两个罪名，贩卖毒品罪与非法持有毒品罪最主要的区别就在于，贩卖毒品均有动态性、牟利性、对合性。首先，贩卖毒品是从联系下线，寻找毒源，买进毒品，到交接毒品的动态过程。其次，贩卖毒品要求犯罪者具有从买进交接过程中谋取利益的故意和行为，这种利益包含金钱也包括毒品等其他财物利益。最后，贩卖毒品是买卖双方的对合犯罪，卖出者构成贩卖毒品罪，买入者如果均有向他人贩卖的故意也构成贩卖毒品罪，如果运输毒品就构成贩卖毒品罪，大量持有毒品就构成非法持有毒品罪。反观非法持有毒品罪只是静态的持有过程，缺乏对合性、牟利性。

本案中，两被告人从侦查阶段开始一直稳定供述贩卖毒品的故意和实施过程，即杨某某为了向甘南人“核桃”以每克180元的价格贩卖冰毒15克而找马某帮忙，马某帮助杨某某寻找毒源，支付毒资，以150元的价格从兰州“东乡人”处买进毒品100克并驾车将毒品运输到A地准备交给“核桃”。判决书在认定事实部分也表述：“杨某某刑满释放后，准备向甘南人贩卖15克冰毒，遂叫马某联系货源。”且杨某某在庭审中也供述马某联系“瓜三”买进毒品，并汇毒资15 000元给赵某某，该汇款凭证也已收集在卷予以佐证。上述证据足以证明二被告具有买进毒品向他人贩卖的主观故意。故认定杨某某为了牟利而买进毒品向“核桃”贩卖，马某帮助杨某某介绍毒源、支付毒资、买进毒品的事实证据相互印证，足以认定。

此外，最高人民检察院、公安部《关于公安机关管辖的刑事案件立案追诉标准的规定（三）》明确规定："'贩卖'是指明知是毒品而非法销售或者以贩卖为目的而非法收买的行为。"杨某某为了贩卖而买进毒品的行为属于贩卖毒品行为。按照最高人民法院作出的《全国法院毒品犯罪审判工作座谈会纪要》中"贩毒人员被抓获后，对于从其住所、车辆等处查获的毒品，一般均应认定为其贩卖的毒品"的规定，从二被告驾驶车辆上查扣的100克毒品应当被认定为二被告所贩卖毒品。

（2）被告人之间的特殊关系、被告人之间通话联系时间的特殊性、频繁性。账户往来的特殊时间等与案件相关的细节证据证明，马某和杨某某的当庭辩解不可信，且与在案证据和生活常识、日常逻辑矛盾，没有任何证据支持。马某辩称："其毒品是其带到兰州的，其是要回8年前寄放在赵某某处的毒品，毒品是要赠送给杨某某，其没有贩卖毒品的故意。"但该辩解与赵某某的释放证明矛盾，释放证明显示，赵某某于2012年刑满释放，8年前赵某某尚在狱中服刑，不可能与马某见面收藏毒品，且赵某某因贩卖冰毒1991.5克已于2016年11月16日被A县公安局抓获（当时由甘肃省临夏回族自治州人民检察院审查起诉），上述证据证明本案的上线是职业毒贩。杨某某从侦查阶段直至庭审一直稳定供述其听到马某在与"瓜三"商量毒品数量、价格，且与"瓜三"通话后不到一个小时马某即给赵某某账户汇款与毒品数量吻合的毒资15 000元。本案涉案毒品价值15 000元，马某与杨某某仅仅是狱友关系，马某将这样价值的毒品赠送给刚刚出狱、没有经济来源、非亲非故的杨某某与日常生活逻辑不符。上述事实可以充分证明马某辩解的虚假性。

杨某某辩称："其购买毒品是为了给其开赌场的老板一起吸食，其赚取的几百元利润也是为了购买毒品自己吸食，不是贩卖，其在公安阶段的供述是由于自己吸毒后神志不清的供述。"但马某从侦查阶段直至庭审均供述其听到杨某某一直与一个甘南人商量毒品的价格是180元，当杨某某要分利润给马某时，其表示杨某某的事情其不管。杨某某从侦查到批捕、起诉阶段都稳定供述向"核桃"贩卖毒品的事实，其供述的“核桃”从B地到A地接货的事实与“核桃”通话清单显示的基站位置吻合。去兰州和回A地都是杨某某开车，杨某某能开车在车辆川流不息的兰州安全往返，证明其当时神志清醒，且其在批捕、起诉环节也作出了与侦查阶段一致的有罪供述。按照《全国法院毒品犯罪审判工作座谈会纪要》的规定，以贩卖为目的收取部分毒品作为酬劳的，应视为从中牟利，属于变相加价贩卖毒品，以贩卖毒品罪定罪处罚。故杨某某的辩解不可信，其行为构成贩卖毒品罪。

（3）本案最后的判决没有认定马某具有毒品再犯情节，属于量刑不当。马某于2008年因犯非法持有毒品罪被法院判处有期徒刑1年6个月，本次再犯毒品犯罪，应当按照《刑法》第356条的规定认定为毒品再犯，判决没有认定该从重量刑情节属于量刑不当。

五、处理结果

该市中级人民法院采纳了检察机关的抗诉意见，认为抗诉机关的意见符合本案实际，于2017年6月裁定撤销A县人民法院的判决并将本案发回A县人民法院重新审判。A县人民法院于2017年9月作出再审判决并全面采纳A县人民检察院抗诉意见：以贩卖毒品罪，判处被告人马某有期徒刑15年，并处没收个人财产5000元；以贩卖毒品罪判处被告人杨某某有期徒刑15年，并处没收个人财产3000元。

王某等人财产分割案

——特殊群体利益应受保护*

要旨

本案成功抗诉，彰显了检察职能，维护了当事人的合法权益，保障了司法公正，取得了较好的社会效果。本案作为某自治州检察机关办理的一起成功的民事抗诉案件，被甘肃省人民检察院未检处向最高人民检察院、全国妇联推荐为“维护妇女儿童权益优秀案例”。

一、基本案情

原告章某与被告王某系母子关系、原告章某与第三人王某某系母女关系，章某之夫已故。原被告在某市某镇某村六社×号宅院居住。章某因从小患小儿麻痹，身体有严重残疾，既无劳动能力，也无其他收入来源，作为弱势群体，社会应当给予更多的关心和关注，其合法权益应当依法优先予以保障。

2010年城建改造时，王某代表家庭与某房地产开发有限责任公司签订了《产权出让及相关补偿合同》，合同约定“对×号宅院共补偿楼房二套、面积为225m^2，铺面三间、面积为162m^2，2012年交付首套115m^{2}楼房，其余于2014年底交付”。首套房交付后，章某、王某仍共同居住。

2014年×月×日，原告章某以分割家庭财产为由将被告王某起诉

* 彭文彬，甘肃省临夏回族自治州检察院民事行政检察处副处长；赵群，甘肃省临夏回族自治州检察院民事行政检察处处长。

至某市人民法院，王某某作为第三人参加诉讼。经某市人民法院主持调解，原被告及第三人达成调解协议：“1. 章某与王某共同生活，待铺面装潢出租后王某每月付给章某零花钱 1000 元，现原被告所住楼房和三间铺面的所有权归王某某；2.《合同》第 2 条所指面积 $110m^2$ 的楼房所有权归王某某；3. 案件受理费 5000 元由第三人王某某承担。”法院作出［2014］临市法民初字第 709 号民事调解书，向章某送达时其反悔并拒绝签收，要求继续审理，某市人民法院拒绝审理，调解结案。原告章某遂以某市人民法院民事调解书违反自愿原则、侵权为由，提出再审申请，要求确认该调解书无效。某市人民法院经审查认为章某的申请再审理由不成立，以裁定驳回了其再审申请。

二、办案过程及结果

章某以本人未在调解协议送达回证上签字，该调解协议未生效，某市人民法院民事调解书损害其合法权益为由，向检察机关提出监督申请。某自治州人民检察院经审查认为，某市人民法院作出的民事调解书违反自愿原则、存在违法情形且适用法律错误。具体体现在：①调解违反自愿原则。上述调解协议达成次日，原审法院审判人员送达调解书时，申请人章某当即表示反悔，并拒绝签字。根据最高人民法院《关于适用〈中华人民共和国民事诉讼法〉若干问题的意见》第 95 条之规定，当事人一方拒绝签收调解书的，调解书不发生法律效力，人民法院要及时通知对方当事人。②调解违反法律规定。第一，程序错误。本案以普通程序审理，但却由审判人员一人主持调解。第二，协议内容违反法律规定，部分无效。一是调解协议未体现公平原则。协议约定：被告王某享有一套楼房及三间铺面，第三人享有一套楼房，而原告章某作为家庭主要成员之一，并未分得任何财产，故该调解协议严重侵害了申请人章某的合法权益。二是违反《妇女权益保障法》之规定，侵犯了章某在家庭生活中应当享有的权益。三是违反《残疾人保障法》之规定。章某作为年近 60 岁的残疾人，既无劳动能力，也无其他收入，生活没有保障，原审法院调解协议未顾及弱势群体切身利益。③本案适用法律确有错误。本案的诉讼请求是对遗产和家庭财产的分割，首先依照《民事诉讼法》《物权法》的规定先行确定原告之产权，其次对属于遗产的部分按照《婚姻法》《继承法》的规定进行分割继承。综上，某自治州人民检察院依据《民事诉讼法》第 208 条第 1 款的规定，向某自治州中级人民法院提出抗诉。该中级人民法院裁定发回重审，再审经调解结案，协议约定某房地产开发有限责任公司开发某镇某村六社原×号宅院补偿的住房由王某、王某某各一套，三间铺面中一间 54 平方米归章某所有，其他两间归王某所有。

本案是母子之间因房产纠纷引发的民事案件，一审法院以调解结案，但调解违反自愿原则，协议内容显失公平公正。章某年近 60 岁且系残疾人，既无劳动能力，也无其他收入来源，生活没有任何保障，在自己的民事权利得不到有效保障的情况下，拿起法律的武器，依法维护自己的合法权益，以自己的亲生儿子为被告向某市人民法院提起民事诉讼，实属无奈之举。但原审调解协议未顾及弱势群体切身利益，使其财产权益受到侵害。

某自治州检察机关依法受理了章某的监督申请，审查认为：调解书签收之时章某反悔，并未在调解书上签字，根据我国《民事诉讼法》的规定，当事人未签收的人民法院调解书不具有法律效力。

章某作为妇女、老人和残疾人，在政治、经济、文化、社会和家庭生活等方面享有同其他公民平等的权利，其民事权益应当依法受到保护。根据《民事诉讼法》的规定，检察机关负有对人民法院生效的民事判决、裁定、调解书依法进行法律监督的神圣职责。检察监督权通过抗诉、检察建议、再审检察建议等方式实现。本案中，某自治州人民检察院通过抗诉方式对某市人民法院民事调解书依法进行了监督。再审中，经某市人民法院主持调解，章某分得一间铺面。

徐某某等人合同诈骗案

——在共同犯罪中如何区分合同诈骗罪与骗取贷款罪*

要旨

本案产生的争议根源在于徐某某和张某某与刘某某之间签订合同贷款行为的认定问题。徐某某和张某某通过合同骗取信用合作社的贷款是不争的事实，因此，二人骗取财物的行为是以非法占有银行财物为目的，还是为了正当的商业目的所为的贷款是本案的关键。另外，在这个共同犯罪案件中，不同行为的主观目的不同能否构成不同的罪行也是问题之所在。由此涉及如何认定诈骗类案件中主观故意内容以及共同犯罪中不同行为人的行为的性质认定问题。

一、案情简介

徐某某，男，1966年×月×日出生于甘肃省某县，系甘肃W有限公司法定代表人。

张某某，女，1958年×月×日出生于甘肃省，系Y地产开发有限公司法定代表人。

2005年12月至2010年5月期间，徐某某以甘肃W有限公司名义与李某某、权某某、郭某某等多名被害人分别签订《购买商铺协议》，出售位于甘肃省某县大厦一、二层商铺，收取多名被害人购房款共计600余万元，但一直未办理《房屋所有权证》。2012年×月×

---

* 李亮，甘肃政法大学2017级硕士研究生；赵子方，兰州大学2018级硕士研究生。

日，徐某某将已经出售的商铺私自抵押给甘肃A有限公司，并办理了抵押登记手续，后因无力归还贷款，2014年该商铺被甘肃省人民法院查封。

2013年9月，徐某某以急需周转资金为由，以甘肃某集团有限公司名义，使用伪造的《房屋所有权证》作抵押，与李某某签订《保证借款合同》，取得人民币2000余万元。

2013年10月，徐某某以伪造的《房屋所有权证》及其他权证作为抵押，与甘肃B投资管理有限公司签订《借款合同》，取得人民币300余万元。

2014年4月，徐某某以伪造的《房屋所有权证》及其他权证作为抵押，与兰州市C贷款有限公司签订《借款合同》，取得人民币300余万元。

2014年4月，徐某某同张某某以伪造的《房屋所有权证》及其他权证作为抵押，与甘肃省某信用社的刘某某签订《借款合同》，取得人民币1000余万元。

2015年3月，徐某某谎称其收购了甘肃某有限公司，以该厂需要拆迁为由，与刘某某签订拆除承包合同，取得保证金60余万元。

二、关键问题

在共同犯罪案件中，基于不同行为人主观上的不同认识，能否构成不同的犯罪类型？在合同诈骗案件中，如何进行“非法占有”目的的认定？

三、分歧意见

对徐某某与张某某的行为如何定性，有以下两种意见：

第一种意见认为，徐某某和张某某的行为构成骗取贷款罪。理由是：合同诈骗罪的本质是行为人以非法占有为目的，在合同的签订、履行的过程中，以虚构事实、隐瞒真实情况的方法骗取公私财物的行为。而骗取贷款罪的本质是以欺骗手段取得银行或者其他金融机构的贷款，给银行或者其他金融机构造成重大损失或者其他严重情节的行为。

在本案之中，徐某某为了骗取公私财物，采取伪造《房屋所有权证》以及其他权证的办法，分别与某集团公司、B 投资管理有限公司、C 贷款有限公司以及刘某某签署合同，骗取钱财，符合合同诈骗罪中的主观要件与客观行为要件特征。因此，徐某某的行为构成合同诈骗罪。

对于张某某的行为，其由于公司需要资金，而伙同徐某某以虚构的《房屋所有权证》以及其他权证与甘肃省某信用社的刘某某签订合同，骗取了财物。这符合骗取贷款罪的主观构成要件，即不以非法占有为目的，同时也符合骗取贷款罪的客观行为要件，即以欺骗手段取得了财物。因此，张某某的行为构成骗取贷款罪。

第二种意见认为，徐某某的行为既构成合同诈骗罪，又构成骗取贷款罪，张某某的行为构成骗取贷款罪。理由是：徐某某与张某某一起同甘肃省某信用社的刘某某签订合同贷款的行为，是为了支付其与 B 投资管理有限公司借款的高额利息，主观上并不是以非法占有为目的，其与合同诈骗罪所要求的主观要件不符合，应该认定徐某某的行为构成骗取贷款罪。

四、评析意见

在该案中，徐某某的其他行为构成合同诈骗罪这是不争的事实，但是其与张某某一起骗取甘肃省某信用社贷款的行为却不好定性。因为这是一个共同犯罪行为，对于不同行为人的主观目的不易认定，同时，合同诈骗罪与骗取贷款罪的关键区分点在于行为人的主观目的不同。

第一，对于徐某某与张某某一同骗取甘肃省某信用社贷款的行为虽然构成共同犯罪，但是不应被认定为是一个整体的行为。

理由是：按照《刑法》第 25 条的规定：“共同犯罪是指二人以上共同故意犯罪。”如果从以整体认定共同犯罪的方法来看，将二人以上的行为作为整体，进而判断该整体是否成立共同犯罪，并且同时确定共同犯罪的性质，得出成立共同犯罪的结论之后，对各共犯人按照该犯罪定罪，接着再考虑共犯人在共同犯罪中所起的作用，并依此量刑。那么，第一个要考虑的就是行为是否同一的问题。毫无疑问，在这个案件中，徐某某与张某某明显是处于不同的目的而共同做出了同一行为。但是，也不能因此就认为共同犯罪应该以整体认定共同犯罪的方法来进行。因为在共犯人以教唆、帮助的方式参与犯罪时，犯罪行为的同一性难以认定。这类行为人不仅主观上的目的不同，而且客观上的行为也是不一样的，这将会导致难以判断是否存在共同的犯罪行为。

而犯罪的认定是一个从事实认定到规范评价的过程，如若在事实认定阶段就否定了共同行为，则其无论如何也不能被认定为共同犯罪。正犯行为是符合《刑法》分则规定的基本构成要件的行为，而教唆行为、帮助行为则不是。尤其是帮助行为，因为缺乏定型性而与正犯行为存在明显区别。看似是日常生活行为，也可能成立帮助行为。所以，很难认定帮助行为与正犯行为是相同的行为。

另外，这种整体认定的方法也难以认定共同的犯罪故意。因为在片面帮助的场合，只存在帮助犯主动配合正犯，而正犯并没有配合帮助犯的情况，这不符合这一方法所要求的共同犯罪的犯罪故意所要求的内容。因此，按照这一方法，共同犯罪的故意应该包括各犯罪人认识到自己与他人互相配合共同实施犯罪。

此外，这种整体认定的方法有可能造成刑法界限过度泛滥的结果，应该坚持共犯从属性结论。因为事实上，当教唆者只是说了一句“杀死某人”时，即使对方完全默认，也没有处罚的必要。因为在被教唆者没有实施威胁法益的行为时，即使不处罚教唆者，也可以确保国民的平稳生活。而整体地认定共同犯罪的方法，意味着并不是先判断谁是正犯，而是整体地判断谁和谁成立共同犯罪，这便不可能贯彻共犯从属性原理。我国司法机关经常对共同犯罪案件进行分案审理，并且先审理帮助犯，再将帮助犯的成立作为认定正犯的依据。这种本末倒置的做法，很容易造成冤假错案的发生。

故此，对于徐某某和张某某一同骗取甘肃省某信用社贷款的行为，虽然构成共同犯罪，但是应该分别认定，分别处理。

第二，在徐某某与张某某共同骗取甘肃省某信用社贷款的行为中，在具体罪名的确定方面涉及合同诈骗罪与骗取贷款罪的认定问题，应该认定徐某某与张某某分别构成骗取贷款罪。

合同诈骗罪有其特殊性。从我国的刑法的规定来看，现行刑法对诈骗类的罪状描述一般采用的是列举概括式的叙明罪状，对各种诈骗犯罪的行为方式作出了明确规定。因此，一般情况下，只要能查明行为人认识到自己实施了法律规定的具体诈骗犯罪的客观行为，就可以认定行为人具有此种诈骗的犯罪故意，进而推定行为人具有非法占有目的，无须司法机关予以特别查明。但是，对于合同诈骗罪来说，刑法不仅规定了具体的行为，而且还特别强调“以非法占有为目的”。

刑法的这种规定有其特殊的立法目的。因为如果不在立法上作出这种明确的规定，将造成很多犯罪难以被区分。可以说，如果不如此，司法机关将难以将集资诈骗罪、贷款诈骗罪、恶意透支的信用卡诈骗罪以及合同诈骗罪等犯罪的罪与非罪以及与其他犯罪的界限区分开来。

犯罪的主观方面虽然是刑法所明文规定的犯罪构成要件之一，但是有其特殊性。主观目的是一种思想，存在于人的头脑之中，难以被观察和发现。而在司法实践中，极少有犯罪嫌疑人会主动承认自己具有非法占有的故意，这就需要办案人员利用其他证据进行论证和推定，这种客观上存在的困难极大地增大了徐某某和张某某共同骗取贷款的行为认定难度。合同诈骗罪本质上就是以非法占有为目的，将合同作为利用手段，骗取公私财物的行为。笔者认为，对于该罪的非法占有目的应该从主客观角度去把握，从该罪所保护的特殊法益与非法占有目的的内涵入手，进行综合把握。

合同诈骗罪所保护的法益是市场经济秩序和公私财物所有权。如果权利所有人合法占有公私财产，那当然不存在问题。但是一旦合法占有人超出占有界限，侵害公私财物所有权或者造成市场经济秩序混乱达到非法占有的程度，其便会直接受到刑法的规制。合同诈骗罪的非法占有目的应该包含两层意思：其一是一种可能性，是可以通过行为人的行为相互印证的占有意思。在司法实践过程中表现为提供虚假的担保，得到钱财后消失隐藏，恶意挥霍等。其二是一种消极排除隐私，即通过心理观察确认行为人是否有这种非法占有的目的。具体在司法实践过程中，表现为行为人是否积极充分地去履约，其不能履行义务的原因等。具体到徐某某与张某某骗取信用社贷款的行为中，虽然通过两人的行为可以看出其是通过伪造《房屋所有权证》和其他权证提供虚假担保的方式与甘肃省某信用社的刘某某签订贷款合同得到贷款的，而这种行为完全符合刑法对于诈骗犯罪的客观行为方面的规定，是以虚构事实和隐瞒真实情况的方式进行的，以合同作为手段得到信用社方面的财物，似乎可以分别认定两人的行为构成合同诈骗罪。

但是从犯罪构成角度来看，合同诈骗罪的主观方面表现为非法占有目的，客观方面表现为利用合同实施欺诈行为，二者是并列关系。如果将二者改变为因果关系，仅通过欺诈行为就推定行为人具有非法占有的目的，不仅不符合逻辑规律，而且将导致合同诈骗与合同纠纷难以区分，最终扩大合同诈骗罪的打击范围。也就是说，不能仅仅凭借徐某某和张某某客观方面所实施的虚假行为就认定其存在非法占有的目的，应该综合客观与主观两个方面进行把握。

而骗取贷款罪在主观上不要求行为人具有非法占有的目的，但是客观要件上仍要符合一般诈骗犯罪的构造，所以，一般认为骗取贷款罪中的欺骗手段实际上也就是虚构事实或隐瞒真实情况的行为。这样在司法实践中就造成了很大的认识难题，即骗取贷款罪的客观构成要件与一般诈骗犯罪的构成要件一样，那么确定该罪特殊性的关键点就在于其独特的主观要件之上。而从一般司法实践过程中的做法来看，只要能够认定嫌疑人具备该犯罪所规定的特殊的客观行为要件，就可以反推该嫌疑人具备该犯罪主观上的要件。但是这种反推并不是从刑法的规范层面出发的，没有刑法规定的内在逻辑依据，而是一种问题导向的逻辑方式推论，是一种极端的司法实践考量的政策性选择。

另外，在骗取贷款罪中还存在罪与非罪的问题，也就是说，并非行为人实施的所有的带有欺骗性质的行为都能被评价为该罪构成要件中所要求的虚构事实或隐瞒真实情况的手段。只有当这种欺骗手段达到一定的程度时，才能评价其为骗取贷款罪中的虚构事实或者隐瞒真实情况的手段。比如，在一般公民的购房贷款过程中，其隐瞒了非必要的事实，或者仅仅对自己的收入夸大了1000块钱，这种情况虽然在客观上看起来符合骗取贷款罪所要求的虚构事实情况，但是却不应被认定为骗取贷款罪。因为在这种情况下，银行也有审查贷款人资格的义务，而仅仅因为贷款人的这一种非必要事项的隐瞒便认定其构成骗取贷款罪，将极大地扩大刑法的适用范围，造成刑法滥用的局面。

在该案中，徐某某与张某某一同与甘肃省某信用社的刘某某签订合同，骗取信用社贷款的行为已然达到了必要的程度，因为其直接伪造了信用社作出贷款决定的根本性依据《房屋所有权证》以及其他权证，直接致使信用社作出了放贷决定，构成了虚构事实的必要性要求。

在主观方面，虽然徐某某采取了伪造《房屋所有权证》及其他权证的行为，但是却不能因此判断其具有非法占有信用社贷款的目的，应该结合其得到的贷款的适用情况以及徐某某本人在得到贷款之后的客观行为进行综合判断。而徐某某在得到信用社贷款之后，并没有无限制挥霍，也没有在取得信用社贷款之后隐匿行踪，消失不见，而是将贷款用在了归还之前所欠贷款上。

综上所述，对于徐某某其他的行为应该被认定为构成合同诈骗罪，而其与张某某一同骗取信用社贷款的行为应该被认定为构成骗取贷款罪，而不是合同诈骗罪。同理，张某某的行为也应该被认定为构成骗取贷款罪，而不是合同诈骗罪。

五、处理结果

法院最终认定，徐某某的行为构成合同诈骗罪与骗取贷款罪，数罪并罚之后，执行有期徒刑7年6个月，并处罚金人民币12万元。张某某的行为构成骗取贷款罪，判处有期徒刑2年8个月并处罚金人民币1万元。

王某某故意杀人、以危险方法危害公共安全案

——牵连犯和想象竞合犯的实践认定*

要旨

本案中，认定王某某的行为是一罪还是数罪，关键是厘清王某某实施的数个行为的相互关系，对此，需要准确理解和把握牵连犯罪与想象竞合犯罪的法律特征。

一、基本案情

2015年7月×日晚，王某某在与唐某、张某等人在某餐厅饮酒过程中，因言语不和与张某发生争执继而厮打，被唐某拉开，并安排出租车司机李某某将王某某送回其住处。王某某回到住处后，取杀猪刀一把，胁迫李某某驾车返回餐厅，要杀死唐某出气。途中，李某某停车准备劝说王某某时，被王某某用其携带的刀具打晕，后王某某独自驾驶李某某的轿车返回餐厅找到唐某后，即持刀朝唐某的左胸部猛刺一刀。在魏某等人上前救助唐某时，王某某驾车冲向唐某等人，将唐某、魏某碾压在车底，并挥舞刀具阻止人群靠近，致唐某当场死亡，并致魏某轻伤，张某、谭某某轻微伤，后王某某被众人制伏抓获。

二、关键问题

牵连犯和想象竞合犯在我国刑法中属拟制的一罪，其法律特征和

---

* 金石，甘肃省人民检察院研究室主任，全国检察业务专家，吉林大学法学院博士研究生。

认定标准应如何界定?

三、分歧意见

第一种意见认为，王某某的行为构成抢劫罪、故意杀人罪、故意伤害罪。理由是：王某某采用暴力手段非法占有了李某某的轿车，而后又故意实施了非法剥夺唐某生命的行为，在魏某、张某、谭某某等人对唐某实施救助的过程中，又故意伤害他人的身体健康，致魏某轻伤，这三个行为在时间上有间断性，对象亦不同，是三个独立的行为，已分别符合抢劫罪、故意杀人罪、故意伤害罪的犯罪构成要件，构成抢劫罪、故意杀人罪、故意伤害罪。

第二种意见认为，王某某的行为构成故意杀人罪。理由是：王某某实施的抢劫、故意杀人、故意伤害的行为是三个主观故意同一、手段有牵连、内容相互涵盖的行为。抢劫李某某的轿车是为了实现到达杀人现场的目的，开车撞人的目的是进一步将唐某置于死地，阻止众人救助唐某，以致故意伤害魏某等人，对其行为应以故意杀人罪一罪定罪处罚。

第三种意见认为，王某某的行为构成故意杀人罪、以危险方法危害公共安全罪。理由是：王某某先后实施了三个行为：持刀抢劫车辆的行为、持刀故意杀人的行为及驾车冲撞众人致魏某轻伤的行为。抢劫车辆是为了能够回到案发现场，以实施其预谋的故意杀人的犯罪行为，二行为之间是手段与目的的关系，属刑法中的牵连犯，故应从一重罪处罚，以故意杀人罪一罪论处。其在故意杀人行为完成后，又驾车向人群冲撞，并声称“我把你们全弄死，一个都活不下”，这时其主观故意发生了变化，从杀害被害人唐某转变、扩大为对在场其他人的故意伤害，该行为符合《刑法》第 114 条之规定，构成以危险方法危害公共安全罪。

四、评析意见

本案中，笔者认为，王某某的行为构成故意杀人罪和以危险方法危害公共安全罪。理由是：王某某抢劫李某某的轿车不是为了非法占有他人财物，而是急于报复唐某，怕正在餐厅饮酒、可能随时离去的唐某离开，使其犯罪不能得逞。抢劫轿车是在其杀人故意支配下实施的，是实现其犯罪目的的重要手段，是其实施故意杀人行为的准备条件。因此，王某某的抢劫行为与其故意杀人行为有着紧密的牵连关系，构成牵连犯罪，应以两罪中的重罪——故意杀人罪——定罪。王某某驾车冲撞唐某所处环境的不特定多数人时，主观上既有阻止众人救助唐某，并进一步采取手段将唐某致死的故意，又临时产生了不计后果为达杀害唐某的目的而侵害多数人的生命、健康安全的故意。这种故意已超出了故意杀人的故意，并且是在其用刀捅刺唐某后产生的（这时王某某的意识里是谁上来阻止其行为，就伤害谁）。这时，王某某杀害唐某的主要行为已经完成，车轮碾压只是延迟了唐某的救助时间，被锐器刺破心脏导致心脏大出血才是唐某死亡的直接原因。因此，王某某故意杀人与以危险方法危害公共安全的客观行为在主要部分不重合，不是一个行为，故对王某某驾车冲撞众人的行为不能因其含有阻止众人救助唐某的目的而认定为故意杀人罪和以危险方法危害公共安全罪的想象竞合，应以故意杀人罪和以危险方法危害公共安全罪分别定罪处罚。

五、处理结果

当地法院最终认定，王某某的行为构成故意杀人罪和以危险方法危害公共安全罪。

蒋某某打击报复证人案

——如何准确理解和把握打击报复证人罪和侮辱罪的法律特征*

要旨

本案中，厘定蒋某某、赵某某的行为是否构成犯罪，构成何种犯罪的要点在于辨明史某某是否具有刑事诉讼中证人的身份，史某某的行为是否达到了侮辱罪要求的“情节严重”的后果。因此，审查中，应准确把握打击报复证人罪和侮辱罪的法律特征，并明确二者竞合时法律上的处置规则。

一、基本案情

2015年11月×日凌晨，A县个体户史某某打“110”报警称，有人从隔壁的美容美发店二楼窗户翻入自家店内。县公安局即刻赶赴现场勘查并走访调查，将赵某某传回公安局留置盘问，后经查明，翻入美容美发店的并非是赵某某。在此过程中，赵妻蒋某某到史某某门市部大骂其将自己丈夫冤枉了，并以喝农药相威胁，被出警民警制止。11月×日、12月×日，蒋某某、赵某某两次到史某某的门市部谩骂（其中一次还将史某某女儿打伤），致使史某某的门市部无法正常营业。

二、关键问题

对蒋某某、赵某某的行为应如何定性?

---

* 金石，甘肃省人民检察院研究室主任，全国检察业务专家，吉林大学法学院博士研究生。

三、分歧意见

对蒋某某、赵某某的行为应如何定性，有以下三种意见：

第一种意见认为，蒋某某、赵某某的行为构成打击报复证人罪。理由是：蒋某某、赵某某违反法律规定，对举报赵某某违法犯罪行为的证人史某某及其家人以侮辱、诽谤、殴打等方式进行打击报复，二人的行为已构成打击报复证人罪。

第二种意见认为，蒋某某、赵某某的行为构成侮辱罪。理由是：蒋某某、赵某某违反法律规定，对史某某及其家人屡次以暴力或谩骂等方式公然贬损其人格、破坏其名誉，其行为情节严重，应构成侮辱罪。

第三种意见认为，蒋某某、赵某某的行为不构成犯罪，对二人只能根据《治安管理处罚条例》进行行政处罚。

四、评析意见

本案中，蒋某某、赵某某的行为应不构成犯罪。对二人只能依据《治安管理处罚条例》的规定进行行政处罚。理由是：史某某并不清楚进入美容美发店的是何人，更不知道案件事实情况，其身份只是报案人。由于在该案中，经公安机关留置盘问，查明翻入美容美发店的并非是赵某某，因此未对赵某某进行立案侦查，案件未进入诉讼程序，史某某的身份也就未从报案人转化为证人。因此，蒋某某、赵某某二人的行为因史某某不是打击报复证人罪的犯罪对象，而并不构成打击报复证人罪。同时，蒋某某、赵某某虽然对史某某及其家人以暴力或谩骂等方式公然贬损其人格、破坏其名誉，但二人的行为尚未达到侮辱罪所要求的“情节严重”的程度，因此蒋某某、赵某某的行为也不构成侮辱罪。

五、处理结果

当地法院最终认定，蒋某某、赵某某的行为不构成犯罪。

王某职务侵占案

——与公司签订经济责任承包合同的员工是否构成职务侵占*

要旨

本案中，王某是某某分公司员工，与某某分公司签订经济责任承包合同，成为涉案物业管理中心经理，且根据双方合同，该物业管理中心以“包死基数，包定职责，自主经营，自负盈亏”为管理模式，但该物业管理中心仍为某某分公司下属机构，王某仍为某某分公司职工。根据我国有关劳动法律，“承包”只是王某与某某分公司在法律规定范围内就王某的劳动方式与劳动报酬所作的一种自主处分，王某的身份并不因此而改变，因此王某具有职务侵占罪主体身份无疑义。本案争议的焦点是王某履行其与某某分公司之间的经济责任承包合同期间，对于预收的承租人在××××年××月以后（王某与某某分公司解除合同后）应缴的承租费、物业管理费等费用156万余元，王某在××××年××月初与某某分公司解除合同后拒不退还，是否是王某以非法占有为目的，非法占有该某某分公司的公共财产，由此需要准确理解职务侵占犯罪的主观故意内容和客观手段特征。

一、基本案情

××××年××月，王某被聘为某某分公司员工，××××年××月被录

---

* 金石，甘肃省人民检察院研究室主任，全国检察业务专家，吉林大学法学院博士研究生。

用为该公司合同制职工。××××年××月，某某分公司下发《关于某某综合楼物业管理招标的通知》，决定对某某综合楼物业管理、院落及剩余楼层的经营出租采用内部员工承包方式进行招标。××××年××月，某某分公司下成立物业管理中心（隶属分公司综合部），明确该物业管理中心对某某大厦实行以“经济责任承包”方式，以“包死基数，包定职责，自主经营，自负盈亏”为原则的管理模式。同时通知王某所提方案中标，并聘用王某为物业管理中心经理，其工资福利由物业管理中心支付。××××年××月，王某与某某分公司签订了某某大厦物业管理承包合同。合同规定，王某承包对某某分公司自用办公用地进行物业管理以及对大厦13层至22层出租经营，承包期限为3年，承包费为584万元，自××××年××月××日至××××年××月××日；同时约定了双方的责、权、利，某某分公司收取王某履约保证金10万元。××××年××月，王某在该市商业银行某某支行另开设一账户，使用的印鉴是其母刘某某和王某的私人印章，经某某会计师事务所对这一账户的审计鉴定，该账户自××××年××月至××××年××月××日共发生收入119笔，金额为140余万元，均为转账收入；支出35笔，金额为140余万元，截至××××年××月××日，账户余额为0元。××××年××月××日、××月××日，某某分公司在未与王某协商的前提下，单方变更物业中心管理机关，将物业中心划归某某分公司新成立的某某科贸有限公司并通知王某停止出租其承包楼层的房屋。王某认为某某分公司违约，于××××年××月××日通过其律师与某某分公司解除了承包合同。根据某某会计师事务所的审计鉴定，王某从××××年××月××日至××××年××月××日经营了一年，除收取这一年的各项费用与应上缴的第一年承包费120万元相抵外，还预收了承租人××××年××月以后的承租费、物业管理费等费用156余万元，某某分公司认为这156余万元属某某分公司所有，要求王某予以返还，但王某认为某某分公司违约，给其造成重大经济损失，不同意返还。双方经多次协商未果，某某分公司以王某贪污公款为由，将王某控告至该市人民检察院。在此期间，王某也将某某分公司诉至该市中级人民法院，要求某某分公司赔偿因违约给其造成的经济损失。

二、关键问题

对职务侵占罪主观故意中的“非法占有”该如何认定?

三、分歧意见

对王某的行为应如何定性，有以下两种意见：

第一种意见认为，王某作为某某分公司正式员工，在内部委托承包期间，私设账外银行账户，脱离公司监管。承包经营满1年，在某某分公司提出房屋另有安排时，王某单方终止合同，宣布解散物业管理中心，并在与某某分公司对账后，除去其他费用，签字多拿某某分公司156万元，且拒不归还。王某对多拿某某分公司的这156万元实际上已经自己控制、使用，故其行为构成职务侵占罪。

第二种意见认为，王某与某某分公司签订承包合同，依合同规定承包期为3年，但承包合同只执行了1年，某某分公司先期违约，王某预收的房租费、物业管理费等156万元究竟归谁所有，应由法院按经济纠纷处理，本案不宜按犯罪论处。

四、评析意见

本案中，王某的行为不构成职务侵占罪。理由是：王某没有非法占有单位财物的故意，争议的156万元的权利归属不清，不能确定王某侵犯了某某分公司的财产所有权。

第一，争议的156万元包含王某在经济责任合同存续期间根据合同约定付出劳动的对价。该156万元虽然是王某与某某分公司解除承包合同后公司财产应取得的收益，但该156万元是王某在履行其与某某分公司的经济责任承包合同过程中根据该经济责任承包合同依法向承租方预收的××××年××月以后的房租和承租人交纳的各种押金。由于该经济责任承包合同承包期为3年，且规定“包定基数，包定职责，自主经营，自负盈亏”，而王某并不能预见到某某分公司在自己未违反合同义务的前提下会根本违约，因此，该款由王某占有，必然是王某在经济责任承包合同有效期内与承租方履行双方关于租赁物的合同的结果。而王某与承租方是合同的相对人，该156万元中的押金涉及王某根据其与承租方签订的合同所得的合法权益

（含其与某某分公司经济责任合同存续期间）能否得到实质性保障，王某与承租方签订的合同也必然以王某与该某某分公司的经济责任承包合同为依据。对王某来说，该156万元是王某权衡其根据经济责任承包合同在租赁物上可得利益的结果，是有关承包期规定的3年的合同规定，也应包含王某在经济合同存续期间在租赁物上履行的义务的对价。因此，争议的156万元并非全部是某某分公司的财产，还应包含王某个人的合法私有财产。

第二，王某扣留该156万元系基于维护自己合法权益的目的，未有“非法占有”单位财物的主观故意。本案中，王某与某某分公司签订的经济责任承包合同，约定合同期限为3年，任何一方违约，对方都有权要求违约方赔偿损失、限期整改，并有权终止合同。合同在履行中如发生争议，双方应协商解决，协商不成的，提请有关部门调解。合同签订之后，王某按合同的规定，交纳了10万元的履约保证金。自××××年××月××日至××××年××月××日，王某为某某分公司垫付了××××年××月××日至××××年××月××日的物业管理费、水电费等108万余元，向某某分公司交纳履约保证金10万元，承包费与垫付费、履约保证金相抵，王某只欠该年承包费1万余元，即王某实际上已基本交清了第一年的承包费，在合同存续期间并未有违约行为。而某某分公司在未与王某协商的前提下，却于××××年××月××日单方发出《变更物业管理中心行政隶属关系的通知》，××××年××月××日又发出通知，要求王某停止出租大楼的房屋，单方变更物业中心的管理机关和阻止王某按合同出租房屋，违反了其与王某签订的经济责任承包合同的约定，使王某无法正常经营，迫使王某无奈与之解除了合同。之后，双方就善后事宜多次协商未果，王某将该某某分公司诉诸该市中级人民法院，要求某某分公司赔偿因违约给其造成的经济损失。可见，王某与某某分公司存在因履行和解除双方经济责任承包合同而产生的经济纠纷，王某并不认为该156万元是某某分公司的财产，虽然在双方合同解除之后，王某拒不退还该156万元，但王某认为某某分公司应赔偿违约给其造成的损失，其占有此156万元是维护自己合法权益的。因此，即使王某对此156

万元是“非法占有”，也不是刑法要求的“明知的”和“恶意的”非法占有，主观上不具备职务侵占罪要求的故意内容。

本案中，还存在王某在承包经营期间私立账户的情形。对此，按照合同的规定，其“自主经营，自负盈亏”，在经营活动中，根据经营的需要另设账户并无不可，况且合同中并未注明王某不能另设账户。因此，王某的这一行为亦不能被看成是为了侵占某某分公司的财物而采用的手段。

五、处理结果

当地法院最终认定，王某的行为不构成职务侵占罪。

张某某滥用职权案

——如何准确理解和把握滥用职权罪中的“非物质性损失”*

要旨

本案中，张某某主观上具有滥用职权的故意，客观上实施了滥用职权的行为。但由于滥用职权罪是结果犯，而本案中并无物质损害结果，危害结果是幼女丁某被拐卖后与冯某某成婚并生子。因此，认定本案中张某某行为性质的关键在于分析判断这一危害结果是否属于滥用职权罪中的“非物质性损失”。

一、基本案情

2015年6月，李某谎称自己远房侄女系超生人口，无户口，托时任某派出所所长张某某办理入户手续。张某某安排所内工作人员以“补入遗漏”的方式，为生于2004年7月××日的被拐骗幼女丁某办理了入户手续，将丁某更名为王某，按李某提供的基本情况，将丁某的出生日期登记为1995年4月××日，并发放了户口簿。后李某将丁某卖与冯某某，冯某某持此户口簿为丁某办理了临时身份证，于2015年10月与丁某领取了结婚证，并办理了准生证。2016年11月××日，丁某生下一男孩。

二、关键问题

滥用职权罪的中“非物质性损失”应如何认定？“严重损害国家

---

* 金石，甘肃省人民检察院研究室主任，全国检察业务专家，吉林大学法学院博士研究生。

声誉”的标准应如何认定?“造成恶劣社会影响”的标准应如何认定?

三、分歧意见

对于张某某行为的性质，有以下两种意见：

第一种意见认为，张某某的行为构成滥用职权罪。理由是：张某某故意违规行使职权，致使丁某作为幼女被李某拐卖、被冯某某收买并奸淫育子的犯罪行为合法化，主观上有滥用职权的故意，客观上造成了严重损害丁某身心健康、扰乱国家户籍管理和计划生育制度的严重后果，其行为已构成滥用职权罪。

第二种意见认为，张某某的行为不构成滥用职权罪。理由是：张某某虽然故意违法行使职权，但张某某的行为与丁某被拐卖的行为之间无必然联系，且张某某的行为并未使公共财产、国家和人民利益遭受重大损失，也未使国家声誉受到损害或造成恶劣社会影响。故张某某的行为并未造成滥用职权罪所要求的重大危害后果，其行为不构成滥用职权罪。

四、评析意见

本案中，张某某的行为不构成滥用职权罪。理由是：滥用职权罪必须以滥用职权的行为给国家和人民利益造成重大损失为要件，但本案中并无物质性损失发生。且在非物质性损失方面，张某某的行为虽然为犯罪分子逃避侦查提供了条件，但该行为不是发生在国家对外关系中，也无涉外因素。同时，也无证据可以证实其滥用职权行为有上述“严重损害国家声誉”或“造成社会恶劣影响”的表现。从一般人的常识出发，其行为也不应造成上述法律要求的滥用职权罪中的“非物质性损失”后果。现有证据反映，丁某结婚后对现在的生活很满意，在生育后领丈夫和孩子回过老家，父母也认可并同意其现在的生活，故张某某的行为也未给丁某造成身心健康方面的严重损害。在张某某行为既未造成“物质性损失”，又未造成“非物质性损失”的情形下，依法不应入罪。

五、处理结果

当地法院最终认定，张某某的行为不构成滥用职权罪。

张某等人故意伤害案

——寻衅滋事罪与故意伤害罪的区分*

要旨

在司法实践中，故意伤害罪和寻衅滋事罪难以界定，经查会出现两种罪名混淆使用的情形，为了更加准确、清楚地定罪量刑，关键就是要把握两罪的不同之处。

一、基本案情

2016年6月×日，犯罪嫌疑人张某与被害人张某某因纠纷发生争吵后约架，犯罪嫌疑人张某与李某、陈某、孙某四人携带三根钢管和一把折叠刀来到被害人张某某喝酒的某烧烤店门外与被害人张某某、孙某某再次发生争吵并互殴。在互殴过程中，犯罪嫌疑人陈某等人持钢管与对方乱打，犯罪嫌疑人张某持折叠刀将被害人张某某和孙某某刺伤，孙某某用破啤酒瓶将犯罪嫌疑人张某脸划伤。经法医鉴定：被害人孙某某损伤程度属重伤二级；被害人张某某损伤程度属轻伤一级；犯罪嫌疑人张某损伤程度属轻伤一级。

某省某市公安局分局以某公（预）刑诉字［2016］××号起诉意见书移送审查起诉的犯罪嫌疑人张某、孙某涉嫌故意伤害罪，陈某、李某涉嫌寻衅滋事罪一案，某市某区人民检察院于2016年10月×日收到卷宗3册，证物钢管3根。

某市某区人民检察院受理后，依照《刑事诉讼法》的有关规定，于2016年10月×日告知犯罪嫌疑人依法享有的诉讼权利；于2016年

---

* 张志宏，甘肃省天水市秦州区人民检察院未检科科员。

10月×日告知被害人及法定代理人依法享有的诉讼权利；已依法讯问犯罪嫌疑人，听取犯罪嫌疑人意见，并审阅了全部案件材料，核实了案件事实与证据。经审查认为：被告人张某、李某、陈某、孙某故意伤害他人身体，致一人重伤，两人轻伤，四人的行为均触犯《刑法》第234条之规定，犯罪事实清楚，证据确实充分，应当以故意伤害罪追究其刑事责任。依照《刑事诉讼法》（2012修正）第172条的规定，提起公诉，并于2016年12月×日出庭支持公诉。某市某区人民法院依法审理此案，于2017年1月×日作出判决。

二、关键问题

寻衅滋事与故意伤害之间的转化，是否有明确的区分标准?

三、分歧意见

第一种意见认为，犯罪嫌疑人张某、孙某故意伤害他人身体，致一人重伤，两人轻伤，二人的行为均触犯《刑法》第234条之规定，犯罪事实清楚，证据确实充分，应当以故意伤害罪起诉。犯罪嫌疑人李某、陈某持械随意殴打他人，情节恶劣，其行为已触犯《刑法》第293条之规定，犯罪事实清楚，证据确实充分，应当以寻衅滋事罪起诉。

第二种意见认为，案件证据证实，犯罪嫌疑人张某与被害人张某某因纠纷发生争吵后约架，并在互殴过程中致人受伤，四人的行为均触犯《刑法》第234条之规定，犯罪事实清楚，证据确实充分，应当以故意伤害罪起诉张某、陈某、李某、孙某四人。

四、评析意见

故意伤害罪与寻衅滋事罪容易混淆。如何有效地把握二者的区别，对正确定罪量刑至关重要。二者的主要区别表现在以下几个方面：

1. 主观故意上。故意伤害罪的主观故意是以伤害他人健康为目的，希望并且放任这种行为的发生。寻衅滋事是破坏公共场所等社会秩序，并造成公共场所秩序严重混乱。从主观故意上，故意伤害必须有伤害的故意，并使得他人身体健康受到损害，伤害的动机是多种多样的。而寻衅滋事一般不以伤害他人的身体健康为目的，而是为了寻求一种逞强好胜，从而破坏社会秩序。

2. 在客观行为方面。故意伤害所侵害的对象往往较为特定，一般是认识的或有矛盾的人，且在伤害行为实施之前往往有一个准备的过程，也就是所谓的有预谋伤害他人。而寻衅滋事侵害的对象往往比较随意，如见到某人打某人。

3. 从二者所要求的损害结果来看，故意伤害罪要求行为人致使被害人轻伤以上的后果（包括轻伤、重伤、死亡三种），否则一般按照《治安管理处罚法》的规定进行处罚。而寻衅滋事并不要求必须致使被害人轻伤，寻衅滋事一般致使被害人轻伤以下后果，情节恶劣、情节严重是寻衅滋事的一个重要的构罪条件。

五、处理结果

某市某区人民法院依据《刑法》第234条、第25条第1款、第26条第1款及第4款、第27条、第17条第1款及第3款、第67条第3款、第72条第1款，最高人民法院《关于审理未成年人刑事案件具体应用法律若干问题的解释》第11条，最高人民法院《关于适用〈中华人民共和国刑事诉讼法〉的解释》第157条的规定，认定被告人张某犯故意伤害罪，判处有期徒刑2年；认定被告人李某犯故意伤害罪，判处有期徒刑1年；认定被告人陈某犯故意伤害罪，判处有期徒刑1年；认定被告人孙某犯故意伤害罪，判处有期徒刑1年，缓刑2年。

李某诈骗案

——以试驾的名义骑走他人摩托车并倒卖的行为如何定性*

要旨

司法实践中，以试驾的名义骑走他人摩托车并倒卖的行为屡见不鲜，但对该类案件的定性各地实践不一，有的地方以诈骗罪定罪，有的地方以盗窃罪定罪，对该类案件的研究有利于正确区分盗窃与诈骗的区别，对今后实践中遇到此类案件具有重大的指导意义。

一、基本案情

2017年1月×日，犯罪嫌疑人李某在58同城网上看到了一辆本田CB×××摩托车的出售信息，于是通过网上车主留的电话号码联系车主温某商量购买该辆摩托车，二人于当天下午约在附近一个摩托车铺子见面后，李某试骑了该车，但因未谈妥车价二人并未进行交付。

同年1月×日，犯罪嫌疑人李某再次联系车主温某说要购买该摩托车，二人约定在某区桥南加油站前的人行道上见面。李某称其要再试一下摩托车，温某把车钥匙交给其后，李某便将该车骑走，并将该车以8000元的价格卖给甄某，后李某将温某手机号码和微信号删除，并将自己的手机卡（户名为卢某）丢弃。

---

* 李刚，甘肃省天水市麦积区人民检察院侦查监督部科员。

认定上述事实的证据有：

（1）犯罪嫌疑人李某的供述及辩解。犯罪嫌疑人李某在两份笔录中均供述其于2017年1月×日联系温某购买摩托车及2017年1月×日在某区桥南加油站试车时将该车骑走，并以8000元的价格卖给甄某的事实。

（2）证人证言。温某（系摩托车主）的证言证明其于2017年1月×日，李某联系他购买摩托车及2017年1月×日在某区桥南加油站试车的过程中，将他的本田CB×××摩托车骑走，并联系不到犯罪嫌疑人李某的事实。

甄某证实2017年1月×日19时许，李某骑着一辆本田CB×××摩托车到他家，并以8000元的价格卖给他的事实。

甄某姐姐的证言证明2017年1月×日甄某将该摩托车放到她家棚子里的事实。

（3）现场辨认笔录。犯罪嫌疑人李某经辨认后确认了作案地点。

（4）辨认笔录。①温某辨认出李某就是骑走他摩托车的人。②李某辨认出温某就是摩托车的车主。

（5）价格鉴定。由某市某区价格认证中心出具的价格认定结论书证明犯罪嫌疑人李某骑走的本田CB×××摩托车涉案价值为26 000元。

2017年2月×日，某市公安局分局对犯罪嫌疑人李某以涉嫌诈骗罪立案侦查。同年2月×日在该市步行街奔腾网吧将正在上网的犯罪嫌疑人李某抓获，并对其刑事拘留。同年2月×日该分局以涉嫌诈骗罪向某市某区人民检察院提请批准逮捕犯罪嫌疑人李某，某市某区人民检察院于同年3月×日以涉嫌诈骗罪对犯罪嫌疑人李某批准逮捕。同年6月×日，某市某区人民检察院以犯罪嫌疑人李某涉嫌诈骗罪向某市某区人民法院提起公诉。

二、关键问题

本案的关键问题在于，犯罪嫌疑人占有摩托车的犯意产生时间，以及对以试驾的名义骑走他人摩托车并倒卖的行为应如何定性？

三、分歧意见

第一种观点认为，犯罪嫌疑人李某涉嫌诈骗罪。其取得摩托车的主要手段是以购车为幌子，骗取了受害人温某的信任，其行为符合诈骗罪的犯罪构成。

第二种观点认为，犯罪嫌疑人李某涉嫌盗窃罪。盗窃是指以非法占有为目的，窃取他人占有的数额较大的财物。本案中，犯罪嫌疑人李某以非法占有为目的，以试车为幌子欺骗被害人将车子交付其试驾，其趁被害人不备，在被害人不知情的情况下将车骑走，其获取财物的关键手段是秘密窃取。

第三种观点认为，犯罪嫌疑人李某涉嫌侵占罪。侵占罪是指将代为保管的他人财物非法占为已有，数额较大，拒不返还的行为。本案中，被害人温某将自己的摩托车交给犯罪嫌疑人李某试车，实际上是一种交由其代为保管的行为，犯罪嫌疑人将代为保管的摩托车占为已有拒不返还，其行为涉嫌侵占罪。

第四种观点认为，犯罪嫌疑人李某涉嫌抢夺罪。抢夺罪是指以非法占有为目的，当场直接夺取他人紧密占有的数额较大的公私财物的行为。本案中，犯罪嫌疑人李某从被害人温某处骑走摩托车的行为构成抢夺罪。

四、评析意见

（一）犯罪嫌疑人李某犯意的产生时间

犯罪嫌疑人李某在两份笔录中均辩称其非常喜爱该辆摩托车，在试车过程中产生了非法占为已有的故意。但承办人认为，犯罪嫌疑人李某将自己如此心爱的摩托车骑走之后，不是由自己细心爱护使用，而是直接骑到某村村民甄某家中问甄某要不要车，后以 8000 元的价格卖给了甄某。事实上，李某自开始就未使用以自己名字登记的电话卡与被害人联系，并于事后将电话卡丢弃，且其本人也供述其不具有购买能力，故其辩解的是在等红灯的时候临时产生的犯意不能成立，能够认定犯罪嫌疑人李某在一开始便产生了非法取得摩托车的故意。

（二）将该案定性为诈骗罪的观点

该案中，犯罪嫌疑人李某主观上有非法占有他人摩托车的目的，行为上实施了虚构要购买摩托车的事实，假借试车的名义，使被害人温某产生犯罪嫌疑人李某真的要购买他的摩托车的错误认识。在该错误认识的主导下，温某实施了将摩托车交付给犯罪嫌疑人李某的处分行为，李某在取得摩托车的控制权后，趁机将摩托车骑走转卖给甄某。李某的行为属于用虚构事实的方法骗取公私财物，且数额达26 000元，其行为已构成诈骗罪。

（三）将该案定性为侵占罪的观点

本案中，被害人温某同意其试车并不代表将车交由犯罪嫌疑人保管，因为试车是一个很短暂的过程，被害人没有必要且事实上也没有将摩托车交给犯罪嫌疑人保管的过程。李某在试车过程中表面上看已经占有了该车，但实际上他没有任何对该车处分的权利。而且从本案来看，被害人不知道李某的真实身份，李某使用的手机号也非自己实名登记的，也就是说，被害人是不太可能找得到嫌疑人的。侵占罪中的代为保管通常是熟人之间的一种保管关系，只有双方是彼此认识的，被害人才有向对方追讨的可能性，也才有向法院提起自诉的可能性。而在本案中，双方互不认识，也不是基于通常意义上的保管关系，因此不构成侵占罪。

（四）该案定性为盗窃罪的观点

盗窃罪是指以非法占有为目的，窃取他人占有的数额较大的财物的行为。本案中，犯罪嫌疑人李某以非法占有为目的，以试车为幌子欺骗被害人将车子交付其试驾，并趁被害人不备，在被害人不知情的情况下将车骑走，其获取财物的关键手段是秘密窃取。但也有观点认为，在被害人温某基于错误认识将摩托车车交付于犯罪嫌疑人李某试车后，实际上，李某此时已经占有了该摩托车，对摩托车具有事实上的支配权。在犯罪嫌疑人已经取得财物即犯罪嫌疑人已占有该摩托车的情况下，不可能成立盗窃罪。

（五）将该案定性为抢夺罪的观点

抢夺罪是指以非法占有为目的，当场直接夺取他人紧密占有的数额较大的公私财物的行为。抢夺罪的主要特点是对他人紧密占有的财物行使有形力。本案中，犯罪嫌疑人以试车为由已经取得了该车的实际控制权，其骑车离开桥南加油站后被害人已经远远丧失了对该摩托车的紧密占有，显然不符合抢夺罪的构成要件。

五、处理结果

某市某区人民法院于2017年6月×日作出一审判决，以盗窃罪判处犯罪嫌疑人李某有期徒刑1年3个月，并处罚金3000元。被告人未上诉，判决已生效。

刘某聚众冲击国家机关案

——办理群体性案件如何做到社会效果与法律效果的统一*

要旨

聚众冲击国家机关案属于引发网络舆情的群体性案件，社会影响面较大，司法稍有偏差便会造成更大的负面效果。

一、基本案情

2016年，自330千伏输变电路项目施工以来，某县某村村民以高压线通过该村会对村民身体有害为由多次阻止施工队架线。2016年11月×日，某县某村村民在滨河路边的施工地里阻止正准备架高压线的施工人员，期间，村民与施工人员发生肢体冲突，致使村民张某等3人受伤被送往医院。当日，该冲突被个别人在网络上散布传播，引发了网络舆情。次日中午12时许，在犯罪嫌疑人刘某、衡某的带领下，该村一百余名村民来到县委统办楼下，要求县长就将330千伏输变电路绕过该村给个说法。至此，从下午1点多~5点近该村近百民村民盘坐在统办楼进门的台阶上。期间，刘某带领村民喊口号："反对750、造福后代、县长出来讲话。"史某等人在统办楼门口柱子之间拉着"线路一时可通，危害长期不止"的横幅，王某、雒某等村民轮流敲锣，在下午2点~3点30分时间内噪声较重。期间，相关领导出面对现场上访村民作疏通工作未果。直至下午4点

* 王跟定，甘肃省天水市甘谷县人民检察院。

左右，县长出面当场接待上访村民，承诺向上级机关反映群众诉求，之后村民陆续散开。11 月×日，该县公安局对刘某以涉嫌聚众冲击国家机关罪立案侦查，同日将其刑事拘留，12 月×日以涉嫌聚众冲击国家机关罪向该县人民检察院提请批准逮捕。

二、关键问题

刘某的行为是否构成聚众冲击国家机关罪？如何处理才能达到法律效果与社会效果的相统一？

三、分歧意见

第一种意见认为，刘某的行为符合刑法中关于聚众冲击国家机关罪的条款，应当对其实施逮捕，依法严肃处理。

第二种意见认为，刘某的行为严格上并不属于聚众冲击国家机关，不属于刑法规制范围，应当对刘某以不构成犯罪作不批准逮捕决定。

四、评析意见

该案属于引发网络舆情的群体性案件，案发过程中的一些视频通过网络平台得到扩散，形成了一定程度的网络舆情，社会影响面较大，对地方政府形成一定的压力。进入诉讼程序后，侦查监督部门作为检察机关介入该案的第一道关口，如何依法有效地办理好此类案件，平息事态，至关重要。全社会、地方党委、政府都对此给予了高度关注。此类案件的办理对案件的法律效果、社会效果、政治效果、舆论效果的有机统一要求较高，司法稍有偏差便会造成更大的负面效果。为此，办案人员在司法过程中要牢牢把握“以事实为根据，以法律为准绳”原则，严格审查办案程序，厘清案件事实与证据，准确适用法律，努力做到“凡逮捕均依法逮捕，凡不捕均依法不捕”。一方面，通过提前介入，引导侦查取证。引导侦查机关对反映行为人动机的证据材料进行搜集，通过详实的证据充分掌握涉案群众是为了表达合理诉求而采取了不恰当的方法，还是出于对政府的不满，制造混乱，对抗政府，通过破坏机关单位的正常工作秩序而达到破坏社会公共秩序的目的。另一方面，在审查逮捕过程中，依法加强对侦查活动的监督制约，做到既注重实体审查，又突出程序审查，尊重和保障了人权。在适用法律上，关于聚众冲击国家机关罪中“造成严重损失”的标准，在法无明文规定的情况下，对较为抽象的“政治利益、社会利益的损失”的认定应从严把握，避免打击面过宽，造成负面影响。同时，从维护社会稳定、化解矛盾纠纷出发，避免就案办案，机械执法，一捕了之或不捕了之。结合审查证据，指出政府部门和村级组织在倾听群众诉求，妥善处理涉及群众利益的重大事项上的不足之处。通过履行审查批捕职责，强化不捕说理，充分运用行政处罚手段，加大对涉案人员的批评教育，做到案结事了。

当前，我国正处于社会转型期，各种社会矛盾凸显并叠加，人民群众表达自己合理诉求的欲望较强烈。但是，由于受法制意识、法律素养等因素的制约，人民群众在表达诉求的方式、方法上往往有很多不足之处。政府工作人员在工作方法上存在疏漏，易引发矛盾。在此过程中，要排除一些别有用心的不法分子混入其中，趁机滋事，但还要考虑到大部分群众的出发点是解决诉求。该案的办理，一方面为聚众冲击国家机关罪中“政治利益、社会利益的损失”的把握认定积累了经验，提高了法律适用能力；另一方面也适当延伸了检察职能，不机械执法，就案办案，重视化解矛盾纠纷，坦诚指出乡、镇政府部门及个别工作人员工作中的不足之处，有利于促进今后工作的提高，从源头上避免了此类案件的发生，对今后办理类似群体性案件具有一定的指导意义。

五、处理结果

2016年12月×日，经审查后认为：犯罪嫌疑人刘某以高压线对人体有害为由，聚集某村村民实施在县委统办楼门前台阶静坐、拉横幅、喊口号的行为，致使在该楼的工作人员出入绕行，属于违法信访行为，可依据《治安管理处罚法》第23条之规定处罚。上述行为不符合《刑法》关于聚众冲击国家机关罪客观方面的构成要件，即冲击国家机关，多人强行冲闯行为；致使国家机关无法工作，造成严重损失。理由为：①现有证据仅证实了2016年11月×日下午刚上班时，该楼工作人员从一楼乘坐电梯绕行，下午2点30分~4点上班期间能听到外面有嘈杂声。对强行侵入冲击国家机关的行为仅有保安的证言，且仅能证实十几名妇女进入大厅，在其劝解下离开，持续时间仅有十几分钟，该行为较轻，不宜被认定为冲击国家机关。②因聚众违法上访致使工作无法进行且造成严重损失的事实无相关证据。因此，刘某的行为不符合《刑法》对聚众冲击国家机关罪的全部构成要件规定，不属于刑法规制的范围。建议对刘某以不构成犯罪作不批准逮捕决定。

2016 年 12 月×日，该县人民检察院第 17 届检察委员会第 5 次会议讨论后认为：本案中，犯罪嫌疑人刘某系组织、纠集者的证据不足。刘某在整个过程中系积极参加者，对由谁聚集、组织、策划村民去县委统办楼事实不清，聚众情节如何现有证据无法证实。村民在集中静坐过程中冲击国家机关行为的证据不足，造成的财产损失无证据证实。政治利益、社会公共利益损失仅有个别单位的情况说明及证言，不足以认定。故决定对刘某以事实不清、证据不足作不批准逮捕。

甄某寻衅滋事案

——以逞强耍横为目的，故意毁坏他人财物、非法侵入他人住宅行为之定性分析*

要旨

《刑法》第275条将故意毁坏公私财物，数额较大的行为规定为故意毁坏财物罪，而《刑法》第293条所列举的寻衅滋事的行为有四种，其中也包含任意损毁公私财物、情节严重的行为。实践中，对于行为人实施了故意毁坏他人财物的行为时，到底定性为故意毁坏财物罪，还是定性为寻衅滋事罪，笔者认为不可一概而论，应当根据个案已经查清的案件事实，综合考虑，对案件作出全面、合理的认定。

一、基本案情

甄某因生活矛盾，对被害人王某某心存怨气。××××年××月××日××时许，甄某酒后为发泄情绪，来到被害人王某某家楼下，无故踩踹王某某停放在楼下的商务轿车尾部后离开。次日凌晨××时××分许，甄某在得知王某某已知道其踹车行为之后，再次来到王某某家门外，强行踹开防盗门，进入王某某家中，与王某某妻子发生争执，并将室内的联想电脑1台及玻璃杯6个毁损。后甄某又持王某某家中的电热水壶和酒瓶来到楼下，使用电热水壶、酒瓶和事先准备的活动扳手，再次将王某某停放在楼下的商务轿车的玻璃、车身及仪

* 杨志龙，甘肃省嘉峪关市城区人民检察院公诉科。

表盘等部件毁损，并与随后归来的王某某等人发生厮打，最终被王某某制服。经鉴定，被毁损物品价值共计11 542元。

案发后，甄某与王某某达成赔偿协议，并支付了全部赔偿款，取得了王某某的谅解。

二、关键问题

本案中，甄某以逞强耍横为目的，故意毁坏他人财物、非法侵入他人住宅的行为究竟应被如何定性？

三、分歧意见

关于甄某行为之定性，形成如下三种意见：

（1）第一种意见认为，甄某的行为构成故意毁坏财物罪。理由是：本案中，行为人甄某实施了故意毁坏他人财物的行为。从次数上来讲，应当以时间间隔为标准，认定其实施了踹车、踹门入室并破坏室内物品、砸车共计3次故意毁坏财物的行为。从造成他人财物损失的数额上来讲，应当以最终价格认定的数额11 542元来计算，达到了故意毁坏财物罪的“数额较大”标准，其行为构成故意毁坏财物罪。故应当从“次数”或者“数额”上择一作为本案的构罪标准，而将另一情形作为本案的量刑情节，将甄某的行为定性为故意毁坏财物罪。

（2）第二种意见认为，甄某的行为构成故意毁坏财物罪与非法侵入住宅罪的想象竞合，从一重罪处罚。理由是：本案中，行为人甄某在故意毁坏王某某的商务轿车后，又未经允许，强行踹门进入王某某家中，故意毁坏王某某家中财物，并再次到楼下毁坏王某某的商务轿车，属于在实施故意毁坏财物行为的过程中，又实施了非法侵入住宅的行为，其行为同时构成故意毁坏财物罪与非法侵入住宅罪，应当按照想象竞合从一重的原则对甄某的行为进行认定。

（3）第三种意见认为，甄某的行为构成寻衅滋事罪。理由是：本案中，行为人甄某在明知王某某已知道其踹车行为之后，再次来到王某某家，强行踹门而入，继而与王某某妻子发生争执，后又故意毁坏室内财物和楼下商务轿车，并积极与王某某等人发生厮打。其行为是在泄愤、耍横的主观目的支配下实施的，属于无事生非、肆意挑衅、横行霸道、破坏公共秩序的行为，应当对其行为进行整体综合评价，认定为寻衅滋事罪。

四、评析意见

关于本案，侦查机关是以犯罪嫌疑人甄某涉嫌故意毁坏财物罪移送审查起诉的。经笔者分析审查后，认为其构成寻衅滋事罪，理由如下：

（一）甄某的行为不应被认定为故意毁坏财物罪

故意毁坏财物罪，是指故意毁灭或者损坏公私财物，数额较大或者有其他严重情节的行为。本罪所保护的法益是公私财物的所有权；客观上表现为毁灭或者损坏公私财物数额较大或者有其他严重情节的行为；责任形式上表现为故意，目的是将财物毁坏。若要认定构成该罪，首先，行为人必须具有故意毁灭或者损坏公私财物的目的。本案中，行为人甄某实施踹车、踹门入室并毁坏室内物品、砸车时是具有该主观目的的。其次，认定构成该罪，造成公私财物的损失必须达到“数额较大”标准，或者具有“其他严重情节”，如“毁灭重要财物或者物品，损失严重的”“造成严重后果的”“动机和手段特别恶劣的”等。本案中，行为人甄某最终造成他人财物损失 11 542 元，达到了“数额较大”标准。同时，根据最高人民检察院、公安部《关于公安机关管辖的刑事案件立案追诉标准的规定（一）》第 33 条的规定，故意毁坏公私财物，涉嫌下列情形之一的，应予立案追诉：①造成公私财物损失 5000 元以上的；②毁坏公私财物 3 次以上的……故应当以“次数”或者“数额”择一作为构罪标准，而将另一情形作为量刑情节，认定甄某的行为构成故意毁坏财物罪。

这样的定性看似妥当，但笔者认为并不合理，理由如下：

第一，如此认定并不能对行为人的主观故意进行全面评价。本案中，行为人甄某实施一系列行为的主观目的，并不能单纯地被认定为以毁坏财物为目的。其在明知被害人王某某已得知其毁坏商务轿车的情况下，仍然再次前往被害人住宅，踹门而入，继而任意毁坏财物的行为，主观上就是为了逞强耍横、故意滋事，即使按照最朴素的观点，也是抱着“我强、我横，就要和你找点事，你能怎么着”的一种态度。因此，如果将其主观目的认定为毁坏财物，过于片面。

第二，如此认定会使得行为人的行为是否构成犯罪存在疑问。本案中，将行为人故意毁坏他人财物的行为认定为3次是值得商榷的。因为从时间上来看，甄某强行进入他人住宅、毁坏财物、砸车的行为是前后连续、没有间隔的，应当被视为一个整体，如果将其分割，是不符合判断常识的。这样计算的话，行为人实施故意毁坏财物的行为就只有2次，因此不符合最高人民检察院、公安部《关于公安机关管辖的刑事案件立案追诉标准的规定（一）》第33条规定的次数标准。同时，这样的认定还会引发另外一个问题，就是对财物损失是由哪一次行为所导致的无法进行清楚认定，进而使得该案只能按照“存疑时有利于行为人”的原则，将每次故意毁坏财物的行为均认定为犯罪未遂，综合评价为其构成故意毁坏财物罪（未遂）。

第三，这样的认定将对行为人强行入室的行为作出不合理的评价。本案中，行为人甄某强行进入他人住宅的事实是存在的，如果本案以故意毁坏财物罪定性，则无论是将行为人强行踹门进入他人住宅的行为评价为故意毁坏财物，还是将其评价为为了入室毁坏他人财物而采取的手段方式，都是没有说服力的。

综上所述，笔者认为，本案中甄某的行为具有故意毁坏财物罪的行为特征，但不应当被定性为故意毁坏财物罪。

（二）甄某的行为也不应被认定为故意毁坏财物罪与非法侵入住宅罪的想象竞合

这种观点弥补了将甄谋的行为定性为故意毁坏财物罪的不足（结合“甄某的行为不应认定为故意毁坏财物罪”的论述），看似很合理，但笔者认为，如果认真加以推敲，还是存在案件定性上的错误的，理由如下：

非法侵入住宅罪，是指非法强行闯入他人住宅，或者经要求退出而无理拒不退出他人住宅的行为。本罪侵犯的客体是他人的隐私权，客观方面表现为实施了非法侵入他人住宅的行为，责任形式上表现为故意，主观目的是进入他人住宅，不包含进入之后的其他行为目的。从司法实践来看，认定构成本罪，也一般都是行为人虽然实施了未经允许非法进入他人住宅的行为，但进入后，并未实施殴打他人、肆意毁坏财物等后续行为。本案中，甄某的一系列行为都是在逞强耍横、故意滋事主观目的的驱使下进行的，因此，笔者认为，其本意并非是非法侵入他人住宅，如果仅仅因为其实施了非法侵入他人住宅的行为，就推定其具有非法侵入住宅的主观目的，是一种不问主观罪过而强行要求行为人承担罪责的错误做法。因此，这样的推定是不符合犯罪认定逻辑的。

因此，本案中甄某的行为，虽然同时具有故意毁坏财物罪和非法侵入住宅罪的行为特征，但也不应当被定性为故意毁坏财物罪与非法侵入住宅罪的想象竞合，进而适用从一重罪处罚。

（三）甄某的行为构成寻衅滋事罪

寻衅滋事罪，是指在公共场所无事生非，起哄闹事，殴打伤害无辜，肆意挑衅，横行霸道，破坏公共秩序的行为。本罪所保护的法益是包括公共场所秩序和生活中人们应当遵守的共同准则；客观上表现为随意殴打他人，追逐、拦截、辱骂他人，强拿硬要或者任意损毁、占用公私财物，在公共场所起哄闹事等；责任形式上表现为故意，目的是满足精神刺激。

笔者认为，本案的案发原因系甄某与被害人王某某之前在生活中产生过矛盾，其实施一系列行为均为了发泄心中积怨。整个案件中，甄某存在五个行为：一是××××年××月××日××时许，酒后踩踹王某某的商务轿车；二是××××年××月××日凌晨××时××分许，强行踹门进入王某某家中；三是在王某某家中，无理取闹，毁损王某某的联想电脑 1 台及玻璃杯 6 个；四是再次到楼下损毁王某某的商务轿车；五是在王某某到来后，与王某某等人厮打。上述五个行为中，第一个行为相对独立，系甄某以故意毁坏他人财物为目的而实施的，属于故意毁坏财物的行为，并且该行为已经完成，但由于无法对其造成的财物损失价值进行评价，故对其第一个行为可以不评价为犯罪。第二个至第五个行为无论从时间长短上，还是从行为延续上来看，都应当被视为是一个整体，系甄某完成第一个行为后，以当面向王某某逞强耍横为目的，而陆续实施的强行破门而入、肆意毁损他人财物、与他人厮打的行为，属于寻衅滋事行为，且寻衅滋事行为本身就包含了故意毁坏财物的行为。同时，其行为也造成了财物损失价值 11 542 元的后果，达到了相关司法解释规定的 2000 元的数额标准，应当以寻衅滋事罪论处。

同时，即使从另外一个角度讲，甄某的行为既侵犯了故意毁坏财物罪所保护的法益，也侵犯了寻衅滋事罪所保护的法益，而其主观目的既有逞强耍横也有故意毁坏财物，属于想象竞合犯，按照想象竞合从一重的原则，也应当以重罪寻衅滋事罪论处。

因此，本案中，以寻衅滋事罪定性更能够全面、合理地对行为人甄某的行为予以评价。

五、处理结果

最终，公诉机关以寻衅滋事罪对甄某提起公诉。人民法院经过开庭审理后，以被告人甄某犯寻衅滋事罪判处有期徒刑 2 年，缓刑 2 年。甄某在收到判决后未提出上诉。

李某某贩卖毒品案

——以“蹭吸”为目的而代购毒品行为之定性*

要旨

所谓“蹭吸”是指代购者以自身吸食为目的，从托购者处收取少量毒品作为酬劳的情形。“蹭吸”本身不是一个法律概念，而是侦查人员对一种事实行为的称谓。司法实践中，对代购“蹭吸”的行为存在不同的认识甚至分歧，有些做了入罪化处理，有些则做了无罪化处理。

一、基本案情

××××年××月××日，犯罪嫌疑人李某某受吸毒人员赵某某之托，从某某市上线处购买毒品1克（赵某某出资600元），李某某因生活拮据没有毒资而多次为他人代取毒品，并要求作为答谢参与分食。李某某取回毒品，在李某某居住的某某市居所内和赵某某共同吸食毒品时被民警现场抓获，并当场查获毒品海洛因1小包。案发后，犯罪嫌疑人李某某辩称其为赵某某代购毒品仅是为了免费“蹭吸”毒品，并未从中牟取到利益。

二、关键问题

本案中，对李某某“蹭吸”毒品的行为究竟如何定性?

三、分歧意见

关于李某某行为之定性，形成了如下两种意见：

一种意见认为，为他人代购仅用于吸食的毒品并“蹭吸”的行

* 王云基，甘肃省嘉峪关市城区人民检察院公诉科。

为不构成贩卖毒品罪。该种意见认为，以“蹭吸”为目的为他人代购毒品，其根本目的是为了满足自身及托购者吸食毒品的需求，此种“蹭吸”行为不能被认为是“从中牟利”。加之贩卖者主观上不具有贩卖毒品的故意，其代购“蹭吸”毒品的行为并未促进毒品在社会生活中的流通，社会危害性相对较小。并且其客观上也没有贩卖毒品的行为，因此不宜将这种代购“蹭吸”行为认定为贩卖毒品罪。此种意见还认为，倘若以吸食为目的的托购者构成非法持有毒品罪，而将“蹭吸”的代购者认定为贩卖毒品罪，明显处罚失衡。

另一种意见认为，“蹭吸”也是非法获利、获得好处的一种表现形式，免费吸食毒品本身就是一种变相牟利，应当被纳入牟利的范畴。该意见认为，“蹭吸”行为牟取的虽然不是直接的金钱利益，但却是可以用金钱衡量的利益，并且使得代购行为具有了有偿性，因此，代购者从中收取部分毒品作为酬劳，就应当被视为从中牟利。尤其是对于多次“蹭吸”甚至以“蹭吸”作为代购毒品的主要目的的，因其行为具有惯常性，因此应当被认定为从中牟利。并且代购毒品者明知他人贩卖毒品却仍为其提供帮助，将毒品转移给购买者，在毒品买卖双方之间起到了帮助作用，其主观上希望毒品买卖双方交易行为成功，在客观上促成了毒品交易，所以，此种“蹭吸”的代购者宜认定为犯贩卖毒品罪。

四、评析意见

根据2008年12月1日最高人民法院发布的《全国部分法院审理毒品犯罪案件工作座谈会议纪要》的精神，代购行为要构成贩卖毒品罪，必须以牟利为前提。对于李某某这种代购“蹭吸”行为该如何定性，重点在于判定李某某的“蹭吸”行为是否属于牟利。而《全国法院毒品犯罪审判工作座谈会纪要》（以下简称《纪要》）对毒品犯罪中的“牟利”作了具体规定：“行为人为他人代购仅用于吸食的毒品，在交通、食宿等必要开销之外收取‘介绍费’‘劳务费’，或者以贩卖为目的收取部分毒品作为酬劳的，应视为从中牟利，属于变相加价贩卖毒品，以贩卖毒品罪定罪处罚。”

笔者认为，应当结合司法实践中的具体案情对“蹭吸”行为进行分析定性。虽然《纪要》并未将“蹭吸”作为牟利的情形之一，但笔者认为可以结合案情相应地将《纪要》中对毒品犯罪中“牟利”的规定基于立法精神作适当的扩大解释。对于代购之前就有明确约定以少量毒品作为报酬，或代购者主动提出要求获得少量毒品作为报酬，抑或为了“提成”毒品而帮助吸毒者购买毒品的，可以认为是从中牟利。当然，如果代购者在购买毒品后私自截留或克扣部分毒品作为报酬，毫无疑问也是从中牟利。

对于代购之前没有特别约定以部分毒品作为报酬，而事后买毒者分给代购者部分毒品作为报酬的，因不符合故意犯罪主客观一致的要求，原则上一般不应认为代购者从中牟利，不以贩卖毒品罪定罪处罚。但在例外情况下，可以对“蹭吸”行为定罪处罚，如对于代购者与托购者之间已经有过多次合作，两者有事后分毒的默契的，可以认定代购者是以牟利为目的从事代购行为，宜认定为贩卖毒品罪。再如，多次从同一卖家处为他人代购毒品而后“蹭吸”的，代购者在客观上为贩卖毒品者提供了帮助行为，这种惯常性代购“蹭吸”行为的危害性远大于偶尔的代购“蹭吸”，可能与上家构成贩卖毒品罪的共犯，也宜认定为贩卖毒品罪。

结合本案来看，相关证据显示，犯罪嫌疑人李某某多次从上线为吸毒人员代购毒品并“蹭吸”毒品，其实质上是通过惯常性代购行为来满足自身的“蹭吸”目的。李某某的行为在客观上为上线贩卖毒品提供了销路，且李某某作为代购者与吸毒人员之间已经有过多次合作，此次二人之间也有事后分毒的默契，所以可以认定代购者李某某是以牟利为目的从事代购行为的。因此，对犯罪嫌疑人李某某应以贩卖毒品罪定罪处罚。

五、处理结果

本案经某某市城区人民法院审理，认定李某某构成贩卖毒品罪，判处有期徒刑10个月，并处罚金2000元。

苏某某以危险方法危害公共安全案

——为泄私愤驾驶机动车在车流密集的道路追逐拦截他人车辆是否构成以危险方法危害公共安全罪*

要旨

刑法条文没有明文规定以危险方法危害公共安全罪的具体行为的结构和方式，导致“其他危险方法”没有限定，这与罪刑法定原则的明确性要求还存在一定的距离。司法实践中，司法机关常常将危害公共安全但不构成其他具体犯罪的行为认定为以危险方法危害公共安全罪，导致该罪囊括了刑法分则中没有明文规定的、具有危害公共安全性质的全部行为。分析本案旨在进一步明确以危险方法危害公共安全罪的客观方面的构成要件，分析其与危险驾驶罪的区别，为实务工作提供案例参考。

一、基本案情

苏某某，男性，生于××年×月×日，居民身份证号码×××，汉族，户籍所在地某省某市某县，家住某省某县某镇某村，2017 年 1 月被某市某区公安局刑事拘留，2017 年 1 月被取保候审。

李某某，男性，生于××年×月×日，居民身份证号码×××，汉族，户籍所在地某省某市某县，家住某省某县某镇某村，2017 年 3 月被取保候审。

2016 年 12 月，被告人苏某某在某市某区某镇某村某广场工程建

* 赵万平，甘肃省武威市凉州区人民检察院侦监科科长，员额检察官。

设工地上，因工程款结算问题与被告人李某某、务工人员刘某某等人发生争执。李某某、刘某某将苏某某殴打致伤后，李某某驾驶陕××白色路虎越野车离开现场，苏某某驾驶陕××白色福特蒙迪欧小轿车追逐拦截李某某。苏某某驾车自西向东第一次截停李某某汽车时与其发生碰撞。李某某继续驾车逃跑，苏某某驾车追逐，从市区某广场工地、某丁字路口、某幼儿园、某什字、某什字路口（浅水湾什字）至市区某市场中段发生交通事故，致使双方车辆停驶。两车追逐距离约为3.5公里，追逐时间约10分钟。该行为致使发生3起一般交通事故，7辆车受损，5人受伤的严重后果。

二、关键问题

为泄私愤，驾驶机动车在车流密集的道路追逐拦截他人车辆是否构成以危险方法危害公共安全罪？

三、分歧意见

公诉机关认为，被告人苏某某为泄私愤，驾驶机动车在车流密集的道路上，不顾行人安全，不遵守交通信号灯且逆行追逐拦截李某某驾驶的车辆，造成多车受损、多人受伤的交通事故，其行为已触犯刑法，构成以危险方法危害公共安全罪。被告人李某某违反道路交通安全管理法规，在车流密集的道路上追逐竞驶，不遵守交通信号灯且逆向行驶，情节恶劣，其行为构成危险驾驶罪。而被告人苏某某的辩护人辩称苏某某不构成以危险方法危害公共安全罪，应当以危险驾驶罪从轻判处。被告人李某某及其辩护人认为李某某不构成危险驾驶罪，其行为属紧急避险。

四、评析意见

(1)《刑法》第114条规定：“放火、决水、爆炸以及投放毒害性、放射性、传染病病原体等物质或者以其他危险方法危害公共安全，尚未造成严重后果的，处三年以上十年以下有期徒刑。”以危险方法危害公共安全罪是一个概括性罪名，是指故意以放火、决水、爆炸以及投放危险物质以外的与之相当的危险方法，足以危害公共安全的行为。该罪侵犯的客体是公共安全，主观表现为故意。本案中，犯罪嫌疑人苏某某系完全刑事责任能力人，其因李某某对其实施了殴打，为报复李某某，在李某某驾车离开后，在人流、车辆密集的时分、路段，不顾道路上行人、其他车辆的安全，驾车追赶李某某。在第一次与李某某相撞后，继续驾车闯红灯、逆行追赶李某某，造成除自己外6辆车辆受损（损失为65 860元）、4人受伤的后果。根据苏某某驾驶车辆追逐李某某的时间、车辆行驶的路段、车辆行驶的状态，足以造成不特定人员的伤亡或者重大财产的损毁来看，其行为本身的危险性、破坏性与放火、决水、爆炸、投放危险物质四种行为相当，且实际上也发生了两车多次碰撞和造成多车相撞后，车辆受损、人员受伤但尚未造成严重后果的事实。其行为对多数人的生命、健康、财产安全有重大危险，应当以危险方法危害公共安全罪论处，故辩护人的理由不能成立。

(2)《刑法》第133条之一规定："在道路上驾驶机动车，有下列情形之一的，处拘役，并处罚金：（一）追逐竞驶，情节恶劣的；（二）醉酒驾驶机动车的……"机动车驾驶人出于竞技、追求刺激、斗气或者其他动机，在道路上曲折穿行、快速追赶行驶的属于《刑法》第133条之一规定的"追逐竞驶"。"追逐竞驶"虽未造成人员伤亡或财产损失，但综合考虑超过限速、闯红灯、强行超车、抗拒交通执法等严重违反道路交通安全法的行为，足以威胁他人生命、财产安全的，属于危险驾驶罪中"情节恶劣"的情形。本案中，李某某先对他人造成不法侵害后逃跑，发现苏某某驾车追逐时，在后续时段内还有多次机会可以采取其他救济措施的情势下，为了自身安全，不顾社会公共安全，违反交通管理法规，驾驶车辆在车流量大、行人多的道路上倒车、超速、逆向、不遵守交通信号灯指示竞驶，其行为符合危险驾驶罪的构成要件。由于其属于还有多次机会可以采取其他救济措施的情势，且损害的权益是社会公共安全，大于自身权益，故不能认定其行为属紧急避险，对辩护人的辩护观点不予采信。

五、处理结果

某市某区人民法院依据《刑法》第114条、第133条之一第1款第1

项、第61条、第62条之规定，判决如下：被告人苏某某犯以危险方法危害公共安全罪，判处有期徒刑3年，缓刑4年。被告人李某某犯危险驾驶罪，判处拘役2个月，缓刑4个月，并处罚金4000元。

张某合同诈骗案

——租车用于抵押骗取他人钱财如何定性及认定犯罪的数额*

要旨

本案中，犯罪嫌疑人采取先租赁、后抵押借款的方式骗取他人财物，是一种“两头骗”的作案手段。在司法实践中，对此类案件的定性和犯罪数额认定存在一定的争议，因此，研究该类案件对司法实践具有一定的指导和参考意义。

一、基本案情

（1）2014年1月，犯罪嫌疑人张某与某市某区某婚庆汽车租赁中心张某某签订自驾车租赁合同，租赁黑色大众速腾牌小轿车一辆（车牌号×××），约定租期为2014年1月至2014年6月，张某先后支付车辆租赁费26 000元。2014年2月，张某谎称丁某某（系车辆所有人）系自己的舅舅，该车由丁某某抵押给自己但尚未办理过户，遂以承包工程急需周转资金为由，以该车作为抵押与李某某签订借款合同和车辆买卖合同，骗取借款人民币50 000元，扣除手续费后实际骗得人民币46 500元，后将该款全部挥霍。经某市某区价格认证中心鉴定：该车价值人民币100 700元。2014年6月，张某又从张某某处租赁三菱牌越野车一辆（车牌号×××），先后支付租赁费3000元。

（2）2014年4月，犯罪嫌疑人张某与某市某区某汽车租赁中心祁某某签订汽车租赁合同，租赁本田思域牌银灰色小轿车一辆（车牌

* 周丽娟，甘肃省武威市凉州区人民检察院公诉科副科长，员额检察官。

号×××），约定租赁期限为10天，支付租赁费3000元。2014年4月，张某谎称与朱某某（系车辆所有人）系夫妻关系，该车系朱某某所有，以该车作为抵押与李某某签订借款合同和车辆买卖合同，骗取借款人民币50 000元，后实际得款人民币30 000元。2014年9月张某因未归还祁某某的车辆和付清车辆租赁费，将车辆停放在祁某某处。2014年10月，祁某某将该车退还给张某某。经某市某区价格认证中心鉴定：该车价值人民币106 200元。2014年10月，张某向李某某还款人民币19 000元。案发后，公安机关已追回本田思域牌小轿车发还给祁某某。经某市某区价格认证中心鉴定：该车价值人民币60 000元。

（3）2014年10月，犯罪嫌疑人张某与某市某区某汽车租赁公司孙某某签订汽车租赁合同，租赁黑色现代途胜汽车一辆（车牌号×××），约定租赁期限为2014年10月10日至2014年10月14日。后张某伪造该车车辆行驶证，谎称车系自己所有，于租车当日以该车作为抵押，给刘某某出具借条，骗取借款人民币50 000元，后将该款全部挥霍。经某市某区价格认证中心鉴定：该车价值人民币69 000元。

二、关键问题

一是用自己的真实身份信息签订合同租赁车辆用于抵押是否构成合同诈骗？二是租赁车辆后谎称车辆系自己所有骗取他人借款，并协议约定如不能按期还款将车辆出售给被害人，是否构成合同诈骗？三是所租赁车辆的价值是否应被认定为诈骗数额？

三、分歧意见

（1）关于租车用于抵押的行为是否构成合同诈骗罪，形成了两种意见。

一种意见认为，在第2起、第3起犯罪中，张某租车用于抵押的行为构成合同诈骗罪，车辆价值（总计129 000元）应被认定为犯罪数额。理由如下：第一，张某在租车当日或次日即将车辆用于抵押骗取借款，进行诈骗犯罪活动，主观上应当认定为具有非法占有的目的。第二，张某虽然支付了部分租赁费，但支付租赁费的目的是将车辆非法占有，而后进行诈骗活动，具有在签订、履行合同过程中没有实际履行能力，以先履行小额合同或者部分履行合同的方法，诱骗对方当事人继续签订和履行合同的情形，符合《刑法》第224条第3项的规定。第三，《刑法》第224条第5项规定的以其他方法骗取对方当事人财物的情形主要包括：收受对方当事人的货物、货款、预付款或者担保财产后，无正当理由拒不履行合同又不退还，或者没有用作履行合同而无法返还的；利用合同骗取财物用于抵偿债务，而没有实际履约的；用于进行违法活动的；用于挥霍致使无法返还的。张某将租赁的车辆用于诈骗犯罪活动，符合该条款的规定。

另一种意见认为，张某租赁车辆用于抵押的行为不构成合同诈骗罪，车辆价值不应被计入犯罪数额。理由如下：合同诈骗罪是指以非法占有为目的，在签订、履行合同过程中虚构事实、隐瞒真相，骗取对方当事人财物，数额较大的行为。结合本案来看：第一，张某与汽车租赁公司签订租赁合同时未冒用他人名义，也没有虚构事实，且支付了租车费用。虽然张某隐瞒了租车用于抵押的事实，但轿车作为一种特殊的财产，只有在登记过户后所有权才能转移，租赁公司并不会因为张某隐瞒车辆用于抵押的事实而失去对车辆的所有权。第二，无证据证实张某主观上具有非法占有租用车辆的目的。虽然张某在租车后将车辆用于抵押借款，但其没有明显的驾车逃匿或其他导致车辆不能返还的行为，事实上也未产生导致车辆无法返还的后果。

（2）关于犯罪中所租赁车辆的价值是否应被认定为诈骗数额形成了两种意见：一种意见认为车辆价值应被认定为合同诈骗犯罪数额；另一种意见认为车辆价值不应当被计算为犯罪数额。

四、评析意见

关于租车用于抵押的行为是否构成合同诈骗罪，笔者赞同第二种意见，即租赁车辆用于抵押的行为不构成合同诈骗罪。

对于将租来车辆谎称为自己所有与他人签订借款合同、车辆买卖合同，骗取借款的行为应以合同诈骗罪定罪处罚。理由如下：

诈骗罪与合同诈骗罪存在竞合关系。二者的相同之处在于主观上均以非法占有为目的，客观上均有虚构事实、隐瞒真相的行为。不同之处在于：一是两罪侵犯的客体不同，诈骗罪侵犯的是单一客体，即他人的财产权；合同诈骗罪侵犯的是复杂客体，即他人的财产权和诚实信用的市场交易秩序。二是两罪在客观方面的表现不同，诈骗罪表现为采取虚构事实、隐瞒真相的方法，使被害人产生错误认识而交付财产，其手段多种多样，不限于签订、履行合同过程中；合同诈骗罪表现为在签订、履行合同过程中，采取虚构事实、隐瞒真相等欺骗手段，骗取合同对方当事人财物的行为，其手段仅限于在签订、履行合同过程中，利用合同手段骗取公私财物。

结合本案的犯罪事实来看：首先，张某主观上具有非法占有的目的。其一，张某谎称自己与姚某某合伙搞工程，因急需用钱所以将租来车辆用于抵押借款，并将借款用于搞工程，但证人姚某某的证言证实其未与张某合伙搞工程，证人秦某某、于某某、张某甲（张某之父）、李某（张某之妻）的证言证实从未见过张某包下工程，故其有隐瞒借款去向的行为。其二，张某系无业人员，本身无能力偿还借款，却与被害人签订虚假借款合同和车辆买卖合同。张某在2014年度的住宿记录可以证明，张某一年中有1/4的时间都住在宾馆，有挥霍借款的行为，而且最终导致了其借款无法偿还的后果。

其次，张某实施了在签订、履行借款合同、车辆买卖合同过程中虚构事实、隐瞒真相，骗取对方当事人财物，数额较大的行为，侵犯了被害人的财产权，扰乱了诚实信用的市场秩序。在第1起、第2起犯罪中，张某以自己的名义从租赁公司租用车辆后，虚构车辆系自己所有或自己妻子所有的事实，与被害人李某某签订借款合同和车辆买卖合同，约定将车辆用于抵押，如到期不能还款就将车辆出售给李某某用于还款，使被害人李某某陷入错误认识从而交付借款。张某骗取被害人财物的行为是通过在签订、履行合同过程中虚构事实得以实现的，不仅侵害了李某某的财产权，也扰乱了诚实信用的市场秩序。在第3起犯罪中，张某以自己的名义从租赁公司租用车辆后，伪造车辆行驶证，虚构车辆系自己所有的事实，抵押给刘某某，并向刘某某出具借条，骗取借款。虽然形式上出具的是借条，但该借条中约定了借款金额、还款期限、违约责任、担保物等内容，实质上具备了借款合同特征，故此起犯罪事实与前两起犯罪在本质上是一样的。

综上，张某连续从租赁公司租用车辆，后以非法占有为目的，虚构车辆系自己所有的事实，提供虚假抵押担保，以签订借款合同、车辆买卖合同为手段，骗取合同对方当事人的借款，并导致借款无法偿还的后果，符合《刑法》第 224 条的规定，应当以合同诈骗罪定罪处罚。

五、处理结果

法院审理后认为，被告人张某以非法占有为目的，在签订、履行合同中采取虚构事实、隐瞒真相的方法，骗取公民合法财产，数额巨大，其行为已触犯刑法，构成诈骗罪，公诉机关指控罪名成立。根据被告人的犯罪情节和悔罪表现，依照《刑法》第 266 条之规定，判决被告人张某犯合同诈骗罪，判处有期徒刑 4 年 6 个月，并处罚金 10 000 元。该判决未将租赁车辆的行为认定为合同诈骗，车辆价值也未被认定为犯罪数额。判决后，被告人张某提出上诉，市中级人民法院经审理后维持原判。

朱某过失致人死亡案

——过失致人死亡罪的认定标准*

要旨

疏忽大意的犯罪是过失致人死亡罪还是意外事件?

一、基本案情

2017年9月，犯罪嫌疑人朱某驾驶其工程自卸车驶入本市某区某第3期工程建设工地，因车辆出入登记与该工地门卫室保安段某、韩某、盛某发生争执。段某等3人强行将朱某拉入保安室的过程中，朱某无意把盛某撞倒在保安室床上，其本人也跌倒在盛某身上。后段某、韩某将朱某拉起，发现盛某倒在床上疑似心脏病发作。经某市人民医院120急救中心人员现场抢救诊断：盛某已死亡。经某市某区公安司法鉴定中心鉴定：盛某系心脏疾病突发猝死。

二、关键问题

朱某的行为是否涉嫌过失致人死亡罪?

三、分歧意见

第一种意见认为，朱某面对年龄较大的盛某，应当预见撕扯、推搡盛某的行为可能导致盛某摔倒而产生损害盛某身体的结果。因为疏忽大意而没有预见，加上介入其他因素，致使盛某突发心脏疾病死亡，其行为构成过失致人死亡罪。

第二种意见认为，盛某心脏疾病突发猝死属于刑法上的意外事件，朱某的行为不构成犯罪。理由是：朱某作为一个普通人，没有义

---

* 何磊，甘肃省武威市凉州区人民检察院公诉科科员，员额检察官。

务也不可能预见盛某生前患有严重的心脏疾病，也不能预见自己拉扯时的轻微外力会诱发盛某心脏疾病突发猝死，主观上没有过失。朱某摔倒盛某的行为与盛某心脏疾病突发猝死的结果有一定的联系，但朱某的行为对盛某死亡结果的发生并非直接起决定性作用。因此，其行为与盛某死亡后果之间不存在刑法上的因果关系。

四、评析意见

犯罪嫌疑人朱某涉嫌过失致人死亡罪不能成立，应根据《刑事诉讼法》第173条第1款的规定对朱某绝对不起诉，理由如下：①根据某市某区公安司法鉴定中心对盛某的尸检鉴定："死者额部、颈部及左下肢有多处擦伤，损伤浅表……系钝器（如手抓、撕扯等）形成，非本尸致命损伤，可排除暴力作用致死……分析认为死者生前患有潜在的心脏疾病，在外力、情绪激动、精神紧张等因素作用下，使心脏负荷增加，诱发心脏疾病猝死。"根据上述鉴定意见，朱某的行为不是导致盛某死亡的直接原因。②根据《刑法》第233条的规定，过失致人死亡是指因行为人的过失而导致的他人死亡。根据刑法学理论通说，这里的"过失"包括疏忽大意和过于自信两种情况。疏忽大意的过失是指行为人应当预见自己的行为可能造成他人死亡，由于疏忽大意而没有预见；过于自信的过失是指行为人已经预见自己的行为可能造成他人死亡，由于轻信能够避免而没有采取积极措施。过失致人死亡与意外事件致人死亡的关键区别在于，行为人主观上能否预见自己的行为可能导致他人死亡。意外事件的行为人主观上既不明知，也不具有应当知道的义务。换句话说，过失行为在主观认识方面要求"有能力、有义务预见而未预见"，意外事件在主观认识方面属于"无能力也无义务预见"。对于行为人是否具有对自己的行为可能造成他人死亡结果的预见能力，需要综合行为人的主观能力和案发时的具体条件和实际认识能力判断。

本案中，朱某对盛某的死亡结果，在主观方面既没有过于自信的过失，也不存在疏忽大意的过失。因为从其认识能力而言，朱某根本不知道盛某患有严重的心脏疾病，轻微外力作用就可以致其死亡，无法建立轻微外力作用可以致人死亡的因果关系认识。从其注意义务而言，朱某的注意义务只能基于常识和习惯，对其推倒盛某的行为所可能造成的危害结果，其应当注意的只是是否会造成盛某摔伤的一般损害结果，而苛求朱某具有对自己行为负有注意可能出现死亡结果的义务，显然是无限扩大了其义务范围。

综上，朱某的行为不构成犯罪。

五、处理结果

2018 年 4 月，某市某区人民检察院检察委员会讨论认为，有证据证明盛某的死亡原因系心脏疾病突发猝死，与朱某的行为无法律上的因果关系，属于刑法上的意外事件。依照《刑事诉讼法》第 173 条第 1 款的规定，决定对朱某不起诉。

马某等人抢劫案

——抢劫罪的认定标准*

要旨

未成年人参与共同犯罪；主、客观因素对定罪的影响。

一、基本案情

2013年2月，犯罪嫌疑人马某（15岁）、张某（17岁）、马某某（16岁）、吴某（15岁）、张某某（16岁）酒后由北向南步行至某市某区南城门广场小石桥附近时，与由南向北步行路过此地的张某甲等三人相遇。马某某叫张某甲等三人站住，三人未理睬继续前行。马某某转身追上张某甲等三人，从身上抽出砍刀，将张某甲等三人拦住，对三人进行威胁、殴打。马某、吴某、张某某见状站在原地未作任何表示，张某见状转身上前也对被害人进行拳打脚踢。期间，马某抢走张某甲的一部黑色“三星i9100”直板触摸屏手机，经某区价格鉴定中心鉴定：手机价值人民币3300元。

二、关键问题

马某、吴某、张某某（均为未成年人）是否构成抢劫罪的共犯？

三、分歧意见

第一种意见认为，马某、吴某、张某某当时均处于案发现场，在客观上对马某某、张某的抢劫行为有助威作用，对被害人有震慑作用，在整个犯罪中起到了次要作用和辅助作用，是马某某、张某抢劫犯罪的共犯。均构成抢劫罪。

---

* 孟永红，甘肃省武威市凉州区人民检察院公诉科副科长、员额检察官。

第二种意见认为，马某、吴某、张某某与马某某、张某在主观上无共同犯罪故意，客观上无共同犯罪行为，三人的行为不构成犯罪。

四、评析意见

本案争议的焦点虽然是马某、吴某、张某某是否构成犯罪，但关键点在于马某、吴某、张某某是否与马某某、张某构成抢劫罪的共犯。对此，需要从共同犯罪方面进行分析。

根据《刑法》第25条的规定，共同犯罪的成立需具备三个条件：一是行为人必须是二人以上；二是必须有共同的故意，即各行为人都明知自己的行为会发生危害社会的结果，并希望或者有意放任这种结果的发生，而且都认识到自己和其他行为人在共同进行某一犯罪活动；三是有共同的行为，即行为人各自的犯罪行为都是在他们的共同故意支配下，围绕共同的犯罪对象，为实现共同的犯罪目的而实施的。各个共同犯罪人所实施的犯罪行为都同危害结果具有因果关系，是完成同一犯罪活动不可缺少的组成部分。

第一，马某、吴某、张某某与马某某、张某没有共同的抢劫行为。案发时，马某某、张某系临时起意进行抢劫，且马某某持刀对三名被害人进行威胁。虽然在当时夜深人静、人稀车少的客观环境下，从被害人的角度来看，马某、吴某、张某某与马某某、张某是一伙的，三人在场的事实相比于仅马某某、张某二人在场，在客观上确实给被害人造成了更大的心理压力，但本案中马某某将三被害人拦截后，当即抽出砍刀对被害人进行威胁。在这种情况下，马某某持刀威胁实际上已经使被害人处于不敢反抗、不能反抗的境地，而且还有张某帮助殴打被害人。马某、吴某、张某某三人在场的行为在此时已不是致三名被害人就范的关键因素。且马某、吴某、张某某在马某某、张某对三名被害人抢劫的整个过程中没有任何言语和动作表示，他们站在原地等待的行为仅仅是由客观原因所导致，并不是马某某、张某抢劫犯罪不可分割的组成部分。

第二，马某、吴某、张某某与马某某、张某之间没有共同犯罪的故意。五人在案发前并未就抢劫进行过预谋。案发系马某某临时起意，拦截被害人并持刀进行威胁，张某见状上前对被害人进行殴打，后马某某搜身抢得被害人手机一部，马某某与张某之间形成了共同抢劫的故意。但马某某、张某在对被害人实施抢劫过程中，没有通过言语和动作与马某、吴某、张某某进行过任何沟通。而马某、吴某、张某某站在原地，没有任何言语和动作表示，也未与马某、张某某进行沟通，五人没有形成抢劫犯罪的意思联络。

第三，从刑法原则分析，马某某持刀威胁、殴打三名被害人，属事发偶然，具有突发性和不可预知性。如果仅因为案发时马某、吴某、张某某没有及时离开案发现场或因为三人没有阻止马某某和张某的犯罪行为，就认为即使三人未作任何表示也成为抢劫犯罪的共犯，明显不符合罪刑法定和主客观相一致的刑法原则。

综上，马某、吴某、张某某的行为不构成犯罪。

五、处理结果

某市人民检察院经审核后于 2013 年 6 月批复：根据《刑事诉讼法》第 173 条第 1 款的规定，对马某、吴某作绝对不起诉。2013 年 7 月，某市某区人民法院对张某以抢劫罪判处有期徒刑 2 年 2 个月，宣告缓刑 3 年，并处罚金 5000 元。经某市人民检察院审核后于 2013 年 11 月批复：根据《刑事诉讼法》第 173 条第 1 款的规定，对张某某作绝对不起诉。2014 年 10 月，某市某区人民法院对马某某以抢劫罪判处有期徒刑 3 年，并处罚金 7000 元。

徐某涉嫌侵占案

——关于侵占罪中“数额较大”的认定*

要旨

侵占罪在刑法中属于自诉案件，但刑法及相关司法解释对其起刑“数额较大”无明确规定。对此，笔者拟探讨一二，以助于司法实践之适用。

一、基本案情

犯罪嫌疑人徐某，女，汉族，现年39岁，初中文化程度，农民。2014年5月，犯罪嫌疑人徐某在其经营的小百货商店外面发现一件衣服，并在衣服里面发现了4000元现金，看着四处无人，便将衣服扔到了铺子前面的垃圾箱上，之后，又把钱藏到了店内的床角褥子下。不久，被害人马某找来索要财物，徐某不承认且拒不交出财物。随后，马某报警。警察到来询问，徐某仍不承认，后来派出所警察说要带警犬过来调查时，徐某在害怕之际才说出实情并将财物交还给马某。

犯罪嫌疑人徐某涉嫌盗窃一案，由被害人马某于2014年5月报案至某区公安局，该局经过审查于当日立案侦查，犯罪嫌疑人徐某亦于当日被抓获归案。该局经审查后于2014年5月以徐某涉嫌盗窃罪将该案移送至检察院。检察院经审查后认为，徐某的行为不符合盗窃罪的构成要件，不涉嫌盗窃罪。犯罪嫌疑人徐某所获财物是被害人马某遗忘在其商店外的，应属遗忘物。根据《刑法》第270条

---

* 郝光斌，甘肃省武威市凉州区人民检察院未检办主任，员额检察官。

第2款的规定，犯罪嫌疑人徐某将他人的遗忘物非法占为己有，数额较大，拒不交出的行为，涉嫌侵占罪。根据《刑事诉讼法》第204条之规定，本案属自诉案件，检察院于2014年5月作出对犯罪嫌疑人徐某不批准逮捕的决定，案件退回公安机关，并建议公安机关撤案。某区公安局于2014年6月撤销该案。

二、关键问题

刑法及相关司法解释对侵占罪“数额较大”无明确规定。司法实践中，不同地区、不同办案人员对类似案件的处理差异很大，导致同罪不同刑，不能平等适用法律。这个问题亟待解决。

三、分歧意见

在审查逮捕环节，该案形成了几种不同的意见：

第一种意见认为，徐某以非法占有为目的，将他人财物秘密藏到屋内，数额较大，构成盗窃罪。

第二种意见认为，徐某将他人的遗忘物非法占为己有，数额较大，拒不交出，构成侵占罪。

第三种意见认为，徐某将他人的遗忘物非法占为己有，数额未达到“数额较大”的标准，尚不构成侵占罪，只能是一种侵占行为，属于民法上的不当得利。

四、评析意见

笔者同意第三种意见，理由如下：

《刑法》第270条规定：“将代为保管的他人财物非法占为己有，数额较大，拒不退还的，处二年以下有期徒刑、拘役或者罚金……将他人的遗忘物或者埋藏物非法占为己有，数额较大，拒不交出的，依照前款的规定处罚。本条罪，告诉的才处理。”本案中，犯罪嫌疑人徐某将他人遗忘在其商铺门前的财物占为己有，在失主向其索要时仍不予返还，其有非法占有他人财物的目的，其行为显然符合侵占罪的构成要件。但数额未达到“数额较大”的标准，尚不构成侵占罪，只能是一种侵占行为，属于民法上的不当得利。

那么，侵占罪的“数额较大”到底以多少为起刑标准呢？对此，现有刑法及相关司法解释均未给予明确答复。而在司法实践中，由于侵占罪属于自诉案件，在案件到达法院以前，犯罪嫌疑人往往会将财物返还给被害人，故此类案件基本都在侦查环节和起诉环节就结案了，到达法院的很少，故相关司法判例较少。而在较少的司法实践中，司法机关往往参照盗窃罪“数额较大”的标准加以认定。

现有司法解释对职务侵占罪“数额较大”有明确规定，根据2010年5月7日最高人民检察院、公安部公布的《关于公安机关管辖的刑事案件立案追诉标准的规定（二）》第84条的规定，公司、企业或者其他单位的人员，利用职务上的便利，将本单位的财物非法占为己有，数额在5000元至10 000元以上的，应予立案追诉。

笔者认为，简单地以盗窃罪的标准作为侵占罪“数额较大”的标准的做法不妥。根据刑法“罪刑相适应”原则，刑罚的轻重，应当与犯罪分子所犯罪行和承担的刑事责任相适应。而根据我国刑法的罪名编排体例，基本是按照罪行轻重从重到轻的顺序排列的。例如，将危害国家安全罪这一类严重危害国家安全的犯罪放在刑法分则的第一章，而在每一章之下的每一条也一般是按照该罪行的社会危害程度从重到轻排列的。在刑法分则第五章侵犯财产罪中，抢劫罪危害较重，故排在最前，拒不支付劳动报酬罪危害较轻，故排在最后。在犯罪“数额较大”的认定上，抢劫罪无数额限制，即使抢劫一元钱也构成抢劫罪，而拒不支付劳动报酬罪对数额的限制则较宽。在刑法中，侵占罪为第270条，而抢夺罪为第267条，职务侵占罪为第271条，再考虑是否采用暴力等手段等条件。故笔者认为，根据立法意图，侵占罪的社会危害程度应该是介于诈骗罪和职务侵占罪之间的，故在“数额较大”的确定上也应该是介于诈骗罪和职务侵占罪之间的。根据某省人民法院公布的《关于常见犯罪的量刑指导意见》实施细则的通知，某省盗窃罪“数额较大”的起刑点为2000元，职务侵占罪“数额较大”的起点为10 000元，诈骗罪“数额较大”起点为5000元。故笔者认为，侵占罪“数额较大”的起点至少应为5000元以上，本案应该属于侵占行为，尚未达到“数额较大”的标准。

五、处理结果

某区公安局于2014年6月撤销该案。

漆某伪证罪案

——伪证罪与诬告陷害罪的认定标准*

要旨

被告人供述的变化对犯罪事实的认定和对罪名的影响。

一、基本案情

（一）案件事实

2016年9月，从某市来某市务工的犯罪嫌疑人漆某报称，其被某响煤集团工人陈某强奸，漆某详细陈述了被强奸的细节。公安局立案侦查后，犯罪嫌疑人陈某供述的犯罪情节与漆某的陈述一致。2016年10月，漆某在收取了陈某家属人民币15万元后，分别向某区公安局、某区人民检察院出具书面谅解书，并改变其报案陈述，将暴力强奸的陈述改变为自愿与陈某发生性关系，同时，陈述此前二人关系暧昧，事发后一时生气，为报复陈某而报案。某区人民检察院根据漆某的陈述，在审查陈某涉嫌强奸罪一案后认为，陈某涉嫌强奸罪的证据不足，于2017年3月对陈某作出证据不足不起诉决定。某区公安局于2017年3月，以诬告陷害罪对漆某立案侦查并移送审查起诉。某区人民检院审查起诉期间，漆某如实供述了其收受陈某家属现金后故意作虚假证言，使陈某逃避法律追究的犯罪事实。

（二）诉讼过程

漆某涉嫌伪证罪一案，由某省某市某区公安局侦查终结，以被告人漆某涉嫌诬告陷害罪，于2017年4月向某区人民检察院移送审

* 王永杰，甘肃省武威市凉州区人民检察院公诉科科员、员额检察官。

查起诉。某区人民检察院受理后，在讯问漆某过程中，漆某供述发生变化，经两次退回侦查机关补充侦查，查明漆某有收取犯罪嫌疑人家属的现金后故意改变证言的行为。经检察院检察委员会讨论，决定改变罪名，以伪证罪对漆某提起公诉。

二、关键问题

漆某的行为涉嫌诬告陷害罪还是伪证罪？

三、评析意见

有意见认为，漆某在主动向侦查机关报案陈述自己被强奸的事实后，又向侦查机关和检察机关书写说明，并改变之前的报案陈述，将不自愿改变为自愿发生性关系，致使公安机关对犯罪嫌疑人陈某采取了强制措施，使没有犯罪行为的人被错误地进行了法律追究。其行为触犯《刑法》第243条的规定，捏造事实诬告陷害他人，意图使他人受到刑事追究，应该定性为诬告陷害罪。

笔者认为，犯罪嫌疑人漆某涉嫌伪证罪。第一，2016年9月漆某报警称陈某用钥匙打开房门强行和她发生性关系，将其强奸，漆某报案及时。陈某在2016年9月所作的供述和漆某的陈述相互吻合，侦查机关当天对现场勘验后提取了物证，遂于2016年9月以漆某被强奸案立案侦查，同日对陈某刑事拘留。经物证鉴定，陈某和漆某在2016年9月确实发生了性关系。第二，案件在诉讼过程中，漆某的陈述发生改变。漆某称她和陈某发生性关系是自愿的，是一时冲动报警的，并出具了谅解书，表示愿意谅解陈某的行为。同时，陈某的供述也发生了变化，称他和漆某在2016年9月发生性关系时，自己未使用暴力威胁手段，漆某是自愿的。后警方多次询问漆某，漆某均称和陈某发生性关系是自愿的，未受任何威胁或引诱。第三，在案件移送审查起诉后，犯罪嫌疑人漆某的供述再次发生变化，称其与陈某发生性关系时不是自愿的，之所以改变口供说自己自愿，是因为案发后收取了陈某家属的现金人民币15万元，根据陈某家属的要求，出具了谅解书，改变口供为自愿的。结合证人陈某某、马某、冯某的证言以及冯某的银行卡交易情况，可以认定漆某在补充侦查阶段的供述是客观真实的。因漆某接受犯罪嫌疑人家属的现金后改变口供，致使检察院对陈某作出了证据不足不起诉的决定。第四，漆某在本案中既是被害人也是案件的唯一在场证人，其故意作虚假证明，使犯罪嫌疑人陈某逃避法律追究的行为触犯了《刑法》第305条“在刑事诉讼中，证人、鉴定人、记录人、翻译人对与案件有重要关系的情节，故意作虚假证明、鉴定、记录、翻译，意图陷害他人或者隐匿罪证的，处三年以下有期徒刑或者拘役；情节严重的处三年以上七年以下有期徒刑”的规定。因此，对漆某的行为应定性为伪证罪。

四、处理结果

本案经某市某区人民法院审理后于2018年4月作出一审判决，认定被告人漆某犯伪证罪，判处有期徒刑1年1个月。判决送达后，被告人漆某未提出上诉。

王某、李某非法买卖枪支案

——刑法因果关系在具体案件中的正确理解和适用*

要旨

本案审查的要旨是在具体案件中如何正确理解和把握刑法因果关系中断的问题。

一、基本案情

2016年5月，王某通过手机微信购买了一把以压缩气体为动力的气枪玩耍。2016年8月，王某又将该气枪出售给李某。2016年9月，李某将该气枪借给张某甲玩耍，张某甲将气枪放置在自己卡车驾驶室后排座位上并用毛毯遮蔽。2016年10月，张某乙在张某甲的卡车驾驶室内发现了该气枪，因出于好奇将该枪拿下车摆弄玩耍，不慎将枪击发，枪内发射的弹丸正好击中对面的张某甲头部，致使张某甲死亡。

二、分歧意见

在该案办理过程中，对于王某、李某行为的定性存在两种不同意见：

第一种意见认为，王某、李某的行为构成非法买卖枪支罪。理由是：王某、李某买卖的是一支压缩气体为动力的非军用枪支。最高人民法院《关于审理非法制造、买卖、运输枪支、弹药、爆炸物等刑事案件具体应用法律若干问题的解释》（以下简称《解释》）第1条规定：“个人或者单位非法制造、买卖、运输、邮寄、储存枪

---

* 戴燕芳，甘肃省武威市古浪县人民检察院。

支、弹药、爆炸物，具有下列情形之一的，依照刑法第一百二十五条第一款的规定，以非法制造、买卖、运输、邮寄、储存枪支、弹药、爆炸物罪定罪处罚：……（二）非法制造、买卖、运输、邮寄、储存以火药为动力的发射枪弹的非军用枪支一支以上或者以压缩气体等为动力的其他非军用枪支二支以上的……（九）虽未达到上述最低数量标准，但具有造成严重后果等其他恶劣情节的。”结合本案，对该《解释》第1条第9项应理解为虽然买卖枪支的数量达不到标准，但只要枪支造成严重后果等其他恶劣情节的，就应当以非法买卖枪支罪定罪处罚。王某、李某买卖以压缩气体为动力的非军用枪支数量虽未达到二支以上的数量标准，但该枪支造成了一人死亡的严重后果，二人行为构成非法买卖枪支罪。

第二种意见认为，王某、李某的行为不构成犯罪。理由是：王某、李某买卖枪支与被害人死亡结果之间介入了“张某甲放置在汽车驾驶室内用毛毯遮蔽的枪支由不懂枪支的张某乙突然发现并不慎击发”这一异常因素，中断了二人买卖枪支与被害人死亡之间的因果关系。被害人死亡是由这一异常介入因素引起的，而并非是二人买卖枪支造成的必然结果。王某、李某买卖气枪的行为与被害人张某甲死亡之间不存在刑法上的因果关系，二人的行为不构成犯罪。

三、评析意见

笔者同意第二种意见，认为王某、李某的行为不构成犯罪。理由如下：

刑法意义上的因果关系是指危害行为与危害结果之间具有引起与被引起的关系。由于现实生活具有复杂性，从刑法意义上认定危害行为与危害结果之间的因果关系常常存在一定的难度。当某种危害行为引起或正在引起某种危害结果发展的过程中，介入了另一行为，最终产生危害结果时，需要判断介入行为能否中断前行为与最终结果之间的因果关系。笔者认为，主要应考虑其是否具有以下特征：①异常性。介入因素的发生是前行为人不可预见的，通常情况下不可能出现，与先行行为无规律性。判断前行为人是否可以预见介入因素发生的标准要根据一般人的通常认知水平，结合具体的时间、空间情况进行综合分析。②独立性。介入因素要独立于前行为，不依赖或从属于先行行为。③决定性。最终结果的产生不依赖于前行为，介入因素足够切断先行行为对危害结果的作用，必须对危害结果的产生起到决定性作用。如果介入因素符合上述特征，则这一异常介入因素就中断了先行行为与危害结果之间的关系，先行行为与危害结果之间就不存在刑法上的因果关系。

本案中，王某、李某非法买卖枪支后，李某将枪支借给张某甲使用。李某出借给被害人张某甲的枪支虽然造成了张某甲死亡的结果，但二人非法买卖枪支的行为与被害人死亡之间并无刑法上的因果关系。被害人的死亡结果是由另一异常介入因素引起的，即被张某甲放置在汽车驾驶室内用毛毯遮蔽的枪支由不懂枪支的张某乙突然发现并不慎击发这一介入因素。王某、李某买卖枪支及后来李某出借枪支时不可能预料到一个不熟悉枪支的人发现他人汽车驾驶室内用毛毯遮蔽的枪支并突然持枪击发致人死亡这一情况，通常情况下，这一情况也不可能出现。张某乙发现枪支并操作失误独立于前行为，并对被害人死亡这一结果起到了决定性作用。二人买卖枪支的行为只是后面介入因素起决定作用的一个前提和基础，事实上对后面结果产生并没有起积极作用，后面的异常介入因素中断了王某、李某买卖枪支与被害人死亡之间的因果关系。因此，王某、李某非法买卖枪支与被害人死亡结果之间不存在刑法上的因果关系，二人的行为不构成犯罪。

四、处理结果

2017 年 1 月某县公安局将案件移送某市某县人民检察院审查起诉，经审查，某市某县人民检察院对该案退回补充侦查。期间，某市某县公安局认为该案原认定的犯罪事实有重大变化，不应当追究刑事责任。经审查，某市某县人民检察院同意将该案撤回自行处理的意见。

马某某诈骗案

——以签订合同的方式骗取他人财物的行为应如何定性*

一、基本案情

被告人马某某，男，×岁，农民。2014年5月，因涉嫌合同诈骗罪被某县公安局刑事拘留；同年6月被某县人民检察院批准逮捕；9月，该院以诈骗罪向某县人民法院提起公诉。某县人民法院于2014年12月依法开庭审理此案并作出一审判决，2014年12月判决生效。

2012年6月份，被告人马某某编造其承包了某县某乡×号移民点平房修建工程可低价出售房屋的虚假情况，与被害人党某某签订了购房协议并带党某某查看了该地正在修建的房屋。同年10月，马某某以收取预付房款的名义骗取党某某现金10万元，被告人马某某用骗取的部分赃款购得“比亚迪”F3轿车一辆，其余用于挥霍。后党某某发现该房屋系某市第五建筑安装工程有限责任公司承建开发，马某某根本无权销售该处房屋。

本案的证据主要有：被告人供述、被害人陈述、证人证言、提取的被害人银行打款记录、购房协议等书证、从被告人马某某处扣押的车辆等物证。

二、关键问题

马某某以签订合同的方式骗取他人财物的行为，在刑法上应当如何定性?

三、分歧意见

在该案办理过程中，就马某某的行为该如何定性有两种不同

* 戴燕芳，甘肃省武威市古浪县人民检察院。

意见：

第一种意见认为，马某某以非法占有为目的，在签订、履行合同的过程中骗取他人钱财据为己有，马某某的行为构成合同诈骗罪。理由是：被告人马某某以非法占有为目的，在签订、履行合同的过程中骗取党某某财物。马某某通过签订购房合同，隐瞒了其无权销售该处房屋的事实，骗取了党某某数额巨大的财物，其行为构成了合同诈骗罪。

第二种意见认为，马某某以非法占有为目的，以签订合同为幌子骗取他人钱财并据为己有，马某某的行为构成诈骗罪。理由是：马某某虽然是通过合同诈骗了党某某，但使得对方陷入错误认识的并不是购房合同，而是合同之外的行为，如马某某带领党某某去查看正在修建的房屋，并谎称其有权出售该处房屋。通过合同之外的行为骗取党某某的信任后才签订了合同，此案中的购房合同只是诈骗的道具，并不具有合同的本质特征，马某某的行为构成诈骗罪。

四、评析意见

合同诈骗罪是一种特殊的诈骗方法，其与诈骗罪属一般条款和特殊条款的关系，二者存在法条竞合关系，在法律实务中易于混淆。合同诈骗罪是以非法占有为目的，在签订、履行合同的过程中，使用欺诈手段，骗取对方当事人数额较大财物的行为，刑法对此明确规定了五种行为方式。诈骗罪是以非法占有为目的，使用虚构事实或者隐瞒真相的方法，骗取数额较大的公私财物的行为，突出特点是行为人通过欺骗使被害人陷于错误认识并基于错误认识而处分财物。两罪主观上都是故意，均以非法占有为目的，但其区别也是明显的。二者处于刑法不同的章节中，其侵犯的客体不同。诈骗罪侵犯的客体是公私财产的所有权，合同诈骗罪侵犯的客体是复杂客体，其不仅侵犯他人财产所有权，而且侵犯国家合同管理秩序，破坏社会主义市场经济秩序。

笔者认为，马某某的行为应构成诈骗罪。

第一，被告人马某某虚构自己对房屋有出售权的事实，骗取党某某信任后与其签订了购房合同。此处的“合同”并不属于合同诈骗罪之“合同”。从合同诈骗罪侵犯的客体来看，合同诈骗罪中的“合同”必须存在于该罪所保护的客体范围内，能够体现一定的市场秩序，而本案中的合同只是诈骗的道具而已。

第二，马某某的客观行为不符合合同诈骗罪的客观要件。其并非是在签订、履行合同过程中使用欺诈手段骗取对方财物，也并非是以合同作为诈骗的媒介和手段，而是在非法占有完成后通过签订合同的方式使对方继续信任自己。党某某基于马某某对该处房屋有出售权的错误认识而处分财产，造成了使财产遭受损失的后果。双方签订购房合同是马某某对其诈骗行为的继续隐瞒，而不是为了履行合同。

第三，本案不存在法条竞合的问题。首先，被告人马某某并不是工程承包方，该工程建筑商也没有委托马某某对外销售房屋。也就是说，马某某没有销售房屋的资格，其根本不属于市场经济主体。其次，根据合同诈骗罪的构成要件，必须是在合同的签订、履行过程中实施扰乱市场经济秩序的诈骗行为。马某某的行为不符合合同诈骗罪的构成要件，其行为不属于同时符合数个法条规定的犯罪构成的法条竞合。因此，马某某的行为应构成诈骗罪。

五、处理结果

2014 年 12 月，某县人民法院对本案作出一审判决：被告人马某某犯诈骗罪，判处有期徒刑 4 年，罚金 10 000 元，赃款依法追缴，判决已生效。

宋某某贷款诈骗案

——担保人归还银行贷款后是否还能构成贷款诈骗罪*

要旨

贷款是现代经济发展的重要资金来源和保障。骗取贷款会给广大群众造成巨额损失，给涉案金融机构带来很大的信贷风险，危害正常金融管理运行。骗取贷款罪、贷款诈骗罪与民事贷款纠纷之间在客观方面存在一定的相似性，往往难以区分。笔者将结合司法实践中的具体案例，对骗取贷款罪、贷款诈骗罪与民事贷款纠纷行为从主观、客观以及法律适用方面进行区分。

一、基本案情

（一）案件事实

2014年4月×日，犯罪嫌疑人宋某某在负有大量外债及银行贷款、公司经营状况亏损的情况下，向某农村商业银行有限公司公园路支行提供其所经营的某新东方物资有限公司与某亿陆钢铁贸易有限公司、某吉峰钢管有限公司、某群英工贸有限公司的虚假购货合同等材料，采取保证人担保的方式，以公司从上述三家公司购进钢材支付钢材款为由，与某农村商业银行有限公司公园路支行签订流动资金贷款合同，贷款期限为12个月（2015年4月×日到期），骗取贷款400万元。后其将400万元贷款从公司对公账号转入个人账号，用在某华信万达期货股份有限公司炒期货。同年12月份，宋某某因炒期货赔款，致使银行贷款无法偿还，留言后离开某区躲避债务。

* 陈卫华，甘肃省酒泉市肃州区人民检察院公诉科科员。

2015年4月×日贷款到期，保证人张某、高某偿还了宋某某的贷款本金及利息。

(二) 诉讼经过

本案由某省某市公安局某分局侦查终结，以被不起诉人宋某某涉嫌贷款诈骗罪，于2016年3月×日向检察院移送审查起诉。检察院于2016年4月×日第一次退回侦查机关补充侦查，侦查机关于2016年5月×日补查重报。检察院于2016年7月×日第二次退回侦查机关补充侦查，侦查机关于2016年7月×日补查重报。检察院于2016年4月×日、2016年6月×日、2016年8月×日延长审查起诉期限。2016年8月×日，作出绝对不起诉的决定。

(三)、证据情况

1. 物证、书证

(1) 某市公安局某分局受案登记表、立案决定书、拘留证、拘留通知书、延长拘留通知书。证明某市公安局某分局案件受理、立案侦查、刑事拘留、告知时间等程序经审查符合法律规定。

(2) 被不起诉人宋某某的户籍信息一份。宋某某，男，生于1969年11月×日。证明被不起诉人宋某某已达到刑事责任年龄。

(3) 接受证据材料土地租赁合同一份、借款申请一份、个人借款申请书、还款计划书、对外融资情况说明、钢材购销合同、某亿陆钢铁贸易公司及某群英工贸公司出具的证明等。证实宋某某向银行提交的三份购货合同和用款计划书是虚假的。

(4) 调取证据通知书五份。调取新东方物资有限公司对公账户交易明细、宋某某个人账户交易明细、华信万达期货有限公司宋某某出入金明细。证实宋某某确从某农商银行公园路支行获得贷款400万元，将400万元转入私人账户，并将其中350万元转入期货账号进行期货交易。

(5) 营业执照、组织机构代码证、税务登记证、中国银监会某监管分局批复。证实了某农村商业银行有限公司公园路支行的主体资格。

(6) 某农村商业银行有限公司公园路支行提供宋某某申请贷款

的相关材料。

(7) 某农村商业银行有限公司公园路支行贷款发放通知书。

2. 言词证据

(1) 受害人报案笔录：某农村商业银行有限公司公园路支行行长段某某于2015年8月×日向公安机关陈述。证实被不起诉人宋某某提供虚假经济合同，骗取了某农村商业银行有限公司公园路支行贷款400万元。

(2) 证人证言：①被询问人李某甲（农商银行工作人员）于2015年8月×日向公安机关陈述。证实被不起诉人宋某某分两次从对公账户将其中350万元转入宋某某在工行的个人账户（账号为62220227130××××××××），用于炒期货。②被询问人李某乙（宋某某妻子）于2015年8月×日向公安机关陈述。证实被不起诉人宋某某将赚下的钱和贷下的款用于炒期货。③被询问人高某（担保人）于2015年8月×日向公安机关陈述。证实被不起诉人宋某某因炒期货赔了3800多万元，于2014年12月中旬后外出躲债，联系不到。④被询问人张某（担保人）于2015年8月×日向公安机关陈述。证实了被不起诉人宋某某因炒期货赔了3800多万元，于2014年12月中旬外出躲债，贷款利息由担保人负责偿还。⑤被询问人马某某（宋某某的姑父）于2016年1月×日向公安机关陈述。证实被不起诉人宋某某将400万元贷款转入个人账户，并将贷款用于炒期货，赔了近3800多万元后离开公司，无法联系。⑥被询问人杨某（宋某某经营的某新东方物资有限责任公司工作人员）于2016年1月×日向公安机关陈述。其对宋某某贷款的事情不知情，但是知道宋某某除经营钢材生意外在炒期货。⑦证人付某、赵某某、李某某三人均证实宋某某向银行提交的三份购货合同是虚假的。

(3) 宋某某的供述：宋某某于2015年12月×日向公安机关作出两份供述，对自己的犯罪事实供认不讳。宋某某对伪造经济合同骗取贷款的犯罪事实供认不讳，证实其收到贷款后将大部分钱用来炒期货，并未按照合同约定用于生产。

二、关键问题

担保人偿还了贷款，被不起诉人就不具有非法占有的目的是否恰当?

三、分歧意见

针对宋某某的行为是否构成犯罪，主要存在以下三种意见：

第一种意见认为，宋某某构成贷款诈骗罪。宋某某自己担任公司法定代表人，在不能满足贷款条件的情况下，伪造没有实际贸易背景的购销合同，骗取银行贷款人民币400万元后，将钱款从公司对公账号转入个人账号，用于炒期货，因炒期货赔款，致使银行贷款无法偿还，留言后离开居住地躲避债务。宋某某欺骗银行，骗取400万的贷款用于高风险的投入，并没有用于公司的经营，还存在外逃行为，属于以非法占有的目的，通过使用虚假证明文件，骗取银行贷款。宋某某的行为符合《刑法》第193条之规定，应构成贷款诈骗罪。

第二种意见认为，宋某某构成骗取贷款罪。宋某某在申请银行贷款授信的过程中，提交没有真实贸易背景的购销合同，以骗取某农商银行400万元贷款，后用于炒期货，因操作水平不高，无力偿还。虽由担保人归还，但给贷款银行造成了比约定时更高的风险等级。其行为符合《刑法》第175条之一的规定，应构成骗取贷款罪。

第三种意见认为，宋某某的行为不构成犯罪。宋某某与银行和担保人之间的关系属于民事纠纷，受害人银行和担保人可以提起民事诉讼主张自己的权益。首先，从法理上来讲，根据刑法谦抑性的原则，只有在没有其他代替刑法的适当方法存在的条件下，才能将某种违反法律秩序的行为设定成犯罪行为。在本案中也就是指能用相关的民法原则解决的问题，就不再根据刑法的原则来处理。其次，从主观方面来讲，宋某某在取得贷款时，担保确实存在，也有愿意担保的主观要件，并且在贷款到期后两名担保人也确实为其偿还了400万元贷款，因此其没有占有贷款资金的目的。最后，从客观方面来看，在第一次贷款后宋某某虽没有按照之前的约定将资金用于公司经营，但期货亏损是其意志以外的因素，与之后无法偿还贷款没有直接的联系。

四、评析意见

本案中，笔者的观点与最终处理意见不一致。笔者认为，宋某某的行为构成贷款诈骗罪。具体理由如下：

第一，本案被不起诉人宋某某，伪造虚假的合同，骗取银行的贷款，并私自改变贷款的用途，将贷款用于高风险的期货交易，其行为已对国家的资金安全造成了极大的风险。《刑法》第193条可以清楚地确定，该罪侵犯的是双重客体，既侵犯了银行或者其他金融机构对贷款的所有权，也侵犯了国家的金融管理制度。且案发后宋某某并未积极处置自己行为造成的后果而是采取了外出躲避的方式。

第二，本案因为担保人偿还了银行贷款，就认为被不起诉人不具有非法占有的目的，是不恰当的。宋某某并未偿还银行的损失，其损失是由担保人来承担的，不能因为担保人的行为而免除宋某某的责任。因他人的行为而免除自己应当承担的法律责任，显失公平。

第三，宋某某实际上对担保人也采取了欺骗手段使他人为其提供担保从而骗取金融机构贷款的行为。其行为应被认定为对担保人的（合同）诈骗罪（对象为财产性利益）与对金融机构的贷款诈骗罪（对象为贷款）。在提供担保时，如果宋某某如实讲述自己资金的用途，担保人是不愿为其提供担保的。

第四，仅以损失的承担（即结果的最终表现）来定性，显然忽视了犯罪构成的客观行为要件。因此，不应以银行没有损失就认定没有适格的被害人。

五、处理结果

2016年6月×日，检察院检察委员会讨论决定就本案法律适用问题请示某市人民检察院。同年8月×日，某市人民检察院作出《关于宋某某涉嫌贷款诈骗罪一案的批复》，认为宋某某的行为不构成犯罪。

刘某某寻衅滋事案

——轻微暴力导致特殊体质被害人齐某死亡是否构成犯罪*

要旨

轻微暴力是指实施较小力度的一般殴打或者与被害人发生推搡等冲突行为，轻微暴力作用于特殊体质被害人，导致被害人死亡的定性应根据具体问题具体分析。笔者将从实践中的真实案例入手，分析这种被害人具有特殊体质的案件中死亡结果的归责问题。

一、基本案情

（一）案件事实

2016年×月×日×时许，刘某某驾驶甘B×××××号“海格牌”皮卡车沿某快速通道由东向西行驶至某交易市场门前红绿灯路口处时，因同向行驶的甘G×××××号“本田”越野车变道后紧急刹车，引起刘某某不满。刘某某遂下车强行拉开对方车门，对驾驶员濮某甲进行辱骂、殴打，从而引发双方争执、撕扯。在此过程中，濮某甲的父亲濮某乙过来挡架，刘某某遂又与濮某乙二人撕扯在一起。刘某某对濮某乙进行辱骂、撕扯，濮某乙经人劝解分离后倒地，经送某市人民医院抢救无效死亡。经某市某区公安司法鉴定中心鉴定，濮某乙系冠状动脉粥样硬化性心脏病因情绪激动诱发急性发作死亡。

（二）诉讼经过

本案由某市公安局某分局侦查终结，以刘某某涉嫌寻衅滋事罪于

* 齐琳，甘肃省酒泉市肃州区人民检察院公诉科科员。

2016年×月×日向检察院移送审查起诉。审查中，检察院因案件事实不清，证据不足于2016年×月×日、2017年×月×日退回补充侦查，侦查机关于2017年×月×日、2017年×月×日重报审查。检察院于2017年×月×日延长审查起诉期限。

2017年×月×日，检察院经检委会讨论决定，对刘某某作出不起诉决定。某市公安局某分局对该决定不服提请检察院复议，经检察院再次审查并经检委会讨论，决定维持原不起诉决定，某市公安局某分局提请某市人民检察院复核，某市人民检察院于2017年×月×日向检察院送达复核决定通知书，认为刘某某的行为构成犯罪，决定撤销检察院的不起诉决定，要求检察院对该案依法提起公诉。2017年×月×日，检察院撤销某检不起诉决定书，并于2017年×月×日，依法向某市某区人民法院提起公诉。

（三）证据情况

认定上述事实的证据有：被告人供述、证人证言、书证、勘验检查笔录、辨认笔录、鉴定意见。

二、关键问题

轻微暴力导致特殊体质被害人死亡是否构成犯罪？构成何种罪？

三、分歧意见

针对刘某某的行为是否构成犯罪，主要存在以下三种意见：

第一种意见认为，被害人患有心脏病，刘某某与其的厮打行为与濮某乙的死亡结果之间不存在刑法上的必然因果关系。刘某某与濮某乙素不相识，也不可能预见到濮某乙的特殊体质，进而预见到危害结果的发生。因此，本案属于意外事件，刘某某的行为不构成犯罪，不应当负刑事责任。

第二种意见认为，刘某某在公共交通道路上无视道路交通管理法规，在主要道路的红绿灯处，对正常行驶等待红绿灯的车辆进行拦截，无故辱骂、殴打对方车辆驾驶员并辱骂撕扯被害人，引发事端，造成酒嘉快速通道西部牛羊交易市场路段交通秩序混乱，严重影响公共交通安全。刘某某辱骂、撕扯被害人的行为诱发了被害人濮某乙冠状动脉粥样硬化性心脏病急性发作，行为与后果之间存在刑法意义上的因果关系，其行为符合寻衅滋事罪的构成要件。因此，应当以寻衅滋事罪定罪处罚。

第三种意见认为，刘某某作为一名具备相当社会生活经验的成年人，应当能够预见对一名老人进行辱骂、撕扯可能导致他人死亡的危害后果，但因为疏忽大意而没有预见到，导致发生了濮某乙死亡的危害后果，故应当以过失致人死亡罪定罪处罚。

四、评析意见

本案应当被认定为是一起意外事件，刘某某不构成犯罪。具体理由如下：

（一）刘某某的行为与濮某乙的死亡结果之间不具有刑法上的必然因果关系

刘某某与濮某甲发生争执后，濮某乙是出于挡架的目的和刘某某撕扯在一起的。在此过程中，刘某某对濮某乙仅有言语辱骂及撕扯衣领的行为，该行为并不必然会导致被害人死亡结果的发生，因为并不是每一个具有特殊体质的人在外界一定的刺激下都会发生死亡的结果。这说明，刘某某的行为与濮某乙的死亡结果之间没有必然的因果关系。

（二）刘某某不构成寻衅滋事罪

首先，对于发生争执的原因，刘某某是由于对方驾驶员在行驶过程中突然加塞导致自己紧急刹车，才产生了不满情绪。刘某某辱骂、殴打濮某甲是基于日常生活中的偶发矛盾，主观上并不是出于取乐、耍威风、寻求精神刺激的目的。其次，刘某某在快速通道上停车与人理论争执的行为的确会对交通产生一定的影响，但案发地点无监控录像，来往驾驶人员也无证言证实刘某某的行为对案发地点的交通产生了巨大影响。相反，证人证言均证实路过等待红灯时看到的现场状况，绿灯亮了就走了，这说明刘某某的行为没有造成公共场所秩序严重混乱的结果。综上，刘某某的行为在主客观方面均不符合寻衅滋事罪的构成要件。因此，刘某某不构成寻衅滋事罪。

（三）刘某某对其行为导致濮某乙死亡的结果不存在疏忽大意的过失

在主观上，刘某某没有故意或者过失的心理态度。连被害人家人都不知道被害人有如此严重的心脏疾病，刘某某作为陌生人就更不可能知道了。此外，刘某某与被害人素不相识，对发生争执进而撕扯的行为造成死亡的后果无法预见到，也不可能预见。我们不能因为被害人年纪大就推定刘某某应当预见被害人有心脏病。同时，在此次争执过程中，刘某某的暴力行为仅限于撕扯被害人衣领及辱骂被害人，暴力行为不明显，作用的部位不重要。因此，刘某某对被害人死亡结果主观上没有过失。

（四）认定刘某某的行为不构成犯罪更符合公众的一般心理预期

为了合理地明确刑法处罚范围，对于处在罪与非罪、重罪与轻罪边缘的行为，应适当结合一般人的生活和社会常理作出判断。在一般争执和殴打力度轻微的案件中，行为人的行为并未直接造成被害人轻伤以上的后果，而是因被害人原有病症发作等复杂因素导致死亡，死亡结果具有某种程度的偶发性。应结合行为人的主观心态、案发时具体情形等多方面因素综合认定行为人的罪责更能获得社会认同。

五、处理结果

2017年×月×日，某市某区人民法院向检察院送达《关于对被告人刘某某寻衅滋事罪一案撤回起诉的建议》。法院受理后，经书面审查，认为被告人刘某某无犯罪事实存在，建议检察院对该案撤回起诉。检察院经检委会讨论并报某市人民检察院审查后，依据某市人民检察院向检察院送达的“同意本院根据《某省检察机关公诉案件撤回起诉若干规定（试行）》第3条第（一）项的规定，对刘某某寻衅滋事案撤回起诉”的批复，将本案撤回起诉，后依法对刘某某作出绝对不起诉决定。

马某某贩卖毒品案

——逮捕环节如何运用证据*

要旨

在司法实践中，承办人在办理审查逮捕案件时，对证据合法性、客观性、完备性的审查相对难以到位。由于审查批捕案件的办案期限只有7天，这也就要求案件承办人必须在最短的时间内，通过对嫌疑人的讯问来获取线索，发现瑕疵、非法证据，全面把握案件整体证据，倒逼侦查机关提高对证据合法性、客观性、完备性的重视，使得案件的证据质量有明显的提升，同时也能对办案人员的证据观念有所影响。

一、基本案情

（一）犯罪嫌疑人基本情况

犯罪嫌疑人马某某，男，东乡族，现今34岁，出生于××省××族自治县，小学文化程度，农民。

（二）案件事实

2016年11月×日19时许，犯罪嫌疑人马某某在某区回民街给本区吸毒人员王某某贩卖毒品后被抓获，缴获毒品可疑物1克。

（三）诉讼经过

2016年11月×日，某区公安局以犯罪嫌疑人马某某涉嫌贩卖毒品罪向某区人民检察院提请逮捕。2016年12月×日，某区人民检察院以事实不清、证据不足不批准逮捕犯罪嫌疑人马某某。

---

* 李召文，甘肃省张掖市甘州区人民检察院。

（四）证据情况

1. 犯罪嫌疑人马某某的供述

侦查卷中，犯罪嫌疑人有三份供述：第一份供述不承认犯罪事实；第二份供述承认了犯罪事实，证明案发当日中午，其将毒品放在吸毒人员王某某的摩托车旁边，下午去取毒资后被抓获；第三份供述系宣布拘留证时拒绝签字。

2. 证人王某某的证言

证明案发当日中午，犯罪嫌疑人马某某将毒品放在其摩托车旁边，下午，马某某来取毒资后被抓获，毒资700元，系7张100元面额人民币。

3. 书证、物证

（1）扣押物品、文件清单。证明从吸毒人员王某某处扣押白色塑料纸包裹的白色粉末状毒品可疑物1包。从犯罪嫌疑人马某某处扣押100元面额人民币7张，共计700元。

（2）过秤笔录。证明毒品可疑物重1克。

（3）犯罪嫌疑人马某某的通话记录单。证明案发当日犯罪嫌疑人马某某与吸毒人员王某某共通话5次。

4. 鉴定意见

毒品检验鉴定报告：检出了毒品二乙酰吗啡（海洛因）的成分。

5. 公安机关的说明

证明被扣押的700元钱系公安机关提供。

6. 办案干警的说明

证明案发当日中午，一名办案干警看见犯罪嫌疑人马某某向吸毒人员王某某摩托车处扔了白色纸包的可疑物。

7. 同步录音录像证明

犯罪嫌疑人马某某未供述任何犯罪事实，对犯罪嫌疑人的讯问几乎均由一名侦查人员进行。

二、关键问题

凭现有的证据是否可以逮捕犯罪嫌疑人马某某？

三、分歧意见

我国《刑事诉讼法》（2012修正）第79条规定："对有证据证

明有犯罪事实，可能判处徒刑以上刑罚的犯罪嫌疑人、被告人，采取取保候审尚不足以防止发生下列社会危险性的，应当予以逮捕。”司法实践中，司法机关对如何把握有证据证明有犯罪事实、有逮捕必要存在有不同理解。在本案办理的过程中，对犯罪嫌疑人马某某是否可以逮捕存在以下两种意见。

第一种意见认为，应逮捕犯罪嫌疑人马某某。本案中，毒品虽然不是被当场缴获的，且犯罪嫌疑人马某某也辩解身上被扣押的现金是王某某与其玩麻将时所欠的款项，但是吸毒人员王某某证明了其与犯罪嫌疑人马某某联系购买毒品的过程，侦查人员也从王某某处扣押了用于交易的毒品，从马某某身上扣押了毒资。同时，侦查人员证明案发当时看见犯罪嫌疑人马某某向吸毒人员王某某的摩托车旁边扔了一个白色的可疑物。这些证据之间相互印证，形成了一个完整的证据链，得以证明犯罪嫌疑人马某某实施了贩卖毒品的行为，应予以逮捕。

第二种意见认为，犯罪嫌疑人马某某涉嫌贩卖毒品罪事实不清，证据不足，不应逮捕。在审查逮捕的过程中，作出判断所依据的证据要查证属实，即既要有合法性，又要有真实性。证据之间要相互印证，指向同一犯罪事实。犯罪嫌疑人的辩解要得到排除，在排除合理怀疑后，才能认定犯罪行为就是犯罪嫌疑人所为。本案中，犯罪嫌疑人马某某的供述既不具有合法性，也不具有客观性。公安机关扣押的毒品与现金虽然具有客观性，但关联性不强。因此，认定犯罪嫌疑人马某某涉嫌贩卖毒品罪事实不清，证据不足，不应逮捕。

四、评析意见

笔者同意第二种意见，具体意见分析如下：

（一）犯罪嫌疑人马某某的供述不能作为定罪的依据

《刑事诉讼法》（2012 修正）第 116 条规定：“讯问的时候，侦查人员不得少于二人。”法律之所以这样规定，既有保障讯问安全的需要，又是要让两名侦查人员之间起到相互监督的作用，防止讯问过程违法。但在本案中，讯问与记录几乎完全由一名侦查人员进行，其他的侦查人员偶尔进入审讯室根本起不到保障与监督的作用。同步录音录像反映，犯罪嫌疑人马某某未作任何有罪的供述。因此，本案中犯罪嫌疑人的有罪供述既不合法，也不客观，不应被采纳。

（二）其他证据不能形成完整证据链条、不能排除合理怀疑

2016年11月×日中午，一名侦查人员发现犯罪嫌疑人马某某扔过一个东西，但并未当场查获。依据吸毒人员王某某的证言，其中午取上毒品后，到晚上犯罪嫌疑人马某某被抓获后才将毒品交给侦查人员。因此，犯罪嫌疑人马某某扔的东西是否就是王某某交给侦查人员的毒品，只有王某某一个人的证言。扣押的现金系公安人员提供的购买毒品现金，马某某辩解这是王某某欠其的麻将款。另外通话清单只能证明两人曾通过话，并不能证明通话的内容。过秤笔录、鉴定意见只能证明从王某某处扣押的物品系毒品，不能直接印证马某某贩卖了毒品。本案并非是当场查获毒品的案件，虽然查获了毒品，但毒品在吸毒人员王某某身上保管了半天，是否是马某某给王某某的只有王某某一个人的证言，而毒品包装的特性决定对其无法进行指纹鉴定。

本案中，犯罪嫌疑人马某某的供述不能采纳后，能够证明犯罪嫌疑人马某某犯罪的直接证据只有吸毒人员王某某的证言，其他书证物证只是间接证据且关联性不强，不能形成证据链条。而犯罪嫌疑人马某某辩解其带着老婆和孩子一家7口在本区养羊，与王某某联系的手机是用身份证办理的，自己经常于王某某家打麻将，其辩解不违反常理，不能排除合理怀疑。

（三）正确运用逮捕环节的证据

逮捕是一柄“双刃剑”，一方面，它维护着社会的整体秩序；另一方面，它对具体公民的人身自由和基本权利可能造成难以挽回的损害。在审查逮捕环节，侦查活动刚刚开始，许多取证工作尚未结束，已经取得的证据本身往往比较零散，证据链的有些环节有明显的断裂，最为便捷的方式就是取得犯罪嫌疑人的有罪供述，对客观性的证据重视不够，往往成为案件出现问题的主要原因之一。案件进入到审查逮捕阶段，检察监督权限开始运行，通过审查逮捕，对前期的侦查工作进行合法性和规范性审查，对发现的问题及时予以

处理，对苗头性问题进行有效预防。另一方面，引导公安机关下一阶段的侦查工作，从而有助力于后期诉讼的顺利进行。在此环节，承办人需提高对证据的合法性、客观性和完备性的重视程度，对案件整体证据予以全面把握，对在案证据予以进行合理预判，通过科学的引导，规范侦查机关的执法行为，促使其全面收集证据，切实发挥好审查逮捕环节对其他诉讼环节的全局服务功能。

五、处理结果

2016 年 12 月×日，某区人民检察院以事实不清、证据不足不批准逮捕犯罪嫌疑人马某某，并启动侦查监督程序，对某区公安局发放纠正违法通知书。12 月×日，公安机关对整改情况进行了回复。

贾某某诈骗案

——立案前已被追回全部被骗款项是否构成犯罪，数额如何认定*

一、基本案情

贾某某，男，某省某县人，因涉嫌诈骗被某公安局取保候审。

2015年3月以来，犯罪嫌疑人贾某某利用其在某县某局工作的身份，虚构某工程项目，以给陈某、王某等人承包工程为名，收取活动经费。

先后骗取陈某现金共计15万元，后在陈某非法拘禁下偿还了本金及利息共计22万元。

在王某答应给贾某某10万元的过程中，因陈某报案而未取得财物。

某公安局于2016年4月×日以贾某某涉嫌诈骗罪向某市某区检察院移送审查起诉。某市某区检察院于2016年7月×日向某法院提起公诉。

二、关键问题

贾某某的行为是否应以犯罪论处？若构成诈骗罪，数额如何认定，如何处罚？

三、分析意见

审查起诉时，对该案有不同意见：

第一种意见认为，贾某某的行为不构成诈骗罪。贾某某虚构工

---

* 房永萍，甘肃省甘州区人民检察院。

程，骗取他人财物，有欺诈的行为，一次未得逞，一次在公安机关立案之前已还清，没有诈骗金额。司法实践中，在公安机关立案之前还清的财物，均从诈骗金额中剔除，故贾某某的行为不应以犯罪论处。

第二种意见认为，贾某某的行为构成诈骗罪。其中诈骗陈某的犯罪已完成，其还钱是在逼迫下还的，系退赃行为，应以诈骗罪认定。诈骗王某的犯罪系未遂，可以比照既遂从轻处罚。

四、评析意见

（一）案发前归还款项系退赃行为，应认定为诈骗既遂

犯罪预备、未遂、中止和既遂都属于犯罪停止形态的范畴，是指故意犯罪在其产生、发展和完成犯罪的过程及阶段中，因主客观原因而停止下来的各种犯罪状态。认定犯罪属于何种停止形态，首先要区分各种形态的含义与主要区别。结合本案，笔者仅在此分析犯罪未遂、犯罪中止和犯罪既遂在认定中的注意事项。

（1）犯罪未遂在我国《刑法》第 23 条第 1 款中的表述为："已经着手实行犯罪，由于犯罪分子意志以外的原因而未得逞的，是犯罪未遂。"根据刑法的规定及有关刑法理论，犯罪未遂，是指行为人已经着手实行具体犯罪构成的实行行为，由于其意志以外的原因而未能完成犯罪的一种犯罪停止形态。

（2）犯罪中止，是指在犯罪过程中，行为人自动放弃犯罪或者自动有效地防止犯罪结果发生而未完成犯罪的一种犯罪停止形态。此种犯罪停止形态特别强调行为人的"自动性"，或者自动放弃实施犯罪行为，或者在实施犯罪行为后自动防止犯罪结果的发生。

（3）犯罪既遂是故意犯罪的完成形态，是指行为人所故意实施的行为已经具备了某种犯罪构成的全部要件。当然，确认犯罪既遂与否，应以行为人所实施的行为是否具备了刑法分则所规定的某一犯罪的基本犯罪构成的全部构成要件为标准，而不能以犯罪目的达到或者以犯罪结果发生作为犯罪既遂的标准。此外，值得特别注意的是：犯罪既遂是犯罪完成的标志，犯罪既遂后绝不可能再出现犯罪未完成的停止形态，即犯罪停止形态具有不可逆转性。诈骗罪的犯

罪构成要件中的客观方面表现为：行为人通过虚构事实、隐瞒真相等形式实施了欺诈行为，该欺诈行为使对方产生错误认识（对方产生错误认识是行为人的欺诈行为所致，即使对方在判断上有一定的错误，也不妨碍欺诈行为的成立。如果对方不是因欺诈行为产生错误认识而处分财产，就不成立诈骗罪），被害人陷入错误认识之后作出财产处分（处分财产表现为直接交付财产，或者承诺行为人取得财产，或者承诺转移财产性利益），欺诈行为使被害人处分财产后，行为人便获得财产，从而使被害人的财产受到损害。本案中，被害人陈某基于贾某某能为其承包工程的错误认识，处分了自己的财产，贾某某获得15万元，从而使被害人陈某的财产受到损失。贾某某的诈骗行为已完成，属于犯罪既遂状态。

（二）诈骗罪基本犯存在未遂形态

关于诈骗罪基本犯是否存在未遂形态的问题，在我国刑法理论上曾存在两种不同的观点。一种观点认为，只有在特定情况下诈骗罪以一定的违法数额作为犯罪构成的必备要件，不具备这一要件连犯罪都无法构成更谈不上存在犯罪未遂的形态。另一种观点认为，有的情况下诈骗罪不以违法数额作为犯罪构成的必备要件。此时的诈骗罪属于行为犯，只要行为人实施了诈骗行为，主观上认为或实际骗得了钱财就构成诈骗罪，没有骗得则不构成诈骗罪。

目前，我国刑法界普遍认定诈骗罪基本犯存在未遂状态，我国司法解释也对诈骗罪基本犯存在未遂状态的观点予以了肯定。

最高人民法院、最高人民检察院出台的《关于办理诈骗刑事案件具体应用法律若干问题的解释》（下称《诈骗罪解释》）第5条第1款规定："诈骗未遂，以数额巨大的财物为诈骗目标的，或者具有其他严重情节的，应当定罪处罚。"根据该规定，诈骗未遂行为必须要达到"情节严重"才能构成诈骗（未遂）罪。在此规定之前，最高人民检察院研究室于1998年11月27日在《关于保险诈骗未遂能否按犯罪处理问题的答复》中规定："行为人已经着手实施保险诈骗行为，但由于其意志以外的原因未能获得保险赔偿的，是诈骗未遂，情节严重的，应依法追究刑事责任。"可见，对于诈骗未遂犯罪，近年来的规定是一致的，都强调了诈骗未遂。本案中，贾某某诈骗王某10万元的行为因意志以外的原因而未得逞，系犯罪未遂。

（三）诈骗未遂只有达到“情节严重”，才能构成犯罪

司法实践中，有一种观点认为，诈骗（未遂）罪的犯罪数额不一定非要达到数额巨大，数额较大同样构成犯罪。这种观点是错误的。首先，这种观点直接违反了《诈骗罪解释》的相关规定。其次，数额较大只是诈骗犯罪的一般情节，不属于“情节严重”。最后，对于没有达到数额巨大的诈骗未遂行为进行处罚，不符合“罪刑相适应”的刑法原则。

根据《诈骗罪解释》的规定，诈骗未遂行为必须要达到“情节严重”才能构成诈骗（未遂）罪。何为情节严重？首先《诈骗罪解释》第5条第1款将诈骗的目标为数额巨大的财物作为“情节严重”的一种情形。该条第2款规定了属于其他“情节严重”的几种情形，即利用发送短信、拨打电话、互联网等电信技术手段对不特定多数人实施诈骗，诈骗数额难以查证，但具有下列情形的：①发送诈骗信息5000条以上的；②拨打诈骗电话500人次以上的；③诈骗手段恶劣、危害严重的。上述规定属于明确的几种“情节严重”的情形，至于是否存在其他“情节严重”的情形，需要最高人民法院、最高人民检察院在以后的工作中进一步作出规定。在没有新的规定之前，我们只能对符合以上规定的诈骗未遂犯罪予以认定。本案中，贾某某诈骗王某10万元，系犯罪未遂，且达到情节严重。

（四）诈骗罪未遂的处罚

对于诈骗罪如何处罚，《刑法》第266条作了具体规定：“诈骗公私财物，数额较大的，处三年以下有期徒刑、拘役或者管制，并处或者单处罚金；数额巨大或者有其他严重情节的，处三年以上十年以下有期徒刑，并处罚金；数额特别巨大或者有其他特别严重情节的，处十年以上有期徒刑或者无期徒刑，并处罚金或者没收财产。本法另有规定的，依照规定。”

但对于诈骗（未遂）罪如何量刑，刑法及相关的司法解释没有明确规定，因此其也成了目前司法实践中争议最大的一个问题。具

体有三种意见：第一种意见认为，对于诈骗（未遂）罪应当按照其涉及的犯罪数额在与既遂犯罪数额相应的刑罚幅度内确定刑罚，再按照犯罪未遂比照既遂从轻或者减轻的原则确定刑罚。第二种意见认为，对于诈骗（未遂）犯罪进行量刑，符合“情节严重”情形的，在与既遂犯罪“数额较大”，也就是一般犯罪情节的刑罚幅度内确定刑罚；达到“情节特别严重情形”的，在与既遂犯罪“情节严重”的刑罚幅度内确定刑罚。第三种意见认为，对于诈骗（未遂）犯罪进行量刑，符合“情节严重”情形的，在与既遂犯罪“数额较大”，也就是一般犯罪情节的刑罚幅度内确定刑罚；达到“情节特别严重情形”的，在与既遂犯罪“情节严重”的刑罚幅度内确定刑罚。再按照犯罪未遂比照既遂从轻或者减轻的原则确定刑罚。显然，第二种观点是正确的。

第一种意见违反了《诈骗罪解释》的相关规定。按照诈骗罪（既遂）的社会危害程度，诈骗罪分为一般情节（数额较大）、情节严重和情节特别严重三个档次。相对应，对于诈骗罪的处罚也分为三个档次，分别是：处三年以下有期徒刑、拘役或者管制；三年以上十年以下有期徒刑；十年以上有期徒刑、无期徒刑。而按照《诈骗罪解释》的规定，诈骗未遂，只有达到情节严重的才能定罪处罚。也就是说，对于诈骗未遂犯罪，只有情节严重和情节特别严重两种情形。情节严重作为刑事责任追究的一个基本标准，情节特别严重作为刑罚加重的一个条件。很显然，在没有刑法明确规定的前提下，与此相对应的也只有三年以下有期徒刑、拘役或者管制和三年以上十年以下有期徒刑两个刑罚档次。因此，对于诈骗未遂罪，只能在十年以下有期徒刑、拘役和管制的幅度内量刑。犯罪未遂比照既遂从轻或者减轻是刑法的一个原则性规定。在没有特别规定的情况下，适用该项原则是没有问题的，但如果有特别规定，便应优先适用特别规定。既然司法解释对于诈骗未遂犯罪作了特别规定，便应具体适用司法解释的相关规定，不应再适用原则性规定。第一种观点不符合罪刑相适应的原则，也没有法律依据。第三种观点认为既然是诈骗未遂就可以比照既遂从轻或者减轻处罚，因为犯罪未遂的社会危害性要小于犯罪既遂。但《诈骗罪解释》在将诈骗未遂行为确定为犯罪时，已经充分考虑到了诈骗未遂的社会危害性相对于诈骗既遂要轻，所以才把诈骗未遂情节严重作为定罪处罚的一个标准。如果再对诈骗未遂罪从轻或者减轻处罚，实际上就是再次对该犯罪行为进行从轻处罚，对同一犯罪情节进行了重复评价，这种观点没有理论依据。

（五）诈骗罪有既遂、又有未遂的处理

根据《诈骗罪解释》第 6 条的规定："诈骗既有既遂，又有未遂，分别达到不同量刑幅度的，依照处罚较重的规定处罚；达到同一量刑幅度的，以诈骗罪既遂处罚。"根据该条规定，对于同一诈骗行为，同时存在既遂和未遂的，不能并罚，只能依照处罚较重的规定处罚。之所以如此规定，是考虑到无论是诈骗既遂还是诈骗未遂，都属于诈骗罪，不是两个罪，不适用"数罪并罚"的原则。贾某某诈骗案件中，诈骗有既遂，又有未遂，且分别达到不同量刑幅度的，依照处罚较重的规定处罚。故法院对贾某某的量刑适当。

五、处理结果

某市某区人民法院于 2016 年 12 月对贾某某涉嫌诈骗一案判决贾某某犯诈骗罪，判处有期徒刑 3 年，缓刑 4 年。

高某寻衅滋事案

——由一起家庭纠纷引发的案件之探析*

要旨

实践中，面对家庭成员之间因内部纠纷引发的事件，是依靠最严厉的刑法来定纷止争，还是着眼于法律效果和社会效果，采取人性化的方式去化解矛盾，值得我们深思。

一、基本案情

高某，某市某区某镇某村六社的一个普通男青年，生于××年×月×日。婚后，因家中买楼、买车、生小孩、给妻子看病等事宜，其与父亲高某某多次向银行及社会人员借款而无力偿还，因而父子结怨、家庭不和。2015年6月，高某因债务问题再次与家人发生争吵，并以其要摔死自己小儿子（未满1周岁）为由拨打报警电话，要求民警处理其家庭债务纠纷。派出所民警向债主担保并索回了高某抵押借款的车辆，才平息了此次家庭矛盾。2015年8月×日，高某的妻子因病入住某市人民医院。高某在向其母亲索要6万元医药费未果后，带着自己的大儿子（3岁）来到某市人民医院门诊楼前，以摔孩子为由拨打报警电话，并要求公安机关处理其与父亲之间的债务问题。民警到达现场后，从次日凌晨1时劝说至3时，高某才领孩子回家。2015年8月×日，高某在向别人借款未果后，在其家中再次以杀死孩子为由拨打报警电话，在村干部及派出所民警到达其家后，高某用水果刀架在孩子身上，提出让村干部及民警向其父母索要4万元。

* 范亚胤，甘肃省张掖市甘州区人民检察院。

村干部及派出所民警在劝说无果后向区公安局报案。当晚21时许，该局派出刑警大队到现场增援，后将高某抓获。

二、关键问题

面对这样一起因家庭经济纠纷而引发的案件，是罪还是非罪?

三、分歧意见

该案在移送起诉后，产生了三种分歧意见：第一种意见认为，高某的行为构成绑架罪；第二种意见认为，高某的行为构成寻衅滋事罪；第三种意见认为，高某的行为既不构成绑架罪，也不构成寻衅滋事罪。

四、评析意见

第一种意见：高某的行为构成绑架罪。理由如下：

根据我国刑法的规定，绑架罪是指利用被绑架人的近亲或者其他人对被绑架人安危的忧虑，以勒索财物或满足其他不法要求为目的，使用暴力、胁迫或者麻醉方法劫持或以实力控制他人的行为。本罪侵犯的客体是复杂客体，既侵犯他人的人身权利，同时又侵犯他人的财产权利。客观方面表现为以暴力、胁迫、麻醉或其他方法劫持他人的行为。主观方面表现为直接故意，且以勒索他人财物为目的或者以他人作为人质为目的。

本案中，高某多次以摔死、杀死自己孩子为由向其父母索要钱财，其主观目的是要挟父母、索要钱财，同时其客观上也实施了劫持自己孩子、拿水果刀架在孩子身上的暴力行为。因此，高某的行为构成绑架罪。

第二种意见：高某的行为构成寻衅滋事罪。理由如下：

根据我国刑法的规定，寻衅滋事罪是指在公共场无事生非，起哄闹事，随意殴打、追逐、拦截、辱骂、恐吓他人，强拿硬要，任意损毁、占用公私财物，破坏公共秩序，情节恶劣或者情节严重、后果严重的行为。本罪侵犯的客体是公共秩序。所谓公共秩序包括公共场所秩序和生活中人们应当遵守的共同准则。客观方面表现为无事生非，起哄捣乱，无理取闹，殴打伤害无辜，肆意挑衅，横行霸道，破坏公共秩序的行为。主观上只能由故意构成，即公然藐视国家法纪和社会公德。其动机是通过寻衅滋事活动，追求精神刺激，填补精神上的空虚。

本案中，高某为达到自己向父母索要钱财的目的，以摔孩子为由多次拨打报警电话，扰乱国家机关正常工作秩序，同时高某在某市人民医院门口无事生非，扰乱公共场所秩序。因此，高某的行为构成寻衅滋事罪。

第三种意见：高某的行为既不构成绑架罪，也不构成寻衅滋事罪。

(1) 高某的行为不构成绑架罪。理由如下：

根据我国刑法的规定，绑架罪是指以勒索财物或者扣押人质为目的，使用暴力、胁迫或者其他方法，绑架他人的行为。本罪侵犯的客体是他人的人身权利。因为行为人以暴力、胁迫等手段对他人实施绑架，直接危害被害人的生命健康。本罪客观方面表现为使用暴力、胁迫或者其他方法，绑架他人的行为。本罪的犯罪主体为一般主体。本罪的主观方面由直接故意构成，并且具有勒索财物或者扣押人质的目的。“以勒索财物为目的绑架他人”，是指采用暴力、胁迫或者其他方法，强行将他人劫持，以杀害、杀伤或者不归还人质相要挟，勒令与人质有关的亲友，在一定期限内交出一定财物，以钱赎人。行为人利用的是被绑架人的近亲属或者他人对被绑架人安危的忧虑。

分析公安机关认定的两起犯罪事实。第一起是2015年8月×日凌晨发生在某市人民医院门诊楼前的犯罪事实。高某挟持自己的孩子坐在路牙石边，以自己要摔孩子为由拨打110电话报警，现场只有围观群众和民警，高某父母并不在场。高某母亲甚至证实其不知道高某在医院门口要摔孩子。问题一：既然是“绑架”，为何不直接面对父母，跑到医院门口干什么？这一起“绑架”，犯罪行为针对的对象是谁？侵犯的客体又是什么？问题二：在公安人员提问“高某真的会伤害孩子吗”时，高某母亲认为不可能，因为“虎毒不食子”。作为被绑架人的近亲属对孩子的安危都不担忧，何来“要挟”一说？问题三：高某供述，经民警劝说后，其于凌晨3点40分带着孩子打出租车回家。就这一行为，是认定绑架罪的未遂，还是中止？根据我国刑法的规定，绑架罪是行为犯，一旦实施绑架行为，无论是否达到勒索钱财的目的，即视为既遂。那么高某在民警劝说后带孩子回家的行为，该如何判定？

第二起是2015年8月×日发生在高某家中的犯罪事实。高某因借钱未果，再次以自己要杀死孩子为由拨打110电话报警，第一时间赶到现场的只有村主任和派出所民警，其父母亦不在场。在村主任和派出所民警去找高某父母时，其父亲明确表示自己管不了，不去现场，而且孩子是高某的，高某能下得了手就去干。问题一：既然是绑架孩子向父母勒索财物，为何不直接面对父母而要报警？问题二：如果父母是高某勒索财物的对象，那么在勒索对象拒不出现的情况下，高某“绑架”孩子要挟谁？问题三：对于一天之内发生的两次“绑架”，应该如何认定？是一个行为的持续，还是几个行为？

绑架罪是重罪，行为人对客体的侵害必须达到与其刑罚设置相匹配的程度，也即绑架行为对于被害人人身自由的剥夺、对人身安全的威胁必须达到相当严重的程度才能以绑架罪定罪处罚。如果行为人实施的行为既不足以对被害人形成实际的控制，也没有对被害人实施进一步加害的故意，则不能认定行为有控制或者加害被害人的主观故意，也不能认定为绑架罪。

在侦查阶段和审查起诉阶段，高某始终供述和辩解：其怎么可能杀自己的亲生孩子，除非自己是牲口。之所以那么做，一是想吓唬父母，引起重视；二是想借助公家的力量处理一下其和父亲之间债务上的事。

通过以上分析不难看出，高某主观上一没有勒索钱财的目的（要的什么钱：父亲以车作押向何某借的4万，以及妻子住院所需医疗费），二没有杀害人质的故意（从其因妻子住院没有医疗费而做出后续举动来分析，高某不可能做出杀害孩子的行为）。且高某每一次都拨打110电话报警，正好印证了其辩解的“想借助公家的力量处理一下其和父亲之间债务上的事”的主观故意。同时，高某与父母之间确实存在说不清、道不明的债务纠纷，而非以勒索财物为目的。

因此，高某的行为不构成绑架罪。

（2）高某的行为不构成寻衅滋事罪。理由如下：

刑法规定的寻衅滋事罪具体表现为以下四种行为：随意殴打他人，情节恶劣的行为；追逐、拦截、辱骂、恐吓他人，情节恶劣的行为；强拿硬要或任意损毁、占用公私财物，情节严重的行为；在公共场所起哄闹事，造成公共场所秩序严重混乱的行为。“在公共场所起哄闹事”，是指出于取乐、寻求精神刺激等不健康的目的，在公共场所无事生非，制造事端，扰乱公共场所秩序的行为。“造成公共场所秩序严重混乱的”，主要是指公共场所正常的秩序受到破坏，引起群众惊慌等混乱局面。

本案中，高某的行为显然不属于上述前三种行为。那么，是否是第四种“在公共场所起哄闹事，造成公共场所秩序严重混乱的行为”呢？

分析侦查机关认定的第一起犯罪事实：2015年8月×日凌晨，高某挟持孩子在某市医院门口向其父母要钱，有群众围观，有民警出警，是否造成公共秩序严重混乱呢？比如，造成病患就诊困难，或者导致救护车出勤不通畅，或者引起医院就医秩序混乱等。对此，卷内并无此相关证据，而且案发当时是在特殊的时间段——凌晨，而非白天。“造成公共场秩序严重混乱”如何认定？

分析侦查机关认定的第二起犯罪事实：2015年8月×日下午发生在高某家中。“家”如何等同于“公共场所”呢？刑法在规定“入户抢劫”时，虽对“户”作了扩大解释，但也限定为“如渔民白天作业晚上休息的船只”。这一起犯罪事实又如何认定呢？

高某因家庭纠纷拨打110报警电话向公安求助的行为能否构成寻衅滋事罪呢？

众所周知，某种行为要构成刑法所认定的犯罪行为，必须具有“三性”：社会危害性、刑事违法性和应受刑罚惩罚性。作为高某，鉴于其和父母之间存在说不清、道不明的债务纠纷，自己无力解决，想借助公家的力量处理的想法无可厚非。作为普通老百姓，有困难找警察是一种再正常不过的想法和做法。所以，高某的行为，是否违反了《治安管理处罚法》还有待考证，但绝非是刑法所规定的具有社会危害性、刑事违法性和应受刑罚惩罚性的犯罪行为。因此，高某的行为不构成寻衅滋事罪。

综上，高某的行为既不构成绑架罪，也不构成寻衅滋事罪。

笔者同意第三种意见。高某的行为虽然恶劣，但考虑到案件当事人均为家庭成员，以及案件处理后产生的法律效果和社会效果，因家庭矛盾引发的纠纷不宜以犯罪论处。

五、处理结果

2015 年 8 月×日，某区公安局以高某的行为涉嫌寻衅滋事罪对其刑事拘留；同年 9 月×日，某区人民检察院以高某的行为涉嫌绑架罪批准逮捕；2016 年 4 月×日，某区人民检察院以高某的行为涉嫌寻衅滋事罪提起公诉。经审理，某区人民法院于 2016 年 5 月×日以被告人高某犯寻衅滋事罪，判处有期徒刑 1 年。宣判后，被告人表示不上诉。

王某甲、王某乙玩忽职守案

——护林员能否成为玩忽职守罪的主体*

要旨

玩忽职守罪是指国家机关工作人员严重不负责任，不履行或不正确履行自己的工作职责，致使公共财产、国家或人民利益遭受重大损失的行为。

一、基本案情

被告人王某甲、王某乙系某县林业局登记在册的护林员。为更好地管护全县公益林，某县林业局委托某林场管理某村某公益林。由于管护面积大，公益林划界不精确，为便于管护，某林场委托某村委会推荐护林员，并与被推荐人签订护林管护合同（合同由村主任代签，护林员知道签订了管护合同，但不清楚合同内容）。合同约定，护林员工资由林业局发放，根据管护面积每人每年 3 万元左右，并划分了管护范围（公益林系根据卫星云图中植被覆盖率确定，无明确界限，划分为多个小班号，管护范围根据小班号整体划分），要求护林员每日巡护并填写管护日志，县林业局、某林场会不定期检查护林情况。合同签订后，林业部门未给护林员配备相关巡护设备，也未按合同约定给护林员足额发放工资（实际发放每人每年平均约 3000 元），护林员也未按合同约定进行日巡护，而是每月巡护 2 次~3 次。

根据鼓励养殖的相关政策，王某丙申请在某滩某处计划投资 160

* 关雪云，甘肃省张掖市高台县人民检察院反渎局局长。

万修建养殖场。经批复同意后，王某丙开始修建养殖场并开拓饲草地一百多亩（饲草用地尚未批准）。王某甲、王某乙发现后予以制止并报告当地乡政府及某林场，但王某丙称自己已通过批准开地，王某甲、王某乙随后离开再未对此重点巡查。后在县相关部门巡查过程中，发现王某丙未批先开地422亩，现场用GPS定位后确认王某丙非法开垦公益林面积约407亩。

经鉴定：王某丙非法开垦的某公益林面积为407.5亩，林种为防护林，属国家级重点公益林。王某丙因犯非法占用农用地罪被某县人民法院判处有期徒刑2年，缓刑3年，并处罚金20 000元。

二、关键问题

护林员能否成为玩忽职守罪的主体？

三、分歧意见

本案的分歧意见较多，在此主要讨论两名被告人是否符合玩忽职守罪主体要件的问题。关于两名被告人是否符合玩忽职守罪的主体要件，主要有以下两种观点：

一种观点认为，王某甲、王某乙不属于国家机关中从事公务或受国家机关委托从事公务的人员，被告人不具有法定职责，不符合玩忽职守罪的主体构成要件。虽然某村委会主任代签了管护合同，某村委会召开会议选任两名被告人为林业局专职护林员，某县林业局认可两名被告人护林员身份并备案管理，两名被告人知道自己是林业局聘用的专职护林员，领取了护林员巡查日志及护林员工资。但是，第一，王某甲、王某乙没有与某林场签订公益林护林人员管护合同，也没有委托他人代签合同。管护合同未经合同当事人订立，对被告人不产生合同订立的法律后果，合同约定对被告人不具有法律效力。第二，林业部门登记在册不能证明聘用被告人为护林员的事实。第三，虽然王某甲、王某乙以护林员身份实际履行了护林员职责，但没有履行相关法定职责的依据，不符合玩忽职守罪的主体身份要件。

另一种观点认为，王某甲、王某乙虽然不是国家行政机关正式在编工作人员，但均系国有某县某林场按照国家规定的授权、通过签订护林合同聘用的专职护林员，如同合同制民警等人一样，属于从事公务的人员，符合玩忽职守罪的主体要件。第一，王某甲、王某乙的专职护林员身份是按照法律的规定和合同的约定取得的。经村委会推荐，村主任代为签订了管护合同，王某甲、王某乙依法取得了专职护林员身份。第二，王某甲、王某乙虽然没有亲自参与签订合同，但是，有证据证明他们都知道自己与国有某林场签订有护林合同，认可自己的护林员身份，知道自己的护林职责并领取了护林员工资。而且，某县林业局也认可他们的专职护林员身份。他们实质上是受国家行政机关委托，代表国家行政机关从事公务的人员。第三，从王某甲、王某乙拿到的工资看，他们的工资是某县林业局委托某县某林场代为发放给他们的公益林管护费。领取公益林管护费用的事实，也证明他们具有管护公益林的职责。从王某甲、王某乙从事的护林工作来看，他们管护的是国家级公益林，从事的是关乎人民群众切身利益的生态环境保护工作，其工作牵涉公共利益，其从事的工作属于公务，其职责属于法定职责，不应以劳动报酬的获取和多少来确定。第四，从护林合同及巡查日志上载明的职责来看，他们与国家林业部门的工作人员一样，行使的都是行政监督管理的职权，其护林职责依据的是国家法律规定和相关的文件规定。在明知自己负有监管保护公益林职责的情况下，他们如果不认真履行职责，就会直接导致公益林被毁损，给国家和人民利益造成损失。因此，两名被告人的身份符合玩忽职守罪的主体要件。

四、评析意见

笔者同意第二种观点。2002 年全国人民代表大会常务委员会通过的《关于〈中华人民共和国刑法〉第九章渎职罪主体适用问题的解释》规定："在依照法律、法规规定行使国家行政管理职权的组织中从事公务的人员，或者在受国家机关委托代表国家机关行使职权的组织中从事公务的人员，或者虽未列入国家机关人员编制但在国家机关中从事公务的人员，在代表国家机关行使职权时，有渎职行为，构成犯罪的，依照刑法关于渎职罪的规定追究刑事责任。"最高人民法院、最高人民检察院于 2012 年发布的《关于办理渎职刑事案件适用法律若干问题的解释（一）》第7条规定：“依法或者受委托行使国家行政管理职权的公司、企业、事业单位的工作人员，在行使行政管理职权时滥用职权或者玩忽职守，构成犯罪的，应当依照《全国人民代表大会常务委员会关于〈中华人民共和国刑法〉第九章渎职罪主体适用问题的解释》的规定，适用渎职罪的规定追究刑事责任。”

综上，某县某林场与专职护林员签订护林合同，是基于国家法律法规的规定。王某甲、王某乙的护林职责与权力，来源于国家法律法规规定的授权，二人受某县某林场委托对被毁公益林进行管护，属于受委托从事公务的人员，是适格的渎职犯罪主体。

五、处理结果

该案立案侦查终结移送审查起诉后，公诉部门经审查认为王某甲、王某乙的行为不构成玩忽职守罪，提请检委会讨论后决定作不起诉处理，并报市检察院批准。某市人民检察院不同意不起诉，批复要求起诉。检察院依法提起公诉后，某县人民法院经审理判决王某甲、王某乙无罪。检察院经检委会讨论决定提起抗诉，某市人民检察院不支持抗诉并撤回抗诉。

赵某某破坏生态环境案

——私自开挖荒山林草地的行为应承担责任的主体*

要旨

该案是首例追加行政机关为第三人参加诉讼的民事公益诉讼案件。公民个人私自开挖林地，不但会危及他人生命财产安全，更会严重破坏生态环境。行政机关具有法定监管职责，对其提起民事公益诉讼，在生态环境非常脆弱的当地具有惩戒和警示作用。

一、基本案情

2016年×月×日，赵某某擅自动用挖掘机，开挖其位于某县某拆迁安置区上方的承包经营的荒山林草地，形成了两个梯次平台地，面积约为4.08亩。相关部门接到举报后，先后两次到达现场制止，方才停工。经查，相关职能部门初步认定，赵某某在土地规划区内，未办理任何许可证，私自挖山，毁坏林草地面积2737.5平方米，造成水土流失。所取土方直接推入居民安置区南边荒沟内，弃土方量达1125立方米，造成了严重的排洪堵塞。毁坏林地内刺槐20株(胸径均为8厘米)，其余为狼牙刺等植物植被。另外，国土部门经现场勘查认为，削山形成的断面高度高、坡度大，极易造成崩塌等地质性灾害，使位于正下方的安置区内群众生命和财产存在潜在隐患。

2016年×月×日，某镇政府牵头，会同水保、土地、林业、村委

* 陈春芳，甘肃省庆阳市人民检察院民行处处长。

会等单位，对此事调查处理。除按有关法律法规进行处罚外，还责令当事人赵某某对该处林草地进行绿化，疏通荒沟等恢复措施。2016年×月×日，某镇政府再次会同各部门到现场查看验收，发现赵某某对该处土地整改不力，没有达到相关要求。生态环境没有彻底恢复，公共安全隐患依然未消除。以上事实有现场勘查记录及照片、当事人谈话笔录、承包合同、各职能部门初步认定证明及材料等证据证实。2016年×月×日，某市人民检察院对赵某某的破坏生态环境行为，依法向某市中级人民法院提起民事公益诉讼。2017年×月×日，某市中级人民法院依法作出判决，支持了检察机关要求赵某某恢复被破坏土地原貌、消除对周边环境危险的全部诉讼请求。

二、关键问题

本案中，赵某某私自动用机械开挖自己承包的荒山林草地，破坏了生态环境，堵塞了河道，堆积废弃土于村民安置小区上方，造成公共安全隐患，其行为应否受到法律追究？如何追究？管理者是否还应受到追责？

三、分歧意见

第一种意见认为，村民赵某某个人在自己的承包地内进行开挖作业，破坏生态环境应受到法律追究。在当地没有公益性社会组织的情况下，应由检察机关代表国家提起民事公益诉讼。

第二种意见认为，赵某某私自开挖自己的承包林草地，相关行政机关虽然已经履行了法定监管职责，但生态环境并没有被修复，安全隐患未消除，行政执法机关依然具有行政管理职责，应对相关部门提起行政公益诉讼。

第三种意见认为，村民赵某某作为承包经营户，应当正确行使自己的承包经营权，合理利用和保护土地资源，保持土地原貌，维护所在村集体及周围环境的社会公益利益。其私自改变土地用途，破坏生态环境，造成水土流失，为周围群众居住公路等社会公益事业埋下了重大安全隐患，应提起民事公益诉讼，并由法院尝试追加相关行政执法机关为本案第三人。

四、评析意见

赵某某作为农村集体组织内的承包经营户，应当遵守相关法律、法规，在国家法律、法规、政策许可的范围内，按照承包合同的约定，正确行使自己的承包经营权，合理利用和保护土地资源，保持土地原貌，维护所在村集体及周围环境的社会公益利益。但赵某某违反相关法律规定和合同约定，私自改变土地用途，在规划区内开挖土地，破坏生态环境，造成水土流失，为周围群众居住公路等社会公益事业埋下了重大安全隐患，应承担《侵权责任法》第15条规定的恢复原状、消除危险责任。检察机关在社会公共利益仍处于受损害状态的情况下，应向法院依法提起民事公益诉讼。

2015年×月，全国人大常委会授权最高人民检察院在甘肃等13个省区开展公益诉讼试点工作。庆阳市检察机关作为试点地区，积极探索，提起了全省首例民事公益诉讼案件。受理法院在第一次开庭后发现如果要支持该案诉讼请求，后期的执行难度大，不具有可操作性。如果追加行政机关作为第三人参加诉讼，便可由行政机关承担修复被破坏的生态环境、消除危险等监管职责，修复责任也可由其代为履行，费用由赵某某承担，进而使判决有了操作性、可执行性。基于此，法院决定依职权追加相关行政机关为第三人参加诉讼。这也是全国民事诉讼案件中追加行政机关为诉讼参加人的一次创新尝试。

我国的诉讼体制中存在刑事附带民事诉讼、行政附带民事诉讼，但唯独没有民事附带行政诉讼。在该案中，追加行政机关为本案诉讼参与人，并判决其履行行政监管职责，代为履行修复责任还是首次，创设了“民事附带行政诉讼”的先河，也为今后审理民事公益诉讼案件提供了新的思路。

首先，此案将行政机关列为无独立请求权的第三人是符合客观现实的，使得判决具有了可操作性。行政机关作为管理者，负有行政管理事务的行政责任。在相对人侵权造成国家和社会公共利益受损而又无技术和能力条件恢复、修复、消除危险的情况下，由于完全具备条件，因此行政机关可以继续履行监管职责，代为履行民事侵权责任，但所产生的费用则由侵害人承担。这样一来，判决内容就有了具体的执行内容，在侵害人不履行的情况下，行政机关可以就产生的费用进行诉讼追偿，可操作性非常强。

其次，将行政机关列为第三人是由其本身具有的维护国家和社会公共利益的义务所决定的。对于众多侵害国家和社会公共利益的侵权人来说，让其修复遭受破坏的生态环境并非易事。即便行政机关履行了法定的管理职责，穷尽了行政管理措施和手段，但由于受侵害人的财力、技术等条件的限制，也可能无法及时恢复、修复被破坏的环境。行政机关对侵害人破坏的环境仍具有监督管理责任，要尽可能地修复环境，行政机关具有不可推卸的责任。因此，在此时，由行政机关代为履行修复责任是最适宜的。

再次，法院追加行政机关为民事诉讼中的第三人而非被告是符合法律规定的。民事诉讼审理的是平等主体间的纠纷。检察机关虽然是代表国家公益进行诉讼，但也是与侵害人平等的诉讼主体。而行政机关则是国家的执法管理机关，在民事侵权诉讼中与侵权人、检察机关的主体身份是不对等的，虽作为第三人可以参加应诉，但其只负有义务没有提出诉讼主张的权利。因此，其作为第三人参加诉讼并不违背法律的规定。

最后，行政机关作为第三人代为履行后，可以行使追偿权，最终保护的还是国家和社会的公共利益，其行使的依然是法定的管理职责。

本案是全省首例民事公益诉讼案件。公益诉讼案件虽然历经近一年的时间，但能够顺利审理、顺利追加诉讼当事人、顺利判决，并经层报审批，取得了良好的社会效果，提高了社会认知度，促进了依法行政，彰显了法律威慑力，保障了公共利益，丰富了诉讼内容。侵害人赵某某当庭致歉并认识到了其错误。行政机关出庭负责人表示，检察机关提起行政公益诉讼，对监督行政机关依法行政、督促行政机关严格依法履职会起到积极的促进作用。行政机关在今后的工作中将更加重视和主动接受检察机关的监督。旁听群众认为，此次庭审激发了社会公众对环境和资源保护的共识，增强了社会公众自觉维护生态环境，建设美丽中国，守护美丽乡土的积极性。

赵某、何某污染环境民事公益诉讼案

——污染环境触犯刑法应受刑事、民事双重惩罚*

一、基本案情

2017年×月×日，某县某镇某村农民赵某指使何某驾驶装有含有原油污水的罐车，在位于某县境内一井场里，利用渗坑倾倒含油污水约14立方米，造成周边土壤受到污染，并严重威胁到了附近地下水安全。经某市环境监测站取样监测，含油污水中含有有毒物质。

某县环保局当即依法进行了处置，并将该案移交到某县公安局立案侦查。2017年×月×日，某县人民法院对赵某、何某以污染环境罪作出有罪判决。

但截至检察机关向法院提起民事公益诉讼，排污现场土壤仍继续遭受污染，尚未得到有效修复，地下水安全仍处于威胁中，公共利益仍处于受侵害状态。

二、处理结果

因该案涉及环境污染，在当地有重大影响，为便于在当地起到警示作用，某市中级人民法院受理此案后指定该案由某县人民法院审理。

在公益诉讼试点期间，经调查核实，该市并无环保公益性社会组织，没有适格主体提起诉讼，且社会公共利益仍处于受侵害状态。赵某、何某的违法排污行为虽被追究了刑事责任，但不影响其依法承担消除危险、恢复原状的侵权责任。某县人民检察院向某县人民法院提起民事公益诉讼，请求判令赵某、何某及时处理场地内遗留的危险废物，消除对周边环境造成的威胁，并修复被污染的土壤，恢复原状。

---

* 陈春芳，甘肃省庆阳市人民检察院民行处处长。

某县人民法院经开庭审理，当庭作出一审判决，支持了检察院全部的诉讼请求。判决：①赵某、何某在判决生效后15日内清除被污染场地内遗留的危险废物，修复被污染的土壤，恢复被破坏的土壤功能；②若在判决确定的期限内未履行土壤修复义务，法院将委托其他人进行修复，所需费用由此二人承担。案件受理费2300元，由被告负担。

宣判后，双方均未上诉，判决已经生效。

三、案件点评

这是一起采用传统民事诉讼方式直接提起的民事公益诉讼案件。虽然历经近一年的时间，但经法、检两级院层报审批，顺利查处、顺利审理、顺利判决，取得了良好的社会效果，保障了公共利益，丰富了诉讼内容。这为今后环境民事公益诉讼正确和有效地处理同类问题（土地污染类）探索出了有益的经验，为打赢生态环境保护攻坚战提供了丰富的案例支持。本案具体有以下几方面的亮点和经验：

第一，关于诉讼管辖规则。本案被告住所地、违法行为地、损害结果发生地均在某县，根据相关法律的规定，需报经省级法院批准，市级人民法院裁定由某县人民法院审理。该案很好地解决了在法律规定范围内的交办、指定管辖等问题，有利于案件的及时办理。

第二，关于检察机关的诉讼请求。鉴于被告造成的现实环境损害与潜在的污染风险并存，综合考虑民事责任承担方式、裁判的确定性及裁判执行不能的救济措施，检察机关主张之诉讼请求合法且合理，使得判决最终有了可执行的内容。

第三，关于法院的判决内容。法院将诉讼请求予以具体化的原告主张方式和法院判决思路，值得借鉴。本案一审法院直接判处被告清理危险物，修复土壤，恢复土壤功能，全部支持了检察机关提出的诉讼请求。同时又判决逾期不履行或修复不达标则由被告承担修复费用，符合现行法律和司法解释的规定。

此案审判的最大亮点在于，法院对案件的判决延伸到了执行的监督，不但判令被告负责修复环境，而且对修复过程中的监理、修复后的验收作了安排，充分体现了“技术的归技术，法律的归法律”的环境案件审判特点。法官在证据判断的基础上适用法律，保障了案件审判的科学性、合理性和公正性。

第四，关于检察机关提起诉讼的方式。本案被告为公民个人，由于刑事诉讼和民事诉讼的诉求、目的、期限等不同，检察机关采取了传统民事诉讼方式，即未提起刑事附带民事诉讼，而是直接提起民事公益诉讼。在两种诉讼存在某些共同的事实和证据问题时，由同一审判组织在同一程序中查明事实、认定证据，既可以节省时间，又能够避免相互矛盾的判断，凸显了刑事诉讼和民事公益诉讼相结合在审理程序上的巨大优势。当然，对于两种诉讼中相异的事实及证据，两种程序也将分开予以处理，同时或先后分别作出两个判决。

第五，关于公益诉讼过程中的检察监督作用。公益诉讼是一种全新的事物，对相关行政机关和自然人行为进行监督是检察机关行使监督权的一种新形式。正确把握检察机关诉讼过程中的法律定位，需要把握好三个关键词：第一是“公益”；第二是“诉讼”；第三是“检察机关”。在本案的办理过程中，检察机关以监督理念指导办案，以办案体现检察监督效果，行政机关也能主动履职和配合，公益诉讼监督效果十分明显，较好地达到了立法机关的授权目的，对此类案件的处理具有较好的示范效应。

张某某、郭某某等人盗窃案

——劳务派遣工在用工单位能否构成职务侵占*

一、基本案情

2015年×月，农民张某某、尚某某二人共同出资购买无牌照墨绿色“猎豹”牌越野车一辆，焊制安装了油罐，用于拉运落地原油。后因获利小，张某某便萌发了在井场盗窃原油的念头。随后，张、尚二人多次缠找看守某油田某县某某井场的西安某劳务公司派遣工郭某某，以给付酬劳为利诱，要其为盗窃原油提供方便。郭某某最终同意，张某某答应的条件是每装一车原油给其500元。经过几次作案，分赃尝到甜头以后，郭某某便主动联系张某某，为其提供情报，伺机在负责视频监控的工人上班、轮休间隙，秘密组织盗油。此后，宁某某也参与其中。具体分工是：郭某某提供情报、打开油井密码箱，张某某、尚某某负责扳扭摄像头、打开阀门、装油、运送和出售原油，宁某某负责望风。

2015年×月至2015年×月，张某某、郭某某共同作案73起，盗窃原油65.66吨，价值165 482.89元。张某某获赃款30 200元，郭某某获赃款35 400元。尚某某参与作案63起，盗窃原油58.21吨，价值149 503.73元，获赃款23 800元。宁某某参与作案68起，盗窃原油62.26吨，价值158 302.09元，获赃款25 200元。

二、关键问题

该案的争议焦点是定性问题。关于有身份者与无身份者内外勾

---

* 高建党，甘肃省庆阳市庆城县人民检察院；陈亚男，甘肃省庆阳市庆城县人民检察院。

结，事前通谋或是单人在作案过程中随时吸收他人加入，共同实施盗窃原油类犯罪，是按职务侵占犯罪定性还是按盗窃罪定性的问题在近几年的司法实践中已基本得到解决。笔者主要讨论的问题是：

（1）郭某某作为劳务派遣工，是否符合职务侵占罪的主体特征，能否以职务侵占定罪？

（2）郭某某为有身份者，张某某为无身份者，如果同为主犯，则出现了两个主犯，如何适用司法解释“按照主犯犯罪的基本特征来确定共同犯罪的性质”？

本案涉及共犯与身份的问题、罪刑相适应原则问题。

三、分歧意见

第一种观点认为，郭某某是本案主犯，该案应当认定为共同职务侵占犯罪。理由是：郭某某利用其管理油井的工作便利，多次通风报信，为盗窃原油提供方便，由刚开始被教唆实施犯罪，到主动召集张某某等到其所驻井场作案并坐地收赃，参与作案73起，教唆行为转化为实行行为，变为本案的主犯。没有郭某某提供的准确信息，以及打开油井密码等行为，犯罪难以实施。因此，郭某某在全部犯罪中起决定性作用，是主犯，其余三人为从犯。鉴于郭某某油田职工的特殊身份，应按照主犯犯罪的基本特征来确定共同犯罪的性质，认定为职务侵占罪。

持这种观点者的法律依据来源于1985年7月18日最高人民法院、最高人民检察院出台的《关于当前办理经济犯罪案件中具体应用法律的若干问题的解答（试行）》中“内外勾结进行贪污或者盗窃活动的共同犯罪……应按其共同犯罪的基本特征定罪。共同犯罪的基本特征一般是由主犯犯罪的基本特征决定的”的规定。最高人民法院于2000年6月30日出台的《关于审理贪污、职务侵占案件如何认定共同犯罪几个问题的解释》也是以主犯犯罪的基本特征来确定共同犯罪的性质的。其中指出：“公司、企业或者其他单位中，不具有国家工作人员身份的人与国家工作人员勾结，分别利用各自的职务便利，共同将本单位的财产非法占为已有的，按主犯的犯罪性质定罪。”

第二种观点认为，张某某是本案主犯，该案应当被认定为共同盗窃犯罪。理由是：首先，在犯罪的预备阶段，提出犯意的是张某某和尚某某，郭某某仅是在两人多次缠找的情况下被动附和接受犯意的。其次，在共同犯罪中，张某某、尚某某具体策划、指挥犯罪活动，起主要作用。郭某某为被动接受任务、服从指挥，协助完成犯罪，起次要作用。再次，从在共同犯罪中犯罪的强度和结果来分析，张某某、尚某某的实行行为强度较大，具体负责扳扭摄像头、打开阀门、装油和出售原油，是导致犯罪结果的主要原因。郭某某有主动联系、提供情报、打开油井密码箱等实行行为，仅是排除犯罪障碍、打探和传递有利于犯罪实施的信息，实行行为强度较小。因此，张某某、尚某某应是本案的主犯，郭某某是相对于宁某某作用较大的从犯。主犯犯罪的基本特征符合盗窃罪的构成要件要素，因此应认定四人的行为均构成盗窃罪。

第三种观点认为，该案中，郭某某、张某某同为主犯，应当运用想象竞合犯的原理，择一重罪处罚，应当认定为共同盗窃犯罪。

第四种观点认为，该案构成单纯的盗窃罪。不需要运用想象竞合犯的原理，不涉及“按照主犯犯罪的基本特征来确定共同犯罪的性质”的问题。理由是：郭某某是劳务派遣工，不是油田单位职工，不具有国家工作人员的特定身份，不符合职务侵占罪的主体特征，犯罪客观方面也不符合职务侵占罪的特征。该案就是一起单纯的内外勾结、事前通谋的共同盗窃犯罪。

四、评析意见

笔者赞同第四种观点。理由是：

第一种观点与第二种观点的区别，仅仅是对谁是本案的主犯的认识不同，导致罪名不同。其认定罪名的依据都是按照主犯犯罪的基本特征来确定共同犯罪的性质。

第三种观点认为，若同一案件中有身份者与无身份者均为主犯，运用想象竞合犯的原理，可择一重罪处罚，这也是在当前司法界得到普遍认同的刑法原则。如果郭某某的正犯犯罪行为符合职务侵占罪的构成要件要素，张某某的正犯行为符合盗窃罪的构成要件要素，第三种观点对本案的定性结论并无不妥。但是，如果对郭某某盗窃罪处罚，导致其量刑低于职务侵占罪，明显有违刑法罪刑相适应原则，因此，第三种观点也是值得商榷的。这会引发在共同犯罪中，对不同身份犯认定同一种罪名，可能产生例外情况的问题。

第四种观点认为，该案并非是有身份者与无身份者共同参与的犯罪，其实，本案根本就不涉及身份问题。也就是说，郭某某在本案中不具有法律意义上的“身份”，对认定犯罪的性质没有影响，所以，本案构成单纯的共同盗窃犯罪。理由是：郭某某作为某劳务公司的派遣工，与用工单位某油田没有隶属的职务关系，不具有职务侵占罪的主体资格。

劳务派遣工与用工单位形成的劳务关系，不同于公司、企业员工与所在单位形成的劳动关系，更不同于国家工作人员与所在公司、企业或者其他单位因从事管理形成的工作关系。在公司、企业或者其他单位中的国家工作人员，代表国家从事监督、管理工作，履行职务。如果其与不具有国家工作人员身份者共同参与盗窃、侵占，影响到职务的廉洁性，认定案件性质将受到其身份的影响，引发想象竞合。对此，需要按照主犯犯罪的基本特征来确定共同犯罪的性质。所以，在本案中，无论郭某某是否在共同犯罪中起主要作用，是否是主犯，因为其与用工单位某油田没有隶属的职务关系，因此不会因为其身份问题引发盗窃罪与职务侵占罪的想象竞合，该案就是一起单纯的内外勾结、事前通谋的共同盗窃犯罪。

劳务派遣又称劳动派遣、劳动力租赁或员工租赁。派遣公司会根据用工单位的需要，将劳动者派遣到用工单位劳动，派遣公司会与用工单位签订劳务派遣协议，派遣公司会与被派遣人员签订劳动合同。其具有以下特征：劳务派遣活动涉及三方当事人，包括派遣公司、用工单位、被派遣人员；劳务派遣的直接法律后果就是实现了用人与用工的分离，使用工单位避免了直接与劳动者产生劳动关系，降低了劳动人事管理的成本和负担，还可以规避劳动关系中用工单位的劳动法律责任，如交纳养老保险等。在劳务派遣中，派遣公司和用工单位签订劳务派遣合同，向用工单位派遣劳动者，接受用工单位的服务费用；在时间顺位上，被派遣人员是由派遣公司招聘后，先与派遣公司签订劳动合同，再接受指派前往用工单位劳动的；用工单位与被派遣人员签订劳务合同，并向其支付工资，被派遣人员为用工单位工作和服务，并接受用工单位的指导和监督。

从上述劳务派遣关系的特征我们可以看出，被派遣人员（劳动者）与派遣单位形成了劳动关系，与用工单位形成了劳务关系，被派遣人员与用工单位没有隶属的职务关系。

联系本案，如果认定郭某某构成职务侵占罪，则存在以下问题：首先，犯罪主体不符。职务侵占罪的主体应当是与公司企业建立有劳动人事关系的公司、企业的内部职工（具有国家工作人员身份和视作国家工作人员身份者除外），属于特殊主体。由于劳动法构架了用人与用工分离制度，被派遣人员（劳动者）与用工单位之间不构成隶属的职务关系，即劳务派遣工不是用工单位的职工，但派遣工却有可能从事与用工单位内部职工相同的工作岗位、工种，有可能利用管理、经营、经手的工作便利非法占有用工单位的财物，甚至内外勾结，利用社会人员身份作掩护共同作案。由于郭某某属于派遣公司某劳务公司的员工，不具有某油田职工的身份，不能成为职务侵占罪的犯罪主体。其次，犯罪客观方面不符。职务侵占罪侵犯的对象只能是行为人本单位所有的财物或资金，而劳务派遣工侵犯的客体是他单位的财物或资金，即工作单位的财物或资金。这就产生了在同一岗位工作，如果一个是本单位职工，一个是劳务派遣工，发生了同样的侵财行为的，本单位职工构成职务侵占，而派遣工则可能构成不当得利或者盗窃。如果是本单位职工与派遣工共同犯罪，则需要运用想象竞合的原理，按照主犯犯罪的基本特征来确定共同犯罪的性质。

综上，本案系郭某某与当地农民张某某、尚某某、宁某某共同盗窃原油。由于郭某某不具有职务侵占罪的主体资格，与张某某、尚某某、宁某某身份一样，都是以刑法上的普通公民身份实施的共同盗窃，不能引发职务侵占与盗窃的想象竞合。所以，讨论郭某某是否在共同犯罪中起主要作用，是否为主犯，并不影响对犯罪性质的认定，只是量刑的一个法定情节。故本案不适用“按照主犯犯罪的基本特征来确定共同犯罪的性质”。

五、处理结果

（一）一审判决情况

某县人民检察院于 2016 年×月×日以盗窃罪对本案四被告人提起公诉，某县人民法院认定郭某某为主犯，张某某、尚某某、宁某某等其余三人为从犯。依照“按照主犯犯罪的基本特征来确定共同犯罪的性质”，以职务侵占罪判处被告人郭某某有期徒刑 1 年 3 个月，判处被告人张某某有期徒刑 1 年 3 个月，判处被告人宁某某有期徒刑 10 个月，判处被告人尚某某有期徒刑 10 个月。

一审判决的理由和本案分歧意见中的第一种观点基本相似。

（二）抗诉情况

一审判决发出后，某县人民检察院提出了抗诉，认为一审判决认定被告人郭、张、尚、宁四人构成职务侵占罪的定性错误，导致量刑偏轻，应当以盗窃罪定罪量刑。抗诉的理由是：张某某是本案的主犯，应当按照主犯的犯罪行为特征确定罪名。

抗诉理由与本案分歧意见中的第二种观点基本相同。该抗诉意见得到了某市人民检察院的支持。

（三）二审改判情况

二审中，某市中级人民法院审理认为，在共同犯罪中，被告人张某某首先提出犯意，多次联系、利诱被告人郭某某为其盗窃原油提供便利条件，后又积极策划、组织宁某某、尚某某具体实施盗窃行为，在整个作案过程中指挥、分工、销赃、分赃，起主要作用，是主犯。被告人郭某某利用其看护油井的职务便利，给张某某、尚某某通风报信，打开油井密码箱，在盗窃犯罪的实施过程中起到了关键作用，与张某某所起作用相当，同系主犯，应按照其所参与的全部犯罪处罚。被告人宁某某、尚某某积极参与盗油、销赃，均起次要作用，系从犯，应当减轻处罚。对于共同犯罪，应按照主犯的犯罪性质定罪。故对本案各被告人均应以盗窃罪定罪处罚。原判对四被告人以职务侵占罪定罪处罚不当，二审应予纠正。遂依法撤销原审判决中对郭某某等四被告人的定罪、量刑部分，认定郭某某犯盗窃罪，判处有期徒刑 5 年，并处罚金 10 000 元；张某某犯盗窃罪，判处有期徒刑4年，并处罚金10 000元；宁某某犯盗窃罪，判处有期徒刑2年6个月，并处罚金5000元；尚某某犯盗窃罪，判处有期徒刑2年，并处罚金5000元。

二审判决的改判理由和本案分歧意见中的第三种观点基本相似。判决运用想象竞合犯的原理，在有身份者与无身份者实施共同犯罪、同为主犯的情况下，择一重罪进行处罚，符合罪刑法定的刑法原则。对本案而言，该判决是适当的，不存在采取择一处罚，即以盗窃罪处罚导致郭某某量刑过轻的例外情况。

六、现实意义

（一）不同身份者内外勾结盗油案件的定性问题亟待解决

某地区是某油田陇东油气生产基地，长期以来，涉油案件高发、多发，由此衍生的刑事案件也一直居高不下。维稳工作稍有放松，犯罪分子就蠢蠢欲动。但是，司法机关在处理不同身份者内外勾结的盗油案件时，就其定性问题面临巨大困惑。同样的犯罪事实，仅因为犯罪分子的身份问题，便导致在案件定性、量刑上存在较大差距，有违法律适用一律平等的原则和罪刑相适应原则。

第一，存在法律打击的“盲区”。内外勾结盗窃原油的案件，如果侵财案值在6万元以下，达不到职务侵占犯罪的立案标准，便不构成犯罪。同时，《治安管理处罚法》亦未对职务侵占违法行为作出处罚规定。司法实践中，司法机关常常运用想象竞合的原理处理案件。在治安处罚层面，公安机关常常运用类推的方法打击处理，有违反罪刑法定原则的嫌疑。司法实践中也发现，经常有内外勾结的不法人员在盗窃原油时被作业区工人或者巡线人员发现制止的情况。犯罪嫌疑人为窝藏赃物、抗拒抓捕或者毁灭罪证而当场使用暴力或以暴力相威胁的，如果以职务侵占罪定性，就不符合转化型抢劫罪的构成要件，不能对犯罪分子以抢劫罪定罪处罚。对于此类案件的准确定性让司法机关十分为难。

第二，容易引起执法工作“混乱”。近年来，办理涉油案件的司法实践反映出公、检、法三机关在对内外勾结盗窃原油案件定性的认识上存在严重分歧，直接影响着打击涉油违法犯罪的法律效果和办案质量。根据2011年至2015年某县人民检察院的相关统计数据，某市公安局某分局以盗窃立案起诉510人，法院以盗窃罪判决356人，变更为职务侵占罪判决102人，法、检两院变更为职务侵占后不起诉，公安机关转为行政处罚20人。此外，还有大量的盗窃原油案件被油田企业及公安机关按内部规定作经济处罚，影响了执法的严肃性和权威性。

第三，导致涉油犯罪“滋生”。近年来，犯罪分子伙同看井工盗窃原油的案件大量增加，特别是一些有前科、有案底的不法分子，在司法机关作了从轻处理以后，不思悔改，继续作案，甚至不惜代价，提前安排人员进入油田单位或劳务派遣公司，随后又内外勾结大肆盗窃原油，给社会管理和油田企业经营造成了严重损失。如果案值达不到6万元的标准，就不能以职务侵占罪追究刑责。如果主犯是劳务派遣工或者油田内部职工，按照主犯的犯罪性质定为职务侵占罪，与盗窃犯罪相比，因其量刑较轻，对同案犯的打击不力，有放纵犯罪之嫌，容易滋生犯罪，社会预防效果不好。

（二）本案的改判具有较强的案例指导意义

被告人郭某某等人盗窃一案因检察机关抗诉被改判。某市中级人民法院二审认定被告人郭某某与张某某在共同犯罪中所起作用相当，同系主犯，应按照主犯的犯罪性质定罪，故对本案各被告人均应以盗窃罪定罪处罚。

本案的改判符合2007年1月15日公布的最高人民法院、最高人民检察院《关于办理盗窃油气、破坏油气设备等刑事案件具体应用法律若干问题的解释》和2007年×月×日甘肃省人民检察院甘检发研［2007］6号《对〈关于盗窃分子与驻井工人勾结共同窃取原油的行为如何定性的请示〉的批复》的规定，也与2010年4月13日某市人民检察院庆检侦监发［2010］5号《关于印发〈关于办理涉油案件有关问题的会议纪要〉的通知》的精神一致，对今后某市公、检、法三机处理内外勾结盗窃原油案件具有指导意义，有利于提高打击涉油违法犯罪的法律效果和办案质量。

（三）在共同故意犯罪中，对不同身份者内外勾结盗油案件，在定性时建议区别对待

(1) 在油田职工（有身份者）为职务侵占罪的正犯，一般公民（无身份者）对正犯实施了教唆、帮助行为，也没有触犯其他犯罪的情况下，按照主犯犯罪的基本特征定罪量刑。例如，油田单位的工人受到一般公民的教唆，利用职务便利实施盗窃原油犯罪的，按职务侵占罪处罚，对一般公民也认定为职务侵占罪（教唆犯）。即使国家工作人员实施教唆、帮助，如果其教唆、帮助的犯罪行为与其职务无关，也应当按无身份者对待。

(2) 如果一般公民（无身份者）为盗窃罪的正犯，油田职工（有身份者）对正犯实施了教唆、帮助行为，也没有触犯其他犯罪的情况下，仍然按照主犯犯罪的基本特征定罪，定盗窃罪。

(3) 在油田职工（有身份者）与一般公民（无身份者）实施共同故意犯罪，同一行为同时触犯了两个以上的罪名，发生想象竞合的情况下，应当择一重罪处罚。例如，共同盗窃原油案值达到6万元以上，油田职工是职务侵占罪的正犯，同时也可能是盗窃罪的教唆犯、帮助犯。相反，一般公民是盗窃罪的正犯，也可能是职务侵占罪的教唆犯、帮助犯。按照张明楷教授的观点（笔者赞同这种观点），应当按照处罚较重的盗窃罪定罪。例外情况是，如果将其中一方认定为较重罪的从犯，导致对其处罚轻于较轻罪的正犯，有违罪刑相适应原则，便应当将其认定为较轻罪的正犯。例如，将上例中油田职工认定为盗窃罪的从犯，如果其处刑低于职务侵占罪主犯的量刑，对油田职工则应按职务侵占罪定罪，对一般公民按盗窃罪定罪。此种情况下，可能存在有身份者与无身份者共同实施同一犯罪，但罪名不同的情况。从目前的司法实践来看，发生这种例外情况时，还没有做到对有身份者与无身份者区别对待，即分别定罪处罚。

(4) 因为劳务派遣工在用工单位不具有刑法意义上的“身份”，如果利用其工作便利与一般公民内外勾结盗窃原油，则一律应当按照盗窃罪处罚。此种情况下，讨论身份与正犯问题，对案件定性没有意义，只是一个在量刑时需要考虑的情节。

刘某强奸案

——“一对一”证据下如何认定被告人是否构成强奸*

一、基本案情

2016年×月份，被告人刘某（系被害人李某姐夫）到李某家中准备接其岳父杜某到其家吃羊肉时，正值杜某外出，家中只剩李某一人。被告人刘某在李某的接待下进入李某在院内上房的卧室，寒暄中被告人刘某对李某进行语言挑逗。后李某因想到家中琐事心情难过，便将头枕在刘某大腿部流了几滴眼泪。刘某用手抚摸李某的头部，随后将李某往炕边抱时，遭到李某反抗。刘某用手撕扯李某领部衣物时，意识到李某家大门未关，于是出去关闭大门。此时被害人李某趁机向外跑，被关好大门返回的刘某堵住并拉进卧室土炕边。刘某随后开始用手撕扯李某上衣，并强行脱掉李某的裤子，与李某发生了性关系。事后李某送走刘某后，打电话将事情告诉了自己的丈夫杜某某。

二、关键问题

“一对一”证据下如何认定被告人是否构成强奸？

三、分歧意见

第一种意见认为：刘某不构成强奸罪。理由如下：

(1) 根据《刑法》第236条的规定，强奸罪指的是违背妇女意志强行与妇女发生性关系的行为。司法实践中，强奸案出现“一对一”的证据并非个例，因为强奸行为多发生在私密空间，只有当事

---

* 慕娜，甘肃省庆阳市镇原县人民检察院。

人双方才会直面发生性关系的过程。尤其是熟人之间的强奸行为，在缺乏明显的暴力、胁迫等相关证据的情形下，在强奸案中判断“是否违背妇女意志”通常只能靠被害人的陈述和被告人的供述。但由于双方立场上的对立，双方言词内容通常会不一致，故不能以被害人的陈述认定被告人构成强奸。

（2）按照“疑罪从无”的原则，在仅有“一对一”证词的情况下，如“被害人”在被强奸中无挣扎、反抗的证据，自己及对方没有伤痕，又找不出被告人有足以让正常人害怕的非暴力胁迫手段让“被害人”放弃反抗，“被害人”有充分机会呼救而未呼救的，则不能认定为被告人强奸。

本案中：①刘某与李某在卧室内聊家常事时李某将头枕在刘某大腿处且流眼泪，刘某用手抚摸李某头部时李某并未反抗，且在刘某语言挑逗李某时，李某并未有反感、抗拒的意思，让刘某以为李某是愿意的；②刘某强行与李某发生性关系时李某并未激烈反抗，甚至配合刘某更换姿势与其继续发生性关系，事后李某还将刘某送出了院子，故不能认定被告人刘某是在违背李某意志的情况下强奸李某的。

第二种意见认为，刘某构成强奸罪。理由如下：

最高人民法院确立的审查证据判断以及证据是否达到确实充分标准的原则规定：①强奸案件的证据具有特殊性，即直接证明强奸行为是否成立的直接证据虽只有被告人供述和被害人陈述这“一对一”的证据，但应当对两者进行比较分析，发现矛盾，在比较分析的基础上，确定各个证据的证明力；②在客观、全面分析证据内容及证明力，确定证据证明方向的基础上，应充分利用间接证据审查分析被害人与被告人言词证据的真实性，并在此基础上，去伪存真，充分结合间接证据进行全案证据审查，以判断是否构成强奸。

本案中：①被害人李某虽在与刘某的聊家常过程中将头部枕在刘某的腿上，但是在刘某强行要与其发生性关系时，其并不愿意。在刘某将李某衣服拉下后李某强行将衣服拉链拉住，不能以被告人的理解来误解被害人李某的意志。②刘某在强奸李某时突然想到大门没关，出去关大门时李某趁机往外跑，在跑到过道时被返回来的刘某重新拉回了屋内。且李某陈述其在被强奸的过程中反抗了，但因其体格瘦弱，无力反抗，故最后放弃了反抗。因此，应认定刘某是在违背被害人李某意志的情况下强行与被害人李某发生性关系的，刘某构成强奸罪。

四、评析意见

笔者同意第二种意见，认为刘某的行为构成强奸罪。理由如下：

（1）该案除刘某与李某在被害人李某是否自愿的陈述上不一致外，在案发时间、地点、环境以及过程的陈述上均一致。鉴定意见证实，在被害人李某的内裤上检出刘某精斑，被告人刘某认可与被害人发生过性关系。证明二人有过性行为。

（2）被害人的儿子证明家里平时都是其母亲李某做饭，案发当日其放学回家后见李某在灶房哭，就自己淘米做饭，而李某则回房躺在床上。被害人的儿子是小学学生，放学时间为下午×时×分许，其回到家的时间是被告人刚离开后。

被害人的丈夫证明案发当日×时×分许，李某打电话向其哭诉被刘某欺负，其打电话问刘某时刘某说没啥事。第二日，其接到被害人李某娘家哥电话说李某告诉他被刘某糟蹋后，他曾打电话问刘某且刘某承认有这事。李某打电话向丈夫哭诉时为被告人刘某刚离开的时间。

被害人陈述在强奸过程中，其一直反抗被告人，但因其力气小且腰部有疾让刘某得逞后便一直在哭泣。刘某对此予以否认，供述被害人很配合他。但被害人儿子证明回到家看到母亲在哭泣，被害人的丈夫证明李某案发后就哭着给其打电话，均证明李某不情愿哭泣属实。而刘某所供述的李某自愿很配合的说法无证据支持，其说法与李某事后哭泣的表现逻辑不符。

（3）被害人娘家哥哥证明第二天×时许接到李某电话，李某哭着称其被刘某强奸。其见到李某后，李某向其陈述了被强奸的过程（陈述过程与李某向公安机关陈述的一致），事后被害人公公及丈夫都持息事宁人的态度，李某要求报警。证明被害人在家庭施加压力的情况下，依然坚持报警，寻求法律帮助，其陈述内容的可信度更高。

(4) 案发后，被告人刘某询问被害人李某是否需要煤炭、是否需要用钱时，被害人明确拒绝，说明其并不是以利益为目的而和刘某发生性关系的，也不愿接受利益诱惑而放纵被告人。

(5) 被害人李某在公安机关陈述和向本院陈述时，所述内容稳定，与案发过程、地点、环境以及当时的反应等细节内容的陈述完全一致。其本人体格瘦弱，言语缓慢，陈述时呈回忆神情，不回避一些对自己不利的细节，其陈述的案发过程及案发时二人之间的对话符合其个体特征，能与本案的其他证据相印证。

(6) 关于被害人在被强奸后放弃反抗能否认定为自愿的问题。被害人陈述在已被奸入后心下绝望、放弃反抗，任由被告人所为。综合全案证据，性格决定行为，被害人陈述的想法符合实践中大多数妇女的想法及惯常思维，也符合被害人的性格特征，此时受到侵害已成既有事实，被害人放弃反抗并不代表其属自愿，更不能认为其转化为自愿。按照司法精神及证据审查原则，在违背妇女意志的认定上，除妇女明确表示不同意外，不敢反抗、不能反抗、不知反抗都可以被认定为违背妇女意志强行与其发生性关系，故被害人在已被强奸后的行为不能被认定为其表示同意。

综上，笔者认为，该案被告人刘某供述与被害人李某陈述虽然是“一对一”的言辞证据，但综合全案间接证据可以对直接证据进行佐证，进而证明案件事实。被告人刘某在违背被害人李某意志的情况下强行与被害人发生性关系，构成强奸罪。

五、处理结果

2017年×月×日，某县人民法院支持公诉机关的指控，依照《刑法》第236条之规定，判决被告人刘某强奸罪，判处有期徒刑3年。被告人于2017年×月×日上诉至某市中级人民法院，某市中级人民法院于2017年×月×日裁定驳回上诉，维持原判。

朱某某盗窃案

——关于入户盗窃中“非法入户”的认定*

一、基本案情

2017年×月×日×时许，朱某某因手头紧想找亲戚下手偷些钱花，遂来到其位于某田站行政村街道的远房亲戚张某某家。张某某在田站街道经营一家蒸馍店。朱某某与张某某攀拉亲戚后被张某某邀请至蒸馍店内其居住的小套间里，二人在套间内说了一会话，后张某某去厨房给朱某某做饭。朱某某趁张某某做饭之机，翻动张某某床头柜，找到一女式钱包并将其中的1100元现金盗取，后吃完饭乘车逃离现场。

二、关键问题

被盗地点蒸馍店内的小套间能否被认定为刑法上的“户”？利用亲戚身份进入他人住所实施盗窃能否被认定为入户盗窃中的“非法入户”？

三、分歧意见

第一种意见认为，蒸馍店内的套间不属于刑法意义上的“户”。最高人民法院出台的《全国法院维护农村稳定刑事审判工作座谈会纪要》指出：“‘入户盗窃’的‘户’，是指家庭及其成员与外界相对隔离的生活场所，包括封闭的院落、为家庭生活租用的房屋、牧民的帐篷以及渔民作为家庭生活场所的渔船等。集生活、经营于一体的处所，在经营时间内一般不视为‘户’。”本案中，蒸馍店为经

---

* 徐红梅，甘肃省庆阳市镇原县人民检察院。

营场所，案发时为营业时间，且该套间是供被害人张某某休息、居住之所，而非供其家庭生活，故不属于“入户盗窃”中的“户”。朱某某盗窃 1100 元人民币尚未达到数额较大的标准，且其无前科，因此其行为不构成盗窃罪。

第二种意见认为，该套间应当被认定为“入户盗窃”中的“户”。根据最高人民法院、最高人民检察院于 2013 年公布的《关于办理盗窃刑事案件适用法律若干问题的解释》(以下简称《盗窃案件解释》) 的规定，非法进入供他人家庭生活，与外界相对隔离的住所盗窃的，应当被认定为“入户盗窃”。本案中，该套间与蒸馍店有墙、房门等障碍物隔断，相对封闭，且张某某日常在此居住，故可以认定为“户”。但根据《盗窃案件解释》的规定，入户盗窃必须以“非法”入户为前提。这里的“非法”应当是指采用翻墙、撬锁等非法手段秘密进入他人住所，即要求入户手段的非法性。本案中，朱某某是利用亲戚身份合法进入张某某住所的，因此不属于“非法”入户，故朱某某盗取 1100 元人民币的行为不能构成盗窃罪。

第三种意见认为，本案中的盗窃地点可以被认定为“入户盗窃”中的“户”，且朱某某入户的目的具有非法性，入户后也实施了盗取行为，可以认定其涉嫌盗窃罪。根据张明楷教授的观点，入户盗窃中“入户”并不是盗窃行为本身的组成部分，而是限制处罚范围的要素。所以，一方面，合法进入他人住宅后盗窃的，不应被认定为入户盗窃；另一方面，只要是非法进入他人住宅并实施盗窃的，即使非法进入住宅时没有盗窃的故意，也应被认定为盗窃罪。但是，利用熟人身份入户盗窃的，应当被认定为入户盗窃。本案中，朱某某怀着盗窃的故意，利用熟人身份进入他人住宅，即满足非法入户的条件，后其趁人离开之机实施了盗窃行为，综合来看，朱某某的行为应当被认定为入户盗窃。

四、评析意见

笔者同意第三种意见，即本案中朱某某的行为可以被认定为入户盗窃。

首先，被盗地点应当被认定为入户盗窃中的“户”。该地点虽位于蒸馍店内，且案发时为下午×点左右，属营业时间，但从勘查笔录中的现场示意图可以看出，被盗地点为张某某经营的蒸馍店内的套间。该套间与其经营门面之间有墙壁、过道、房门等障碍物阻隔，相对封闭，且不供人随意出入。张某某的证言、套间内家具摆设情况等可以证实，张某某平时在此休息、居住。因此，该套间应当被认定为入户盗窃中的“户”。

其次，入户盗窃包括“入户”和“盗窃”两个行为，如果分别独立判断这两个行为，入户行为可能并不成立非法侵入住宅罪，盗窃行为也不一定成立盗窃罪。因此，入户盗窃并不是非法侵入住宅罪与盗窃罪的结合犯，既不要求入户行为本身构成非法侵入住宅罪，也不要求盗窃数额较大，故入户盗窃并不一定要求入户手段的非法性。本案中，朱某某入户前就意图盗窃，具有入户目的的非法性，虽利用亲戚身份进入了他人住所，手段合法，但不能掩盖其非法入户的本质，且其事实上实施了盗窃行为，据此可以认定朱某某的行为属于入户盗窃。

五、处理结果

某人民检察院经审查认为，朱某某的行为已涉嫌盗窃罪，但涉案金额较小，且朱某某无其他违法犯罪前科，可能判处徒刑以下刑罚，根据“宽严相济”和“少捕慎捕”的刑事政策，遂作出不批准逮捕决定。

杭某某、罗某某盗窃案

——共同犯罪中部分作案人犯意转化是否认定为全部转化*

要旨

杭某某、罗某某与李某等六人（已全部按照抢劫罪定罪判刑）合谋实施盗窃原油行为。到达作案地点后，杭某某被安排在井场外围望风并始终未进入井场内，罗某某负责驾驶油罐车在外等候，其他六名同案犯进入井场后，因看井人不同意而持械将其禁锢在屋内。对此，杭某某、罗某某二人均不知情，该二人行为构成盗窃还是抢劫？

一、基本案情

2014年×月×日，罗某甲（已判决）发现某县某镇某沟行政村境内的某河78P35井场有原油，遂于2014年×月×日中午伙同李某（已判决）等人开车到该井场进行了踩点。随后，罗某甲、杭某甲（已判决）、李某联系了李某甲（已判决）、李某乙（已判决）、罗某乙（已判决）、罗某某。当杭某甲打电话叫罗某乙时，杭某某正在和罗某乙在一起打牌、闲聊，杭某某以为罗某乙准备回家，便提出顺路搭乘罗某乙的汽车，后罗某乙将杭某某拉乘至镇原县马头坡与李某等人汇合。到达汇合地点后，罗某乙将自己要去偷原油的事情告诉了杭某某，杭某某称自己只在车上睡觉。但李某发现杭某某后提出让其一起去井场，并负责望风。杭某某同意后随同李某、罗某乙等人

* 王晨红，甘肃省庆阳市镇原县人民检察院；刘硕，甘肃省庆阳市镇原县人民检察院。

一起前往镇泾红河 78P35 井场附近。当日 22 时许，所有作案人员在某河 78P35 井场外的公路上会合后，杭某某、李某在井场外围放哨，罗某甲、李某乙、李某甲、杭某甲戴口罩，持砍刀、木棍、对讲机等作案工具先行进入井场准备向看井工丁某某给付好处费，收买看井工后直接从井场拉运原油。丁某某拒不接受后，罗某甲、李某乙持砍刀、木棍威逼看井工屈服。罗某甲还安排罗某乙、李某甲进入井场将看井工围堵于驻井房。将看井工丁某某控制后，罗某某、罗某乙负责驾驶凯马货车进入井场，杭某甲负责量罐并连接抽油管，罗某甲、罗某某在井场油罐上用自吸泵往油罐车里抽油，李某乙在凯马货车上往油罐里装原油，装满后罗某某驾驶油罐车驶离井场。后罗某甲拿了 1000 元钱返回井场让罗某乙、李某甲等人交给了丁某某。次日，由罗某甲和杭某甲前往宁县长官路口将所盗原油出售，获得赃款 17 400 元，其中，杭某某分得 500 元，罗某某分得 1000 元。

后经中石化华北分公司第一采油厂作业一区根据储油罐液位数据测算，当晚被盗原油 6.77 吨。经镇原县价格认证局鉴定，被盗原油价值 38 521 元。

二、关键问题

杭某某、罗某某参与作案时主观上是盗窃故意，但到达现场后，其他同案犯犯意转化。罗某甲与杭某甲等人意图若盗窃不成就采用暴力手段强行将原油拉走，并在进入井场时手持木棍、砍刀等器械，将看井工丁某某控制在屋内，随后通过对讲机通知罗某某将油罐车开进井场进行装油。但对于其他同案犯进入井场前犯意的转化以及如何进入井场、是否持械控制看井工等情况罗某某均不知情，而杭某某被安排在井场外围望风，对此也不知情。那么，关于罗某某、杭某某的行为是以盗窃定性还是与其他同案犯共同转化为抢劫?

三、分歧意见

第一种意见认为，杭某某、罗某某事前与他人通谋实施盗窃行为，并且一同到达犯罪现场，事后其他同案犯犯意转化为抢劫且确实实施了暴力行为，八人已经构成共同犯罪，且其他六人已全部按照抢劫罪判处刑罚。按照共同犯罪一人既遂全部既遂理论，对杭某某与罗某某应当以抢劫罪定罪处罚。

第二种意见认为，杭某某、罗某某事前与他人通谋实施盗窃，虽然到达犯罪现场后，其他六名同案犯犯意转化，但该六人再次合谋准备实施抢劫时，据案卷材料以及同案犯供述，杭某某一人已经被派往井场外围进行望风，而罗某某因负责驾驶油罐车，此时一直待在车内等待时机，所以并不知道其他六人已有抢劫的意图。另外，当其他六名同案犯持械进入井场控制看井工时，杭某某因一直在外围望风，从未进入井场。而罗某某是在其他人已经将看井工控制好之后被叫到井场内装油的，且在装油过程中并未离开油罐车，也未接近看井工所在房屋，加之当时天色较晚，井场光线十分黑暗，也无条件看到其他人的行为，所以对于其他同案犯的抢劫行为也不知情。所以，根据刑法主客观相一致的原则，对杭某某、罗某某的行为应当以盗窃罪定罪处罚，而不应当转化为抢劫。

四、评析意见

笔者同意第二种意见，即杭某某、罗某某的行为应当构成盗窃罪。

1. 关于杭某某、罗某某二人主观故意的认定

(1) 二人是否具有盗窃的主观故意。根据二人供述看来，在前往被盗井场前，主犯罗某甲、李某以及杭某甲等人告知该杭某某、罗某某是去“买油”，即给看井工一些酬劳在其自愿的情况下将原油拉走，从而看井工不会报警，也就无人发现。从表面来看，似乎合情合理，但众所周知，一车原油的价值绝非1000元所能衡量。杭某某与罗某某作案时都已成年，具有完全的控制能力和辨认能力，在正常情况下，应当明知所谓的不等价的“买”其实就是变相的“盗”。只是在这种情况下，看井工也有构成盗窃罪共犯的可能性。但对其他作案人来说，其盗窃的主观意图不容置辩。所以，杭某某与罗某某具有盗窃的主观故意。

(2) 二人是否具有抢劫的主观故意。综合全案证据以及同案犯供述来看，其他已被判决的六名同案犯到达井场后，因第一次遭到看井工丁某某的拒绝后便产生了“硬来”的想法，即持械进行抢劫。

而对于这些主观上的变化以及后续持械进入井场控制丁某某的行为，杭某某与罗某某均不知情且无条件知情。对于该二人来说，他们自始至终一直认为自己在帮助他人偷盗原油，仅仅具有盗窃的故意，无从转化为抢劫故意。

2. 关于杭某某、罗某某客观行为的分析

如前所述，该二人在整个作案过程中，杭某某只负责在井场外围望风，罗某某全程负责驾驶油罐车辆。对于其他人到达作案现场后究竟是如何合谋，如何转化犯意，如何控制看井工等事实，均不知情，且无条件知情。二人既没有携带工具，也没有对看井工实施暴力行为，并没有抢劫罪的客观行为。另外，对于以上情形二人究竟是否知情，从全案证据来看依然存疑。因时隔三年，其他同案犯对于当时的情景无法精细供述，也无从寻找其他证据证实二人由盗窃转化为抢劫。

所以，按照主客观相一致以及存疑时作出有利于被告人决定的原则，应当以盗窃罪追究二人的刑事责任。

五、处理结果

2017年×月×日，某县人民检察院以盗窃罪将杭某某、罗某某起诉至某县人民法院。经开庭审理，同年×月×日，法院以盗窃罪对二人均判处有期徒刑1年6个月，缓刑2年。

苏某交通肇事案

——在某小路上发生交通事故致人死亡如何定性*

要旨

交通肇事罪归属于危害公共安全罪，因此，构成该罪的行为必然危及公共安全，对不特定的人或者公私财物造成危险。而在司法实践中，部分司法人员认为只要发生交通事故并造成致人重伤、死亡等结果，一律应认定为交通肇事罪，而不去考察事故发生的时间、地点等因素，更不去探究行为是否会危及公共安全。笔者将对一起因交通事故致人死亡的案件进行分析，以期对今后办理此类案件起一定的借鉴意义。

一、基本案情

2017年×月×日晚，苏某驾驶越野车将李某送到苟某家看病，看完病后，李某坚持要回家。×日×时许，苏某驾驶自己的越野车载着苟某及苟某某（苟某儿子）一起送李某回家。因下雪路滑，苏某在乡村公路上都以二档慢速行驶。行驶至乡村公路和李某家的某小路（李某家和乡村公路通过一小段土路连通）结合处时，李某考虑到土路坡陡路滑，并且还是一个弯道，担心发生意外，便提出下车沿土路步行回家。苏某认为自己的越野车防滑性能较好，坚持要将李某送到家门口，便换到一档慢速下土坡，结果车辆失控翻入路边土坎下的农田里，造成苟某死亡，李某、苏某、苟某某不同程度受伤。

* 李久淼，甘肃省庆阳市环县人民检察院公诉科书记员。

二、关键问题

苏某深夜在某小路上发生交通事故致人死亡的行为构成交通肇事罪还是过失致人死亡罪?

三、分歧意见

第一种意见认为，苏某不构成犯罪。苏某驾驶的越野车车况良好，本人也没有酒驾、毒驾等违法行为，并且将挡位换到一挡低速通过某小路，其没有违反交通运输管理法规。车辆失控完全是坡陡路滑所致，应当认定为意外事件。故而苏某的行为不构成犯罪，只是一般的交通事故。

第二种意见认为，苏某构成交通肇事罪。苏某违反道路交通运输安全管理法规，在夜间冰雪路面行驶未确保安全致车辆失控翻入路边土坎下的田地里，造成一人死亡并且负事故全部责任，符合交通肇事罪的犯罪构成。

第三种意见认为，苏某构成过失致人死亡罪。苏某深夜驾驶机动车通过某小路时，路上没有行人和其他机动车，并未危害公共安全，其主观上是过于自信的过失，客观上导致一人死亡，其应当构成过失致人死亡罪。

四、评析意见

对于苏某行为的定性，笔者同意第三种意见，理由如下：

第一，苏某主观上有过失，不是意外事件。苏某深夜冒雪驾车送李某回家，行驶至乡村公路与李某家的某小路结合处时，李某因担心发生意外，向苏某提出自己下车沿土路步行回家。并且苏某作为心智正常的成年人，也应当认识到深夜通过坡陡路滑有弯道的小土路极可能发生事故，不应当冒险驾车通过。但是，其认为自己的越野车防滑性能较好，轻信能够避免事故发生，主观上是一种过于自信的过失，且客观上发生交通事故致一人死亡。所以，苏某驾驶机动车发生交通事故致人死亡不是意外事件，应当构成过失犯罪。

第二，苏某深夜在某小路上驾驶机动车没有危害公共安全，不构成交通肇事罪。交通肇事罪规定在危害公共安全罪一章中，这类犯罪保护的法益是公共安全。所谓公共安全，就是指不特定或者多数人的生命、身体的安全或者重大公私财产的安全。其中“不特定”是指犯罪行为可能侵犯的对象和可能造成的结果事先无法确定，行为人对此既无法具体预料也难以实际控制，行为造成的危险或者侵害结果可能随时扩大或者增加。“多数人”是指难以用具体数字表述，行为使较多的人感受到生命、健康受到威胁。〔1〕行为只有危及不特定或者多数人的人身和财产安全，才是危害公共安全。如果危险范围非常确定，那么不属于危害公共安全，不构成危害公共安全罪，更不可能构成交通肇事罪。本案中，苏某在深夜凌晨时分驾车送李某回家，加之天降大雪，某小路上没有行人或者车辆通行，苏某驾驶机动车通行不会危及不特定或者多数人的人身或者财产安全，只会对乘车人即荀某、荀某某、李某三人的人身造成危险。虽然人数是三人，但是危险范围却是非常确定的。换句话说，即使发生交通事故，也只可能会侵害三人的人身安全，不会危及他人，故苏某驾驶机动车通过某小路的行为没有危害公共安全，其行为不构成交通肇事罪。

第三，某小路不在公共交通管理范围内，苏某在某小路上发生交通事故致人死亡应当构成过失致人死亡罪。交通肇事罪的事故限于发生在公共交通领域内，即纳入公共交通管理机关管理范围内的道路、水路等交通运输系统。而《道路交通安全法》第119条规定：“‘道路’是指公路、城市道路和虽在单位管辖范围但允许社会机动车通行的地方，包括广场、公共停车场等用于公众通行的场所。”这就表明，交通肇事罪中的“道路”通常具备两个要件：一是纳入公共交通管理机关管理范围内；二是允许社会机动车辆通行。不是任何“路”都是交通肇事罪中的“道路”，要成为交通肇事罪中的“道路”，至少要具备其中一个要件。反观本案中的事发地点——某小路，一方面，公共交通管理机关并未对该小路实行公共交通管理，未将其纳入管理范围内；另一方面，该小路只是李某等人为了通行方便自行修建的，允许通行的人员多建立在亲友关系之上，对象相

〔1〕张明楷：《刑法学》，法律出版社2014年版，第602页。

对特定，不具有公共性，不属于允许社会车辆通行的场所。所以，该某小路不是交通肇事罪中的“道路”，在此种小路上发生交通事故也就不会构成交通肇事罪。2000年最高人民法院发布的《关于审理交通肇事刑事案件具体应用法律若干问题的解释》第8条第2款规定：“在公共交通管理的范围外，驾驶机动车辆或者使用其他交通工具致人伤亡或者致使公共财产或者他人财产遭受重大损失，构成犯罪的，分别依照刑法第一百三十四条（重大责任事故罪）、第一百三十五条（重大劳动安全事故罪）、第二百三十三条（过失致人死亡罪）定罪处罚。”本案中，事发地点——某小路——位于公共交通管理的范围外，并且事故造成一人死亡，故苏某的行为应当构成过失致人死亡罪。

综上所述，苏某在某小路上发生交通事故致人死亡不构成交通肇事罪，应当以过失致人死亡罪定罪处罚。

五、处理结果

2017年×月×日，某县人民法院作出判决：苏某犯交通肇事罪，判处有期徒刑1年，缓刑2年。

高某等人强迫交易案

——以阻挡施工为手段强迫他人接受劳务的行为如何定性*

要旨

行为人通过阻挡施工等方法强迫企业接受劳务，严重干扰企业的正常生产经营活动，导致企业遭受严重经济损失。对于此类案件如何处理，司法实践中有不同的认识和做法。笔者希望通过对一起此类案件的评析，为类似案件的司法实践提供一定的参考。

一、基本案情

2017年×月份，某环保绿化工程有限责任公司、某县某工程技术服务有限公司通过参与某油田第七采油厂招标，分别获得某镇某组境内罗306-3、罗306-4井场钻前工程。二公司钻前负责人商定共同沿钻前路铺设从某组沟底小河到罗306-4井场的生产供水管线。为妥善处理供水问题，钻前人员找到镇、村干部协调。经镇、村干部组织召开群众会议多次协调并传达某镇相关文件，明确表示由钻前工队自己供水，村民不得强行供水，但村民执迷不悟仍坚持要求提供生产用水否则索要高额补偿费用。×月×日，钻前工人欲从罗306-4井场往沟底铺设管线时，被告人高某等人为实现供水目的进行阻挡，并提出无理要求，工人被迫停工并将水管撤回。后高某召集龚

* 李久淼，甘肃省庆阳市环县人民检察院公诉科书记员。

某等人经过商议，决定由村民沿村道自行铺设管线向井场供水，并租赁水管组织群众施工。×月×日，群众在自行铺设水管过程中，钻前工人再次欲铺设管线，被高某等人阻挡，钻前工人无法正常施工遂报案。高某等人的阻挡行为造成两公司直接经济损失分别为23 100元、30 000元。

二、关键问题

高某等人以阻挡施工为手段，强迫他人接受服务，应当以强迫交易罪定罪处罚，还是应当以破坏生产经营罪定罪处罚?

三、分歧意见

关于高某等人行为的定性，主要存在以下三种意见：

第一种意见认为，对高某等人以强迫交易罪定罪处罚。高某等人阻挡施工本质上只是一种胁迫行为，主观目的是迫使被害人同意其向井场供水的要求。故高某等人实施的是以威胁为手段，强迫他人接受服务的行为，构成强迫交易罪。

第二种意见认为，对高某等人以破坏生产经营罪定罪处罚。高某等人出于迫使被害人妥协的个人目的，阻挡钻前工人的正常施工，严重干扰了被害人的生产经营活动，并导致被害人遭受较大经济损失，构成破坏生产经营罪。

第三种意见认为，高某等人的行为同时构成强迫交易罪和破坏生产经营罪，属于牵连犯，择一重罪处罚。高某等人实施威胁以及阻挡施工，目的都是迫使被害人接受劳务，是一种强迫交易的行为。不但侵犯了平等、自愿的交易秩序，而且其阻挡施工的行为又严重破坏了被害人正常的生产经营活动，导致其遭受重大财产损失，侵犯了新的法益。因此应当构成两个犯罪，但由于阻挡施工的行为和强迫交易的行为具有手段和目的的关系，是牵连犯，应当择一重罪处罚。

四、评析意见

关于本案的定性，笔者同意第三种意见，理由如下：

第一，高某等人阻挡钻前工人施工的行为构成破坏生产经营罪。破坏生产经营罪中的生产经营活动是指一切生产、流通、交换、分配环节中的正常生产和经营活动，[1]手段不限于叙明罪状的毁坏机器设备和残害耕畜，钻前工人铺设管线也是一种合法的生产经营活动。高某等人为了迫使钻前公司同意其向井场供应生产水的个人目的，先后两次阻挡钻前工人施工，导致被害人遭受重大损失，符合破坏生产经营罪的犯罪构成。

第二，高某等人以阻挡施工为手段，强迫钻前公司接受服务的行为构成强迫交易罪。被害人为了妥善解决供水问题，提前找到镇、村干部组织群众协调，明确由钻前公司自行供水。但高某等人不顾政府相关文件精神，违背被害人意志，以索要过高补偿费相威胁，强迫钻前公司同意由其供应生产水。之后又两次阻挡钻前工人施工，强迫被害人接受服务，情节严重，构成强迫交易罪。

第三，高某等人同时构成强迫交易罪和破坏生产经营罪，是牵连犯，择一重罪处罚。一方面，高某等人通过威胁、阻挡施工的方式强迫被害人接受服务，情节严重，侵犯了平等、自愿的交易秩序。另一方面，高某等人阻挡施工的行为又严重干扰了被害人正常的生产经营活动，并导致被害人遭受重大财产损失，侵犯了新的法益。高某等人的两个行为侵犯了两个不同的法益，原则上构成两个犯罪，即同时构成强迫交易罪和破坏生产经营罪。但由于行为人阻挡施工的目的就是为了迫使被害人接受服务，阻挡施工的行为和强迫交易的行为具有手段和目的的牵连关系，属于牵连犯。按照罪数理论，应当择一重罪论处。

第四，结合本案案情，对高某等人应当以破坏生产经营罪定罪处罚。强迫交易罪和破坏生产经营罪的法定刑基本相当，只是强迫交易罪可以并处或者单处罚金。本案中，高某等人强迫被害人接受服务，但最终没有得逞，是强迫交易罪未遂，可以比照既遂犯从轻或者减轻处罚。而高某等人的阻挡施工行为却造成两被害人直接经济损失 53 100 元，数额巨大，以破坏生产经营罪定罪处罚明显重于

〔1〕 李少平、朱孝清、李伟主编：《公检法办案标准与适用》（第 3 卷），人民法院出版社 2014 年版，第 2066 页。

强迫交易罪。因此，依照牵连犯的处理原则以及刑法罪责刑相适应原则，对高某等人应当以破坏生产经营罪定罪处罚。

五、处理结果

2017年×月×日，某县人民检察院以高某等人涉嫌破坏生产经营罪向某县人民法院提起公诉，同年×月×日变更起诉，变更以高某等人涉嫌强迫交易罪提起公诉。2017年×月×日，某县人民法院作出判决，认定高某等人构成强迫交易罪，对高某和同案犯龚某均判处拘役4个月，缓刑6个月，并处罚金人民币2000元，对其他四名同案犯均单处罚金2000元。

朱某等人招摇撞骗案

——冒充人民警察“抓赌”的行为如何定性*

要旨

近年来，随着公安机关对赌博的打击力度不断加大，社会风气得到净化，然而一些犯罪分子铤而走险，冒充人民警察“抓赌”骗取钱财。对于此类案件，一些法院一律以招摇撞骗罪定罪处罚，一些法院则以诈骗罪定罪处罚。此外，冒充人民警察的行为人被识破后，为了抗拒抓捕而使用暴力的能否转化为抢劫？一些人认为不能成立转化型抢劫，一些人则认为可以成立转化型抢劫，这些不同的做法和认识对司法实践造成了一定的困难。笔者将对一件典型案件进行分析，以期对我们今后办理此类案件提供一定的借鉴意义。

一、基本案情

2017年×月初，朱某和张某商量假冒警察“抓赌”骗钱，后张某某、杨某、韩某、田某先后加入参与作案三起。第一起：2017年×月×日凌晨×时许，朱某、张某、张某某、杨某几人换上警服，后来到某县某镇街道，拿着电警棍等工具进入王某的出租屋，自称公安人员，从正在里面打麻将的高某等人处“收缴”现金1200余元后离开。第二起：2017年×月×日晚上×时许，朱某、张某、张某某、杨某来到某县秦团庄乡一村部附近，换上警服后带着电警棍等工具进入一亮着灯的商店内，自称公安人员，将正在打麻将的李某等人控

---

* 李久森，甘肃省庆阳市环县人民检察院书记员。

制住，“收缴”现金4300余元后离开。第三起：2017年×月×日晚上，某镇村民赵某召集二十几人在自己家中赌博，朱某先行到达赵某家中玩赌做内应。×时许，张某、张某某、韩某、田某四人着警服带着电警棍等工具进入赵某家中，自称公安人员，从现场及参赌人员身上搜得17 260元现金装入公文包，并让赵某缴纳罚款，但赵某筹不到钱。后几人欲离开时被参赌人员识破骗局，遂冲出来追打张某等人，张某等人边对打边四散逃跑。打斗导致参赌人员鲁某等三人受伤，韩某因崴脚被抓获，内应朱某未参与打斗，趁乱离开现场。

二、关键问题

（1）朱某等人冒充人民警察“抓赌”，骗取参赌人员财物的行为构成一罪还是数罪？

（2）张某等人冒充人民警察在赵某家中“抓赌”骗钱，被识破后与参赌人员发生打斗是否符合《刑法》第269条的规定，成立事后抢劫？

三、分歧意见

关于朱某等人行为的定性，主要存在以下几种意见：

第一种意见认为，朱某等人的行为均构成招摇撞骗罪。朱某等六人冒充正在执行公务的人民警察，骗取他人财物，侵害了公众对国家机关工作人员的信赖，严重妨碍了社会管理秩序，应当以招摇撞骗罪追究六人的刑事责任。

第二种意见认为，在第一起和第二起案件中，朱某等四人的行为只构成招摇撞骗罪一罪。但在第三起案件中，朱某等人的行为同时触犯招摇撞骗罪和诈骗罪，但由于只实施了一个行为，属于想象竞合犯，应择一重罪处罚，即以招摇撞骗罪定罪处罚。

第三种意见认为，在第一起和第二起案件中，朱某等人的行为构成招摇撞骗罪一罪。在第三起案件中，张某等人冒充人民警察“抓赌”骗取财物被识破后，张某、张某某、韩某、田某为了逃避抓捕、窝藏赃物而对追打的参赌人员当场使用暴力并导致鲁某等三人受伤，四人的行为符合《刑法》第269条规定的事后抢劫，应以抢劫罪定罪处罚。朱某作为内应未被参赌人员识破，且其未使用暴力，对其应以招摇撞骗罪定罪处罚。

四、评析意见

关于本案的定性，笔者同意第三种意见，理由如下：

第一，行为人冒充国家机关工作人员骗取他人财物的行为，不但侵害了国家机关工作人员的公众信赖感，妨害社会管理，同时也侵害了他人的财产权，既是一种招摇撞骗的行为，也是一种诈骗行为，同时触犯招摇撞骗罪和诈骗罪，属于想象竞合犯，应择一重罪论处。具体而言，可分为四种情况：①冒充国家机关工作人员骗取他人少量财物，未达到诈骗罪数额较大的标准，此时不构成诈骗罪，只触犯招摇撞骗罪一罪。②冒充国家机关工作人员骗取他人数额较大的财物，同时触犯招摇撞骗罪和诈骗罪。此时两罪的法定刑基本相当，但招摇撞骗罪无数额的限制，并且冒充人民警察招摇撞骗应从重处罚，招摇撞骗行为情节严重时，法定最高刑为十年有期徒刑，因此应以招摇撞骗罪论处。③冒充国家机关工作人员骗取他人数额巨大或者有其他严重情节的，诈骗罪的法定刑重于招摇撞骗罪，应以诈骗罪论处。④冒充国家机关工作人员骗取他人数额特别巨大或者有其他特别严重情节，诈骗罪的法定最高刑为无期徒刑，并处罚金或者没收财产，应以诈骗罪论处。

第二，在第一起和第二起案件中，朱某等四人冒充人民警察“抓赌”，从被害人处骗取到的财物数额分别为1200余元、4300余元，均未达到诈骗罪数额较大的标准（甘肃省执行的诈骗罪数额较大标准为5000元以上5万元以下）。因此，朱某等四人在前两起案件中只构成招摇撞骗罪一罪。在第三起案件中，朱某提前进入赌场做内应，张某等四人冒充人民警察到赵某家中“抓赌”，从参赌人员处骗取的财物数额为17 260元，达到了诈骗罪数额较大的标准。因此朱某等五人“抓赌”骗钱的行为同时触犯招摇撞骗罪和诈骗罪，属于想象竞合犯。

第三，虽然张某、张某某、韩某、田某四人冒充人民警察在赵某家中“抓赌”骗钱过程中未使用暴力或以暴力相威胁，但是四人离开时，参赌人员识破骗局并开始追打四人，张某等四人为了逃避抓捕、窝藏赃物，当场与参赌人员发生打斗并导致追打人员鲁某等三人受伤。因其先前冒充人民警察“抓赌”骗取财物的行为不但触犯招摇撞骗罪，同时也构成诈骗罪，所以张某、张某某、韩某、田某的行为符合《刑法》第269条的规定，成立事后抢劫，转化为抢劫罪。

第四，在第三起案件中，朱某与张某等人预谋冒充人民警察在赵某家中“抓赌”骗钱，并且提前进入赌场做内应，与张某等四人共同骗取参赌人员数额较大的财物，属于共同犯罪。但张某、张某某、韩某、田某在逃跑过程中实施的暴力行为超出了最初与朱某共谋犯罪的内容，并且朱某的身份未被识破，其也未对参赌人员实施暴力行为，因此朱某对张某等人实施的暴力行为不承担连带责任。故朱某在本起案件中的行为同时触犯招摇撞骗罪和诈骗罪，择一重罪处罚，即以招摇撞骗罪论处。

综上，朱某以招摇撞骗罪论处，张某以招摇撞骗罪和抢劫罪数罪并罚，张某某以招摇撞骗罪和抢劫罪数罪并罚，杨某以招摇撞骗罪论处，韩某以抢劫罪论处，田某以抢劫罪论处。

五、处理结果

2017年×月×日，某县人民法院作出刑事判决：朱某犯招摇撞骗罪，判处有期徒刑5年；张某犯招摇撞骗罪，判处有期徒刑4年6个月；张某某犯招摇撞骗罪，判处有期徒刑2年10个月；杨某犯招摇撞骗罪，判处有期徒刑1年6个月；韩某犯招摇撞骗罪，判处有期徒刑1年5个月；田某犯招摇撞骗罪，判处有期徒刑1年2个月。

侯某合同诈骗案

——行为人主观上是否具有非法占有公私财物目的的认定*

一、基本案情

犯罪嫌疑人侯某，男，汉族，系某有限公司法人代表。该公司经营范围是房地产开发、环保工程等。

2014年×月×日，某村二组安置小区建设项目立项申请经镇政府同意上报后。×月×日，某村二组书面委托某公司法人侯某为某村二组废旧庄基全面规划事宜，该工程取名为“某安置小区”。×月×日，贺某介绍朱某认识了侯某，商议工程转包事宜。朱某见该工程有施工图纸，且已有机器正在施工，再没有查验该工程的相关审批手续，同日就和某有限公司签订了《建设工程施工内部承包合同》。合同签订后，朱某向侯某交付了工程保证金80万元，向贺某支付工程介绍费4万元。侯某将收到的80万元向某村二组支付了质保金45万元，在工地盖活动板房、工程图纸设计、地质勘探上等花费46万余元。×月×日，朱某组织工人开始进场施工，在回填了一个多星期土方后，该工程被县政府以无合法审批手续叫停。随后，朱某便多次向侯某索要工程保证金80万元，至今未果。公安机关以侯某涉嫌合同诈骗罪向检察院提请批准逮捕嫌疑人侯某。

二、分歧意见

关于本案的定性问题有三种分歧意见：

---

* 张权胜，甘肃省庆阳市正宁县人民检察院检察长。

第一种意见认为，侯某的行为涉嫌合同诈骗罪。理由是：侯某和朱某签订《建设工程施工内部承包合同》时，侯某未告知朱某该工程无合法审批手续，隐瞒了该工程未经有关部门审批的事实，符合合同诈骗罪的客观要件，即客观方面表现为在签订、履行合同过程中，虚构事实，隐瞒真相，骗取对方当事人财物，且数额较大的行为。主观方面明知该合同不可能完全履行，根据合同规定，到时可以占有质量保证金，所以侯某主观方面是故意，并且具有非法占有他人财物的目的。

第二种意见认为，某有限公司涉嫌合同诈骗罪。理由是侯某签订合同时是以某有限公司的名义签订的，骗取的财物归公司所有。客观上隐瞒了该工程没有审批的事实，主观上是故意。

第三种意见认为，侯某及某有限公司不涉嫌合同诈骗罪。

三、评析意见

笔者同意第三种意见，理由如下：

《刑法》第224条规定，合同诈骗罪，是指以非法占有为目的，在签订、履行合同过程中，骗取对方当事人财物，数额较大的行为。

本罪客观方面表现为在签订、履行合同过程中，虚构事实，隐瞒真相的情况。本案中，没有证据证明侯某与朱某签订合同时有虚构事实、隐瞒真相的情况发生。朱某在陈述中讲，他看见施工图纸，且有机器施工，便没有确认该工程的审批手续。本案的受害人是搞工程的，在签订合同时为什么不确认有无审批手续，从受害人陈述中也可以看出其心存侥幸，认为将楼盖起来获得利益就行。不管有无审批手续，当有关部门不让施工时，就将过错推卸给转包人。侯某虽然没有取得这些工程的合法审批手续，但侯某和朱某、郭某签订合同时，这些工程已经开始施工。故在本案中，侯某没有虚构事实，隐瞒真相。

本罪的主观方面只能是故意，并且具有非法占有公私财物的目的。行为人主观上的非法占有目的，既包括行为人意图本人对非法所得的占有，也包括意图为单位或第三人对非法所得的占有。因合同诈骗罪为目的犯，犯罪嫌疑人除了实施诈骗行为外，还需要证据证明其具有非法占有目的。在这类案件中，犯罪嫌疑人一般也不会供述自己的非法占有目的，这就需要用犯罪嫌疑人的行为来推定其是否具有非法占有目的，即主观见之于客观，通过对客观行为的事实证据的分析，来推定犯罪嫌疑人当时的内心所想。侯某收取朱某的80万元保证金后，将45万元向某村二组交了质量保证金，侯某在该工地盖活动板房、配备用电设施、制作效果图、支付农民工工资等共花费46万余元。所收取的保证金并没有占为己有，也没有肆意挥霍，而是为该工程运作所用。从侯某取得朱某保证金后对该款处置情况体现其主观目的不是为了非法占为己有，而是用于工程所需，如果该工程进展顺利，那么朱某、侯某均是该工程受益人。

根据犯罪构成主客观相一致原则，侯某的行为不涉嫌合同诈骗罪。无论是自然人涉嫌合同诈骗罪还是法人涉嫌合同诈骗罪，主观上都必须具有非法占有目的，所以某公司也不涉嫌合同诈骗罪。

张某过失致人死亡案

——过失致人死亡罪与故意伤害罪的区分*

要旨

刑法理论一般认为在因果关系发展进程中，如果介入第三者行为、被害人行为或者特殊事实等因素，则应通过考察介入情况的异常性大小，进而判断前行为与结果之间是否存在因果关系。

一、基本案情

2016年2月×日，在某市某区某便道上，犯罪嫌疑人张某与被害人宋某某因琐事发生口角后相互撕扯致使二人倒地。张某遂骑于被害人身上用拳击打其头面部，致其受伤，后被拉开。被害人宋某某继续与他人聊天十余分钟后倒地昏迷，经送医院抢救无效死亡。后经某市某区公安司法鉴定中心鉴定：被害人宋某某符合冠心病致心源性猝死，头面部外伤为冠心病发作的诱因。

二、关键问题

不可否认，本案中犯罪嫌疑人张某的行为存在一定的暴力性，但被害人宋某某的死亡符合冠心病致心源性猝死，头面部外伤为冠心病发作的诱因。在这种情况下，是否能够中断暴力行为与被害人死亡结果间的因果关系在司法实践中存在争议，也对于此类案件的准确定性起到决定性的作用。

三、分歧意见

第一种观点认为，张某的行为构成故意伤害罪。其采用暴力手段

---

* 罗雅萍，甘肃省平凉市崆峒区人民检察院。

对被害人进行殴打，导致了被害人死亡。虽然被害人本身患有冠心病，但张某的殴打行为直接引起被害人冠心病发作，二者具有不可分割的因果关系，故张某的行为构成故意伤害罪。

第二种观点认为，张某的行为构成过失致人死亡罪。本案中虽然存在暴力，但被害人的直接死亡原因在于自身疾病。犯罪嫌疑人应当认识到被害人年老多病的体制特征而疏忽大意，采用暴力手段致使被害人疾病发作死亡，张某系过失致他人死亡。

第三种观点认为，张某的行为不构成犯罪。本案中张某采取轻微暴力，暴力行为与死亡结果不具有关联性，且张某无法预见宋某某具有冠心病这一客观事实。本案属于意外事件，故张某的行为不构成犯罪。

四、评析意见

笔者同意第二种观点，主要理由如下：虽然本案在客观上造成了被害人死亡的结果，但关键在于行为人有无伤害的故意。过失致人死亡时，行为人主观上既无杀人的故意，也无伤害的故意。而故意伤害致死显然以具有伤害的故意为前提。本案中，张某与被害人宋某某案发前并无积怨，只是因为偶发矛盾张某对被害人实施了轻微殴打，主观上并无伤害被害人的故意。但因被害人宋某某患有冠心病，张某实施的轻微殴打行为成了该病发作的诱因，这两方面的原因导致了被害人死亡的结果。我国刑法中的犯罪构成是主客观诸要件的统一。某一行为构成犯罪，除具备行为与结果之间的因果关系外，行为人在主观上还必须有故意或者过失。本案中，行为人的行为与被害人的死亡结果之间存在一定的因果关系。但是行为人的殴打行为只是作为被害人本身疾病的诱因在起作用，而被害人本身疾病在被害人的死亡结果中是作为介入因素在起作用的，而且该介入因素起的是主要作用，但该介入因素并不能阻断行为人殴打行为的作用。另外，虽然行为人事先并不知晓被害人患有严重的心脏疾病，但是其对被害人头部实施的殴打行为也造成了被害人轻微伤的危害结果。被害人死亡时年逾 55 岁，行为人对其实施殴打行为时应当预见其殴打行为会给被害人造成伤害。在此情况下行为人应当对被害人死亡的结果承担过失致人死亡罪的刑事责任。

五、处理结果

2016年6月×日，某区人民检察院以过失致人死亡罪提起公诉。某区人民法院经审理，于同年12月×日以过失致人死亡罪判处被告人张某有期徒刑3年，缓刑4年。

任某申请监督案

——关于因追偿权纠纷引起的婚姻共同财产认定问题*

要旨

《婚姻法》中关于婚姻关系存续期间夫妻共同债务的认定问题备受关注，也多存分歧。作为司法机关，应当全面审查，准确认定，既要避免借假离婚逃避债务，也要避免对夫妻无辜方合法权益的损害。

一、基本案情

2016年8月×日，朱某、雷某起诉至某市某区人民法院，要求依法判令被告赵某、任某偿还朱某、雷某代其偿还的某小额贷款股份有限公司（以下简称“某小贷公司”）借款210 635.56元。某市某区人民法院于2016年12月×日作出民事判决。该院一审查明：2013年8月×日，被告赵某向某市某区某小额贷款股份有限公司贷款30万元，朱某、雷某给赵某提供了担保。借款到期后，借款人赵某未按时还款，某小贷公司将朱某、雷某诉至该区人民法院要求承担担保责任。经该区人民法院主持调解，达成民事调解。该调解协议约定，由朱某、雷某向某小贷公司分期偿还该笔借款。后朱某、雷某按照协议内容向某小贷公司清偿本息共计210 635.56元。朱某、雷某主张该笔借款实际借款人为赵某，且贷款时赵某以购买房屋资金不足为由贷款，当时赵某、任某在夫妻关系存续期间，故该笔债务应为赵某、任某的夫妻共同债务，由赵某、任某共同偿还。任某认

* 朱瑞花，甘肃省平凉市崆峒区人民检察院。

为，其与赵某已经离婚，且在离婚协议书中已约定各自的债务由各自承担。另查明，赵某、任某于2014年4月×日办理离婚登记，之前系夫妻关系。

该院一审认为，朱某、雷某作为保证人，已替主债务人赵某向债权人某小贷公司履行了债务。该事实有原告提供民事调解书、某小贷公司出具的还款凭证及还款证明在卷佐证。朱某、雷某要求赵某偿还债务的主张事实清楚，证据确凿，法院予以支持。最高人民法院《关于适用〈中华人民共和国婚姻法〉若干问题的解释（二）》（以下简称《婚姻法解释（二）》）第24条规定："债权人就婚姻关系存续期间夫妻一方以个人名义所负债务主张权利的，应当按夫妻共同债务处理。但夫妻一方能够证明债权人与债务人明确约定为个人债务，或者能够证明属于婚姻法第十九条第三款规定情形的除外。"《婚姻法》第19条规定，夫妻可以约定婚姻关系存续期间所得的财产以及婚前财产归各自所有、共同所有或部分各自所有。如果夫妻对婚姻关系存续期间所得的财产约定归各自所有，夫或妻一方对外所负的债务，第三人知道该约定的，以夫或妻一方所有的财产清偿。本案中，借款发生于2013年8月×日，在赵某、任某夫妻关系存续期间。任某提供的证据不足以证明该笔债务系赵某个人债务，也未提供证据证明存在《婚姻法》第19条第3款规定的除外情形，故朱某、雷某要求任某与赵某共同偿还该笔债务符合法律规定。依据《民法通则》第108条、第89条第1项，《婚姻法》第19条第3款，《婚姻法解释（二）》第24条，《民事诉讼法》（2012修正）第64条第1款、第92条、第144条，最高人民法院《关于民事诉讼证据的若干规定》（2008调整）第2条的规定，判决赵某、任某于判决书生效之日起10日内偿还原告朱某、雷某追偿款210 635.56元。任某不服一审判决，于2017年7月×日向该区人民法院申请再审，请求依法撤销该区人民法院民事判决书，重新审理本案。该区人民法院于2017年7月×日作出民事裁定书驳回任某某的再审申请。任某某不服再审裁定，向检察机关申请监督。

二、检察机关审查认定的事实

2013年8月×日，赵某向某小贷公司贷款30万元，由朱某、雷某给赵某提供担保。借款到期后，赵某未能还款，某小贷公司于2015年11月×日将朱某、雷某诉至该区法院，要求朱某、雷某承担连带责任保证归还赵某借款本金30万元，欠息46 080元，共计346 080元。经法院调解，双方达成调解，朱某、雷某所欠原告某小贷公司本金300 000元、利息40 635.56元（2015年5月×日至2015年11月×日），共计340 635.56元，计划在2015年12月×日前归还100 000元，剩下240 635.56元于2016年3月×日前一次性付清，2015年11月×日之后的利息，按月利率2%随本付清。2016年8月×日，朱某、雷某按照调解书协议内容向某小贷公司还清了赵某所欠借款本息210 635.56元。

检察院经调查询问申请人任某、其他当事人朱某、雷某，并调取了贷款合同、中国建设银行某市西街支行赵某622700428101010××××的人民币账户的交易明细等证据。证实赵某与某小贷公司签订贷款合同，申请人任某不知情，且该笔贷款未用于购买住房及夫妻共同生活。2013年8月×日，赵某向某小贷公司贷款30万元，担保人为朱某、雷某，个人保证担保承诺书中，财产共有人无任某签字。且赵某在个人借款保证担保合同中写明，借款用途为资金周转。当日某时某分，某小贷公司向赵某的622700428101010××××账户发放贷款30万元整，8月×日×时×分至8月×日×时许，赵某分别向蔡某转账18 000元，向武某转账24 000元，向李某转账6000元，向蔡某某转账20 000元，向温某转账301 000元，向白某转账103 000元，个人从ATM取出现金2500元，合计47.45万元，均转入他人账户，未转入任某名下。

2014年4月×日，赵某与任某自愿离婚，并达成如下协议，子女已成人且已工作成家故不存在抚养；房产世纪花园住宅归儿子赵某所有，万安门住宅归女方所有；万安门住宅抵押贷款由男方归还后将房产证交于女方，双方债权债务由各自承担。另查明，赵某、任某名下的住房某区南雅苑×号楼×单元×室，购买于2002年8月×日；世纪花园花园×号×单元×室也购买于2009年6月×日，该房在某市住房公积金管理中心贷款20万元，已于2013年9月×日全部还清，

2013 年 8 月×日无还款记录。

三、检察机关监督意见

检察院认为，某区人民法院民事判决存在认定事实不清、适用法律错误、违反法律规定，剥夺当事人辩论权利的监督情形：

（1）生效判决认定事实不清。经检察院调查证实，在任某不知情的情况下，赵某所贷款项未入任某账户也未用于购买住房。且赵某与任某已与 2014 年 4 月×日自愿离婚，约定双方债权债务由各自承担。某区人民法院对借款事项未尽到完全审查义务，适用《婚姻法解释（二）》第 24 条“债权人就婚姻关系存续期间夫妻一方以个人名义所负债务主张权利的，应当按夫妻共同债务处理。但夫妻一方能够证明债权人与债务人明确约定为个人债务，或者能够证明属于婚姻法第十九条第三款规定情形的除外”和《婚姻法》第 19 条第 3 款“夫妻对婚姻关系存续期间所得的财产约定归各自所有的，夫或妻一方对外所负的债务，第三人知道该约定的，以夫或妻一方所有的财产清偿”的规定。将赵某所贷款项简单认定为夫妻共同债务有违立法本意，严重损害了任某的合法权益。

（2）适用法律错误。最高人民法院民一庭［2014］民一他字第 10 号最高人民法院民一庭《关于婚姻关系存续期间夫妻一方以个人名义所负债务性质如何认定的答复》规定：“在债权人以夫妻一方为被告起诉的债务纠纷中，对于案涉债务是否属于夫妻共同债务，应当按照《最高人民法院关于适用〈中华人民共和国婚姻法〉若干问题的解释（二）》第二十四条规定认定。如果举债人的配偶举证证明所借债务并非用于夫妻共同生活，则其不承担偿还责任。”故原审判决认定赵某贷款为夫妻之间共同债务属适用法律确有错误。

（3）违反法律规定，剥夺当事人辩论权利。一审法院采用公告送达应诉通知书、限期举证通知书、开庭传票等法律文书，未到期限即开庭审理本案，影响赵某行使辩论权。经查，《人民法院报》于 2016 年 9 月刊登公告，载明“自本公告发出之日起 60 日内即视为送达。提出答辩状的期限为公告送达期满后 15 日内，举证期限为公告送达期满后的 30 日内，并定于举证期满后的第 3 日上午 9 时（遇节假日顺延）在本院民二庭公开开庭审理此案，逾期将依法缺席判决”。但在2016年11月30日（公告送达举证期限未满），某区人民法院即开庭审理本案，对赵某缺席判决，赵某作为被告、借款人，其参与法庭调查、辩论对人民法院查清案件事实尤为重要。某区人民法院在举证期限未满的情况下开庭审理，未能保障赵某行使其诉讼权利，亦影响案件的公正判决。

故根据《民事诉讼法》（2012修正）第200条第1项、第6项，第208条；《人民检察院民事诉讼监督规则（试行）》（部分失效）第84条的规定，向某市人民检察院提请抗诉。

四、评析意见

本案的关键问题有两个：一是在婚姻存续期间赵某的所借款项，其妻子任某是否知情，该款项是否用于家庭共同生活；二是法律适用问题，能否准确适用法律，取决于案件事实认定是否正确。本案表面看是追偿权纠纷案件，但具体案情结构复杂，属于夫妻婚姻财产纠纷所引起的问题。

本案的办理充分体现了检察机关的监督成效，展现了案件承办人扎实的法律功底和优秀的业务素质，既确保了法律的正确实施，有效化解矛盾，又切实维护了司法程序公正和实体公正的有效统一，体现了公平正义。

五、监督结果

某市人民检察院经审查，支持了检察院的抗诉提请，向某市中级人民法院提出抗诉。

马某某聚众冲击国家机关案

——行为人滞留法院数月的行为如何定性*

要旨

近年来，各地纠集、组织人员闹访给国家机关施加压力，满足不合理诉求的案件越来越多，而在对该类聚众性犯罪处理上，各地司法机关在聚众冲击国家机关罪和聚众扰乱社会秩序罪定性上存在分歧，出现了同案不同判的现象。定性影响量刑，量刑上的不公正，不仅会损害被告人的合法权益，也会影响我国刑法的统一适用性和稳定性。而区分两个罪名之间的关系成了此类案件的焦点。

一、基本案情

被告人马某某不服某县人民法院生效的民事判决，多次到某县人民法院上访。2015年4月×日，为了给某县人民法院施加压力，满足其不合法诉求，马某某带其妻子及女儿等6人携带被褥及生活用具滞留在某县人民法院，在法院将其强行带离后，马某某又强行翻越法院大门进入法院。此后，马某某等6人便吃住在某县人民法院执行庭办公室，并围堵法院领导，谩骂法院工作人员，直至同年11月×日，长达6个多月。

二、关键问题

马某某等人滞留某法院数月，对其行为应如何定性?

* 刘晓丽，甘肃省平凉市灵台县人民检察院。

三、分歧意见

该案在审查起诉阶段时，因定性发生了分歧：

第一种意见认为，马某某的行为构成聚众扰乱社会秩序罪。理由是：马某某等人的行为没有暴力冲闯，只是长期滞留法院办公室扰乱了法院工作秩序，应当认定为聚众扰乱社会秩序罪。

第二种意见认为，马某某的行为构成聚众冲击国家机关罪。理由是：马某某等人长期滞留法院的行为，其行为对象是国家机关，应当认定为聚众冲击国家机关罪。

四、评析意见

笔者同意第二种意见，聚众扰乱社会秩序罪和聚众冲击国家机关罪被分别规定在《刑法》第 290 条第 1 款和第 2 款，属于普通法和特殊法的关系。特殊法优于普通法，马某某的行为符合《刑法》第 290 条第 2 款的规定，应当以聚众冲击国家机关罪定罪处罚。

（1）从侵害法益上看，聚众扰乱社会秩序罪侵害的法益为公司、企业、事业单位、社会团体的工作、生产、经营、教学、科研秩序。而聚众冲击国家机关罪侵犯的法益仅限于国家机关的正常工作秩序，包括立法、司法、行政及军事机关。

在立法目的层面，1979 年《刑法》将聚众冲击国家机关罪包含在聚众扰乱社会秩序罪之中，在 1997 年修改《刑法》时，鉴于国家机关正常活动对于维护社会稳定的重要性，为加强对国家机关的保护，遂将聚众冲击国家机关罪单设出来，设立了《刑法》第 290 条第 2 款，并提高了法定刑。

在立法体系层面，《刑法》第 290 条第 1、2 款以及第 291 条的聚众扰乱公共场所秩序、交通秩序罪，都是根据行为侵犯客体的范围分别设立的罪名。

（2）从行为方式上看，冲击即冲犯攻击，是指对某种事物的干扰、破坏。引申到聚众冲击国家机关罪中，则是指未经允许，擅自闯入国家机关工作场所或者周边地区，进行干扰破坏，妨碍国家机关的正常运行及其工作秩序。冲击的手段既可以是暴力、胁迫的方式，也可以是其他滋事方式。其行为的动机就是通过冲击活动制造事端，给国家施加压力，以实现自己的某种无理要求或者借机发泄不满情绪。而扰乱社会秩序罪的行为方式就是扰乱，即指造成社会秩序的混乱与社会心理的不安，具体表现为使社会秩序的有序性变为无序性，使社会秩序的稳定性变为动乱性，使社会秩序的连续性变为间断性。扰乱的方式没有限制，既可以是暴力性的扰乱，也可以是非暴力性的扰乱。其犯罪动机是为了实现个人的某种不合理要求，用聚众闹事的形式，扰乱团体、单位的正常秩序，对有关单位、团体乃至政府施加压力。

五、处理结果

本案中，马某某为了满足自己既不合理也不合法的诉求，带领其亲属聚众到某县人民法院闹事，并强行翻越法院大门，占据执行庭办公室，在办公室内生活 6 个月之久，同时围堵法院领导，谩骂法院工作人员，其行为符合聚众冲击国家机关罪的构成要件，应以聚众冲击国家机关罪定罪处罚。某县人民检察院将此案提起公诉后，某县人民法院以聚众冲击国家机关罪判处被告人马某某有期徒刑 5 年。

马某等人盗窃、掩饰、隐瞒犯罪所得抗诉案

——对汝某与高某判处缓刑是否正确*

要旨

本案争议的焦点是A县人民法院对被告人汝某、高某判处缓刑是否正确。缓刑的滥用在司法实践中屡见不鲜，本案的抗诉成功纠正了A县人民法院缓刑适用错误的问题，有力地维护了司法权威，促进了社会的公平公正，也为检察机关依法履行法律监督职能，办理同类抗诉案件提供了参考和经验，具有较强的实践指导意义，达到了法律效果、社会效果、政治效果和舆论效果的有机统一。

一、基本案情

2012年11月至2015年12月，被告人马某、汝某、高某等12人有分有合，先后在宁夏回族自治区B县、甘肃省平凉市C区、D县、A县、庆阳市F县以破坏式手段盗窃路灯电缆线33次，盗窃总价值39万余元。其中，汝某盗窃作案13起，盗窃价值11万余元，退赃8万元。高某明知是马某等人盗窃得来的电缆线而予以收购，掩饰、隐瞒犯罪所得26次，涉案价值31万余元，且参与盗窃作案1起，涉案价值9000余元，退赃15万元。马某盗窃作案22起，盗窃价值32万余元，未退赃。朱某盗窃作案9起，盗窃价值15万余元，未退赃。刘某盗窃作案4起，盗窃价值8万余元，退赃3.2万元。周某盗窃作

* 田华，甘肃省平凉市灵台县人民检察院；张建灵，甘肃省平凉市灵台县人民检察院；王超，甘肃省平凉市灵台县人民检察院。

案5起，盗窃价值5万余元，退赃0.4万元。路某盗窃作案4起，盗窃价值2万余元，退赃1.3万元。

二、关键问题

A县人民法院对被告人汝某、高某判处缓刑是否正确?

三、分歧意见

A县人民法院审理后认为，被告人汝某的行为构成盗窃罪，且在共同盗窃作案中起主要作用，系主犯，但破案后能积极退回赃款8万元，当庭自愿认罪，认罪态度较好，可酌情从轻处罚，判处被告人汝某有期徒刑3年，缓刑4年，并处罚金人民币7万元（罚金已缴纳5万元）；被告人高某的行为构成盗窃罪，掩饰、隐瞒犯罪所得罪，但在盗窃作案中是起辅助作用的从犯，应从轻处罚，破案后积极退回赃款15万元，当庭自愿认罪，认罪态度较好，均可酌情从轻处罚，数罪并罚，判处被告人高某有期徒刑3年，缓刑5年，罚金人民币12万元（罚金已缴纳11万元）。

A县人民检察院审查后认为，A县人民法院的判决对被告人汝某、高某适用缓刑错误，量刑畸轻，导致全案量刑不均衡，有失公平、公正。

四、评析意见

笔者同意A县人民检察院的意见，理由如下：

被告人汝某伙同马某等12人流窜两省、三市、五县区采用破坏式手段盗窃路灯电缆线13次，涉案价值11万余元，按照甘肃省盗窃数额巨大6万元的标准，其盗窃数额是该标准的近2倍，且在共同犯罪中起主要作用，犯罪情节较重，具有严重的社会危害性，对其宣告缓刑不符合《刑法》第72条第1款第1项关于缓刑适用条件“犯罪情节较轻”的规定。A县人民法院判决对汝某适用缓刑明显错误。

被告人高某掩饰、隐瞒犯罪所得26次，涉案价值31万余元，盗窃作案1起，涉案价值9000余元。高某既盗窃作案又收购赃物，几乎收购了本案的全部赃物。高某的收购行为，为盗窃作案的马某等人提供了便利，提升了由盗窃物品变为现金的可能性，客观上助长、促使了马某等人盗窃作案的势头，主观恶性深，情节恶劣，社会危害极大。仅就掩饰、隐瞒犯罪所得罪而言，按照最高人民法院《关于审理掩饰、隐瞒犯罪所得、犯罪所得收益刑事案件适用法律若干问题的解释》第 3 条第 1 款第 1、2 项的规定，高某的行为已达到《刑法》第 312 条第 1 款规定的“情节严重”标准，A 县人民法院刑事判决认为高某犯罪情节较轻，对其适用缓刑明显错误。

结合全案事实来看，马某等 12 人属流窜团伙犯罪，具有异地作案、骚扰面广、社会危害大等特点，根据公安部、最高人民法院、最高人民检察院、司法部于 1989 年联合出台的《关于办理流窜犯罪案件中一些问题的意见的通知》的规定：“流窜犯罪是当前严重危害社会治安的一个突出问题，必须依法予以严厉打击。”马某等 12 人采取撬开路灯空开、剪断电缆线盗窃的方式，盗窃正在使用的电缆线，不仅使国家的财产遭受高达 39 万余元的直接经济损失，更破坏了城市的基础设施建设，损坏空开的价格及修复路灯的费用巨大，给国家造成了严重的直接损失。根据最高人民法院、最高人民检察院 2013 年公布的《关于办理盗窃案件适用法律若干问题的解释》第 11 条第 1 款的规定：“采用破坏性手段盗窃公私财物，造成其他财物损毁的，以盗窃罪从重处罚。”结合以上两点，对本案的各被告人亦应当从严惩处，慎用缓刑。

对比汝某、马某、朱某的判决结果，汝某盗窃价值 11 万余元且为盗窃作案主犯，A 县人民法院刑事判决书判处其有期徒刑 3 年，缓刑 4 年，而同为主犯的马某、朱某盗窃价值分别为 32 万余元、15 万余元，虽然比汝某的盗窃价值高出 21 万余元、4 万余元，但对其二人分别判处有期徒刑 8 年、有期徒刑 5 年 2 个月，尤其对比汝某与朱某的判决结果，不难发现量刑极不均衡。再对比汝某与刘某、周某、路某的判决结果，被告人刘某、周某、路某盗窃数额分别为 8 万余元、5 万余元、2 万余元，退赃数额分别为 3. 2 万元、0. 4 万元、1. 3 万元，且三人均为从犯，刘某与周某均具有自首情节，无论从犯罪数额，还是应当或者可以从轻、减轻处罚的情节而言，被告人刘某、周某、路某的量刑都应该比汝某低，可是 A 县人民法院的判决结果却恰恰相反，对犯罪情节相对较轻的被告人刘某、周某、路某判处实刑，对犯罪情节相对较重的被告人汝某却判处缓刑，有失公平、公正。对高某而言，其掩饰隐瞒犯罪所得26次，涉案价值高达31万余元，按照最高人民法院《关于审理掩饰、隐瞒犯罪所得、犯罪所得收益刑事案件适用法律若干问题的解释》第3条第1款第2项的规定，高某掩饰、隐瞒犯罪所得的数额已达到该罪情节严重标准的6倍之多，且盗窃作案1起，涉案价值9000余元，其犯罪情节明显比刘某、周某、路某要严重得多，对其三人判处实刑，对高某判处缓刑，量刑明显不均衡。

综上而言，A县人民法院的刑事判决结果尚不能让同案中的各被告人感受到公平、正义，更无法让人民群众在每一起司法案件中感受到公平、正义。

五、处理结果

本案经A县人民检察院抗诉后，平凉市中级人民法院发回A县人民法院重新审理，A县人民法院重新审理后未采纳A县人民检察院的抗诉意见。A县人民检察院再次提出抗诉，平凉市中级人民法院受理抗诉后，对本案按照二审程序进行了公开开庭审理。二审认为：原审被告人汝某多次积极参与盗窃作案并在盗窃作案中起主要作用，盗窃财物数额巨大，虽能如实供述自己的罪行，并积极退赃，但作案次数多，犯罪情节严重，社会危害性较大，对其宣告缓刑不符合法律规定。原审被告人高某同时构成掩饰、隐瞒犯罪所得罪和盗窃罪，收赃次数多，数额巨大，情节严重，主观恶性深，原判对其数罪并罚后宣告缓刑，确系量刑不当。撤销A县人民法院一审刑事判决对被告人汝某、高某的处刑部分，改判被告人汝某有期徒刑3年，并处罚金5万元；被告人高某数罪并罚，决定执行有期徒刑3年，并处罚金11万元。

李某虚开增值税专用发票案

——关于虚开增值税专用发票案件中争议问题的认定*

要旨

随着中国特色社会主义经济的发展，当前经济类犯罪呈现出多样化及复杂化的趋势，成了刑事检察工作中的重要课题。本案是某县人民检察院刑事检察部于2017年办理的比较成功的一起经济类案件，对后续的相似类型案件在主客观的认定及法律适用方面具有一定的借鉴意义，现进行剖析，作以交流。

一、基本案情

被告人李某，男，汉族，生于1965年1月×日，身份证号62272619650111××××，某省某某县人，小学文化程度，住某县某某镇。2016年12月×日因涉嫌虚开增值税专用发票、用于骗取出口退税、抵扣税款发票罪被某公安局依法刑事拘留，2017年1月×日经检察院批准，次日被某县公安局执行逮捕。

2009年2月，李某作为法定代表人，注册成立了某县某煤炭销售公司，注册资金500万元，并设立了公司基本账户，于2011年2月申请取得增值税一般纳税人资格。2015年1月，公司名称变更为某某县新源某某有限责任公司（简称“新源公司”）。当年年底开始，该公司停止煤炭购销业务。

2016年1月，李某通过赵某（另案处理）介绍，在内蒙古认识了做煤炭生意的“周总”，遂提出愿与其合作。同年3月，“周总”到

* 苏裕，甘肃省平凉市崇信县人民检察院公诉科科员、检察员。

新窑镇找到李某，商定由李某将新源公司的资质材料、开票用的金税盘、公司账号、网银及个人银行卡交给“周总”；李某每月在新窑国税分局领取空白增值税专用发票交给“周总”或其同伙（在逃），“周总”等人每月月底将开具好的增值税专用发票抵扣联交给李某，由李某到新窑国税分局报税抵扣税款，并每月支付李某1万元手续费。当月，李某分3次在新窑国税分局领取空白增值税专用发票共110份交给了“周总”等人。之后，李某持“周总”等人交来的西安4家空壳公司虚开的131份增值税专用发票抵扣联报税抵扣，税额共1 919 253.15元。期间，李某获利3万元。

2016年4月，在没有真实交易的情况下，李某指使其子以新源公司名义向陕西省宝鸡市一家公司虚开增值税专用发票2份，税额29 101.24元，获利1.8万元。

综上，李某为他人虚开增值税专用发票2份，为自己虚开增值税专用发票131份，税额共计1 948 354.39元，全部抵扣税款。

李某涉嫌虚开增值税专用发票一案经两次退回公安机关补充侦查，于2017年11月×日在某县人民法院开庭审理，庭审过程中被告人李某推翻其在公安机关的供述，但在大量的事实及证据面前，李某最终承认了其犯罪事实。

二、关键问题

本案的主要难点在于主、客体的认定，以及被告人的主客观方面的认定。本案中，因李某并不是虚开增值税专用发票犯罪的犯意发起者，其实施的犯罪行为也仅是整个犯罪环节中的一部分，因此认定被告人的主观上是否具有确定的犯罪故意是一大难点。另一大难点是，本案是单位犯罪还是个人犯罪。被告人成立公司后先进行了一段时间的经营，当无力经营并停产后才实施了虚开增值税专用发票的行为，因此本案的主体是否适格也存在争议。

三、分歧意见

本案在审查过程中，主要出现了两种分歧意见。第一种意见认为本案证据不足、事实不清，应对李某作存疑不起诉处理。支持这一观点的理由有三点：一是李某在本案中起到的作用较小，李某在本案中负责为虚开增值税专用发票的犯罪团伙提供空白的增值税专用发票和用增值税专用发票抵扣联抵扣税款，没有李某也可以有张某、王某来完成其环节；二是李某对其实施的是否是犯罪行为有无明确认识存疑，现有证据无法直接证明李某的主观犯罪故意；三是本案到底是单位犯罪还是自然人犯罪仍需推敲。第二种意见认为李某构成虚开增值税专用发票罪，应向某县人民法院提起公诉。支持这一观点的理由也有三点：一是李某与他人共同实施了虚开增值税专用发票的行为，虽李某所负责的事情较少，但其负责的是提供空白发票和抵扣税款的关键环节，相当于犯罪行为自李某开始，在李某手中结束；二是李某应对其实施的是犯罪行为有明确的认识；三是本案应当依照相关规定认定李某系自然人犯罪而非单位犯罪。

四、评析意见

在审查过程中，承办本案的检察官及其助理，详细梳理了案情并学习了增值税专用发票的相关知识，最终形成了李某涉嫌虚开增值税专用发票罪的意见。支持这个意见的理由剖析为以下四点。

(1) 被告人实施了虚开增值税专用发票的行为。首先，虚开增值税专用发票的事实成立。证据显示，本案中认定的涉案增值税专用发票133份，税额1 948 354.39元，均系虚开的增值税专用发票，并全部用于抵扣税款。其次，所有虚开的发票均系被告人提供并抵扣税款，其中向某地一家公司开具的2张税额29 101.24元的增值税专用发票系李某直接参与。其余空白增值税专用发票是否是李某开具的虽未查明，但足以证明被告人参与了虚开增值税专用发票。同时，被告人领取空白增值税专用发票，向“周总”等人提供公司资质、金税盘等资料以及到税务机关抵扣税款等一系列行为，都是实施虚开增值税专用发票的犯罪行为中不可或缺的环节。如果没有被告人的行为，本案中虚开增值税专用发票的犯罪行为就无法完成。正是因为被告人的行为，最终导致国家税收征管秩序被破坏，造成国家税款损失，被告人的行为和国家的损失之间存在刑法上的因果关系。

(2) 本罪的客体即侵害的法益是国家税收征管秩序，包括税款的征收和管理两个方面。本案中，被告人在无实物交易的情况下，虚开增值税专用发票并抵扣税款，破坏了正常的税收征管秩序，并造成了国家税款巨额损失，严重破坏了社会主义经济秩序。

（3）被告人有虚开增值税专用发票的犯罪故意。其一，李某本人并未以公司名义开展任何煤炭购销业务，也无法提供与“周总”方面的委托授权协议及其他相关证据，因此李某明知自己的公司没有实际的煤炭交易这一点显而易见。其二，李某与“周总”之间毫无疑问存在着某种约定，即所谓的“合作”，按照李某的辩解，双方约定“周总”以李某名下的公司名义开展煤炭经营活动，盈利后向李某个人分红，这也是李某参与实施虚开增值税专用发票行为的动机和初衷，但是公司没有煤炭交易，何来利润？何来分红？因此，李某对这些所谓“生活费”的来源和性质是有明确认识的。其三，李某成立新源公司后因资金链断裂，到2015年以后就再没有开展过煤炭购销业务，李某在明知新源公司没有煤炭购销业务的情况下，领取空白增值税专用发票交给“周总”等人，任由其使用，又拿“周总”等人给他送来的金额巨大的增值税专用发票来抵扣税款，仅目前证明确系虚开的税票，税额已高达194万余元，足以反映其对虚开发票是有清醒认识的。其四，李某的新源公司成立于2009年，于2011年1月取得了一般纳税人资格，从公司成立至案发，中间历时8年时间，李某对增值税专用发票的使用以及开具流程已是驾轻就熟。并且李某向宝鸡市的一家公司虚开2张增值税专用发票的时间是2016年4月6日，正好是李某将新源公司金税盘等公司资料交给“周总”，实施虚开增值税专用发票犯罪以后的时间，这一情况足以证明李某对虚开增值税专用发票的犯罪是明知的。最后，公司的法定代表人是一个责任主体，李某作为新源公司的法定代表人，应当为公司的行为承担相应的后果。

（4）关于犯罪主体的问题。李某犯罪时已达到完全刑事责任年龄，具备完全刑事责任能力，应当为其行为承担责任。同时，虽然本罪按照《刑法》第205条可以成立单位犯罪，但依据最高人民法院于1999年6月25日发布的《关于审理单位犯罪案件具体应用法律有关问题的解释》（以下简称《解释》）第2条的规定："个人为进行违法犯罪活动而设立的公司、企业、事业单位实施犯罪的，或者公司、企业、事业单位设立后，以实施犯罪为主要活动的，不以单位犯罪论处。"第3条规定："盗用单位名义实施犯罪，违法所得由实施犯罪的个人私分的，依照刑法有关自然人犯罪的规定定罪处罚。"李某成立的新源公司在2015年以后再无煤炭购销交易，2016年3月开始实施虚开增值税专用发票犯罪，可认定为前述《解释》中第2条的规定情形，即新源公司设立后，以实施犯罪为主要活动。同时实施虚开增值税专用发票的违法所得即李某所说的"生活费"，也归李某个人所有，可认定为该《解释》第3条规定的违法所得由实施犯罪的个人私分。综上，本案系自然人犯罪。

五、本案的量刑问题

本案所涉及的虚开增值税专用发票罪，《刑法》第205条只规定了刑罚量刑区间，即构罪、较大、巨大，但并没有相关的司法解释明确规定本罪的较大及巨大的涉案数额，因此量刑问题成了本案的又一个难点。经多方论证查找，承办本案的检察官提出了6年以上10年以下有期徒刑并处罚金的量刑意见。这一量刑意见的提出主要依据甘肃省人民检察院转发至全省各级检察机关的最高人民法院研究室对西藏自治区高级人民法院的电话回复。该回复中指出："为了贯彻罪行相适当原则，对虚开增值税专用发票案件的量刑数额标准，可以不再参照适用1996年最高人民法院《关于适用〈全国人民代表大会常务委员会关于惩治虚开、伪造和非法出售增值税专用发票犯罪的决定〉的若干问题的解释》。在新的司法解释制定前，对于虚开增值税专用发票案件的定罪量刑标准，可以参照最高人民法院《关于审理骗取出口退税刑事案件具体应用法律若干问题的解释》的有关规定执行。"因此，虚开增值税专用发票罪中的"虚开的税款数额较大或者有其他严重情节""虚开的税款数额巨大或者有其他严重情节""虚开的税款数额特别巨大或者有其他特别严重情节"应分别参照骗取出口退税罪"虚开的税款数额巨大或者有其他严重情节""虚开的税款数额特别巨大或者有其他特别严重情节"的数额标准执行，即虚开的税款数额较大、数额巨大的标准分别为 50 万元、250 万元。结合这一依据，李某的涉案税额为 1 948 354. 39 元，在数额较大区间范围内，根据《刑法》第 205 条之规定，其法定刑为 3 年以上 10 年以下有期徒刑，并处罚金。综上，我院对本案被告人李某提出了 6 年以上 10 年以下有期徒刑、并处罚金的量刑意见。

六、处理结果

某县人民法院经开庭审理及合议庭合议，判处李某有期徒刑 7 年，并处罚金 10 万元。一审判决后，李某未上诉，现该判决已生效。

刘某某贩毒案

——毒品案件中被告人贩卖5克以上毒品能否适用缓刑*

要旨

汇总既往案件判例，分析研判常见罪名、常见情节量刑标准趋向，找准抗点，提高抗诉质量，监督法院依法适用法律，防止滥用缓刑，有效提升打击力度，促进社会效果与法律效果统一。

一、基本案情

2015年10月×日，某县公安局民警在某县某镇东大街附近抓获正在进行毒品交易的被告人刘某某和刘某，当场从刘某身上查获刘某某贩卖给其的块状毒品可疑物一小包，在被告人刘某某身上查获毒资3000元。查获毒品经计量，净重5.05克。经鉴定，查获的毒品可疑物中检测出毒品海洛因成分。

上述犯罪事实有物证、书证、证人证言、理化检验鉴定报告及现场检测报告书等证据予以证实，被告人刘某某亦对自己的行为供认不讳。

本案由侦查机关侦查终结，以被告人刘某某涉嫌贩卖毒品罪，于2016年11月×日移送审查起诉。某县人民检察院经审查，以刘某某涉嫌贩卖毒品罪向某县人民法院提起公诉。某县人民法院于2017年3月×日开庭审理此案。审理期间，因被告人未逮捕到案，法院裁定中止审理。同年4月×日，法院裁定恢复审理，并于同日作出一审判决，以贩卖毒品罪判处刘某某有期徒刑1年6个月，缓刑2年，并

---

* 张岚，甘肃省定西市人民检察院公诉处检察官助理。

处罚金2000元。某县人民检察院收到判决后，认为该一审判决适用法律错误，提出抗诉。

二、关键问题

本案中，被告人刘某某认罪态度较好，能否依据《刑法》第347条第1款、第4款，第67条第3款，第72条，第64条，第52条，第53条之规定对被告人适用缓刑?

三、分歧意见

一审审判机关认为，被告人刘某某违反国家对毒品的管制，向他人贩卖毒品海洛因，其行为构成贩卖毒品罪，公诉机关指控的罪名成立。被告人认罪态度较好，可以从轻处罚，对被告人适用缓刑。故依据《刑法》判决被告人有期徒刑1年6个月，缓刑2年，并处罚金2000元。

一审检察机关认为，法院判决书中对刘某某判处缓刑属于适用法律错误：一是被告人刘某某的行为社会危害性大；二是被告人刘某某的行为不具备缓刑的适用条件；三是从司法实践来看，对被告人判处缓刑，与同类已判案件相比显示公平。因此，检察院提出了抗诉。

四、评析意见

《刑法》第72条第1款规定，对于被判处三年以下有期徒刑的犯罪分子，同时符合犯罪情节较轻、有悔罪表现、没有再犯罪的危险、宣告缓刑对所居住社区没有重大不良影响四个条件的，可以宣告缓刑。而被告人刘某某不符合上述法条规定的适用缓刑的条件。

首先，根据最高人民法院于2009年4月修订的《人民法院量刑指导意见》的规定，贩卖海洛因2克，量刑起点为6个月有期徒刑，2克以上不满7克的，每增加1克增加6个月刑期。因此，对刘某某应判处有期徒刑2年。同时，《全国法院毒品犯罪审判工作座谈会纪要》在“关于进一步加强人民法院禁毒工作的总体要求”中提示，“毫不动摇地坚持依法从严惩处毒品犯罪”“要规范和限制毒品犯罪的缓刑适用”；最高人民法院在其出台的《关于常见犯罪的量刑指导意见》规定，“对严重暴力犯罪、毒品犯罪等严重危害社会治安犯罪，在确定从宽的幅度时，应当从严掌握”。本案中，刘某某贩卖毒品海洛因5.05克，犯罪情节较重，社会危害性大，且证人刘某证明她在被抓捕之前曾到她经常买毒品的刘某某处买了0.5克海洛因。根据毒品犯罪的特点，刘某某有再犯罪的危险，故其不符合缓刑的适用条件。

其次，某人民医院门诊诊断书证明，刘某某患有肝血管瘤、Ⅱ型糖尿病，并且做过宫颈癌手术。刘某某虽然患有疾病，但这一情节不属于审判环节的问题，而是执行环节的问题。被告人患有疾病与其所犯之罪应受何种刑罚毫无关联，不宜关押不应当成为放纵犯罪的理由。

最后，与同类已判决案件相比，该法院所判处的刑罚明显不均衡。最高人民法院公布的《关于常见犯罪的量刑指导意见》明确了“量刑要客观、全面把握不同时期不同地区的经济社会发展和治安形势的变化，确保刑法任务的实现；对于同一地区同一时期、案情相似的案件，所判处的刑罚应当基本均衡”的量刑指导原则。从贩卖毒品犯罪的判决情况来看，在该市2013年至2017年3月判决缓刑的案件中，贩卖海洛因1克以下（13人），1克以上的较少（3人），最少的是3克（2人）。本案中，刘某某贩卖毒品海洛因5.05克，对其判处有期徒刑1年6个月，缓刑2年，与同类已判决案件相比，所判处的刑罚明显不均衡。

五、法院处理结果

某市人民检察院在收到某县人民检察院的刑事抗诉书后，经审查认为，原判决适用法律错误，且本市毒情形势严峻复杂，县人民检察院的抗诉正确，应予支持。遂向某市中级人民法院发出《支持刑事抗诉意见书》。

某市中级人民法院经开庭审理认为，原判认定事实清楚，证据确实、充分，定罪准确，审判程序合法。原判决根据被告人认罪态度较好、毒品未流入社会等情节，对其从轻处罚，但其贩卖毒品数量较大，不符合适用缓刑的条件，原判适用缓刑不当，应予改判。维持县人民法院对被告人以贩卖毒品罪判处1年6个月，并处罚金2000元的部分，撤销县人民法院对被告人刘某某适用缓刑的部分。

杨某某非法吸收公众存款案

——非法集资案件中主犯构成自然人犯罪，从犯能否认定为单位犯罪*

要旨

非法集资犯罪跨行业、跨地区、跨人群等方面的特征决定了认定与处理该类犯罪的复杂性。实践中，该类犯罪往往是共同犯罪与单位犯罪同时存在，此情形下对主犯与从犯应单独或共同成立单位犯罪的认识有较大分歧，成了定罪量刑的一个难点。

一、基本案情

（一）案件事实

2013年12月，赵某某（已判刑）租赁了一处位于某市某区某路某号商用房，借资注册成立某投资咨询有限公司（以下简称“投资公司”），注册经营范围为“金融投资理财信息咨询服务；企业投资管理咨询服务；（企业、个人）融资、贷款、理财咨询服务等业务”。赵某某担任法定代表人，被告人杨某某于2014年3月至9月期间任投资公司经理，全面负责投资公司日常管理事务。2014年1月起，被告人杨某某协助赵某某以广告招聘的方式，招收行政管理、出纳、会计及业务人员，投资公司成立后又安排业务人员在街道、广场、小区等人群聚集地发放虚假宣传资料，以高息为诱饵，谎称投资无任何风险，发展客户投资，并与客户签订《委托投资管理协议》，以

* 南少伟，甘肃省定西市安定区人民检察院。

委托理财的方式变相吸收公众存款。经审计，被告人杨某某担任投资公司经理期间，共吸收100名受害人的存款共计479万元。

（二）诉讼经过

本案由某市某区公安局侦查终结，以被告人杨某某涉嫌非法吸收公众存款罪，于2016年7月×日向检察院移送审查起诉。其间，因部分事实不清、证据不足，退回侦查机关补充侦查一次，2016年10月×日，检察院以非法吸收公众存款罪对杨某某提起公诉。

（三）证据情况

被告人杨某某在侦查阶段供述了其主要犯罪事实，其犯罪事实另有书证、证人证言、被害人陈述、同案犯的供述与辩解、审计报告、辨认笔录、生效刑事判决书等证据相互印证。

二、关键问题

被告人杨某某的同案犯（即本案主犯赵某某）在本案处理前因犯集资诈骗罪已被法院判处刑罚且判决已生效，法院并未认定其成立单位犯罪。那么，从犯杨某某构成单位犯罪还是自然人犯罪？

三、分歧意见

一种意见认为，杨某某的行为应当成立非法吸收公众存款的单位犯罪而不是自然人吸收公众存款犯罪。理由在于：杨某某吸收的所有款项都是以投资公司的名义收取的，是履行公司经理的职务行为，且吸收的款项全部由赵某某支配，杨某某个人根本不可能从公众处吸收任何的款项，故应以单位犯罪追究杨某某的刑事责任。

另一种意见认为，杨某某与本案主犯一样，应当以自然人非法吸收公众存款定罪量刑。理由在于：杨某某与赵某某成立共同犯罪，本案主犯赵某某不成立单位犯罪，赵某某成立的公司是实施犯罪的工具，赵某某系自然人犯罪，作为本案从犯的杨某某履行该公司经理的职务行为，为赵某某实施犯罪提供了帮助，当然也不成立单位犯罪。

四、评析意见

笔者同意第二种意见，理由在于：

赵某某成立投资公司之后未从事任何经营活动，其成立公司的目的就是实施集资诈骗犯罪行为。依据最高人民法院的相关解释，个人为进行违法犯罪活动而设立公司实施犯罪的，不以单位犯罪论处，故赵某某不成立单位犯罪，而杨某某在担任投资公司经理期间，客观上实施了非法吸收公众存款的行为，虽然公众存款是以投资公司的名义吸收的，但投资公司本身就是赵某某为了实施犯罪活动而设立的，是非法吸收公众存款的工具，该公司成立之后以实施犯罪为其全部活动，以公司名义吸收的公众存款全部进入赵某某的个人账户，从未开展任何注册登记的经营业务。故本案中的投资公司实际上就是赵某某、杨某某实施犯罪的工具，而共同犯罪中的从犯杨某某以公司经理身份为主犯赵某某个人实施犯罪活动提供帮助，其行为与赵某某的行为互相配合、互相联系，形成了一个统一的犯罪活动整体，不应将其行为与赵某某的行为割裂开来各自评价，故其在本案中构成自然人犯罪而不是单位犯罪。

五、法院处理结果

该案提起公诉后，某区人民法院一审认定被告人杨某某犯非法吸收公众存款罪，判处有期徒刑 2 年，缓刑 3 年，对辩护人提出的杨某某构成单位犯罪的辩护意见没有采纳，一审宣判后，被告人没有上诉，检察院也未提出抗诉，一审判决现已生效。

张某某危险驾驶案

——危险驾驶罪与危害公共安全罪的区别*

要旨

正确区分以危险方法危害公共安全罪与危险驾驶罪，对于有效打击犯罪、保护犯罪嫌疑人合法权益、正确适用法律具有十分重要的意义。

一、基本案情

2016年×月×日晚23时许，被告人张某某醉酒后驾驶甘A5××××号“某某牌”重型自卸货车从某某县某某广场停车场出发至某某县为妻兄何某拉砂。行至某某县梁家坪坡顶时，张某某发现放在车上的钱包不见后便驾车返回到某某家苑门口旁边自家经营的某某商行，在商铺内寻找钱包，未找到后，张某某又驾车到某某广场停车场去寻找。开车起步时，张某某因醉酒而将前进挡挂为倒车挡，致使自己驾驶的重型自卸货车两次撞到后面的灰色甘J3××××单排座货车。肇事后，张某某继续驾驶重型自卸货车行驶，结果将路边的钢制电线杆撞坏，后又在公路上继续前行五百多米，因受伤停车，被送往某某县人民医院救治。经鉴定，犯罪嫌疑人张某某事发当晚血样中乙醇含量为160毫克/100毫升，张某某属醉酒驾车。后经某某县价格认证中心价格鉴定结论书认定，被撞坏的钢制电线杆在价格认定基准日的重置价格为人民币12万元整，损坏车辆修理费8000元。

* 王旭东，甘肃省定西市渭源县人民检察院公诉科负责人。

二、关键问题

醉酒后驾驶机动车，造成数额较大的财物损坏，但是没有造成重大人员伤亡的，是危险驾驶的牵连行为，应以危险驾驶罪从重处罚。

三、分歧意见

观点一：构成危害公共安全罪。理由：张某某在广场道路上三次折返，具备在公共场所冲撞的故意，并且犯罪结果是损坏了车辆、电线杆，符合以危险方法危害公共安全的特征。

观点二：本案中的行为更符合危险驾驶罪的特征，是危险驾驶罪。

四、评析意见

第一种观点，构成危害公共安全罪。张某某在广场道路上三次折返，具备在公共场所冲撞的故意，并且犯罪结果是损坏了车辆、电线杆，符合以危险方法危害公共安全的特征。法律规定，以危险方法危害公共安全罪是指以放火、决水、爆炸以及投放危险物质以外的各种不常见的危险方法实施危害公共安全的犯罪。所谓其他危险方法，是指放火、决水、爆炸、投毒之外的，但与上述危险方法相当的危害公共安全的犯罪方法。这里的其他危险方法包括两层含义：①其他危险方法，是指放火、决水、爆炸、投毒以外的危险方法；②其他危险方法应被理解为与放火、决水、爆炸、投毒的危险性相当的、足以危害公共安全的方法，即这种危险方法一经实施就可能造成或造成不特定多数人的伤亡或重大公私财产的毁损。

驾车撞物、撞车的行为是危险方法危害公共安全罪的行为之一，以驾车撞人的危险方法危害公共安全这种犯罪，行为人在主观上往往出于故意。刑法中规定，醉酒驾驶并造成人员重伤或者死亡的行为属于以危险方法危害公共安全行为，其危害的是不特定的多数人的生命、健康安全，应认定为以危险方法危害公共安全之一的犯罪行为。最高人民法院于2009年制定的《关于醉酒驾车犯罪法律适用问题指导意见》（以下简称《意见》）提出："行为人明知酒后驾车违法、醉酒驾车会危害公共安全，却无视法律醉酒驾车，特别是在肇事后继续驾车冲撞，造成重大伤亡，说明行为人主观上对持续发生的危害结果持放任态度，具有危害公共安全的故意。对此类醉酒驾车造成重大伤亡的，应依法以危险方法危害公共安全罪定罪。”可见，张某某的行为构成危害公共安全罪。

第二种观点认为，本案中的行为构成危险驾驶罪。危险驾驶罪是《刑法修正案（八）》增加的罪名，而在《刑法修正案（九）》又增加了两个具体的行为作为危险驾驶罪的犯罪行为。根据《刑法修正案（九）》第8条、《刑法》第133条之一“在道路上驾驶机动车，有下列情形之一的，处拘役，并处罚金：（一）追逐竞驶，情节恶劣的；（二）醉酒驾驶机动车的；（三）从事校车业务或者旅客运输，严重超过额定乘员载客，或者严重超过规定时速行驶的；（四）违反危险化学品安全管理规定运输危险化学品，危及公共安全的”的规定，张某某正是在酒醉后驾驶机动车，符合危险驾驶罪的特征。而且造成的较大损坏，应当在量刑时加重处罚。有学者认为，醉酒驾驶行为的危险性是其刑事可罚性的前提，而危险性的大小则应成为危险驾驶罪量刑的主要依据。被告人的醉酒程度越深，其认识能力和控制能力受酒精影响就越差，驾驶行为的危险性就越大。同时，驾驶车辆的大小及车型不同，对其他道路交通参与人员的危险也不同。因此，在确定醉驾案件的基准刑时应以被告人的醉酒程度为主要依据，同时考虑到驾驶车辆本身的危险系数。这些情节在确定从轻处罚或从重处罚时均有重要意义。张某某造成的严重后果，应当在危险驾驶罪的法定刑内从重处罚，而不是以危险方法危害公共安全罪定罪。

综上，醉酒驾车发生交通事故的，醉驾者对驾车行为虽出于故意，但对于发生肇事后果通常系出于过失，如果尚未达到交通肇事罪这一过失犯罪的入罪标准，则不能反过来以以危险方法危害公共安全罪这一故意犯罪追究其刑事责任。也就是说，只有严重侵害不特定的生命、健康和财产巨大损失的，才能构成以危险方法危害公共安全罪。即使确有证据表明醉驾者对危害后果持故意心态，也要看其当时的醉驾行为是否具有与放火、决水等四种行为相当的危险性、破坏性，不能一概地认定为以危险方法危害公共安全罪。醉驾者也可能出于报复目的而在道路上针对特定人员或者车辆实施撞击，此时，醉驾者可能构成故意伤害罪、故意杀人罪或者故意毁坏财物罪，而不是以危险方法危害公共安全罪。

结合本案，笔者同意第二种意见，即张某某的行为构成危险驾驶罪。

五、法院处理结果

本案法院以危险驾驶罪对张某某作出了判罚。

李某某故意伤害案

——胃内容物反流能否导致因果关系中断*

要旨

本案的办理做到了法律效果和社会效果的统一，对“因果关系”理论有了更深认识和良好运用，对司法实践有一定的指导和借鉴意义。

一、基本案情

2017年×月×日18时许，犯罪嫌疑人李某某在某县城酒后乘客车回家，当车从某某县城行驶到某城某乡时，李某某打电话要求其弟李某辉骑摩托车将自己接回家，但李某辉并没有及时去接，而在其母王某某的央求下才骑摩托车去接李某某。在同社村民魏某某家旁边的路上碰见了李某某后，李某辉以魏某某家走到其家里过一条沟再走半截太陡的陡坡，摩托车坐两个人上不去为由将摩托车调头直接回家。李某某步行回到家中后心生怨恨便与李某辉发生争吵，并辱骂在厅房内的其父李某拾和王某某。李某拾手持啤酒瓶从客房出来到厨房台子附近追打李某某，啤酒瓶被李某某夺下摔碎在地上，继而双方手持小木板凳、脸盆架子，互相撕扯、殴打。期间，李某某拿板凳在李某拾左面额头上砸了两下，还将拉架的王某某连同李某拾摔倒在台子上，致李某拾摔倒后昏迷不醒，被王某某与李某辉抬到客房炕上，后在送往某某县人民医院抢救的途中死亡。

本案由某某县公安局侦查终结，以被告人李某某涉嫌故意伤害

* 陈真平，甘肃省定西市通渭县人民检察院公诉科检察官助理。

罪，于2017年×月×日向检察院移送审查起诉。检察院受理后，于同日已告知被告人有权委托辩护人，告知被害人及其法定代理人（近亲属）有权委托诉讼代理人，依法讯问了被告人，听取了被害人及其诉讼代理人的意见，审查了全部案件材料。

检察院于2017年×月×日延长审查起诉期限，于2017年×月×日第一次退回公安机关补充侦查，公安机关于2017年×月×日补查重报。

认定上述事实的证据如下：①物证；②书证；③证人证言；④被害人的陈述；⑤被告人的供述与辩解；⑥鉴定意见；⑦勘验、辨认笔录。

二、关键问题

胃内容物反流是否导致因果关系中断，从而将嫌疑人的行为定性为意外事件？

三、分歧意见

本案在定性方面形成了三种意见：

第一种意见认为，胃内容物反流导致行为和结果之间的因果关系链条中断，属于意外事件，犯罪嫌疑人对自己的行为不承担任何刑事责任。

第二种意见认为，犯罪嫌疑人的行为和被害人死亡之间的因果关系并未中断，属于故意伤害致死，根据罪责刑相适应原则，犯罪嫌疑人应当承担相应的刑事责任。

第三种意见认为，本案中犯罪嫌疑人和被害人当天均有喝酒行为，同时二人也互相厮打，虽然被害人的死亡结果是由犯罪嫌疑人推倒导致的，但从鉴定结论来看，死亡的结果系由胃内容物反流窒息导致。纵使犯罪嫌疑人有故意伤害的行为，但同时死亡也由其他诱因导致，故本案应当定性为过失致人死亡罪。

四、评析意见

本案的焦点在于胃内容物反流是否导致因果关系中断。纵观本案事实及证据，犯罪嫌疑人手持木板凳击打被害人头部，并用脚踢踏胸部，与被害人胃内容物反流有直接的因果关系，犯罪嫌疑人的行为属于故意伤害致死。理由如下：第一，因果关系是一种引起与被引起的关系，根据条件说理论，行为和结果之间存在着“没有前者就没有后者”的条件关系时，前者就是后者的原因。本案中，被害人的死亡就是在犯罪嫌疑人击打、踢踏的行为过程中形成的，所以被害人的死亡和犯罪嫌疑人的行为之间具有因果关系。第二，胃内容物反流不能导致因果关系中断，相反，胃内容物反流是本案因果关系链条上不可或缺的一部分。本案中，鉴定意见证实被害人头部受伤、颅内压增高和胃内容物反流具有因果关系。本案中，犯罪嫌疑人的殴打行为和被害人的喝酒原因是导致被害人情绪激动的直接原因。被害人情绪激动是导致胃内容物反流致其窒息死亡的直接原因，期间并没有因为被害人疾病的原因导致本案中因果关系中断。故本案不属于意外事件。第三，多因一果的案例中应该对导致结果的原因作最大程度的量化分析，司法机关不能简单地降格处理或者认为属于存疑案件。本案的事实是儿子打父亲、醉酒、情绪激动引发胃内容物反流最终导致被害人死亡，虽然被害人有疾病，但最终导致死亡的并不是疾病因素。另外，按照常理，在没有儿子辱骂、殴打的行为前提下，被害人不会因为简单的饮酒导致情绪激动。所以，被害人的死亡结果是犯罪嫌疑人的行为引起的，且其行为引起的因果关系没有中断。

五、法院处理结果

2017年×月×日，某某县人民法院判被告人李某某犯故意伤害罪，判处有期徒刑5年。

杨某甲强奸案

——法院判决罪名不当、量刑基本适当时，检察机关是否应当提出抗诉问题探析*

要旨

当法院判决认定事实准确，罪名不当，量刑基本适当时，检察机关应当坚持实事求是，有错必究，还是注重法律效果，节约司法成本？本案对于该类案件是否提出抗诉具有重要的参考价值。本案的办理是对这一问题的有益探索，对检察机关办理此类案件有一定的借鉴意义。

一、基本案情

×年×月×日某时许，被告人杨某甲到某县某镇街道购买日用品时想上厕所，便进入某镇某村某社杨某乙家上厕所，上完厕所后杨某甲到院子西边的房间透过玻璃窗户看到在房间睡觉的被害人杨某乙时，产生了强奸被害人杨某乙的想法。被告人杨某甲进入房间后，拥抱、亲吻被害人，欲与被害人杨某乙发生性关系，杨某乙激烈反抗，致使被告人杨某甲的阴茎未插入杨某乙阴道，而是插入杨某乙肛门后射精。被害人杨某乙的脸部、右大腿根部及大腿根部内侧被杨某甲抓伤，经鉴定，被害人杨某乙的身体损伤程度属轻微伤。

该案由某县公安局侦查终结后，以被告人杨某甲涉嫌强奸罪（未遂），于×年×月×日向检察院移送审查起诉。检察院受理后，于法定

* 蔡彪，甘肃省定西市漳县人民检察院副检察长。

期限内审查了全部案件材料，期间因部分事实不清、证据不足退回侦查机关补充侦查一次（自×年×月×日至×月×日），于×年×月×日以杨某甲涉嫌强奸罪（未遂）向某县人民法院提出公诉。某县人民法院经审理后于×年×月×日以杨某甲犯强制猥亵罪判处杨某甲有期徒刑4年。

本案的证据情况：被告人杨某甲的供述，证明被告人杨某甲对自己强奸的意图及因被害人反抗其阴茎未插入杨某乙阴道，插入杨某乙肛门后射精的事实供认不讳。被害人杨某乙的陈述证明了被告人杨某甲在强奸过程中阴茎两次接触其阴部，但均未插入其阴道，而是插入其肛门后射精的事实。证人冉某某、杨某丙的证言证明了他们均因听到被害人杨某乙的呼救声而赶到被害人杨某乙家，在杨某乙房间内看到被告人杨某甲用双手按住被害人杨某乙的肩膀，跪趴在杨某乙的身上，杨某乙当时挣扎反抗着，并向证人求救，证人冉某某随后跑出房间报警，杨某丙将被告人杨某甲从被害人杨某乙身上扯下来的事实。检验鉴定意见书证明送检的“床单上可疑斑迹剪片、被害人杨某乙会阴部棉签拭子、被害人杨某乙肛门棉签拭子”中检出精斑反应及同一男性DNA分型，经15个STR分型未排除杨某甲，支持为杨某甲所留，不支持为其他随机个体所留。在送检的“受害人杨某乙阴道拭子”中未检出精斑反应及精子DNA的事实。

二、关键问题

当法院判决事实认定准确，罪名不当，量刑基本适当时，检察机关是否应当向上一级人民法院提出抗诉?

三、分歧意见

第一种意见认为，应当坚持有错必究，提出抗诉。结合本案事实可以看出，法院判决杨某甲有期徒刑4年，属于量刑基本适当，但判决将强奸罪（未遂）认定为强制猥亵罪，属于适用罪名错误，在刑事抗诉工作中应当严格依照《刑事诉讼法》（2012修正）第217条“地方各级人民检察院认为本级人民法院的判决、裁定确有错误的时候，应当向上一级人民法院提出抗诉”之规定，坚持有错必究，向上一级人民法院提出抗诉。

第二种意见认为，应当注重法律效果、节约司法成本，不宜提出抗诉。法院将强奸罪（未遂）认定为强制猥亵罪，虽属罪名适用错误，但本案基本事实认定准确，量刑也基本适当，达到了惩罚犯罪、保障人权的法律效果。同时，根据最高人民检察院《关于刑事抗诉工作的若干意见》（高检发诉字［2001］7号）的规定，刑事判决或裁定认定罪名不当，但量刑基本适当的，一般不宜提出抗诉。

四、评析意见

笔者同意第二种意见，理由如下：

（1）法院判决虽然罪名错误，但达到了惩罚犯罪、保障人权的法律效果。法院的判决虽然罪名不当，但是基本事实认定正确，量刑适当。强奸罪的基本刑期为三年以上十年以下有期徒刑，强制猥亵罪的基本刑期为五年以下有期徒刑或者拘役。本案中，杨某甲的行为属于强奸罪（未遂），按照《刑法》第23条第2款“对于未遂犯，可以比照既遂犯从轻或者减轻处罚”之规定，法院综合本案情节，判处杨某甲有期徒刑4年属于量刑适当，达到了惩罚犯罪、保障人权的法律效果。

（2）坚持有错必究，提出抗诉，会在当下司法资源相对紧张的情况下造成司法资源浪费。坚持有错必究，向上一级人民法院提出抗诉，从而进入二审程序。按照《刑事诉讼法》第222、223条“二审人民法院应当就一审判决认定的事实和适用法律进行全面审查，不受上诉或者抗诉范围的限制”之规定，对于人民检察院抗诉的案件，二审人民法院应当组成合议庭，开庭审理。而本案中，法院判决虽然罪名错误，但是事实认定准确、量刑基本适当，达到了惩罚犯罪、保障人权的法律效果。向上一级人民法院提出抗诉，这在司法资源相对紧张的当下势必会造成司法资源的浪费。

（3）法院判决罪名不当，量刑基本适当时，不提出抗诉，能够达到惩罚犯罪、保障人权的法律效果，从而节约司法资源。法院判决在事实认定正确、量刑适当的情况下，已经基本达到了惩罚犯罪、保障人权的法律效果。因为罪名错误而提出抗诉，进入二审程序，需要重新审查全部案件材料、组织合议庭重新开庭审理，而其法律效果仅仅是更正罪名错误，这势必会造成司法资源的浪费。相反，在此种情形下不提出抗诉，就能达到惩治犯罪、保障人权的法律效果，而且能够节约司法资源，将有限的司法资源配置到更为亟须的案件办理中。

五、处理结果

在综合考虑本案的法律效果与司法成本后，根据《最高人民检察院关于刑事抗诉工作的若干意见》（高检发诉字［2001］7号）“刑事判决或裁定认定罪名不当，但量刑基本适当的一般不宜提出抗诉”之规定，某县人民检察院未向上一级人民法院提出抗诉。

宗某某盗窃案

——对盗窃案中的“户”的范围探析*

要旨

入户盗窃中的“户”要求必须具备长期生活起居性和相对封闭性两个基本特征。它是人们经常生活居住的、同外界相对隔离的空间，是人们私人生活的空间，是人们找到安全感与归宿感的地方，故应对“入户盗窃”予以新的认识。

一、基本案情

×年×月×日某时许，被告人宗某某流窜到某某县某某镇某某村某某社杨某某家，将杨某某的衣柜锁用自带的小钢钎撬开，翻动衣服，企图盗窃现金，未找到现金，后将西面棚子底下停放的摩托车推出车棚，正欲盗窃摩托车逃离现场时，被回家的杨某某当场抓获。经鉴定，被告人宗某某欲盗的摩托车涉案价值1300元。

二、评析意见

《刑法》第264条规定：“盗窃公私财物，数额较大的，或者多次盗窃、入户盗窃、携带凶器盗窃、扒窃的，处三年以下有期徒刑、拘役或者管制，并处或者单处罚金；数额巨大或者有其他严重情节的，处三年以上十年以下有期徒刑，并处罚金；数额特别巨大或者有其他特别严重情节的，处十年以上有期徒刑或者无期徒刑，并处罚金或者没收财产。”对于入户盗窃中的“户”，应当从刑法本身和有关司法解释角度来理解：

---

* 张燕妮，甘肃省定西市渭源县院公诉科检察官助理。

第一，长期生活起居性。这主要是指人们在户内享有生活起居的自由和安宁，以及不受他人干扰、窥探和破坏的隐私权，也是公民个人私权得以充分、集中展现的地方。而“入户抢劫”和“入户盗窃”，不仅严重地侵害了公民的财产权，而且破坏了居民心中对生活的安全感，严重危及公民的人身安全，动摇了社会的安定与秩序，其社会危害性十分严重。所以，刑法规定对“入户抢劫”“入户盗窃”加重处罚。可见，应当着重从生活起居的私权保护角度判断某个处所是否为“户”。一般来说，只要以生活起居的意思持续地长期生活在某一固定住所内，就可认为是刑法意义上的“户”，通常情况下是多人，特殊情况下也可以是一人。司法实践中，机关、单位、团体的办公室虽然也与外界相对隔离，但由于不具备生活起居的私权特征而不能被称为“户”。旅店宾馆、临时搭建的工棚等供人们集体临时居住的地方，也不具备长期生活起居的私权保护特征，故也不能被称为“户”，但在特定情况下如果确实具有上述特征也可被认定为“户”。

第二，相对封闭性。1997 年修订《刑法》时，立法机关将原来对“入室”的通称改为“入户”，这表明“室”与“户”是有区别的。一般来说，“室”可以被理解为是房屋等空间范围。户与室相比，地理范围要大些，独门独户的院落也属于户，而室外延则比户要大，其功能不局限于居住，还可用于办公、经营，因此包括了机关、团体、企事业单位的办公场所、经营场所等。对于“进入”机关、团体、企事业单位的院落或者办公室，或者旅店和宾馆饭店等客房实施盗窃、抢劫犯罪的，只能被认定为普通盗窃和抢劫犯罪，而不能被认定为入户盗窃和抢劫。因为这些场所通常具有一定的开放性，能与外界保持一定的日常联系，往往还具有相应的保安部门和安全监控设施等，一旦遭遇犯罪侵害很容易得到救助，因此，不具有“户”的那种相对封闭性，通常情况下就不能被作为“户”来看待。因此，具备私人生活领域和相对封闭性的特征，理应属于刑法意义上的“户”。

第三，行为人“入户”的目的性。参照最高人民法院《关于审理抢劫、抢夺刑事案件适用法律若干问题的意见》对“入户抢劫”的规定，认定“入户盗窃”时，应当注意“入户”目的的非法性，即行为人是以非法占有他人财物为目的而进入他人住所，对于在户内临时起意实施盗窃的，不应当认定为“入户盗窃”。如果行为人基于其他非法目的而进入他人住所并实施了盗窃行为的，也不应当被认定为是“入户盗窃”。只有一开始以非法占有他人财物的目的非法侵入他人生活起居场所的才构成“入户盗窃”。而根据本案被告人宗某某在侦查阶段及庭审中的供述，其进入某某村时，即产生了随机找户人家进行偷窃的想法，正符合“入户盗窃”的“入户”目的性特征。

随着时代的发展，理应对“户”赋予新的时代内涵。刑法意义上的“户”，是人们经常生活居住的、同外界相对隔离的空间，是人们私人生活的空间，是人们找到安全感与归宿感的地方，故应对“入户盗窃”予以新的认识。

三、处理结果

某某县人民法院认为被告人宗某某的行为已构成盗窃罪。

莫某某等人追索劳动报酬案

——支持起诉在农民工讨薪案件中如何发挥作用*

要旨

为贯彻落实十九大精神，切实保障弱势群体，特别是农民工群体的合法权益，根据某省高级人民检察院关于转发高检院民行厅《关于充分发挥民事行政检察监督职能协助解决农民工讨薪问题的通知》，检察院民事行政检察部门对该类案件坚持优先办理原则，缩短办案期限，加快办案进度，聚部门全力提高办案质量和效率。

同时，根据《宪法》《民事诉讼法》第14、15条的相关规定，依据检察监督原则和支持起诉原则，检察机关作为支持起诉的适格主体，有其有效的法律依据和充分的理论依据。故检察院充分发挥民事行政检察监督职能协助解决农民工讨薪问题，以支持起诉的方式维护农民工合法权益。

一、基本案情

（一）案件事实

闫某某于2016年5月承包了某公司创业园×号楼的钢筋工程，雇佣莫某某等14人为其施工，期间按照莫某某等人的劳动情况制作了工资表。工程竣工后，某公司给闫某某结算了全部的工程款和劳务费，闫某某给工人结算了一部分工资，剩余工资一直没有支付。2017年2月×日，多次催讨无果的莫某某等14人向劳动保障部门申

* 魏艳红，甘肃省定西市陇西县人民检察院民事行政检察科科员。

请仲裁，闫某某在劳动保障部门的督促下，当场表示将于2017年3月×日前支付莫某某等人工资，并写下《保证书》一份。时至2017年12月，闫某某仍未支付工资，莫某某等人无奈，于2017年12月×日将闫某某诉至某县人民法院，并向某县人民检察院申请支持起诉。

（二）诉讼经过

为贯彻落实十九大精神，切实保障弱势群体，特别是农民工群体的合法权益，最大限度地减少因农民工不当方式讨薪引发的暴力事件，真正做到扶正祛邪，增强本区域内农民工生活的幸福感和获得感，加强社会主义法治，根据《民事诉讼法》第14、15条，《合同法》第107条和第109条以及某省高级人民检察院关于转发高检院民行厅《关于充分发挥民事行政检察监督职能协助解决农民工讨薪问题的通知》的相关规定，国家、集体及社会公共利益和弱势群体的民事权利遭受侵害时，检察机关可支持受损害的单位、集体或个人向人民法院提起民事诉讼。该案中，农民工作为弱势群体诉包工头闫某某讨薪案件，属于检察院支持起诉的受案范围，故检察院于2018年1月×日通过询问证人、查看证据确定案件事实，并于2018年1月×日向某县人民法院发出《支持起诉书》支持莫某某等人的诉讼请求，请法院对该案依法审理，并将裁判结果书面回复检察院。

（三）实地走访，诉后做思想工作

向某县人民法院发出《支持起诉书》后，检察院民事行政检察部门的同志主要采取了以下两方面的措施，督促闫某某履行筹款义务：一方面，通过各种途径找到闫某某，从法、理、情等方面，多次对闫某某做思想工作，告知其拖欠农民工工资的危害和可能造成的严重后果，督促其尽快返还农民工工资；另一方面，与某县人民法院及时对接，请求延迟庭审时间等待闫某某筹款，以期在诉前调解阶段督促闫某某支付农民工工资。

二、关键问题

发出《支持起诉书》并不是检察院民事行政检察部门办案的初衷，而让14名农民工有钱回家过年才是该案的关键。因此，与其直接将闫某某送上审判席，让生效的法律文书迫使其履行义务，倒不如以法说理、融情于法，巧妙地化解农民工与包工头闫某某的矛盾，督促闫某某筹集资金，在调解阶段支付农民工工资。

三、评析意见

该类案件属于当事人向人民检察院申请监督的案件。接到14名农民工的支持起诉申请之前，该案已经进入了诉讼程序。所谓“司法，是维护公平正义的最后一道防线”，法院鉴于办案压力，一般会快审、快判，接着转入执行程序，很多时候往往会出现农民工到了最后一道强制执行程序的时候才拿到工资的情况，这个周期也比较长，很难使农民工在过年前讨得工资。

检察院民事行政检察部门在接到莫某某等14名农民工的申请后，依据《民事诉讼法》和最高人民检察院《人民检察院民事诉讼监督规则（试行）》的相关规定，严格遵守监督程序和证据规则。在发出《支持起诉书》前，办案人员进行了实地走访，切实了解了所涉工程的分包情况以及工程款支付情况，认定闫某某确系该案的直接、完全责任人，且拖欠工资的事实确实充分，莫某某等14名农民工民事权益处于持续受损害状态。根据弱势群体的民事权利遭受侵害，检察机关可支持受损害的单位、集体或个人向人民法院提起民事诉讼的规定，检察院决定支持莫某某等14名农民工向人民法院起诉。

本案作为一项支持起诉案件，法律关系简单、案情明了，民事行政检察部门作为协助讨薪的主体，是否切实维护了农民工的利益，起到了一定的监督和协助作用是关键；检察机关介入以后，能履行什么样的职能、怎样履行职能、具体履职的效果如何，是本案的办案人员首先应该考虑的问题；判断本案中检察机关支持起诉的效果，要看除了法院的审判权之外，检察机关在案件结果中所起到的作用，否则，一份《支持起诉书》对于14名农民工而言等同于一纸空文，难以真正解决问题。

四、处理结果

2018年2月×日，某县人民法院对莫某某等14名农民工诉闫某某追索劳动报酬纠纷一案进行调解，支持莫某某等14人的诉讼请求，被告闫某某随即支付了莫某某等14人的劳动报酬，某县人民法院当场出具调解书。

何某某扰乱国家机关工作秩序案

——非法信访中涉及寻衅滋事罪与扰乱国家机关工作秩序罪的区分*

要旨

信访是法律法规赋予公民的正当权利，但应该正确、合法行使。很多上访者存在越级上访、扰乱社会秩序、冲击国家机关的行为，经训诫、行政拘留后仍不悔改，有的还以此要挟政府勒索不当利益，严重扰乱了社会公共秩序和信访秩序。这种过激的上访方式，不但不能解决问题，反而会扩大问题，甚至会触犯法律。在办理此类案件的过程中，行为人扰乱国家机关工作秩序的行为是否构成犯罪，以及构成扰乱国家机关工作秩序罪或寻衅滋事罪存在争议。现笔者将以本案为例，对此做一探讨。

一、基本案情

（一）案件事实

被告人何某某就2002年南苑市场开发和2009年南苑住宅小区拆迁安置补偿问题向县政府有关部门投诉信访。被告人何某某的诉求经某县住房和城市建设局信访事项处理意见书处理、某县人民政府复查、某市人民政府信访事项复查复核委员会复核，该信访事项被三级终结。何某某在领取了全部安置补偿后，于2015年至2017年5月在重要节点和敏感时段先后多次到北京非法上访，因在天安门、中

* 张晓莉，甘肃省定西市临洮县人民检察院侦监科检察官。

南海非信访区上访被北京市公安机关训诫4次。在此期间，何某某多次在某县委政法委、县住建局、县信访局及相关领导办公室内，以赴京上访相威胁，长时间缠访闹访，辱骂工作人员，经行政处罚后，仍不改正，致使多名工作人员承担的工作无法开展，在群众中造成了恶劣影响，严重破坏了社会秩序。为接返何某某，某县某镇政府、某县信访局共花费费用5万余元。

（二）诉讼经过

该案由某县信访局于2017年5月×日移送至某县公安局，某县公安局经审查于同日立案侦查，于2017年5月×日以涉嫌寻衅滋事罪提请检察院批准逮捕。经审查，检察于2017年5月×日以涉嫌扰乱国家机关工作秩序罪对何某某作出批准逮捕决定。2017年7月×日，某县公安局将该案移送检察院审查起诉，检察院受理后，依照《刑事诉讼法》相关规定，告知被告人享有的诉讼权利，依法讯问了何某某，审查了全部案件材料。于2017年9月×日，向某县人民法院提起公诉，同年11月×日，该县人民法院对被告人何某某作出有罪判决。

（三）证据情况

①书证：受案登记表、信访事项三级终结意见书、某县信访局移交案件情况说明、某县公安局行政处罚决定书、北京市公安局训诫书、补偿领取凭证、情况说明、证明等书证；②证人证言：证人刘某某、王某某、马某某、杜某某、田某某、孙某某、杨某某、李某某、王某甲、王某乙的证言；③被告人何某某的供述与辩解；④视听资料、电子数据：杨某某与何某某的通话语音资料。

二、关键问题

本案中，何某某扰乱国家机关工作秩序的行为是否构成犯罪，以及构成扰乱国家机关工作秩序罪还是寻衅滋事罪？

三、分歧意见

第一种观点认为，何某某的行为构成扰乱国家机关工作秩序罪。被告人因拆迁安置补偿问题信访事项被三级终结而多次进京上访，未通过司法途径解决，属非法上访。经行政处罚后仍不改正，继续扰乱国家机关正常工作秩序，造成了严重后果，应以扰乱国家机关工作秩序罪对其定罪处罚。

第二种观点认为，何某某的行为构成寻衅滋事罪。被告人何某某以上访为名，多次在相关部门拦截主要领导，为发泄不满情绪，辱骂工作人员，并以不解决问题要去北京上访相威胁，缠访、闹访，情节恶劣，其行为符合《刑法》第 293 条第 1 款第 2 项规定的寻衅滋事罪的构成要件，应以寻衅滋事罪对其定罪处罚。

第三种观点认为，被告人无罪。

四、评析意见

笔者同意第一种观点，何某某上访的行为构成扰乱国家机关工作秩序罪，理由如下：

《刑法》第 293 条规定："有下列寻衅滋事行为之一，破坏社会秩序的，处五年以下有期徒刑、拘役或者管制：（一）随意殴打他人，情节恶劣的；（二）追逐、拦截、辱骂、恐吓他人，情节恶劣的；（三）强拿硬要或者任意损毁、占用公私财物，情节严重的；（四）在公共场所起哄闹事，造成公共场所秩序严重混乱的。纠集他人多次实施前款行为，严重破坏社会秩序的，处五年以上十年以下有期徒刑，可以并处罚金。"

扰乱国家机关工作秩序罪，是指多次扰乱国家机关工作秩序，经行政处罚后仍不改正，造成严重后果的行为。

就本案而言，被告人何某某在领取全部安置补偿、信访事项被三级终结后，在重要节点和敏感时段先后多次到中南海禁访区、中央相关部委、省、市、县等相关部门缠访、闹访，经行政处罚后，仍去北京的敏感区域上访，且多次在相关部门拦截主要领导，为发泄不满情绪，辱骂工作人员，同时以不解决问题要去北京上访相威胁，继续缠访、闹访，造成相关单位多名工作人员承担的工作无法开展的严重后果，其行为扰乱的是国家机关正常的办公秩序。因此，被告人何某某的行为完全符合《刑法修正案（九）》规定的扰乱国家机关工作秩序罪的犯罪构成要件，依法应以扰乱国家机关工作秩序罪追究其刑事责任。但应注意的是，在司法实践中，扰乱国家机关工作秩序行为的目的往往是逼迫政府或其他行政机关满足其非法要求，一旦处理不慎便会引发新的矛盾和问题。可见，对于有正当理由、符合国家规定的申诉、上访行为要予以严格区分，在扰乱国家机关工作秩序罪的构罪条件上要审慎把关。

五、处理结果

某县人民法院以被告人何某某犯扰乱国家机关工作秩序罪，判处有期徒刑2年。

祁某某组织卖淫案；李某某等人协助组织卖淫案

——如何划定组织卖淫罪与协助组织卖淫罪之间的红线*

要旨

协助组织卖淫行为虽然在实质上属于组织卖淫罪的帮助犯，但依照我国《刑法》第358条第4款之规定，该行为有具体的罪状和单独的法定刑，已经被确定为独立的罪名。但是在个案办理过程中，对于帮助组织卖淫的行为应认定是组织卖淫的实行行为，还是协助组织卖淫行为，司法机关往往很难画出此罪与彼罪之间的那条红线。笔者将以本案为例，探讨应如何从客观行为中找出二者之间的红线。

一、基本案情

（一）案件事实

×年×月×日，某某市公安局治安支队民警检查祁某某经营的“某某县某某休闲会馆”时，发现祁某某以雇佣、容留为手段，以设立固定编号、统一安排住宿、制定管理制度等方式，组织曹某某、王某某、兰某某、张某某、侯某某、赵某某共6名卖淫人员以“大项技师”为名在会馆内向客人提供“218元红泸特”“328元蓝色经典”等不同价位的、以酒水名称代替的卖淫服务。赵某某任“大项技师”主管；肖某某、陈某某任大堂经理，负责该会馆的日常经营，

* 袁星，甘肃省定西市临洮县人民检察院公诉科检察官助理。

向客人推荐“大项技师”，并安排服务员通知“大项技师”向客人提供卖淫服务（称为“上钟”），并将“大项技师”“上钟”后形成的以酒水命名的“消费单”信息录入会馆吧台电脑以供结账；李某某负责以报销酒水的形式将卖淫服务的收入从会馆总收入内报销后，给“大项技师”发放工资。

（二）诉讼经过

该案由某某市公安局治安支队于×年×月×日在某某县某某镇某某休闲会馆查获后交办至某某县公安局，某某县公安局经审查于×月×日立案侦查，×年×月×日向检察院移送审查起诉。检察院经过退回补充侦查和延长审查起诉期限后，于×月×日向某某县人民法院提起公诉，某某县人民法院于×月×日开庭审理，并于×年×月×日对该案作出一审判决。

（三）证据情况

认定本案的证据有现场勘查时查获的该会馆记录笔记本等物证，证实该会馆的收费名目、价格以及会馆向店内人员负责提供的性服务用品、会馆内规章制度等情况；受案登记表、情况说明、扣押清单等书证，证实该案的案件来源、化妆侦查员进入该会馆内受到的接待情况，以及从该会馆库房内查获的与记录本所记销售商品不一致的情况；店内人员的证言可证明该案犯罪人在店内具体承担的职责以及分工情况；各犯罪人的供述与辩解也证明了各自及他人在店内所承担的职责与分工；笔迹鉴定意见书可证实现场查获的记录提供性服务用品的笔记本系本案赵某某所书写；现场勘查等笔录可证实本案现场查获发现店内有一间专门给提供性服务的人员住宿的房屋等情况。

二、关键问题

本案中，李某某、赵某某、肖某某、陈某某等人的行为，到底是组织卖淫行为，还是协助组织卖淫行为？

三、分歧意见

第一种意见认为，李某某、赵某某、肖某某、陈某某的行为构成组织卖淫罪。本案中，李某某、赵某某、肖某某、陈某某均系该会馆的管理人员，大老板祁某某日常不在时，该四人会对该会馆内的卖淫女性存在管理和安排卖淫的行为，即实施了组织卖淫罪中的实行行为，故四人的行为应被定性为组织卖淫罪。

第二种意见认为，李某某、赵某某、肖某某、陈某某的行为构成协助组织卖淫罪。本案中，李某某因与祁某某存在不正当男女关系，而帮助祁某某给卖淫人员发放工资，肖某某、陈某某、赵某某三人通过雇佣进入祁某某经营的会馆，帮助祁某某维持该会馆的正常运营，四人均未实施组织卖淫中的实行行为，故对四人应定性为协助组织卖淫罪。

四、评析意见

笔者同意第二种意见，认为李某某等四人的行为应定性为协助组织卖淫罪，理由如下：

组织卖淫罪，是指以招募、雇佣、引诱、容留等手段，控制多人从事卖淫的行为。该罪在客观方面表现为行为人以招募、雇佣、强迫、引诱、容留等手段，实施组织、策划、指挥他人卖淫的行为，即该罪构成要件的实行行为是指以招募、雇佣、强迫、引诱、容留等手段，组织、策划、指挥多人从事卖淫的行为。

协助组织卖淫罪，是指协助他人组织卖淫，即为他人实施组织卖淫的犯罪活动提供方便、创造条件、排除障碍的行为。本罪在客观方面表现为实施了对组织他人卖淫犯罪活动起协助作用的犯罪行为，即没有实施组织卖淫罪中的实行行为，仅为他人实施组织卖淫罪中的实行行为提供物质上的、体力上的或者精神上帮助的行为。

区分此罪与彼罪的关键在于具体案件中的客观行为是否属于组织卖淫罪中的实行行为，如果是，那应定性为组织卖淫罪；如果不是，仅是为他人的组织卖淫行为提供帮助，那应定性为协助组织卖淫罪。

本案中，李某某给会馆内卖淫女性发放工资，陈某某、肖某某按照祁某某的组织安排经营该会馆，对会馆进行日常管理，招揽顾客，使得祁某某组织的卖淫活动实施场所的正常营业，赵某某期间还负责向卖淫人员提供卖淫用品，以及向客人介绍会馆内的卖淫服务，即四人没有对卖淫人员使用招募、雇佣、强迫、引诱、容留的手段，也没有对卖淫人员实现实质的控制，进而组织、策划、指挥卖淫女性提供卖淫服务。因为祁某某才是休闲会馆的实际负责人，本案中对卖淫人员实现真正控制、进而组织管理的是祁某某，且陈某某、肖某某、赵某某三人最大的作用是帮助祁某某维持该会馆的正常运营，四人的行为均系对祁某某以雇佣、容留的手段，组织 6 名分散的卖淫女性在其经营的休闲会馆内向客人提供卖淫服务的帮助行为，均未实施组织卖淫罪构成要件中所要求的实行行为，故对该四人的行为应定性为协助卖淫罪，这是符合罪刑法定原则的。

五、处理结果

某某县人民法院于×年×月×日对该案作出一审判决：对祁某某以犯组织卖淫罪判处有期徒刑 5 年，并处罚金 40 000 元；对李某某以犯协助组织卖淫罪判处有期徒刑 1 年 6 个月，缓刑 2 年，并处罚金 10 000 元；对赵某某、肖某某、陈某某以犯协助组织卖淫罪均判处有期徒刑 1 年 3 个月，并处罚金 10 000 元。五人均认罪服判，未提出上诉，该判决现已生效。

杨某某等人贪污案

——贪污犯罪中“非法占有”的认定*

要旨

贪污罪，是指国家工作人员利用职务上的便利，侵吞、窃取、骗取或者以其他手段非法占有公共财物的行为。准确认定行为人主观上是否是“非法占有”，直接关系到贪污罪的罪与非罪。虽然本案在办理过程中就杨某某是否构成贪污犯罪发生了分歧，但是最终将杨某某以贪污罪起诉的决定，得到了刑事判决的支持，为办理同类刑事案件积累了经验。

一、基本案情

（一）案件事实及证据

被告人杨某某等五人在担任某某县某某镇村干部期间，利用职务之便，虚报马铃薯种植面积，编造村民投保花名册，分别骗取国家马铃薯政策性保险理赔款6300元、9450元、9450元、6300元、6930元。经查，杨某某非法所得之6300元被全部用于支付该村某年修桥时所欠的水泥款。

认定上述事实的证据：①书证：受理案件登记表等；②证人孟某某等人的证言；③被告人杨某某等人的供述与辩解；④某某市人民检察院检验鉴定文书；⑤讯问被告人全程同步录音录像光盘5张。

（二）诉讼经过

本案由检察院反贪污贿赂局侦查终结，以被告人涉嫌贪污罪，

---

* 杜艳，甘肃省定西市临洮县人民检察院未检科科长。

于×年×月×日移送审查起诉。检察院于×年×月×日依法延长审查起诉期限半个月。案件审查过程中，提交检察官联席会议和检察委员会讨论，最终将杨某某五人以贪污罪起诉至某县人民法院。

二、关键问题

贪污犯罪中，杨某某将赃款用于公务支出，是否影响犯罪构成。

三、分歧意见

第一种意见认为，犯罪嫌疑人杨某某的行为不构成贪污罪。理由是：第一，犯罪嫌疑人杨某某在交马铃薯保费前，与本村干部进行了商议，并告知其他村干部交上的保费会按1∶1退赔，退赔后的钱除去垫付的保费外，其他用于修村里被洪水冲毁的桥梁。可见，其主观上不以非法占有为目的，而是将骗取来的理赔金用于公共支出。第二，本案相关证据证实，犯罪嫌疑人杨某某将骗取的理赔金交给村主任苏某某，由苏某某支付了修桥时所用水泥的欠款。可见，犯罪嫌疑人杨某某并没有将钱据为己有。从司法实践来看，用于公共支出的款项，在法院审理时都未被计入个人贪污数额。

第二种意见认为，被告人杨某某的行为构成贪污罪，应根据《刑法》第382条第1款、第383条第1款第3项之规定，以贪污罪追究刑事责任。

四、评析意见

笔者同意第二种意见，理由如下：

第一，犯罪嫌疑人杨某某虚报马铃薯种植面积，编造村民投保花名册，骗取了国家马铃薯政策性保险理赔款。在上述一系列犯罪行为实施完毕后，其再将贪污赃款用于公务支出是犯罪行为实施完毕后的一种事后行为，属于犯罪既遂后赃款去向的内容，不影响贪污罪的成立。

第二，从刑法所保护的法益上看，贪污罪侵犯了职务行为的廉洁性和公共财物的所有权。行为人一旦实施了利用职务之便侵吞、窃取、骗取等手段非法占有公共财物的行为，职务行为的廉洁性和公共财产所有权被侵害的结果便不可逆转了。

第三，贪污犯罪属于故意犯罪，故意犯罪的犯罪形态分为完成的犯罪形态和未完成的犯罪形态两种形式。行为人利用职务上的便利侵吞、窃取、骗取等手段将公共财物非法占为己有之后，犯罪形态即已完成。行为人无论将赃款用于个人消费还是公务支出，均属犯罪行为实施完毕之后的赃款去向，不影响犯罪构成。

第四，贪污罪，是指国家工作人员利用职务便利，侵吞、窃取、骗取或者以其他手段非法占有公共财物的行为。由此可知，贪污犯罪所要求的主观故意，只是对公共财物的非法占有，并不限于非法占为己有。非法占有仅要求行为人使公共财物脱离原物主的控制而处于行为人的控制之下。一旦行为人将公共财物的控制权转移，就构成了贪污罪，而不论其在控制了公共财物后是将公共财物用于自我消费还是用于其他用途。犯罪嫌疑人杨某某的行为使国有财产脱离了国家管控，进入了个人账户，将公共财物的控制权转移，至于如何处理赃物，都不能改变犯罪行为已经完成、法定结果已经形成、法益已被侵害的事实。

五、处理结果

该案移送起诉后，某某县人民法院对起诉书指控的犯罪事实予以全部认定，对杨某某等五人均以贪污罪判处刑罚，各被告人均未上诉。

龙某职务侵占案

——从一起案件谈职务侵占罪与诈骗罪、合同诈骗罪的区别*

要旨

职务侵占罪与诈骗罪、合同诈骗罪在定罪量刑标准数额上有很大差异，在司法实践中准确区分三罪不仅对认定犯罪嫌疑人、被告人是否构成犯罪以及处以何种刑罚具有决定性的作用，而且对被害人的确定及被害人权利救济如何实现也具有十分重要的影响。

一、基本案情

2017 年 7 月至 10 月，龙某在某县中能置业有限责任公司“威尼斯水城”售楼部任置业顾问（售楼人员）期间，以该公司的名义与购房者签订《商品房定购书》后，在向购房者收取购房定金和首付款、住房款的过程中，谎称公司 POS 机出了问题需要交纳现金，在收取 17 名购房者房款共计 634 837 元后，未将上述钱款上交公司账户，而是全部用于网络赌博挥霍一空。

二、关键问题

龙某在销售其公司商品房并收取房款的过程中，谎称公司 POS 机出了问题需要交纳现金而收取购房者购房款后未上交公司的行为构成职务侵占罪还是诈骗罪，抑或是合同诈骗罪？

---

* 陈淑贤，甘肃省定西市岷县人民检察院侦查监督科科员。

三、分歧意见

第一种意见认为，龙某以非法占有为目的，虚构其公司 POS 机出了问题需要交纳现金的事实，骗取购房者的购房款，数额特别巨大，其行为应构成诈骗罪。首先，龙某系公司售楼人员，只负责商品房销售工作，房款由财务室会计负责收取和保管，龙某为了让购房者将房款交到自己手中，谎称财务室的 POS 机有问题需要交纳现金，并将从财务室偷来的盖有公司印章的收据出具给购房者，在收取购房款后却没有将之上交到公司账户，而是全部用于网络赌博。从这一系列行为不难看出，龙某在收取房款之时就具有非法占有的目的。其次，龙某编造虚假事实，骗取的是对方当事人（即购房者）的财物。按照公司规定，财务室会计负责从购房者处收取房款，且财务室配有专门的 POS 机用于购房者刷卡支付房款，而龙某谎称公司 POS 机出了问题需要交纳现金，购房者因此将钱交给了龙某，这些钱实际上并没有进入公司的账户中，因此龙某骗取的是购房者的财物。

第二种意见认为，合同诈骗罪和诈骗罪是特别法和普通法的关系，龙某是在签订、履行合同过程中骗取对方当事人财物的，应当构成合同诈骗罪。本案中，被龙某骗取房款的购房者均是在龙某的推荐下与公司签订了《商品房定购书》后，交纳了定金或者部分首付款。双方虽然未签订正式的商品房买卖合同，但该定购协议书中明确约定了标的、数量、价款，具备一个合同的要素。因此，龙某在签订、履行合同的过程中骗取对方当事人财物，其行为应当构成合同诈骗罪。

第三种意见认为，龙某与购房者签订《商品房定购书》系有权处分行为，双方签订的合同真实有效，龙某以其公司的名义向购房者收取本应属于公司的售房款，且收取房款时均向购房者开具了盖有公司印章及会计签章的收据，之后未将收取的房款上交到公司账户而是侵吞后用于网络赌博的行为构成职务侵占罪。

四、评析意见

笔者同意第三种意见。职务侵占罪与诈骗罪、合同诈骗罪主观方面均要求行为人具有非法占有的目的，前者与后两者之间的区别主要在于行为人是否利用了其职务上的便利以及其非法占有的财物是其公司所有还是对方当事人所有。具体到本案中，应当从以下几个方面来分析：

第一，龙某与购房者签订的《商品房定购书》是否真实有效。合同诈骗罪中，行为人往往虚构自己的身份或者隐瞒其无权处分的事实，与对方当事人签订意思不真实的合同，此类合同往往不具备合同生效的要件，也不会获得权利人的追认，而行为人不会按照合同约定履行合同义务或者其根本无法履行，合同对方当事人的权利就会因此受到损害。本案中，龙某系某县中能置业有限责任公司“威尼斯水城”售楼部置业顾问，其职责就是销售“威尼斯水城”项目的商品房。案发后，其公司也从销售档案中找到了涉案的购房者与其公司签订的所有《商品房定购书》，这就说明龙某在和购房者签订合同的过程中，并没有虚构自己的身份，也没有冒用公司的名义，更没有超越其职权范围销售商品房。其和购房者签订《商品房定购书》的行为是有权代理行为，该合同真实有效，某县中能置业有限责任公司应当承担合同履行的责任。

第二，龙某向购房者收取房款的行为是个人行为还是职务行为。虽然某县中能置业有限责任公司规定房款由会计负责收取，但由于该公司内部管理混乱，导致龙某能够趁会计不在时向购房者收取定金、售房款、住房款并向购房者出具盖有该公司有效印章的收据。但由于龙某是该公司售楼人员，其持有公司有效收据的情况下，购房者有理由相信无权代理的龙某享有代理权而向其交纳购房款。因此，龙某的行为构成表见代理，即龙某向购房者收取房款的行为后果应当由龙某所在公司来承担，龙某的行为应当被认定为职务行为。

第三，龙某最终非法占为己有的钱款是属于其公司的还是属于购房者的，这也是职务侵占罪与诈骗罪之间最直观的区别。从表面上看，龙某从购房者处收取的钱款或者以现金的方式直接被龙某占有，或者通过银行转账到了龙某自己的账户中，并没有进入龙某所在公司的账户中，更像是龙某直接从购房者处骗取的。但透过现象看本质，龙某代表其公司与购房者签订的《商品房定购书》是真实有效的，购房者依照合同约定向龙某交纳的购房款理应归某县中能置业有限责任公司所有，龙某将这些暂时保管而本应属于公司所有的财产非法占为己有，侵害的是该公司对这些财产的所有权。

第四，将本案定性为职务侵占罪会取得更好的社会效果。我们在评判案件性质时不能简单地局限于刑事判决本身，而是应当对刑事与民事进行统筹考虑，只有这样才能实现既惩罚犯罪又救济权利的目的，而真正有效的救济最能彰显司法的社会效果。如果将龙某的行为定性为诈骗罪或者合同诈骗罪，则受骗的 17 名购房者只能通过公安机关追赃的方式挽回其经济损失，而龙某系参与网络赌博，追赃难度大，这就会导致众多购房者的利益很难得到有效救济。反之，定性为职务侵占罪，龙某所在的某县中能置业有限责任公司便必须承担其因管理不善导致公司员工侵吞售房款的损失，而向龙某交纳房款的 17 名购房者只要向某县中能置业有限责任公司主张继续履行已生效的《商品房定购书》即可，这也更加符合民事案件处理的公正原则。

魏某、毛某抢劫案

——毛某的行为是否构成抢劫罪*

要旨

教唆犯作为故意唆使他人实行犯罪的人，在共同犯罪人当中是一种比较复杂的类型，在司法实践中比较少见，在罪与非罪的认定上也具有一定的特殊性，需要引起我们的重视。

一、基本案情

2006 年 5 月×日，某省某市某镇某村村民毛某与某县某乡某村村民魏某、胡某等五人一起喝酒时，毛某说自己在某村养蜂的师傅万某、师娘林某夫妇有几万元的现金，蜂场帐篷的床底下还有蜂王浆等物品，并让在场的魏某等人去抢。魏某正想购买一辆摩托车，但苦于无钱，听到毛某的话后，便产生了抢钱的想法。2006 年 6 月×日凌晨 1 时许，魏某拿上自家的杀猪刀潜伏在村外公路蜂场附近。凌晨 4 时，魏某持刀闯入林某居住的帐篷，惊醒了熟睡中的林某，林某拉开电灯大喊“救命”，魏某即用杀猪刀在林某的胸部、腰部等处乱捅，致林某当场死亡，后魏某逃离现场。经法医鉴定：林某系锐器刺破心脏合并失血性休克死亡。

该案由某县公安局侦查终结，以魏某、毛某涉嫌故意杀人罪移送该县检察院审查起诉。该县检察院审查后报送某市人民检察院。某市人民检察院审查后以魏某、毛某涉嫌抢劫罪向该市中级人民法院提起公诉。

---

* 潘露亚，甘肃省陇南市人民检察院法律政策研究室主任。

二、关键问题

该案在检察环节对魏某行为系转化型抢劫犯无异议，但对毛某行为是否构成抢劫罪存在争议。

三、分歧意见

关于毛某行为的定性，有两种分歧意见：

一种意见认为，毛某未与魏某共同实施抢劫行为，其行为不构成犯罪。

另一种意见认为，毛某与魏某属共同犯罪，毛某系教唆犯，故意唆使魏某实施抢劫犯罪，其行为构成抢劫罪。

四、评析意见

该案是一起共同犯罪案件，共同犯罪形式为复杂共犯，即共同犯罪人除实行犯魏某外，还有教唆犯毛某。毛某是抢劫罪的教唆犯，其行为构成抢劫罪。

首先，毛某主观上具有教唆他人犯罪的间接故意。从刑法对教唆犯的规定来看，教唆的故意既包括直接故意，也包括间接故意。教唆的间接故意是指教唆者应当认识到自己的教唆行为可能引起被教唆者产生犯罪决意，而对此持放任的心理态度。结合本案实际，尽管被告人毛某在与魏某等人一起喝酒过程中，说自己师傅万某夫妇有钱和蜂王浆，并让魏某等人去抢，但当时被教唆的对象是五个人，而最终产生抢劫犯意、实施抢劫的仅魏某一人。这五个人不论是谁、不管是否实施他教唆的犯罪（抢劫）都不违背教唆人毛某的意愿。

其次，毛某客观上具有教唆他人犯罪的行为。在五人喝酒场合，他通过语言、以口头形式公开说被害人家有钱、蜂王浆，并怂恿、鼓动他人去抢。教唆犯罪的内容具体："抢"，侵害对象明确：师傅万某、师娘林某。且他是被害人的徒弟，熟悉被害人的情况，他提供的被害人有钱物的信息更容易让人信服，从而使其教唆行为产生充分的根据和诱惑力。

最后，魏某（被教唆人之一）实施了被教唆的犯罪——抢劫。一般来说，抢劫罪的行为构造是：行为人面对被害人当场实施强制行为—被害人失去财产的管理能力—行为人当场取得财物。但本案中，情况比较特殊。为劫取财物，被告人魏某持杀猪刀闯入被害人林某居住的帐篷，但他刚进帐篷就被被害人林某发觉，情急之下，将被害人杀死后逃跑，被害人身上所携现金及佩带金饰物均完好无损，似乎并不符合抢劫罪的构成要件。但根据最高人民法院《关于抢劫过程中故意杀人案件如何定罪问题的批复》，行为人“在劫取财物过程中，为制服被害人反抗而故意杀人的，以抢劫罪定罪处罚”。同时，根据最高人民法院于 2005 年 6 月公布的《关于抢劫、抢夺刑事案件适用法律若干问题的意见》针对抢劫罪的既遂标准规定，具备劫取财物或者造成他人轻伤以上后果两者之一，均属抢劫既遂。魏某虽然未劫取财物，但造成了被害人死亡的严重后果，应属抢劫既遂。且魏某的行为具备《刑法》第 263 条关于抢劫罪规定的两种加重处罚情节，即“抢劫致人重伤、死亡的”和“入户抢劫的”。根据最高人民法院公布的《关于审理抢劫案件具体应用法律若干问题的解释》，“入户抢劫”指为实施抢劫行为而进入他人生活的与外界相对隔离的住所，包括封闭的院落、牧民的帐篷等进行抢劫的行为，林某在蜂场搭建的供自己居住的帐篷，应属这里的“户”。

五、处理结果

某市中级人民法院以被告人魏某犯抢劫罪，判处死刑，剥夺政治权利终身，并处罚金 2000 元；被告人毛某犯抢劫罪，判处有期徒刑 3 年，并处罚金 1000 元。

王某某欺诈性借款案

——欺诈性借款与诈骗罪之区分*

要旨

欺诈性借贷与诈骗罪相似，在司法实践中，二者容易混淆。区分的关键是看行为人是否具有非法占有的目的，虚构事实或者隐瞒真相的手段与被害人处分财产有无因果关系？笔者现以王某某欺诈性借款案为例对此作一探析，供今后办理此类案件参考。

一、基本案情

（一）案件事实

2013年5月份，被害人杨某通过手机“微信”添加犯罪嫌疑人王某某为好友，二人先是用“微信”聊天，而后见面相识，并发展为情人关系。在情人关系存续期间，王某某经常在发生性关系后向杨某借钱。由于不好开口，便编造自己丈夫生病、弟弟出车祸急需用钱等谎言。王某某先后向杨某借得现金共计25万元，用于偿还以前的债务和生活花销，仅剩的83 500元被公安机关扣押，并返还被害人。

（二）诉讼经过

被害人杨某于2013年10月×日报案至某县公安局，该局于2014年1月×日以王某某涉嫌诈骗罪立案侦查。该县人民检察院接到犯罪嫌疑人申诉后，于2014年7月×日向某县公安局发出《要求说明立案理由通知书》。经审查，某县公安局的立案理由不能成立，便监督

* 王治强，甘肃省陇南市成县人民检察院侦监科科长。

其撤销案件。

二、关键问题

行为人虚构借款原因，被害人是基于其他原因借款的是否属于诈骗？

三、分歧意见

公安机关认为，王某某以非法占有为目的，虚构事实，以借款为名，行诈骗之实，构成诈骗罪。

检察机关认为，王某某仅仅虚构了借款原因，杨某基于情人关系而自愿给王某某借款，不构成犯罪，属于民事欺诈。

四、评析意见

诈骗是指行为人以非法占有为目的，采用虚构事实或者隐瞒真相的方法，使被害人产生认识错误，并基于认识错误而处分财产，行为人取得财产或财产利益的行为。其中，虚构事实或者隐瞒真相与被害人产生认识错误以及处分财产之间必须具有因果关系，若此三者之间不具有因果关系，则不能认定为诈骗。而民事欺诈不以非法占有为目的，其所虚构的事实或者隐瞒的真相，不足以引起被害人错误处分财产的后果。以借款之名行诈骗之实的案件中，行为人以非法占有为目的，往往采取虚构身份信息、提供虚假担保、隐瞒偿还能力、承诺高额回报等手段，骗取被害人的信任，使其陷入错误认识，从而处分财产。行为人骗得财产后，往往大肆挥霍，或者进行非法活动，最后逃匿。

在本案中，犯罪嫌疑人王某某仅仅虚构了借款原因，并未采取虚构身份信息、提供虚假担保、承诺高额回报等手段，骗取被害人的信任，杨某是基于情人关系而借款给王某某的。王某某虚构的事实并未导致杨某在借款问题上产生认识错误，杨某也不是在错误认识的支配下给钱的。也就是说，王某某虚构的事实与杨某借款无因果关系。行为人借钱后，用于偿还以前的债务和生活花销，而未大肆挥霍或者进行非法活动，亦未逃匿，所剩 83 500 元也交给了公安机关。因此，王某某的行为属于民事欺诈，不构成犯罪。

五、最终处理结果

某县公安局于 2014 年 8 月×日撤销案件。